"十四五"职业教育国家规划教材

"十三五"江苏省高等学校重点教材（编号：2020-2-164）

城市轨道交通职业教育系列教材——城市轨道交通控制

城市轨道交通

联锁系统维护

主　　编　黄克勇　薄宜勇　杨　进

副主编　王　恒　邱　鹏　王若昆

主　　审　任　敬

校企合作　　微课　　复习思考题

西南交通大学出版社

·成　都·

图书在版编目（CIP）数据

城市轨道交通联锁系统维护 / 黄克勇，薄宜勇，杨进主编. —成都：西南交通大学出版社，2021.8（2025.1 重印）
ISBN 978-7-5643-8136-3

Ⅰ. ①城… Ⅱ. ①黄… ②薄… ③杨… Ⅲ. ①城市铁路 – 轨道交通 – 联锁设备 – 维修 – 高等职业教育 – 教材 Ⅳ. ①U239.5

中国版本图书馆 CIP 数据核字（2021）第 138358 号

Chengshi Guidao Jiaotong Liansuo Xitong Weihu

城市轨道交通联锁系统维护

主　编　黄克勇　薄宜勇　杨　进

责任编辑　梁志敏
封面设计　何东琳设计工作室

出版发行　西南交通大学出版社
（四川省成都市金牛区二环路北一段 111 号
西南交通大学创新大厦 21 楼）
邮政编码　610031
发行部电话　028-87600564　028-87600533
网址　http://www.xnjdcbs.com
印刷　成都中永印务有限责任公司

成品尺寸　185 mm × 260 mm
印张　21.75
字数　573 千
版次　2021 年 8 月第 1 版
印次　2025 年 1 月第 3 次
定价　45.00 元
书号　ISBN 978-7-5643-8136-3

课件咨询电话：028-81435775

PREFACE

前　言

党的二十大报告提出，坚持把发展经济的着力点放在实体经济上，推进新型工业化，加快建设制造强国、质量强国、航天强国、交通强国、网络强国、数字中国，城市轨道交通产业是推进交通强国建设的重要内容，是促进区域协调发展、建设现代化都市圈的重要现代化基础设施。目前我国已成为世界最大的地铁建设中心、轨道交通技术和装备市场，城市轨道交通运营里程跃居全球第一，对城轨交通各类人才的需求旺盛。为响应城轨交通产业的发展需求，高职院校加紧开办相关专业。2015年，城市轨道交通通信信号技术专业被纳入高职专业目录，全国的专业布点迅速增加。但由于是面向新兴产业的新兴专业，绝大部分专业书籍都是从国铁领域或通信领域转入的，缺乏城轨行业的技术积累和工程实践，导致该专业的核心课程和教材建设存在较大不足。

城市轨道交通联锁系统是城市轨道交通信号系统中关键子系统之一，是城轨系统安全的最后保障，是唯一可以单独维持运营的子系统，在教学上也是城轨信号专业的关键核心课程。因上述原因，该课程目前同样缺乏能紧密对接城轨相关技术标准和职业标准，与城轨联锁系统建设场景需求一致，且符合高职院校教学规律的书籍。

高职院校目前使用的城市轨道交通联锁系统相关教材，在内容上或是国铁与城市轨道领域互相掺杂、逻辑不清，或是由信号供货商的产品说明书堆砌而成，与城轨联锁的实际情况不够匹配。因此，需要编写一本专门面向城轨领域联锁系统的，能反映真实工程实践最新技术技能的教材，来填补空白。

本书以中国城市轨道交通协会发布的《城市轨道交通 CBTC 信号系统行业技术规范–产品规范》和《城市轨道交通 CBTC 信号系统–CI 子系统规范》（CZJS/T0031–2015）为标准输入文件。以 2019 年 8 月，人力资源社会保障部发布的《城市轨道交通信号工国家职业技能标准》(征求意见稿)为用户需求输入文件，采用标准城市轨道交通的五个车站作为标准车站，对城轨交通联锁的原理、功能、接口和性能进行讲解，紧密联系实际。

本教材可以作为大中专院校的城市轨道交通专业教材，也可以作为地铁建设公司、运营公司、信号系统厂家和全自动驾驶线路的多职能团队的培训教材。

本书由南京铁道职业技术学院黄克勇教授以及薄宜勇、杨进两位副教授主编，南京恩瑞特实业有限公司王恒和南京铁道职业技术学院王若昆为副主编，南京地铁公司任敬主审，王锡奎老师对全书进行了校对。黄克勇策划并负责全书统稿，编写了第一章和第二章；薄宜勇编写了第三章和第四章；杨进编写了第五章和第六章；王恒编写了第七章和第八章；邓敏编写了第九章；王锡奎编写了第十章；李露编写了第十一章。

由于编者的水平有限，书中难免有疏漏和描述不当之处，恳请广大读者批评指正。

编　者

2020 年 11 月

CONTENTS

目　录

第一章 绪 论

【学习目标】

1. 了解城市轨道交通的定义、范围。

2. 掌握城市轨道交通信号系统的定义。

3. 掌握城市轨道交通信号系统的组成。

4. 了解城市轨道交通信号系统的特点。

5. 了解我国城轨交通产业的自力更生、自主创新的“国产化”发展历程和城轨信号系统的发展趋势。

6. 掌握联锁的定义。

7. 掌握计算机联锁系统（Computer Interlocking, CI）的一般要求、硬件要求、软件要求和性能要求。

8. 了解 CI 的环境条件和其他要求。

【学习方法和建议】

熟悉本章教学内容，认真阅读教材，掌握城市轨道交通信号系统和联锁的定义。学习中多阅读网络上与城市轨道交通相关的论文、标准和资料，拓宽知识面，加深对本章内容的理解。

第一节　城市轨道交通信号系统概述

一、城市轨道交通信号系统的基本概念

轨道交通顾名思义就是运载人和物的车辆在“特定”的轨道上行走，轨道起了支撑、传递荷载和导向的作用。完整的轨道交通体系包括轨道、车站建筑、车辆、车辆段、结构工程、供电、通信、信号、环控、给排水系统等设施。从行业上划分，分为铁路行业和城市轨道交通行业。铁路又分为普通铁路（设计时速不超过 160 km）、快速铁路（设计开行时速 160 ~ 250 km 的动车组铁路）以及高速铁路（设计开行时速不低于 250 km 的动车组铁路）。城市轨道交通方面，我国目前已经开通的制式包括地铁、轻轨、单轨、有轨电车、磁悬浮交通（仅上海）以及市域快轨等，如图 1-1 所示。

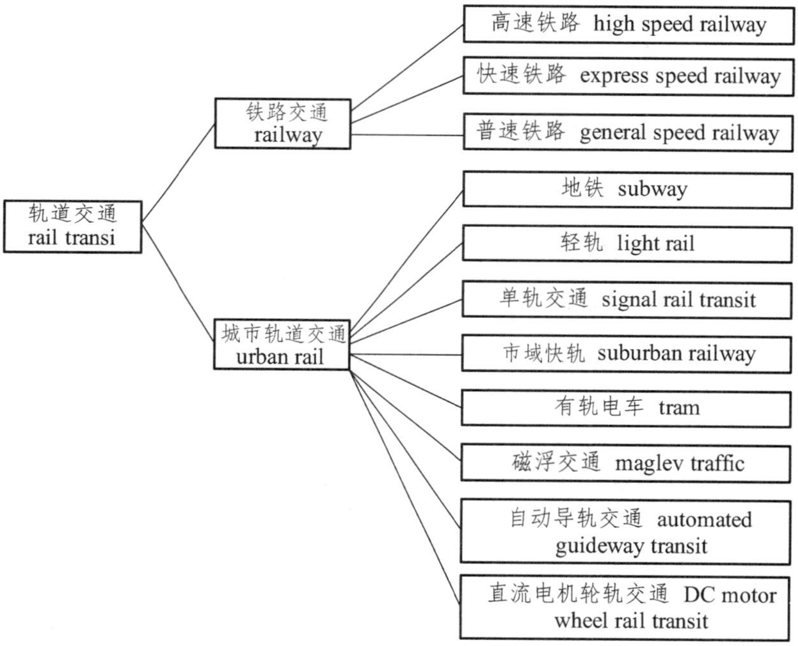

图 1-1　轨道交通组成

城市轨道交通是采用轨道结构进行承重和导向的车辆运输系统，依据城市交通总体规划的要求，设置全封闭或部分封闭的专用轨道线路，以列车或单车形式，运送一定规模客流量的公共交通方式。

城市公共交通分类标准中明确城市轨道交通包括：地铁系统、轻轨系统、单轨系统、有轨电车、磁浮系统、自动导向轨道系统、市域快速轨道系统。此外，随着交通系统的发展，已出现其他新的交通系统。

地铁是一种大运量的轨道运输系统，采用钢轮钢轨体系，标准轨距为 1435 mm，主要在大

城市地下空间修筑的隧道中运行，当条件允许时，也可以穿出地面，在地上或是高架桥上运行。

地铁按照选用车型的不同，又可分为常规地铁和小断面地铁；根据线路客运规模的不同，又可分为高运量地铁和大运量地铁。地铁车辆的基本车型为 A 型车、B 型车和 LB 型车（直线电机）三种。A 型车基本宽度为 3 000 mm；B 型车和 LB 型车车辆的宽度为 2 800 mm。每种车型又有带司机室和不带司机室、动车和拖车的区分。地铁系统的列车编组通常由 4 ~ 8 辆组成，列车长度为 70 ~ 190 m，要求线路有较长的站台相匹配，最高行车速度不应小于 80 km/h。

在国内，城市轨道交通中的很多类型还没有绝对明确的规范定义。“地铁”和“轻轨”的名称本身就不严谨，因为“地铁”早已不特指地下铁路，“轻轨”也不特指轻型轨道，两者概念在民间和学术界一直存在很大分歧争议。从已建成的城市轨道交通情况来看，中国大陆内的地铁系统，其技术规范、数据规格、建成效果等都较为统一，在多座城市中应用，可以形成相对完善的标准体系。

单轨系统和悬浮系统的整体模式比较独立，但同样存在交叉关系，因为在现有的磁悬浮轨道系统中，列车都是跨座式运行的，和跨座式单轨在外观上一致。悬挂式单轨的本质是索道缆车，已偏离常规车辆交通的特征。

有轨电车长期以来作为轨道交通的另类，和公路车辆混行，因其主要沿着地面微型轨道行驶，仍将它纳入城市轨道交通的范畴。不过，虚拟轨道列车（俗称智轨列车）的出现又打破了有轨电车和无轨电车间的独立性。

城市轨道交通信号（urban rail transit signal）是指应用于城市轨道交通系统中，人工或自动实现行车指挥和列车运行控制、安全间隔控制技术的总称。

城市轨道交通信号系统是实现行车指挥、列车运行监控和管理所需技术措施及配套装备的集合体。信号系统应确保行车安全、提高运输效率、改善工作环境、促进管理的现代化。

城市轨道交通信号系统一般由列车检测、联锁、闭塞与列车控制等行车指挥和列车运行控制等系统设备组成，根据用户需求确定系统的构成与规模，并适应线路的延伸扩展。

城市轨道交通信号系统（ATC）由列车自动监控（ATS）、列车自动防护（ATP）、列车自动运行（ATO）及计算机联锁（CI）几个子系统组成，如图 1-2 和图 1-3 所示。

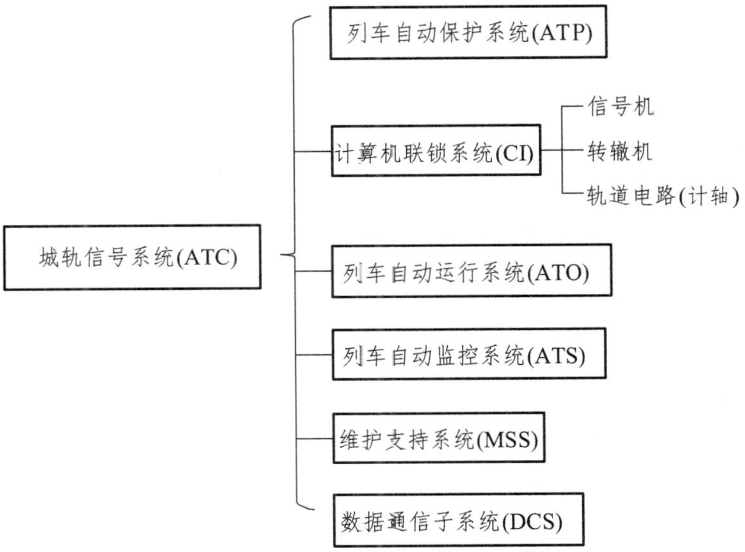

图 1-2　城市轨道交通信号系统组成

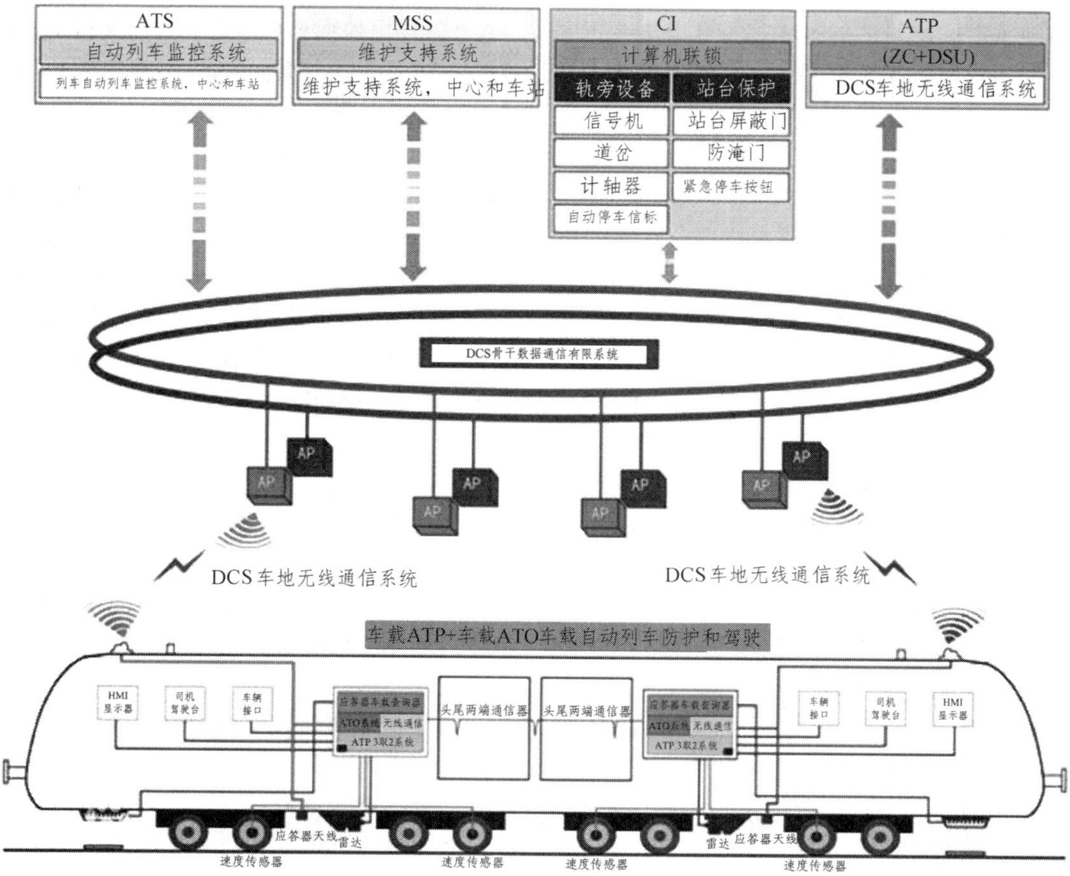

图 1-3　城市轨道交通信号系统构成

1. 各子系统主要功能

（1）列车自动监控（ATS）子系统 内容

■　列车识别号追踪、传递和显示
■　列车运行图编制及管理
■　列车运行的自动调整
■　列车进路的控制
■　实时监视在线列车运行和信号设备的状态(其中含道岔、信号机、电源等)
■　实现与无线通信、乘客导向、综合监控等系统的接口
■　提供司机发车指示
■　培训和运行模拟
■　统计、管理与记录等

（2）列车自动保护（ATP）（含正线联锁）子系统

■　列车定位/测速（ATP）
■　安全列车间隔控制（ATP 和 CI）
■　列车速度和方向的监督防护（ATP 和 CI）
■　紧急制动（ATP 和 CI）

■ 列车完整性监督（ATP）

■ 轮径确认及磨损补偿（ATP）

■ 车门/屏蔽门监控（ATP 和 CI）

（3）列车自动运行（ATO）子系统

■ 列车在区间运行的自动控制及调整

■ 控制列车按运行图规定的区间走行时分行车，自动实现对列车的启动、加速、巡航、惰性、减速和停车的合理控制

■ 在正线车站、折返线和试车线自动实现列车的精确停车控制

■ 在 ATP 子系统的允许下，向列车和屏蔽门控制系统发送开/关车门和屏蔽门的命令

■ 向车辆自动广播系统提供相关信息

■ 记录和统计系统事件的时间和日期

（4）数据通信（DCS）子系统

数据通信子系统（DCS）采用独立组网方式，数据通信子系统分为有线网络和无线网络两部分组成，有线网络通常基于 TCP/IP 的开放体系结构和标准的路由交换技术，为车站、控制中心和场段间的数据传输提供服务，为信号系统数据的主要承载网络。无线部分为车地之间的数据传输提供通道，比较常用的基于 2.4GWifi 和 LTE-M（4G）。

（5）维护支持（MSS）子系统

维护支持子系统是一个非安全的子系统，可以作为信号系统的组成部分。通常在控制中心和车站分别设置，主要功能是收集所有信号设备的维护信息，包括 ATS、CI、ATP/ATO、DCS、电源屏、转辙机、计轴、信号机等设备的故障信息和运营数据。为设备的故障报警和分析，预防性维护提供服务和支持。

2. 地铁信号联锁系统与列车制动控制系统关系

少数地铁信号系统厂家把联锁子系统和列车控制系统合在一起，大部分厂家把它们作为独立的子系统。CI 和 ATP 子系统的相同之处:都是安全级别要求 SIL4 的系统；都是 ATC 系统的一个重要组成子系统；两者都是控制列车行车的行车间隔。CI 和 ATP 之间存在接口，ATP 接收 CI 的已锁闭的设备状态信息，CI 接收 ATP 的逻辑区段和强制信息。不同之处在于：CI 通过进路实现列车的间隔控制，ATP 在 CI 排列进路的基础上采用多列车的方式进一步缩短了列车的安全间隔，CI 可以利用 ATP 传送来的强制信息如列车停稳来减少进路取消的时间，从而在保证安全的前提下进一步提高效率，CI 可以利用 ATP 传来的逻辑区段状态排列进路，不用计轴设备来检测列车。

二、城轨信号系统与国铁信号系统的区别

1. 运营范围

城市轨道交通运行范围为城市市区及郊区，往往只有几十千米，不像铁路那样四通八达，纵横数千千米。

2. 运行速度

城市轨道交通因站间距离短，且站站停车列车，运行速度一般不超过 80 km/h。而铁路运行速度比较快，许多线路超过 120 km/h，高速铁路在 300 km/h 以上。

3. 服务对象

城市轨道交通服务对象单一，只有市内客运服务。而铁路则分为客运、货运等。

4. 线路与轨道

城市轨道交通大部分线路在地下或高架通行，均为双线，各线路之间一般不过线运营。正线一般采用 9 号道岔，车辆段采用 7 号道岔，这些都与铁路不同。另外，城市轨道交通还有铁路没有的跨座式和悬挂式。

5. 车　站

城市轨道车站多为正线，多数车站也没有道岔，换乘站多为立体方式，不像铁路那样车站有数量不等的道岔及股道，有较复杂的咽喉区，换乘也为平面方式。

6. 车辆段

城市轨道交通的车辆段不同于铁路的车辆段，只有车辆检修的功能，而是类似于铁路的区段站，要进行车辆的检修、停放，以及大量的列车编解、接发车和调车作业。

7. 供　电

城市轨道交通的供电包括牵引供电和动力照明供电，且均为直流供电牵引，没有非电气化铁路的说法。

8. 运营管理

城市轨道交通运营条件十分单纯，除了进/出段和折返外，没有越行没有交会，正线上没有调车作业，易于实现自动监控。

9. 通信信号

（1）铁路以地面信号机的色灯“信号显示”为主体信号，车上的“机车信号”为辅助信号；城市轨道交通与铁路相反，是以车载信号为主，地面信号为辅的方式。

（2）城市轨道交通实行右侧行车制，信号机设置在运行方向右侧；而铁路实行左侧行车制，信号机设置在运行方向左侧。

（3）一般情况下，城市轨道交通正线区间不设通过信号机；铁路一般在区间有通过信号机防护。

（4）城市轨道交通正线设有岔站，为了防护道岔和实现联锁关系而设置地面矮柱信号机，一般中间站（无岔站）都不设信号机 。

（5）铁路车站必设进站信号机和出站信号机，而且都为高柱信号机。城市轨道交通可根据需要选择进/出站信号机为高柱或是矮型。

三、城市轨道交通信号系统特点

城市轨道交通信号系统具有以下特点：

（1）城市轨道交通行车密度大、站间距离短，所以信号的应变速度快、信息量大。

（2）城市轨道交通的区间不宜敷设地面信号，而以车载信号为主体信号。

（3）为了安全可靠地指挥行车，由计算机系统自动地实现速度控制和定位（点）停车控制；对于容量大、高密度的交通系统将逐步发展成为无人驾驶的自动运行系统。

（4）车地之间的数据交换基本采用无线方式。为传递特殊信息可敷设地面应答器，完成地面与列车间的信息交换。

（5）轨道交通的信号、通信设备应是个完整的运行管理系统，它应用先进的计算机及光通信技术，完成列车进路控制、运行图管理、列车追踪、运行表示、运行监视、列车数据传输、闭路电视监控、旅客导向信息控制及广播系统等。整个系统由中央处理装置、外部记忆装置、运行装置、列车数据的传送装置、网络控制装置及运行表示盘等构成。

四、地铁正线信号与车场信号的异同

在城市轨道交通系统中，一般车场和正线有明显的分界，车场采用独立的联锁系统。在车场和正线的衔接地带，通常情况下都设置转换轨，列车经由转换轨时实现信号系统驾驶模式的转换，登记进入 ATC（列车自动控制）系统。控制中心识别列车后，组织列车在正线运行。

正线通常采用 CBTC（基于通信的列车控制）系统，采用计轴系统作为一种辅助的列车检测手段；而在车场，则采用 50Hz 单轨条轨道电路，目前也有线路的车场采用计轴设备作为列车检测手段。

列车在车场采用人工驾驶，而正线一般采用自动驾驶。列车由车场进入正线或者由正线进入车场，均需完成信号系统驾驶模式的转换。

正线只有单一的列车作业，车场有调车作业。

正线有全套的 ATC 系统，而车场只有 CI 系统。

随着全自动驾驶线路的出现和普及，全自动驾驶线路的停车场全自动区域也具有全套 ATC 系统，可以作为正线的一部分。

第二节　轨道交通信号系统的发展趋势

世界上第一条地铁于 1863 年在伦敦建成通车，而我国的第一条地铁北京地铁 1 号线于 1965 年开工，与世界发达国家相比，我国的城市轨道交通产业起步整整晚了 102 年。但我国城轨人充分发挥艰苦奋斗、自力更生的精神，始终把自主创新作为根基，坚持不懈攻克关键核心技术，仅用20年时间，就彻底改变主要依靠引进先进国家的产品和技术的局面，形成了自主可控、安全高效、主导发展的城轨交通技术链和产业链，正式迈入自动化、自主化、智能化的发展阶段，产业规模跃居世界第一，技术先进性居于世界前列，走出了一条艰辛而又辉煌的发展道路。其中，信号系统是我国城轨交通产业"国产化"道路的重点技术领域。

一、城轨信号系统技术的发展过程

我国轨道交通信号系统技术的发展经历了基于模拟轨道电路的固定闭塞、基于数字轨道电路的准移动闭塞和基于车-地通信的移动闭塞3个不同的发展阶段。

基于模拟轨道电路的信号系统中，车-地通信交互的是单一频率信息，采用的固定闭塞行车制约了列车速度和间隔。

基于数字轨道电路的ATC系统可以单方向的接受地面小数据量的信息，采用了准移动闭塞方式缩短了行车间隔，但是存在数据量小、单向通信和设备量多等缺点。

基于通信的列车控制系统（CBTC）采用了当前最先进的计算机技术和通信传输技术，具有行车间隔小、便于维修、设备少和易于改造升级的优点，广泛应用在城市轨道交信号系统的控制中。

二、城轨信号系统的国产化历程

我国城轨信号系统的发展大致可以划分为起步阶段、成长阶段和快速发展阶段。

1. 起步阶段

1965—1978年，全国只有北京、天津2个城市有城市轨道交通线路，采用的是固定闭塞制式，缺点是行车速度低，间隔长。

2. 成长阶段

1978—2000年，主要通过车辆、信号、综合监控等子系统完整进口的方式，建设国内地铁线路。其中广州地铁1号线于1997年采用德国原装进口西门子列车和LZB700M型信号控制系统并开通运营，第一次在国内采用数字轨道电路的准移动闭塞制式。

3. 快速发展阶段

2000—2020年，国家根据国内企业的实际水平，政策上采取先易后难的方法促进自主化的发展，实施了"四步走"策略：① 建立国内企业为项目总包或联合体牵头方的强制机制。为了使国内企业更好的学习国外城市轨道交通的先进技术，2000—2010年前后，国家政策规定城市轨道交通信号系统必须以国内企业总包形式完成项目。通过这个阶段，逐步通过技术人员参加工程实施、系统设计、功能调试等工作，培养了国内企业的技术人员。② 支持ATS、联锁等进行国产化替代。2010年以后，鼓励和支持信号系统中采用全国产化的ATS和联锁子系统，北京地铁 13 号线、5 号线，重庆轻轨 2 号线、3 号线等线路的信号系统使用了国内企业铁科、卡斯柯、交大微联等的 ATS 和联锁，从而推进了国产化信号系统又向前迈进了一步。③ 推动国内企业提供完整的信号系统。国内企业通过前期的积累，在国家产业政策的支持下，通过不懈努力，国内企业攻克了轨道交通的关键核心技术，打破了国外企业的技术垄断，北京交通大学和北京地铁研发的 CBTC 系统 ATP/ATO 核心设备，在北京亦庄线、昌平线投入实际工程应用，铁科院和广州地铁联合研发的整套 CBTC 系统应用在了广州 7 号线，通号公司、卡斯柯公司和南京恩瑞特公司也相继研发成功自主化的 CBTC 系统，并实现了工程应用。④ 抢先推动下一代信号系统发展。随着我国 4G 和 5G 技术的快速发展，国内信号企业在逐步国产化信号系统后把 4G 和 5G 技术成功应用在了轨道交通信号系统的车地通信中，建设和开通了多条 CBTC 和全自动驾驶线路中，使城轨信号系统正式迈入自动化、自主化、智能化的发展阶段，奠定了国内信号企业的领先优势。

三、未来发展趋势

那么，以后城市轨道交通的未来发展方向是什么？各个信号供货商看法不一，归纳起来，有以下几个发展方向。

1. CBTC 系统的互联互通

信号厂家在一个城市内实现互联互通以后，不仅可以实现跨线、共线、越行等运输组织，还可以实现列车、车辆段、车辆维修装备的资源共享，在线路延伸、车辆增购时不用受制于原有的供应商，在满足旅客运输需求的前提下，可降低装备的全寿命周期成本。

要实现 CBTC 系统的互联互通，需要有统一的车地通信协议。这涉及统一的技术要求、总体架构和功能分配、车载电子地图、不同供应商之间的计算机联锁（CI）、区域控制器（ZC）、ATS（列车自动监控）的接口协议以及车载 ATP /ATO 系统和车辆系统的接口等。为了验证这些统一的规范与接口协议对实现互联互通的充分性与必要性，需要经过实验室、线路的试验验证和示范工程的实践。

2014 年，中国城市轨道交通协会责成其技术装备专业委员会，牵头编制 CBTC 信号系统互联互通的接口规范。国家把重庆地铁二期工程的 4、5、10 号线和环线作为国家示范工程，对 CBTC 系统的互联互通规范进行验证。重庆的示范工程从设计阶段开始就对线路、车站、供电、限界、车辆等各个环节进行策划与统一部署，验证后的 CBTC 互联互通规范将纳入城市轨道交通信号系统招投标技术条件。

如图 1-4 所示，L1 和 L2 是两条单独的地铁线路，目前受信号系统的影响，1 号线（L1）和 2 号线（L2）线路上的运营列车不能相互开到对方的线路上，如果 L1 上运行的列车想要开到 L2 上，需要采用人工驾驶方式才能运行到 L2 线路上。实现互联互通后，L1 和 L2 线路上的列车可以相互运营。

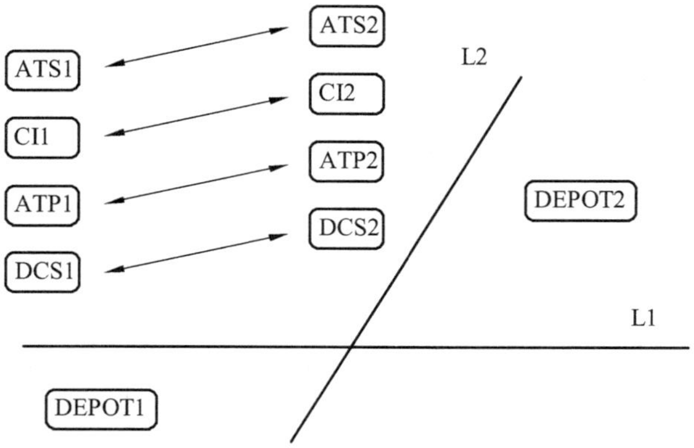

图 1-4　互联互通示意图

2. 统一的 LTE-M 平台

目前承载 CBTC 无线通信的 2.4 GHz 公用频段存在影响行车安全的不可控因素，极有可能造成重大群体事件。工信部发布无〔2015〕65 号文，明确 1.8 GHz（1.785 ~ 1.805 MHz）作为城市轨道交通等行业的专用频段。

LTE-M 平台是在 TD-LTE（时分-长期演进）基础上形成的城市轨道交通专用无线通信平台，经过国家无线电管理部门、协会、业主单位以及信号和通信供应商的反复论证，其可持续性强、易于升级，适应列车速度范围宽（最高满足车速 300 km/h 以上工况），可覆盖地铁、市郊铁路、城际轨道交通等所有线路制式，在 QoS（服务质量）保障机制、抗干扰、传输速率、延时、通信质量、可维护性和全面性等方面具有较大优势，有成熟的产业链，相比其他制式，如 WLAN（无线局域网），有更好的应用前景，更符合城市轨道交通的发展方向。中国城市轨道交通协会已委托其技术装备专业委员会组织制定 LTE-M 技术规范，包括系统、接口、技术设备、测试、工程等五类 19 个子规范。规范的编制遵循以下原则：

（1）满足城市轨道交通车地间安全信息类的信息传输需求；

（2）保证 CBTC 系统的安全可靠运行；

（3）实现不同厂商 LTE-M 平台的互联互通；

（4）参照成熟稳定的国际标准和国家标准；

（5）采用综合承载方式时具有较好的性能指标。

所有子规范也在 2016 年底前陆续发布，使 LTE-M 实现标准化和有技术依据，为各项目业主在 LTE-M 平台网络规划和建设方面提供指导，促进城市轨道交通通信系统的创新和技术进步。由于信息安全的需求，中国城市轨道交通协会已在 2016 年 5 月 31 日发布〔2016〕3 号文，明确建议各地新建线路的 CBTC 系统采用 LTE-M 平台，并充分利用宽带专业通信的技术优势实现安全信息的综合承载。所制定的 CBTC 系统互联互通和 LTE-M 规范可以作为城市轨道交通信号系统的上层规范。

3. 全自动驾驶

全自动驾驶能大幅度提升运行效率。例如，巴黎地铁 1 号线是建于 1911 年的百年老线，改成全自动驾驶以后，运行追踪间隔从 105 s 缩短为 85 s。实现全自动驾驶能够优化操纵。例如在同一供电臂内控制列车的进站制动和出站加速时间，对列车进行以节能为判据的优化操纵。西门子公司在巴塞罗那的 R9 全自动驾驶线路比人工驾驶可节能 15%以上。据统计，已实现全自动驾驶的线路运行可靠性高于 99.98%，大于人工驾驶线路。全自动驾驶的范围已经远远超出信号系统的范围，至少应该包括车辆控制、牵引供电、站台屏蔽门控制、无线传输、综合监测等系统，这就打破了原有信号系统的专业划分范围。然而，这些系统仍以信号控制系统为核心，所以也把城市轨道交通的全自动驾驶看成信号系统的发展方向。

实现了全自动驾驶以后，运行管理的重点从关注正常运行调度转移到管理故障情况下的应急响应能力和处理手段。运行组织管理的机构、规章制度也应随之进行调整。可以预见，全自动驾驶必将成为下一代城市轨道交通信号系统的发展方向。

4. 车-车通信

从列车运行控制的基本原理上分析，通过列车间车-车无线通信（见图 1-5），应能实现列车的运行控制。从运输需求的角度可知，如果用车-车通信实现列车控制，则可大大减少轨旁设备，而线路的道岔也可由运行中的列车作为指挥中心来进行控制。对 CI 的控制地位的认识，是车-车通信能否发展成为一种制式的关键。CI 在传统的列车控制系统中将其作为列车控制的最后一道防线。如果在车-车通信列车控制系统中仍保留联锁在传统信号系统中的地位，那么车-车通信列车控制可以带来的减少轨旁设备的优势就将大打折扣。将 ZC 的控制功能转移到车载控制系统上的代价是很大的。为此必须提升车辆控制系统的安全等级，必须考虑在车载控制中心故障以后的降级运行措施，并与传统信号系统作对比，车-车通信的安全性、可靠性是否需要提升。此外，必须对车辆运行控制功能转移到车上以后增加的成本和减少轨旁控制设备的成本进行比较，验证其经济性。最后，还要检验车-车通信系统给运输组织带来的进步，检验其投入产出关系。

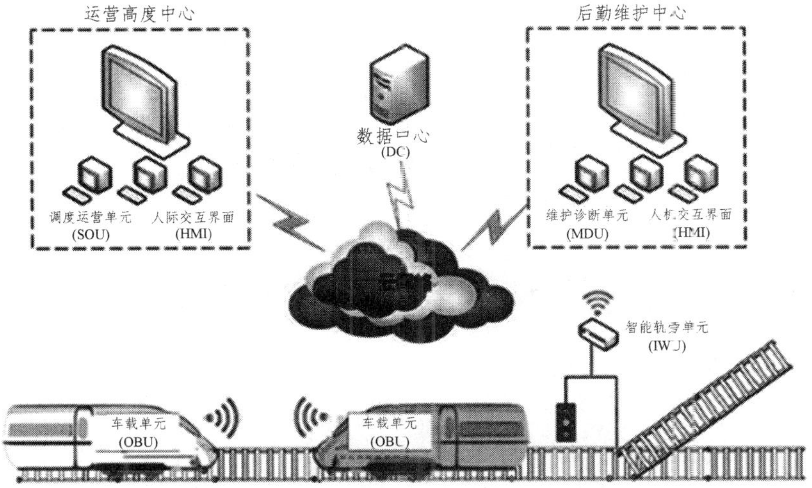

图 1-5　典型车-车系统组成图

可以肯定，在既有系统中增加车-车通信功能必能够增强车辆控制的安全性。如何发展车-

车通信功能、如何定位车-车通信功能的地位，是城市轨道交通信号系统发展方向的另一个命题。

基于车车通信的列控系统的系统结构可以分为 3 层，分别为：运营控制层、车载控制层以及轨旁控制层，如图 1-6 所示。运营控制层主要由 DCD（Dynamic Capacity Decision，动态运能决策系统）和 RMU 构成。动态运能决策系统的功能是发送行车计划和调度命令。RMU（Resource Management Unit，资源管理单元）主要负责在线列车管理与临时限速下发。车载控制层是整个列控系统的核心，主要由 VCM（Vital Computer Management，车载列车管理）和 VCI（Vital Computer Interlocking，车载联锁）组成，具有完成移动授权计算、列车超速防护和进路排列等功能；轨旁控制层主要由 OC（Object Controller，对象控制单元）等设备组成，具有信号机、转辙机等轨旁设备的控制和表示功能。

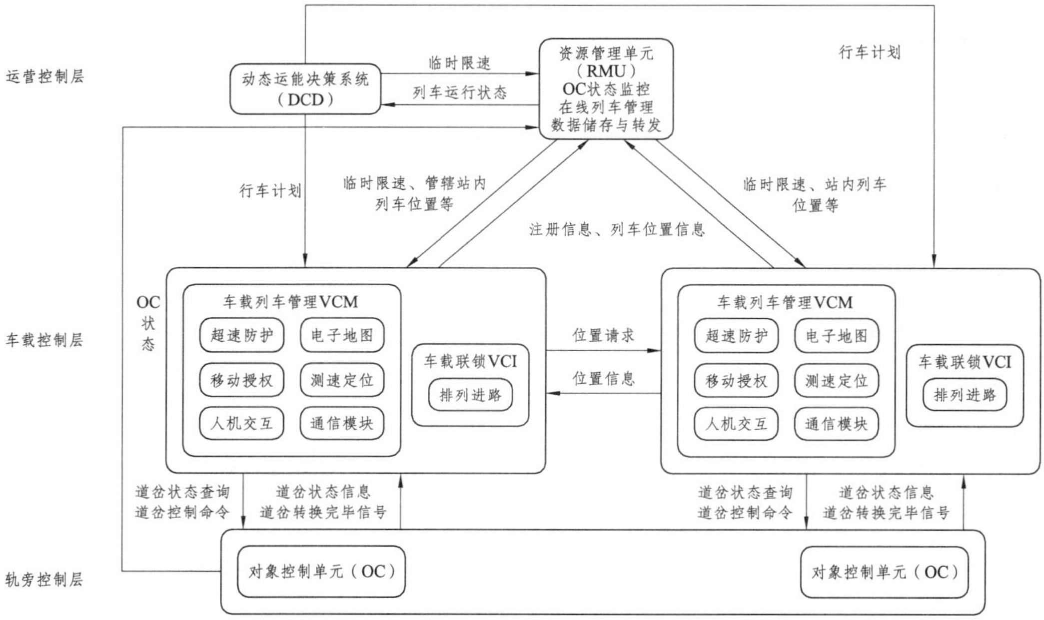

图 1-6　基于车车通信的车载系统原理图

第三节　城轨计算机联锁

一、城市轨道交通计算机联锁的定义

联锁是指为了保证铁路车站行车和调车作业的安全，在信号机、道岔和进路之间通过技术手段建立的相互制约关系。实现这种关系的设备称为联锁设备。联锁设备除了保证作业安全外，还有提高作业效率和降低劳动强度等作用。

按联锁机具体位置不同分为非集中联锁和集中联锁两大类。集中联锁按使用的器件不同又分为机械集中联锁、电气集中联锁、计算机联锁等。信号机、道岔、进路之间的联锁关系主要有：道岔位置不正确、进路未排通、进路上有车占用，防护该进路的信号机不能开放允许信号；

信号一旦开放允许信号，进路被锁闭，不准许改变进路上的道岔位置，敌对进路（不允许同时建立的进路）的防护信号亦被锁闭在关闭状态。列车或车列驶入进路，信号机立即自动关闭，且不能自动重复开放。显然，联锁是存在于两个对象之间的，如道岔与信号机之间、敌对信号机之间、进路与信号机之间等。在设计联锁设备时，要将车站所有进路、信号机、道岔之间的相互制约关系找出，并列于称作联锁表的表中，以免疏漏某一项联锁内容。

城市轨道交通计算机联锁系统简称 CI，CI 系统是实现车站联锁的信号系统，CI 将控制范围内信号机、列车占用检测装置及道岔等信号设备构成一种既相互联系又相互制约的关系。CI 应保证进路行车安全，提高运输效率，改善劳动条件，并具备大信息量和联网能力。

二、CI 的要求

1. 一般要求

（1）CI 系统满足 24 h 不间断运行的要求。

（2）CI 系统的监控容量应满足正线车站、车辆段/停车场的建设规模和运输作业的需要。

（3）CI 系统应具有与 ATS 校核时钟的能力。

（4）CI 系统可与 ATS 系统配合，实现站控/遥控的转换。

（5）CI 系统主要通过进路控制列车的运行。在 CBTC 模式下，CI 系统允许多列车运行到同一条进路内，按照移动闭塞行车；在降级模式下，CI 系统只允许一列列车运行到该进路内，按照固定闭塞行车。

2. CI 系统硬件要求

（1）CI 硬件体系结构具有层次结构，可分为人机对话层、安全运算层和执行表示层。人机对话层由操作显示设备、系统诊断维护设备组成，安全运算层由联锁计算机组成，执行表示层由采集驱动设备组成。

（2）安全运算层计算机应采用“二乘二取二”或“三取二”硬件冗余结构。

（3）执行表示层可采用带 CPU（中央处理器）的智能单元，也可采用不带 CPU 的电子电路实现。

（4）人机对话层的操作显示设备应采用冗余结构。

（5）人机对话层的操作显示设备可与 ATS 系统操作表示设备合并设置。合并设置操作显示设备时，由 ATS 系统按照 ATS 规范提供操作、表示界面。

（6）系统应配置冗余的电源。

（7）对于“二乘二取二”计算机联锁，执行表示层的主体电路也应是“二乘二取二”冗余结构。对于驱动电路，主体电路即除最终产生驱动继电器电压的器件组外的其他电路。

（8）执行层对结合继电器的物理驱动宜采用双断方式，即所有由电子电路驱动的继电器不采用公共的驱动回线。驱动继电器对应执行层的双系宜采用分线圈使用。

（9）CI 采集的继电器应通过采集继电器接点的方式直接证明继电器状态。对于涉及安全的非由 CI 驱动的关键继电器（轨道继电器、道岔表示继电器等），CI 的每一系均应采用同时采集这些继电器的前后接点或双接点采集的方式并予以校核。其中定位表示、反位表示继电器及其他有动作关联的继电器可采用后接点串接后由 CI 采集的方式。

（10）其他设备的故障，不得影响联锁设备的正常工作。

3. CI 系统软件要求

1）软件的安全等级

CI 软件应按安全性要求划分软件安全完整性等级。

2）软件的一般要求

（1）CI 软件应达到软件制式检测要求的可靠性和安全性。

（2）CI 软件按安全性要求划分软件安全完整性等级，并应采取与确定等级相适应的技术措施。

（3）CI 软件根据所划分的安全完整性等级，遵照软件质量保证体系、软件生命周期来设计、开发和测试软件。

在编制软件需求规格说明书时，应同时提出软件体系结构。

（4）CI 软件应经过测试确认和安全性评估，并将结果作为文档的一部分交给用户。

（5）CI 软件应能随着计算机硬件不断升级而方便地移植。

（6）CI 软件应模块化、结构化、标准化。

3）软件的设计要求

（1）应消除已判定的危险，避免导致危险的人为差错。

（2）为使软件达到确定的安全完整性等级，应采用可靠性和安全性技术进行设计。

（3）有相同意义的与行车安全有关的变量及其同一变量不同取值的信息编码的汉明码距不应小于 4。

（4）与行车安全有关的信息编码，在其码集中非法码字和合法码字或非安全侧码字和安全侧码字的不对称比率不应小于 255:1。

（5）在联锁机上电、复位之后，开始联锁运算之前，应运行自检程序，检查联锁机及其输入、输出接口功能的完好和完整。

（6）联锁机在整个工作期间内，应周期性运行自检或互检程序。

（7）开关量信息采集周期应适应列车最高运行速度的要求。

（8）应具有对涉及联锁关系的数据的校验功能。

三、环境条件

（1）CI 设备应安装于信号机械室内，信号机械室应符合 GB/T 2887 所规定开机时的 C 级要求。

（2）温度：0 ~ 40 °C。

（3）相对湿度：不大于 90%（室温 + 25 °C）。

（4）大气压力：74.8 ~ 106.2 kPa（相当于海拔高度不超过 2500 m）。

（5）外电网引入电源屏的零地电位差不大于 1.0 V。

（6）室内应采取防静电、防尘等措施。周围无腐蚀性和引起爆炸危险的有害气体。

四、性能要求

表 1-1 列出了部分可靠性、可用性、可维护性和安全性（RAMS）参数。

1. 可靠性要求

（1）CI 系统应采用高可靠性硬件和冗余结构。

（2）CI 系统的平均无故障间隔时间（MTBF）应 $\geqslant 10^5$ h。

2. 可用性要求

（1）CI 系统的设计寿命为 15 年。

（2）CI 系统的可用性包括可靠性和可维护性的综合指标，可用性指标应≥99.99%。

3. 可维护性要求

（1）CI 系统的平均恢复时间<30 min。

（2）CI 系统应能与信号集中监测系统接口，向其提供室内外联锁设备的状态及报警信息。

4. 安全性要求

（1）CI 应工作可靠并符合故障-安全原则。

（2）CI 系统的安全完整性等级应达到 SIL4 级，系统中涉及安全的设备的安全完善度等级须达到 SIL4 级或由相关国家权威部门出具等级相当的认证报告以证明其符合 SIL4 级的要求。

（3）有关电源、电磁环境、外部接口、人机接口（考虑操作失误）等环境条件和使用条件的设计应采用与安全完整性等级相适应的设计方法。

（4）CI 系统应具有一定的错误检测机制，检测到软、硬件故障发生时及时采取措施，触发安全反应，不得引发或维持不安全状态。

表 1-1　系统参数

参数	取值范围
计算机联锁系统（CI）安全完整度等级	SIL4
计算机联锁系统（CI）平均无故障间隔时间（MTBF）	$\geqslant 10^5$ h
计算机联锁系统（CI）可用性	≥99.99%
计算机联锁系统（CI）平均恢复时间	<30 min
计算机联锁系统（CI）系统的处理周期	≤1 s

五、可扩展性要求

CI 系统的硬件和软件结构应实现模块化和标准化。

六、系统实时性要求

CI 系统的处理周期应≤1 s。

七、系统关键设备的切换

采用“二乘二取二”硬件冗余结构的系统应具备切换功能，当主机出现异常停机时，备机应能自动转为主机并接管控制权。

采用有效的冗余技术，切换时不应影响系统的正常使用并应给出相应提示。

复习思考题

1. 简答题

（1）城市轨道交通对信号系统的定义是什么？

（2）城市轨道交通信号系统的组成是什么？

（3）城轨信号系统与国铁信号系统的区别？

（4）轨道交通信号系统的发展趋势是什么？

（5）城市轨道交通计算机联锁的定义是什么？

（6）CI 的一般要求是什么？

（7）CI 系统硬件要求是什么？

（8）CI 系统软件要求是什么？

2. 填空题

（1）城市轨道交通______、_______，所以信号的应变速度快、信息量多。

（2）城市轨道交通信号系统（ATC）由_______________、_____________、____________及__________________________几个子系统组成。

微课　联锁的定义

第二章 城轨联锁的技术基础

【学习目标】

1. 了解工业控制计算机的原理、结构、主要特点。
2. 了解分布式控制系统和集中控制系统的定义和组成。
3. 掌握容错与冗余控制的定义。
4. 掌握冗余控制技术的实现方法。
5. 掌握城轨信号系统中提高 RAMS 的常用方法。
6. 掌握城轨联锁计算机的硬件层次结构。
7. 了解计算机联锁可靠性和安全性保障方法。

【学习方法和建议】

熟悉本章教学内容，认真阅读教材，掌握城市轨道交通信号系统的技术基础。学习中多阅读网络上城市轨道交通相关的论文、标准和资料，拓宽知识面，加深对本章内容的理解。学好本章可以为后面章节的学习打下良好的基础。

第一节　工业控制计算机

一、工业控制的主要类别

工控机（Industrial Personal Computer，IPC）即工业控制计算机（见图 2-1），是一种采用总线结构，对生产过程及机电设备、工艺装备进行检测与控制的工具总称。工控机具有重要的计算机属性和特征，如具有计算机主板、CPU、硬盘、内存、外设及接口，并有操作系统、控制网络和协议、计算能力、友好的人机界面。工控行业的产品和技术非常特殊，属于中间产品，是为其他各行业提供稳定、可靠、嵌入式、智能化的工业计算机。

工控机的主要类别有：IPC（PC 总线工业计算机）、PLC（可编程控制系统）、DCS（分布式控制系统）、FCS（现场总线系统）及 CNC（数控系统）五种。

图 2-1　工控机外观

1. IPC

IPC 即基于 PC 总线的工业计算机。据 2000 年统计，IPC 机已占到通用计算机的 95%以上，因其价格低、质量高、产量大、软/硬件资源丰富，已被广大的技术人员所熟悉和认可，这正是工业热的基础。其主要的组成为工业机箱、无源底板及可插入其上的各种板卡（如 CPU 卡、I/O 卡等），并采取全钢机壳、机卡压条过滤网、双正压风扇等设计及 EMC（Electro Magnetic Compatibility，电磁兼容）技术以解决工业现场的电磁干扰、震动、灰尘、高/低温等问题。

IPC 有以下特点：

（1）可靠性：IPC 具有在粉尘、烟雾、高/低温、潮湿、震动、腐蚀环境下工作和快速诊断和可维护性高等特点，其 MTTR（Mean Timeto Repair，平均修复时间）一般为 5 min，MTBF 在 10^5 h 以上，而普通个人计算机（PC）的 MTBF 仅为 10 000 ~ 15 000 h。

（2）实时性：IPC 对工业生产过程进行实时在线检测与控制，对工作状况的变化给予快速响应，及时进行采集和输出调节（看门狗功能这是普通 PC 所不具有的），遇险自复位，保证系统的正常运行。

（3）扩充性：IPC 由于采用底板+CPU 卡结构，具有很强的输入、输出功能，最多可扩充 20 个板卡，能与工业现场的各种外设、板卡（如与道控制器、视频监控系统、车辆检测仪等）相连，以完成各种任务。

（4）兼容性：能同时利用 ISA 与 PCI 及 PICMG 总线资源，并支持各种操作系统，多种语言汇编，多任务操作系统。

2. 可编程序控制器（PLC）

PLC 英文全称为 Programmable Logic Controller，中文全称为可编程逻辑控制器（见图 2-2）。其定义为：一种专门为在工业环境下应用而设计的数字运算操作电子系统。它采用一种可编程的存储器，在其内部存储执行逻辑运算、顺序控制、定时、计数和算术运算等操作的指令，通过数字式或模拟式的输入、输出来控制各种类型的机械设备或生产过程。

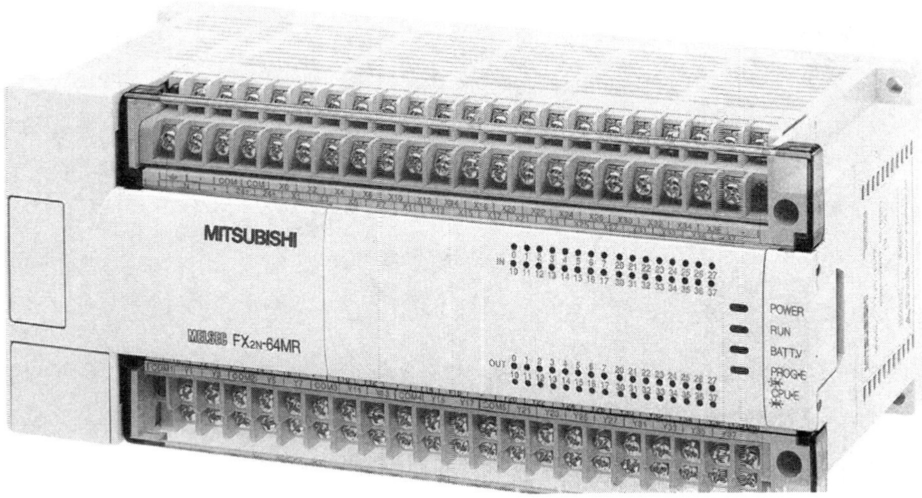

图 2-2　可编程控制器外观

可编程控制器是计算机技术与自动化控制技术相结合而开发的一种适用于工业环境的新型通用自动控制装置，是作为传统继电器的替代产品而出现的。随着微电子技术和计算机技术的迅猛发展，可编程控制器更多地具有了计算机的功能，不仅能实现逻辑控制，还具有了数据处理、通信、网络等功能。由于它可通过软件来改变控制过程，而且具有体积小、组装维护方便、编程简单、可靠性高、抗干扰能力强等特点，已广泛应用于工业控制的各个领域，大大推进了机电一体化的进程。

3. 分布式控制系统（DCS）

DCS 英文全称 Distributed Control System，中文全称为分布式控制系统。它是一种高性能、高质量、低成本、配置灵活的分布式控制系统（见图 2-3）系列产品，可以构成各种独立的控制、监控和数据采集系统（SCADA），满足各种工业领域对过程控制和信息管理的需求。系统的模块化设计、合理的软硬件功能配置和易于扩展的能力，能广泛用于各种大、中、小型电站的分散型控制、发电厂自动化系统的改造以及钢铁、石化、造纸、水泥等工业生产过程控制。

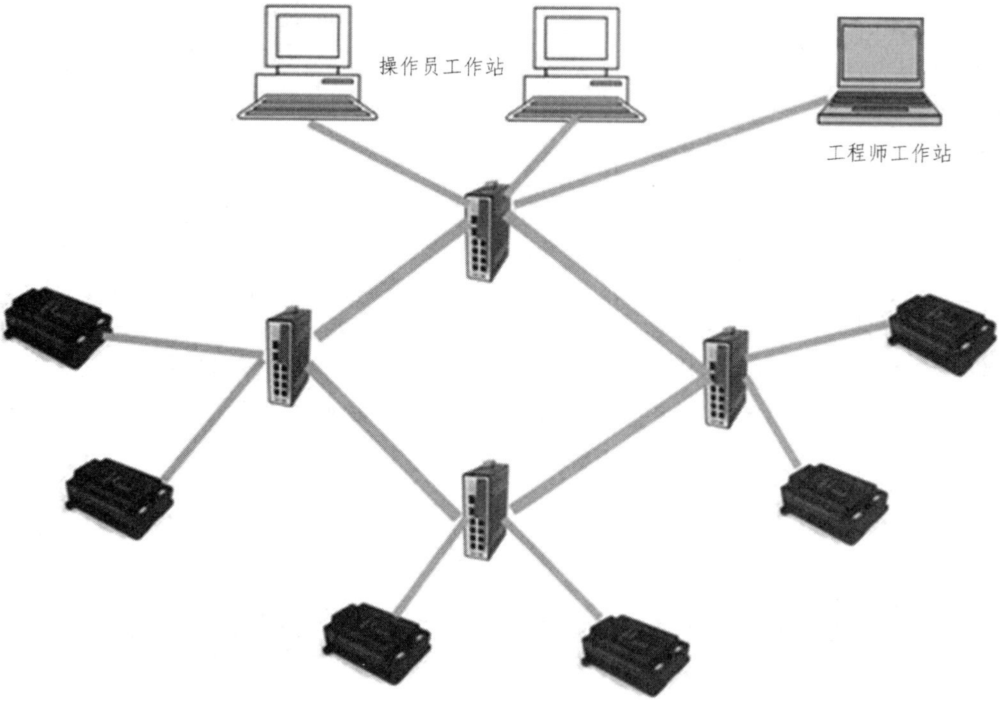

图 2-3　分布式控制系统

4. 现场总线系统（FCS）

FCS 英文全称为 Field bus Control System，中文全称为现场总线控制系统。它是全数字串行、双向通信系统。系统内的测量和控制设备（如探头、激励器和控制器）可相互连接、监测和控制。在工厂网络的分级中，它既作为过程控制（如 PLC，LC 等）和应用智能仪表（如变频器、阀门、条码阅读器等）的局部网，又具有在网络上分布控制应用的内嵌功能。由于其广阔的应用前景，众多国外有实力的厂家竞相投入力量，进行产品开发。目前，国际上已知的现场总线类型有四十余种，比较典型的现场总线有：Profibus、LONworks、CAN、HART、CC-LINK 等。

5. 数控系统（CNC）

CNC 英文全称为 Computer numerical control，中文全称为计算机数字控制系统。它是采用微处理器或专用微机的数控系统，由事先存放在存储器里的系统程序（软件）来实现控制逻辑，实现部分或全部数控功能，并通过接口与外围设备进行连接。数控机床是以数控系统为代表的新技术对传统机械制造产业的渗透形成的机电一体化产品。其技术范围覆盖很多领域：

（1）机械制造技术。

（2）信息处理、加工、传输技术。

（3）自动控制技术。

（4）伺服驱动技术。

（5）传感器技术。

（6）软件技术等。

二、工业控制软件系统

工业控制软件系统主要包括系统软件、工控应用软件和应用软件开发环境等三大部分。其中系统软件是其他两者的基础核心，因而影响系统软件设计的开发质量。工控应用软件主要是根据用户工业控制和管理的需求而生成的，因此具有专用性。从工控软件系统发展历史和现状来看，工控软件系统应具 5 大主要特性：

从工控软件基本组成上看它可大致划分为 3 层；实时操作系统层、控制管理层以及应用层，实时操作系统（OS 层）是其他层的基础。

（1）开放性。这是现代控制系统和工程设计系中一个至关重要的指标。开放性有助于各种系统的互联、兼容，它有利于设计、建立和应用为一体（集体）的工业思路形成与实现。为了使系统工具良好的开放性，必须选择开放式的体系结构、工业软件和软件环境，这已引起工控界人士的极大关注。

（2）实时性。工业生产过程的主要特性之一就是实时性，因此相应地要求工控软件系统应具有较强的实时性。

（3）网络集成化。这是由工业过程控制和管理趋势。

（4）人机界面更加友好。这不仅是指像菜单驱动等所带来的操作方便，应包括设计和应用两个方面的人机界面。

（5）多任务和多线程性。现代许多控制软件所面临的工业对象不再是单任务线，而是较复杂的多任务系统，因此，如何有效地控制和管理这样的系统仍是目前工控软件主要的研究对象。为适应这种要求，工控软件，特别是底层的工控系统软件必须具有此特性，如多任务实时操作系统的研究和应用等。

三、主要结构

（一）全钢机箱

IPC 的全钢机箱是按标准设计的，抗冲击、抗振动、抗电磁干扰，内部可安装同 PC-bus 兼容的无源底板。

1. 工控机箱分类

IPC（Industry Personal Computer）简称工控机，或者硬盘录像机（Digital Video Recording，DVR）；在恶劣的环境下使用，对产品的易维护性、散热、防尘、产品周期、甚至尺寸方面都有着严格的要求。因此，在设计和选择工控机平台的时候，考虑的更多的是机构的设计，然后才是对性能等的考虑。

（1）高度。一般分 1U（44 mm × 430 mm × **）、2U（88 mm × 430 mm × **）、3U、4U（176 mm × 430 mm × **），5U、6U、7U、8U 等，1U 的高度是 44 mm，其他高度依次类推。

（2）长度。国际标准的长度有两种：450 mm 与 505 mm，根据客户的具体要求还可以扩展其他长度，如 480 mm、500 mm、520 mm、530 mm、600 mm 等；其中 450 ~ 520 mm 尺寸的机箱占市场需求的 90%以上。加长型机箱的作用主要是有以下 3 个：一个是安装双至强处理器的“12 × 13”的主板，必须要 520 mm 的长度才能安装这样的大板；另外一个是安装工业 CPU 长卡或者是 300 mm 长的视频卡等需要足够的扩展空间；最后一个是散热空间的考虑，由于有些监控用户需要安装多路视频卡与多个硬盘，比如 64 路，128 路等，10 个硬盘要求很好的散热效果。

（3）卧式与壁挂式。

壁挂式：由于某些设备制造商需要把控制中心（IPC）放置在其设备之中。因此对工控机的体积有较为严格的要求。传统的上架式 19 inch 机箱体积基本很难满足要求，因此针对此种客户需求，推出了壁挂式的机箱。例如，某品牌的 IPC－6606/6608 壁挂机箱系列。这类机箱由于体积小，并且应用环境在某设备内部，其设计理念也重在散热和扩展性能上。

2. 工控机箱内部结构

硬盘架和光驱架：硬盘架一般分两种，一种是分拆式，一种是压卡式。品质优异的机箱一般都带金属弹簧防震功能；安装硬盘数量一般为 4 ~ 15 个。

底板：底板的规格有多种，主要以主板的规格来划分。普通的主板一般都可以安装。其中 520 mm 以下长度的机箱是安装不了“12 × 13”的双至强处理器主板的，必须要 520 mm 长度的机箱才能安装。

压卡条：主要起固定作用。有安防监控的安装视频长卡或工业 CPU 长卡时，必须要固定长卡，以免使用过程中出现晃动、不牢固等现象。

后槽的扩展：有 7 槽或 14 槽两种。14 槽的背板主要的用途是安装多路视频卡。例如；有些大型的监控系统需要 64 路或者 128 路时，必须换成 14 槽的背板。

工控机箱的导热：散热结构的合理性是关系到计算机能否稳定工作的重要因素。

工控机箱的抗震：工控机工作时，机箱内部的光驱、硬盘、机箱里的多个风扇在高速运转的时候都会产生震动，而震动很容易导致光盘读错和硬盘磁道损坏以至丢失数据。因此，机箱的抗震性也是机箱设计的关键因素。

工控机箱的电磁屏蔽：主机工作时，主板、CPU、内存和各种板卡都会产生大量的电磁辐射，如果不加以防范可能会对人体造成一定伤害。这时，机箱就成为屏蔽电磁辐射、保护健康的一道重要防线。屏蔽良好的机箱还可以有效地阻隔外部辐射干扰，保证计算机内部配件不受外部辐射影响。工控机箱为了增加散热效果，机箱上必要的部分都会开孔，包括箱体侧板孔、抽气扇进风孔和排气扇排风孔等，所以孔的形状必须符合能阻挡辐射的技术要求。机箱上的开孔要尽量小，而且要尽量采用阻隔辐射能力较强的圆孔。其次，要注意各种指示灯和开关接线的电磁屏蔽。比较长的连接线需要设计成绞线，线两端裸露的焊接金属部分必须用胶套包裹，这样就避免了机箱内用电线路产生的电磁辐射。

（二）无源底板

无源底板的插槽由总线扩展槽组成。总线扩展槽可依据用户的实际应用选用扩展 ISA 总线、PCI 总线和 PCI-E 总线、PCIMG 总线的多个插槽组成，扩展插槽的数量和位置根据需要有一定选择，但依据不同 PCIMG 总线规范版本，各种总线在组合搭配上有要求，如 PCIMG1.3 版本总线不提供 ISA 总线支持。该板为四层结构，中间两层分别为地层和电源层，这种结构方式可以减弱板上逻辑信号的相互干扰和降低电源阻抗。底板可插接各种板卡，包括 CPU 卡、显示卡、控制卡、I/O 卡等。

（三）工业电源

早期在以 Intel 奔腾处理器为主之前的工控机主要使用 AT 开关电源，目前大部分工控机与 PC 机一样主要采用的是 ATX 电源，平均无故障运行时间达到 250 000 h。

（四）CPU 卡

IPC 的 CPU 卡有多种，根据尺寸可分为长卡和半长卡，多采用的是桌面式系统处理器，如早期的有 386\486\586\PⅢ，现主流为 P4、酷睿双核等处理器，主板用户可视自己的需要任意选配。其主要特点是：工作温度 0～60 °C；带有硬件。也有部分要求低功耗的 CPU 卡采用的是嵌入式系列的 CPU。

（五）其他配件

IPC 的其他配件基本上都与 PC 机兼容，主要有 CPU、内存、显卡、硬盘、软驱、键盘、鼠标、光驱、显示器等。

四、适用领域

IPC 已被广泛应用于工业及人们生活的方方面面，如控制现场、路桥控制收费系统、医疗仪器、环境保护监测、通信保障、智能交通管控系统、楼宇监控安防、语音呼叫中心、排队机、POS 柜台收银机、数控机床、加油机、金融信息处理、石化数据采集处理、物探、野外便携作业、环保、军工、电力、铁路、高速公路、航天、地铁、智能楼宇、户外广告等。

五、主要特点

工控机通俗的说就是专门为工业现场设计的计算机，而工业现场一般具有强烈的震动，灰尘特别多，另有很高的电磁场干扰等特点，且一般工厂均是连续作业，即一年中一般没有休息。因此，工控机与普通计算机相比必须具有以下特点：

（1）机箱采用钢结构，有较高的防磁、防尘、防冲击的能力。

（2）机箱内有专用底板，底板上有 PCI 和 ISA 插槽。

（3）机箱内有专门电源，电源有较强的抗干扰能力。

（4）要求具有连续长时间工作能力。

（5）一般采用便于安装的标准机箱（4U 标准机箱较为常见）。

另外，由于以上的专业特点，同层次的工控机在价格上比普通计算机贵，但一般不会相差太多。

尽管工控机与普通的商用计算机相比具有得天独厚的优势，但其劣势也非常明显，即数据处理能力差，具体如下：

（1）配置硬盘容量小。

（2）数据安全性低。

（3）存储选择性小。

（4）价格较高。

六、工控机的日常维护

在很多场合会用到工控机，但真正能使工控机运转良好的场合不是很多。有些人忙活了半天，还是不能排除机器故障；有些人用起来则得心应手。这种区别即源自用户对工控机的管理和维护。工控机是为了适应特殊、恶劣环境的一种工业计算机，它的电源、机箱、主板都是为了能适应长时间不间断运行而设计的。为了更好地使用它，让它始终保持良好的工作性能，在日常使用中必须对它进行必要、合理的维护。

首先，要给工控机一个平稳的工作环境。如果机器对磁盘或硬盘进行读写操作时出现震动，驱动器会严重磨损或导致硬盘损坏。如果要靠墙放置，距离墙壁应有一定间隙，以保证散热良好，否则，会导致元器件加速老化。具体做法如下。

1. 机　箱

机箱中包括工控电源、无源底板、风扇。

工控电源：它是为 N 小时不间断开机服务的，所以它的性能较好，主要需注意的是尽量减少灰尘进入，防止灰尘影响风扇的运行，防止瞬时断电。瞬时断电又突然来电往往会产生一个极高的瞬间电压，很可能“烧”坏计算机。电压的波动（过低或过高）也会对计算机造成损伤。因此，应尽量配备不间断电源。另外，还应注意防静电、防雷击。

无源底板：它是为各种板卡（包括显卡、声卡、网卡等）提供电源的，它的日常维护要注意三点：① 不能在底板带电的情况下拨插板卡，插拨板卡时不可用力过猛、过大，用酒精等清洗底板时，要注意防止工具划伤底板。② 插槽内不能积灰尘，否则会导致接触不良，甚至短路。③ 插槽内的金属脚应对齐有无弯曲，否则影响板卡在系统中的运行，出现开机不显示、板卡找不到、死机等各种现象。

风扇：工控箱内的风扇是专门为工控机设计的，它向机箱内吹风，降低机箱内温度。需要注意的是：电源是否接到插头上；风扇外部的过滤网要定时清洗（每月一次），以防过多的灰尘进入机箱；禁止尖锐物品损坏风扇页片。

2. 主　板

工控机主板是专为在高、低温特殊环境中长时间运行而设计的，在其运用中需要注意的是：不能带电插拔（内存条，板卡后面的鼠标、键盘等），带电插拨会导致插孔损坏，无法使用，严重的甚至会使主板损坏。主板上的跳线不能随便设置，需要查看说明书或用户手册，否则会由于不同型号主板的电压设置不同而导致损坏。对主板的灰尘应定时清洁，不能用酒精或水，应用干刷子、吸尘器或皮老虎将灰尘吸出或吹掉。保持主板上内存插槽的干净，无断脚、歪脚。主板下插入无源底板中的金手指应保持干净，在底板上要插紧、插到位。

3. 硬盘、光驱、软驱

硬盘：不要随意拆卸硬盘，避免振动、挤压。尽量不要在硬盘运行时关闭计算机电源，这样突然关机会导致硬盘磁道损坏，数据丢失。不要随意触动硬盘上的跳线装置。搬运时一定要用抗静电塑料袋包装或用海绵等防震压材料固定好。经常检查病毒，以防数据被侵蚀。操作系统如有节能功能要尽量合理使用，以延长硬盘使用寿命。

光驱：在使用中不要随意打开光驱门。不能使用有损伤、盗版光碟。防止灰尘进入光驱内。光驱在使用过程中不要震动、歪曲、拍打。数据线要连接通畅，保证光驱读盘顺利。

4. 各种板卡

板卡要注意防尘，插脚要保持完好。板卡竖直插入不能歪曲，并且板卡外插孔上的连接件不能带电拔插。

七、外部原因分析

空气中的可吸入颗粒物多。工厂内的原料大多需要粉料进行加工，加上外界空气流动大、沙尘多，工控机内容易集积大量黏糊状积尘，造成工控机内局部温度过高，带来硬件损坏。这种情况多发于 CPU、电源、硬盘、显卡等的散热风扇周围。积尘较轻的地方，在正常生产允许的情况下，可以采用定时吹尘；积尘较严重的地方，可以在工控机箱透风处安置滤尘纱布，需要做定期清理。

供电电压波动大、易停电。随着工业的发展和生活水平的提高，对电量的需求量也日益增大，一些比较偏僻的地区容易出现供电不足、电压不稳的现象，造成工控系统经常重新启动，系统重要的日志文件容易丢失而导致无法正常启动。因此，工控机工作环境电源的稳定关系到工控机能否正常工作。需要采用稳压电源和不间断电源（UPS）进行保护。具体设备的选型要依负载功率大小、需保持工作时间长短来确定。

环境湿度不适宜。工控机是由许多电子元件的集成电路构成，其绝缘性能跟环境湿度有很大关系。湿度过大很容易造成电路板短路而烧毁；湿度过小容易产生静电，也会击穿部分电子元件。因此，湿度过大、过小都会给工控机带来潜在的威胁。在静电防护问题上，要求工控机上必须要有良好的仪表接地。

地面震感大。许多工厂生产中需要电机产生拖动、震动等物理性位移动作，不仅会带来巨大的噪音，机器工作时带来的震动也会给工控机磁盘、光驱、软驱造成巨大的损害。现在磁盘生产的工艺越来越精密，在自动化控制系统中的大量数据交换中，长时间、高速度运转的磁盘容易因磁盘震动导致磁盘读写能力下降、磁头定位缓慢，甚至造成磁盘损坏。因此，减少工控机环境震感，有利于保护磁盘。

第二节　分布式和集中式控制

根据管理信息系统的硬件、软件、数据等信息资源在空间的分布情况，系统的结构又可分为集中式和分布式两大类型。

一、分布式系统

利用计算机网络把分布在不同地点的计算机硬件、软件、数据等信息资源联系在一起服务于一个共同的目标而实现相互通信和资源共享，就形成了管理信息系统的分布式结构。具有分布结构的系统称为分布式系统。

分布式控制系统是以微型计算机为基础的分散型综合控制系统，简称 DCS（Distributed Control System）。

从整个系统来说，在功能上、逻辑关系上、物理上以及地理位置上都是分散的，以计算机网络为组成核心的控制系统都是分布式系统。

实现不同地点的硬、软件和数据等信息资源共享，是分布式系统的一个主要特征。分布式系统的另一个主要特征是各地与计算机网络系统联接的计算机系统既可以在计算机网络系统的统一管理下工作，又可脱离网络环境利用本地信息资源独立开展工作。

图 2-4 是分布式系统的示例。

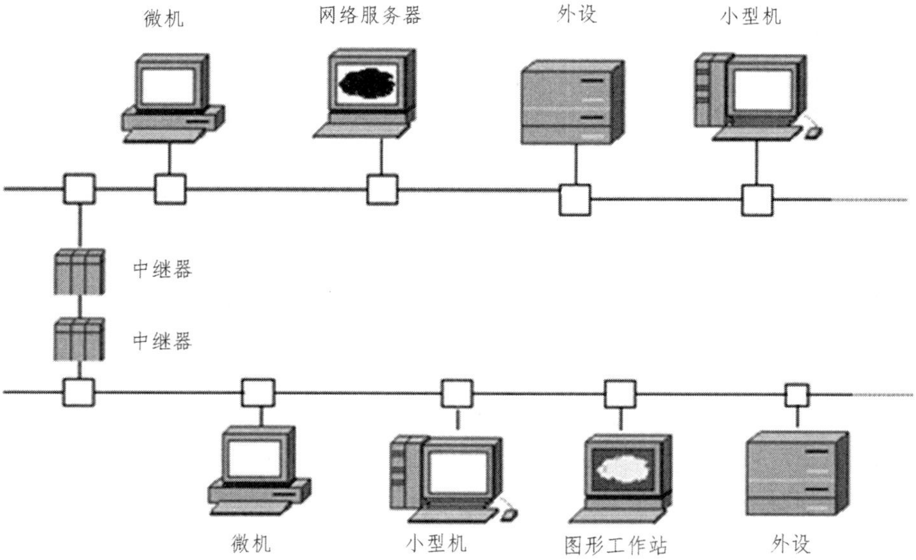

图 2-4　分布式系统示例

1. 硬件环境

原来系统内中央处理器处理的任务分散给相应的处理器，实现不同功能的各个处理器相互协调，共享系统的外设与软件。

2. 网络环境

多数分布式系统是建立在计算机网络之上的，所以分布式系统与计算机网络在物理结构上是基本相同的。而分布式操作系统的设计思想和网络操作系统不同，这决定了他们在结构、工作方式和功能上也不同。网络操作系统要求网络用户在使用网络资源时首先必须了解网络资源，网络用户必须知道网络中各个计算机的功能与配置、软件资源、网络文件结构等情况。在网络中；用户如果要读一个共享文件，必须知道这个文件放在哪一台计算机的哪一个目录下；分布式操作系统是以全局方式管理系统资源的，它可以为用户任意调度网络资源，并且调度过程是“透明”的。当用户提交一个作业时，分布式操作系统能够根据需要在系统中选择最合适的处理器，将用户的作业提交到该处理程序，在处理器完成作业后，将结果传给用户。在这个过程中，用户并不会意识到有多个处理器的存在，这个系统就像是一个处理器一样。

3. 分布式系统的优点

（1）可以根据应用需要和存取方便来配置信息资源。

（2）有利于发挥用户在系统开发、维护和信息资源管理方面的积极性和主动性，提高了系统对用户需求变更的适应性和对环境的应变能力。

（3）系统扩展方便。增加一个网络结点一般不会影响其他结点的工作。系统建设可以采取逐步扩展网络结点的渐进方式，以合理使用系统开发所需资源。

（4）系统的健壮性好（网络上一个结点出现故障一般不会导致全系统瘫痪）。

4. 分布式系统的缺点

（1）由于信息资源分散，系统开发、维护和管理的标准、规范不易统一。

（2）配置在不同地点的信息资源一般分属管理信息系统的各子系统。不同子系统之间往往存在利益冲突，管理协调上有一定难度。

（3）各地的计算机系统工作条件与环境不一致，不利于安全保密措施的统一实施。

现在企业组织结构正朝着小型化、扁平化、网络化方向发展。管理信息系统必须适应这一发展。21 世纪 80 年代以来，随着计算机网络与通信技术的迅速发展，分布式系统已经成为当前信息系统结构的主流模式。

二、集中式系统

集中式系统是单机系统，用一台计算机对多个对象或设备进行集中管理和集中控制，有时称为“群控”。

信息资源在空间上集中配置的系统称为集中式系统，图 2-5 为集中式系统的示例。

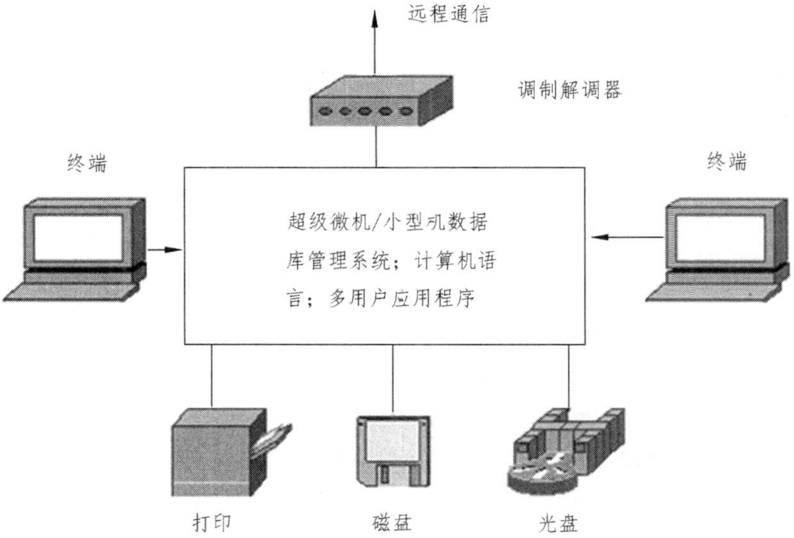

图 2-5　集中式系统示例

1. 硬件环境

IBM，HP 小型机以上档次的服务器。

2. 网络环境

适应于当前的操作系统。

3. 集中式系统的主要优点

（1）信息资源集中，管理方便，规范统一。
（2）可供专业人员集中使用，有利于发挥他们的作用，便于组织人员培训和提高工作。
（3）信息资源利用率高。
（4）系统安全措施实施方便。

4. 集中式系统的主要缺点

（1）随着系统规模的扩大和功能的提高，集中式系统的复杂性迅速增长，给管理、维护带来困难。
（2）对组织变革和技术发展的适应性差，应变能力弱。
（3）不利于发挥用户在系统开发、维护、管理方面的积极性与主动精神。
（4）系统比较脆弱，主机出现故障时可能导致整个系统停止工作。

第三节 冗余

一、容错与冗余控制

（一）容错与冗余技术

容错控制的研究虽然面临着空前的挑战，但近些年来相关研究领域（如鲁棒控制理论、模糊控制、神经网络控制）研究的不断深入和发展，也给容错控制的研究带来了良好的机遇，提供了充分的条件。

而计算机控制技术、人工智能等技术的飞速发展，使得容错控制技术在实际工程中应用的可能性变得越来越大。

（二）容错概念的提出

提高系统的可靠性一般有两种办法：
（1）采用缜密的设计和质量控制方法来尽量减少故障出现的概率。
（2）以冗余资源为代价来换取可靠性。

利用前一种方法来提高系统的可靠性是有限的，要想有进一步的提高必须采用容错技术。

容错控制技术在国外发展的比较早，是由冯·诺依曼提出的。随着 21 世纪 80 年代微型计算机的迅速发展和广泛应用，容错技术也得到了飞速的发展，被应用到各个环境中。

我国的容错技术目前发展也很迅速，一些重要的工作场合如航天、电厂等都采用了容错技术。

所谓容错，就是容许错误，是指设备的一个或多个关键部分发生故障时，能够自动地进行检测与诊断，并采取相应措施，保证设备维持其规定功能，或牺牲性能来保证设备在可接受范围内继续工作。

错误一般分为两类：第一类是先天性的固有错误，如元器件生产过程中造成的错误、线路与程序在设计过程中产生的错误。这一类的错误需对其进行拆除、更换或修正，是不能容忍的。第二类的错后天性的错误，它是由于设备在运行中产生了缺陷所导致的故障。这种故障有瞬时性、间歇性和永久性的区别。

容错技术是提高系统可靠性的重要途径。常采用的容错方法有硬件容错、软件容错、信息容错和时间容错。

（三）智能容错的定义

智能容错（Intelligent Fault-Tolerance，IFT），就是设备在运行过程中一个或多个关键部件发生故障或即将发生故障之前，利用人工智能理论和方法，通过采取有效措施，对故障自动进行补偿、抑制、消除、修复，以保证设备继续安全、高效、可靠运行，或以性能损失为代价，保证设备在规定的时间内完成其预定功能。

智能容错技术的构成方法可以采用以下三步来实现：

（1）建立系统的设计目标。

（2）设计智能容错处理机构。

（3）根据设计目标对所做的设计进行评价，如果满足目标则设计成功，否则将返回第（2）步进行重新设计，直到满足设计目标要求。

硬件智能容错（Hardware Intelligent Fault Tolerant，HIFT）主要采用硬件冗余技术。其基本思想是对设备的关键部件配备多重相似或相同部件，一旦检测和诊断出设备发生故障就可以立刻切换到备份部件，以达到故障容错的目的。图 2-6 所示为二冗余结构原理图。

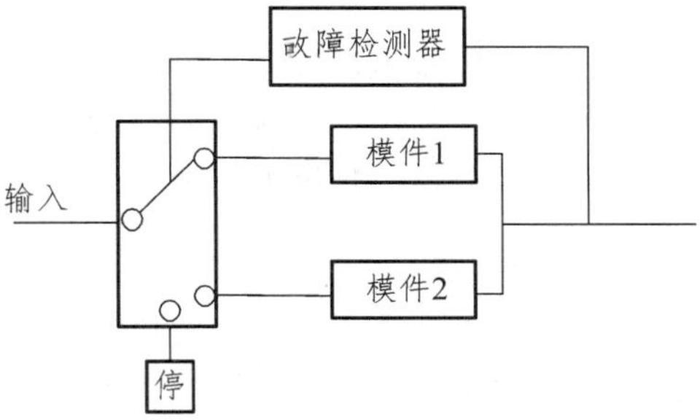

图 2-6　二冗余结构原理图

（四）硬件智能容错方式的分类

硬件智能容错按其工作方式可以分为：静态冗余、动态冗余和混合冗余。

1. 静态冗余

静态冗余容错是通过表决和比较屏蔽系统中出现的故障，如图 2-7 所示。

静态冗余容错的主要特点是：

（1）由于故障被屏蔽，所以不需要识别故障。

（2）容易与无冗余系统进行转换。

（3）所有模件都消耗能量。

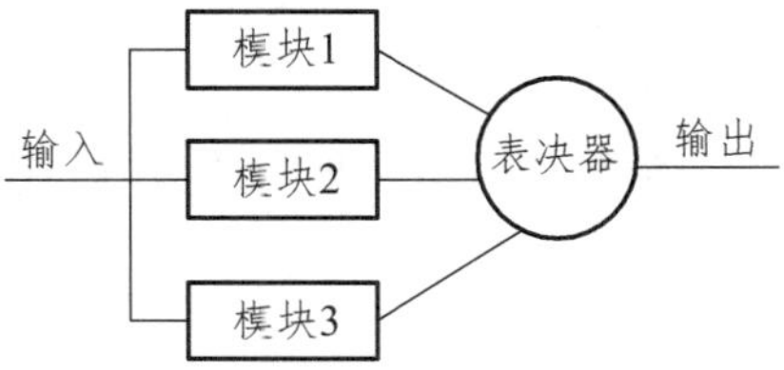

图 2-7　三模冗余（静态冗余）TMR 系统结构

2. 动态冗余

动态冗余的主要方式是多重模块相继运行来维持设备正常工作。当检测到工作模块出现故障时，一个备用模块立即接替故障模块并投入工作，如图 2-8 所示。

动态冗余容错控制的主要特点是：

（1）仅有一个模件消耗能量。
（2）模件数目可随任务而改变，不会影响系统工作。
（3）转换装置和检测装置中任一故障都会导致系统失效。

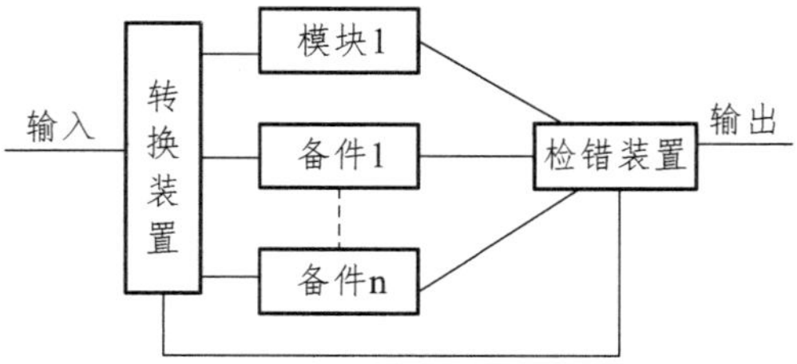

图 2-8　动态冗余容错控制结构图

（五）智能容错的故障处理方式

智能容错技术是一种外延广博的综合性技术。为了消除故障的影响，可以采用以下处理方式来实现。

1. 故障检测

通过故障检测可以迅速准确地对故障进行定位。故障检测是容错的基础。故障检测方式可分两种：脱机检测，即进行检测时系统不能做有用的工作；联机检测，即检测与系统工作同步进行，它具有实时检测的能力。

2. 故障定位

在给定的故障条件下，找出故障原因，确定发生故障元件的具体位置。定位的详细程度视具体问题而定，一般定位到进行系统重构所需的最小单元。

3. 故障屏蔽

故障屏蔽能够把故障效应掩盖起来，以防止故障对输出产生影响。故障屏蔽只能容忍故障，而不能给出故障警告，当冗余资源耗尽时，将使设备产生错误输出。

常用的故障屏蔽方法有多模表决冗余和屏蔽逻辑两种，多模表决冗余就是在设备的多个装置中，只要至少有一个装置正常工作，系统就能完成其功能；屏蔽逻辑主要用于门级电路的故障屏蔽，它能有效地限制逻辑线路门输出的临界故障与亚临界故障。

4. 故障限制

故障限制就是规定故障的传播范围，把故障效应的传播限制在某一区域内。故障限制可以用软件和硬件来实现。

5. 故障隔离

故障隔离就是将故障隔离起来，以防其进一步扩散和对设备产生影响。

6. 故障修复

当设备发生故障经检测和定位后，就可采取更换、修理、自修复等方式使设备复原。

7. 系统重组

当设备发生故障时，可通过任务的重新分配或内部器件的重新组合，来切除或替换故障部件。

8. 系统重构

重构就是把修复的模件重新加入系统中。

9. 系统恢复

系统恢复就是经过屏蔽、重组等方法，使故障恢复到故障前的工作状态，不丢失或少丢失信息，并保证下一步的正常运行，系统恢复通常用软件实现。

（六）智能容错的实现方法

智能容错的实现方法分为：

（1）故障信号检测。

（2）故障特征识别。

（3）故障状态预测。

（4）故障维修决策。

（5）故障容错控制。

故障容错的目的在于针对不同的故障源和故障特征，采取相应的容错处理措施，对故障进行补偿、消除或自动修复，以保证设备继续安全可靠运行，或以性能损失为代价，保证设备在规定时间内完成其基本功能。结构框图如图 2-9 所示。

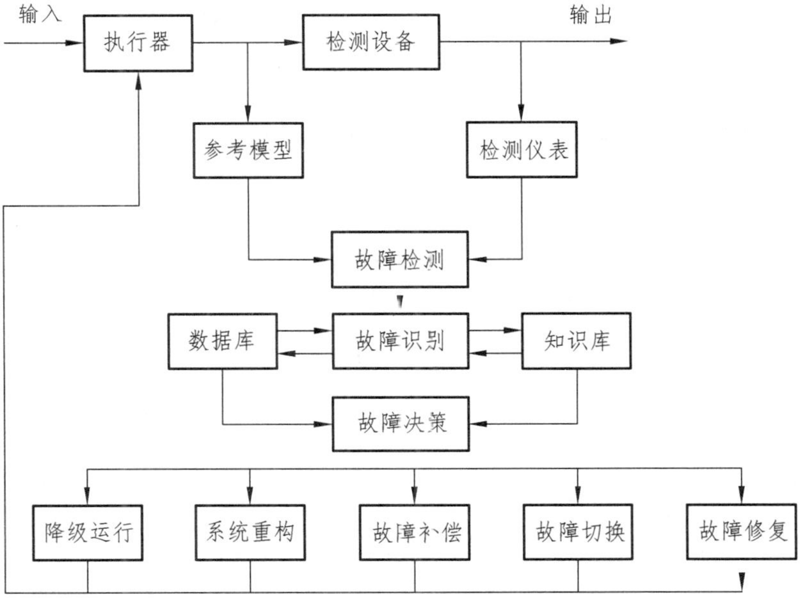

图 2-9　故障容错控制过程框图

二、冗余技术

（一）冗　余

所谓冗余（redundancy）就是多余资源，冗余技术可用来处理故障，冗余技术分为：

（1）硬件冗余法。硬件冗余（Hardware Redundancy，HR）就是依靠附加硬件的冗余性和互补性来实现故障容错，附加硬件通常采用储备形式，当设备某个或某些关键部件发生故障后，可以用备份硬件替代故障部件，以削弱或消除故障的影响。

（2）软件冗余法。软件冗余（Software Redundancy，SR）可以通过增加软件功能来实现，包括修改容错控制策略、重新配置系统软件、有效地降低设备的运行速度、多模块并行诊断决策等。

冗余附加技术指为实现上述冗余所需的其他资源和技术，包括程序、指令、数据以及存放和调动他们的空间和通道。他们和硬件冗余中冗余备份一样，在没有容错要求的系统中是不需要的，而在容错系统中却是必不可少的。以屏蔽硬件故障为目的容错技术中，冗余附加技术包括：① 关键程序和数据的冗余存储和调用；② 检测、表决、切换、重构、纠错、复算的实现。在屏蔽软件故障的容错系统中，冗余附加件的构成不同。

冗余附加件包括：① 独立设计的相同功能冗余备份程序的存储及调用；② 实现纠错检测及恢复的程序；③ 为实现容错软件所需固化的程序。冗余、容错技术发展伴随着大规模和超大规模集成电路的发展，在硬件可靠性大大提高的同时价格却大幅度降低，使采用各种容错技术在经济上更易接受。

（二）容　错

容错技术应用范围可扩展到银行事务处理及各种实时控制系统，甚至许多通用计算机系统也采用了容错技术。在 20 世纪七八十年代，容错技术应用已经很广泛。例如：1975 年的美国贝尔实验室的 3A 号 ESS 处理系统和美国 TANDEM16 容错事务处理系统；1976 年的美国 AMDAHL470 V/6 容错通用计算机和 1978 年容错空间计算机 FTSC；1979 年 BIM 推出容错的 4300 通用计算机系列；1980 年容错多处理机 FTMP 及软件实现的容错计算机 sift 研制成功；等等。

随着电子交易的日益广泛，出现了商用容错计算机市场和以分布式为体系的容错计算机系统。VLSI（大规模集成电路）技术和人工智能在容错技术上的应用催生了计算机故障诊断专家系统，给冗余、容错技术的发展增添了新的活力。

冗余、容错技术理论的研究也是相当活跃的。1952 年，冯·诺依曼作了一系列关于用重复逻辑模块改善系统可靠性的报告；1956 年，他发表了论文《概率逻辑及用不可靠元件设计可靠的结构》。

1971 年以来，IEEE 计算机学会容错技术委员会每年召开一次国际容错计算学术会议；1987 年中国计算机学会成立了容错计算专业委员会。基于容错控制（TFC）基本思想，FTC 的研究主要有被动容错控制（passives）和主动容错控制（activate）两种途径。

主动容错控制建立在控制系统故障检测与 FDD（Fau1t Detection and Diagnose）的基础上，当 FDD 环节检测出系统故障后，重新调整控制器参数，甚至改变控制器结构，在保证系统稳定的前提下，尽量恢复系统故障前的性能。被动容错控制是设计对故障具有容忍能力的强鲁棒控制器，被动容错控制的研究可以充分利用鲁棒控制技术的研究成果，且不受 FDD 发展水平的限制，所以对于被动容错控制的研究取得的成果较多。

1. 主动容错控制

主动容错控制一般需要两个基本步骤:控制系统的故障检测、诊断与隔离及控制系统重构。控制系统故障检测、诊断与隔离是在现代控制理论、可靠性理论、数理统计、信号处理、模式识别，以及人工智能和计算机控制等技术基础上的一门应用型的边缘学科，FDD 技术是容错控制重要的支撑技术之一。

由于控制系统 FDD 问题本身的复杂性和相关领域技术水平的限制，即使人们对它的研究达到了一定的水平，至今仍没有解决这一问题特别有效的方法。

目前的控制系统 FDD 研究主要是沿着基于模型和基于知识两种途径展开。控制系统重构的方法主要有：控制律重新调度、控制器重构设计和模型跟踪重组控制。

（1）控制律重新调度的基本思想是，在离线的情况下计算出各种故障条件下所需的控制律增益参数，存储在计算机中，系统根据 FDD 单元所给出的结果，选择合适的增益参数，实现对各种故障的容错控制；

（2）控制器重构设计是根据故障系统的新环境，重新设置系统的工作点，并给出可改善系统性能的新控制器。现有的控制器重构方法主要有基于直接状态反馈或输出反馈的方法，以及基于动态补偿器的设计方法等。

（3）模型跟踪重组控制的基本原理是采用模型参考自适应控制的思想，使被控过程的输出自适应地跟踪参考模型的输出，因此这种容错控制不需要 FDD 单元。

在主动容错控制方法中，能够较好地将 FDD 环节与系统重构相结合的是基于人工智能的容错控制方法。在容错控制中所运用的人工智能方法主要是人工神经元网络（Artifictial Neural Network，ANN），利用 ANN 对非线性特性的任意逼近能力和 ANN 所具有的从样本中学习、归纳和推理的能力，通过训练，使 ANN 能准确地估计出故障的大小，在此基础上再通过故障补偿来实现主动容错控制。

2. 被动容错控制

在目前的容错控制研究中，因为不受控制系统 DFD 环节的限制，被动容错控制相对于主动容错控制要更容易实现，已有的可以实现被动容错控制的主要方法有：

（1）完整性控制器设计。完整性控制（integrate control）的概念由 Niederlinski 在 1971 年提出，完整性控制是研究最早的一种容错控制技术，因为控制系统中传感器和执行器是最容易发生故障的部件，所以完整性控制具有很高的应用价值，在控制理论中，称多变量系统中出现故障时仍能保持系统稳定性的控制器为完整性控制器，完整性控制器设计是多变量系统中特有的问题。

（2）多模型设计方法又称同时镇定问题，自从被 Ackermann、Sakes 和 Vidyasagar 等人提出以后，已经成为容错控制的一个重要研究方向。

（3）稳定容错控制的设计方法是力求寻找一个公共的状态反馈控制器，使之能够同时稳定尽可能多的故障情况下的系统模型，同时兼顾到系统的动、静态品质特性的要求。

与被动容错控制相比较，主动容错控制具有更多的优点。从理论上讲，被动容错控制是故障情况下的强健壮控制，主动容错控制是故障情况下的强自适应控制。被动容错控制即使在系统正常的情况下控制律也要满足故障条件下的要求，这在系统正常时显然是一种过高的要求，设计未免过于保守，必然要以牺牲性能指标为代价。另外，在预想故障数目较多时，被动容错控制问题可能根本没有解，所以被动容错控制有较大的局限性。

基于控制系统 FDD 的主动容错控制实质是一种强自适应控制，它实时地对系统进行故障检测与诊断，当检测出系统故障后，根据不同的故障采取相应的措施，保证系统的稳定性和维持一定的性能指标。主动容错控制所用的主要方法是控制律重构和故障补偿，前者需要根据故障重新设计控制器，后者则是利用故障的信息确定一个控制补偿量，目的都是力图使故障后的系统尽量接近甚至等价于原系统。对于演变速度较慢的所谓软故障，多模自适应方法比较适合，但多模自适应方法中存在较多的算法上的问题，限制了这种方法的使用。

（三）容错控制研究中需要解决的主要问题

尽管控制系统 FDD 和 TFC 技术的研究在理论上已取得了较为丰富的成果，但距离实际工程应用的要求还有相当大的差距，理论上也还有许多问题有待人们去研究和探索。

本文主要研究了实时系统多机冗余、容错系统的故障检测与诊断、控制系统重构、容错实时运行库技术以及容错控制在工程中的应用等问题，而在目前的研究中，上述领域主要存在的问题如下。

1. 控制系统故障检测与诊断中存在的问题

控制系统故障的模型是从理论上进行 FDD 研究的前提，但现有故障建模方法简单，与实际系统故障具有的复杂性和多样性成为一对亟待解决的矛盾。目前还没有一个在 FDD 和 FTC 中比较统一的故障表示方法。就拿 CPU 测试来说，多数的结构测试法需要详细的系统逻辑电路图，并在此基础上建立故障模型。

结构测试法通过验证电路中没有任何符合故障模型的故障存在，来说明电路中没有影响电路功能的实际物理故障存在。一方面，由于微处理器是一个输入、输出引线数目有限，内部结构异常复杂的大规模集成电路，很难在逻辑门这一级确立准确的故障模型；另一方面，受到引出脚数目的限制，使得故障的可控制性与可观察性大大降低；此外，控制逻辑部分与数据处理逻辑部分都在一块芯片上，不能预先假定哪一部分总是好的。

2. 系统重构方面存在的主要问题

目前的系统重构问题研究较少。现有的运用广义逆的方法、基于状态反馈或输出反馈、特征值和结构配置等方法仅是从数学模型角度将系统恢复，而不是从系统性能角度恢复，所以重构后的系统健壮性不能保证，有时甚至稳定性也难以保证。而且，多数重构对系统模型的要求也很苛刻。就目前的控制系统 FDD 研究水平来看，想获得故障后系统模型的全部信息是相当困难的。因此，寻求故障后控制律完全重构是理想化的。由于故障的大小是未知的，在设计时进行稳定性分析非常困难，只能对预想的故障进行稳定性分析。

3. 实时系统和容错技术相结合存在的主要问题

如何将软件容错技术有机地融合到实时系统中去，具有与发展软件容错技术本身同样重要的地位。

目前，尽管实时系统的软件容错技术已经取得了巨大的进步，但在实时系统中并未得到充分地应用。

4. 用户在冗余、容错系统设计中存在的主要问题

应用程序设计者在考虑如何实现应用软件的功能要求同时，要兼顾软件容错，这不可避免地，甚至是成倍地加大了应用系统开发的工作量，增加了系统的复杂程度，加大了应用出错的可能性。应用层容错将容错机制的实现和应用程序融为一体，当需要在同一操作系统上开发新

的应用时，所有工作必须从头开始，不符合工程实际中提高软件重用性的要求。

5. 容错控制理论运用于工程实际时需要解决的问题

容错控制在理论研究上比较困难，在实际工程中的应用更少。由于不同的工程领域所遇到的问题有很大的差异，不可能以一个统一的框架来解决所有的问题。理论研究所用的模型和假设与工程实际的差别比较大，这也是容错控制理论在工程实际中运用所遇到的主要困难。各个领域的工程技术人员应结合自己的工程实际，选择相应的控制方案。因此，统一系统架构，构建支持多种主流冗余、容错模式的运行库，对工程设计人员来说是很重要的。

第四节　计算机联锁系统的可靠性与安全性保障

一、可靠性与安全性技术基础

系统的可靠性是指在规定的条件或环境下，规定的时间内，系统完成规定功能的概率。

为了提高系统的可靠性，防止故障造成系统失效，人们在长期的研究中发展了两类基本技术：一类是防止和减少故障发生的技术，叫避错技术；另一类是当系统的某一部分发生故障时仍使系统保持正常工作的技术，叫作容错技术。

（一）避错技术

避错技术的基本着眼点是通过质量控制（如设计审核、元件筛选、测试等）、环境保护（如对外部干扰采取屏蔽）和减载使用等措施设法消除产生故障的原因，从而防止故障的发生，延长系统的使用寿命。避错技术是提高系统可靠性的第一道防线，是必不可少的常规技术。主要包括：

（1）质量控制技术。

（2）环境防护技术。

（二）容错技术

1. 容错技术的基本概念

1）容错技术的含义

当系统的某一部分发生故障时仍使系统保持正常工作的技术叫容错技术。

容错技术的基本出发点在于首先承认故障不可避免的事实，进而考虑解除故障影响的措施。为了实现这一思想，采取的主要手段就是用外加资源冗余，以达到掩蔽故障影响或使系统从故障状态重新恢复正常工作的目的。

2）容错技术的分类

容错技术又分为两种类型——故障掩蔽技术和系统重组技术（也称动态冗余技术）。

（1）故障掩蔽技术是指防止系统中故障产生差错的各种技术，就是说要将发生的故障掩蔽起来。这一技术不要求在发生容忍故障前检测故障，但要求做到故障包容，也就是使故障的影响局部化，防止故障的影响在系统中扩散从而影响整个系统的性能。这种技术中最常用的有纠错码、表决技术等，这是实现容错的第一途径。

（2）系统重组技术是防止系统中的差错导致系统失效的各种技术。系统重组要求首先进行故障检测，然后做到故障复位，最后做到系统恢复，即通过重组等手段使系统保持正常运行，这是实现容错的第二种途径。由于重组过程具有动态性质，所以也称为动态冗余技术。

故障掩蔽技术和系统重组技术都是建立在冗余技术的基础上的，是以资源冗余为前提的，这是容错技术的核心。

2. 实现容错技术的主要方法

容错技术是依靠外加资源，即冗余的方法来换取系统的可靠性的。

主要方法有：

（1）硬件冗余。

（2）软件冗余。

（3）时间冗余。

（4）信息冗余。

二、城市轨道交通中常用的提高 RAMS 的方法

计算机联锁系统的可靠性冗余结构是指为了使系统的可靠性指标达到或者超过目标值而采取的冗余结构。

目前，广泛使用和研究的计算机联锁系统冗余结构主要有双机热备动态冗余结构、三取二静态冗余结构、二乘二取二冗余结构。

（一）双机热备系统

1. 双机热备系统的基本结构

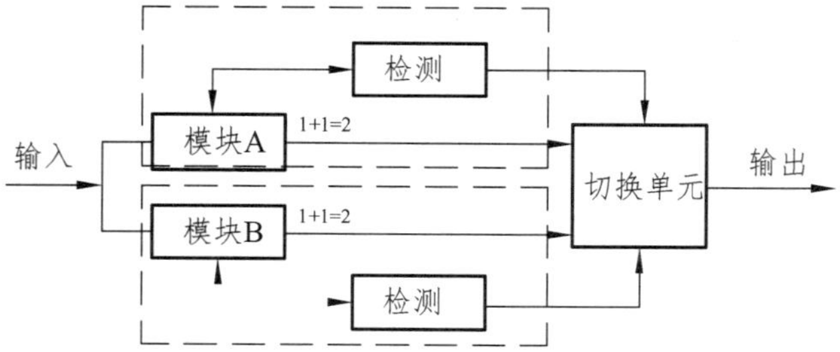

图 2-10　双机热备的系统结构图

如图 2-10 所示，模块 A 和模块 B 完成同样的任务。例如：计算 1+1=2，切换单元在模块 A 没有故障时用模块 A 的计算结果，此时模块 A 为主机状态，模块 B 如果正常为热备状态，检测到模块 A 故障时切换到模块 B，用模块 B 的计算结果，此时模块 B 为主机状态。

2. 双机热备系统的工作方式

双机热备系统的工作方式为:根据开机顺序，首先投入运行的自动为工作机，后投入的为热备机；工作机运行中发生故障后自动退出运行状态，热备机自动转为工作机。

因此热备双机有三种状态：

（1）停机状态。

（2）主机状态。

（3）热备状态。

3. 双机热备系统的故障检测

双机系统是通过切换进行重组来提高系统的可靠性和可用性的。

系统重组能否成功在很大程度上依赖于故障检测技术。故障检测的目的在于：检测计算机内部是否发生了故障，当出现故障时，不能产生危险侧输出；在工作机发生故障后，及时驱动切换开关动作，将备机输出接向系统的输出；无论工作机还是备机发生故障时，应及时报警，通知维修人员进行修理。

故障检测的原理和方法是多种多样的，常用的检测方法有：

（1）比较法。

（2）自诊断法。

（3）比较—自诊断法。

（4）监督定时器法（或称看门狗法）。

4. 双机热备系统的通信与同步

双机通信与同步是双机热备系统的基本问题之一。

双机热备系统大多采用比较法进行故障检测，双机的运行时需要同步。

同步的另一种含义是让备机及时了解工作机的运行状况，需要在主备双机之间建立通信联系，以便在工作机发生故障而终止控制命令输出时，备机能立即发动切换，接替控制命令的输出，从而防止诸如突发性关闭信号而造成对行车作业的影响。

双机之间的通信联系通常采用半双工通信方式，由备机作为通信主站，定时呼叫作为子站使用的工作机。双机同步可引用两机间的定点通信信号来实现，其通信周期和联锁程序循环运行周期相同。即每隔一定的时间间隔，联锁程序扫描一个周期，双机相互握手通信一次，确定双机的工作状态，保持双机同步，其同步过程可用2-11图表示。

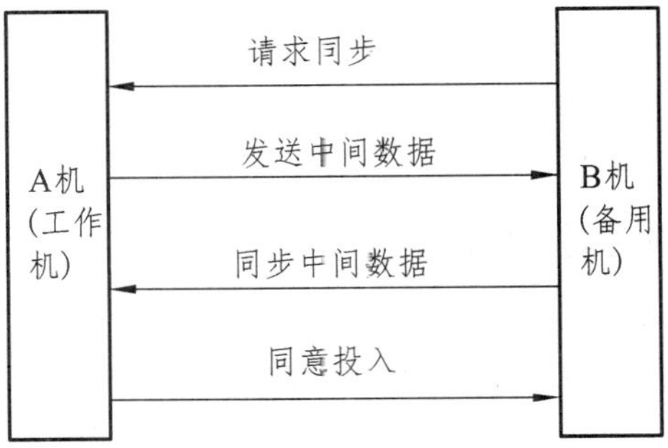

图2-11　双机同步过程

（二）三机表决系统（三取二冗余系统）

1. 三机表决系统的结构原理

三机表决系统是一种利用故障屏蔽技术构成的可靠性和故障—安全系统。

该系统由三台构造相同又彼此独立的计算机、表决器、接口电路和故障检测机构等组成。

如图 2-12 所示，模块 A、模块 B 和模块 C 三台计算机同时执行一样的操作，其输出送到表决器，然后表决器按三取二的方式工作，即只要任何两个计算机输出一致时，则产生控制命令输出。这样，可以屏蔽任一计算机的故障对系统的影响。

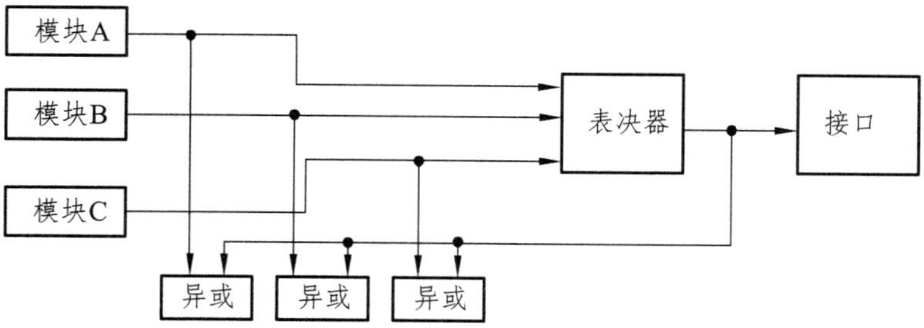

图 2-12　三取二结构图

2. 主　机

如果三机表决系统中的两台主机发生了同样的故障，即共模故障，有可能会输出错误的危险测试信息，从而危及行车作业的安全。

产生共模故障的主要原因是三个模块的硬件和软件在设计上完全相同，而且存在设计错误，这种共同性的错误就导致相同的错误输出。

避免共模故障的方法：一是对主机的硬、软件采用不同的设计方法；二是采取同样设计但确保不存在设计错误。

3. 表决器

表决器本身要具有很高的可靠性与安全性，它应当比三取二系统本身具有更高数量级的可靠性与安全性。

表决器逻辑电路由三个两两比较器和一个或门组成。

4. 故障机的及时切离与及时修复以及三台计算机同步运行问题

经比较发现结果不一致时，要及时地确认究竟是哪一台计算机出现了故障并及时地将其从系统中切除。

同时，故障机一经发现就要在规定的时间间隔内予以修复。如果不及时修复，当又有一台计算机故障时，系统将停止运行，整个系统将呈现瘫痪状态。

另外，由于三台计算机要进行频繁比较，所以它们要严格同步。同步的方法有两种：硬件同步和软件同步。

硬件同步要有专门的同步电路，如时钟同步等。目前实现时钟级同步主要是采用三个时钟源强制同步技术。

软件同步是以软件为主的同步方法，主要是通过对同步标志的测试、比较和计算来实现的。软件同步的方法具有较高的灵活性，但同步精度和效率相对硬件同步方式要低。在实际运用，可根据具体情况，合理选用。

（三）二乘二取二系统

1. 二乘二取二系统的结构原理

如图 2-13 所示，系统 1 与系统 2 中，只要有一个系统正常输出即可保障整个系统正常工作，从而提高了系统的可靠性和可用性。在任意一个系统中，又由模块 A 和模块 B 构成，只有模块 A、B 两个系统同时工作正常时，系统 1 或系统 2 才能有输出，从而提高了系统的安全性。

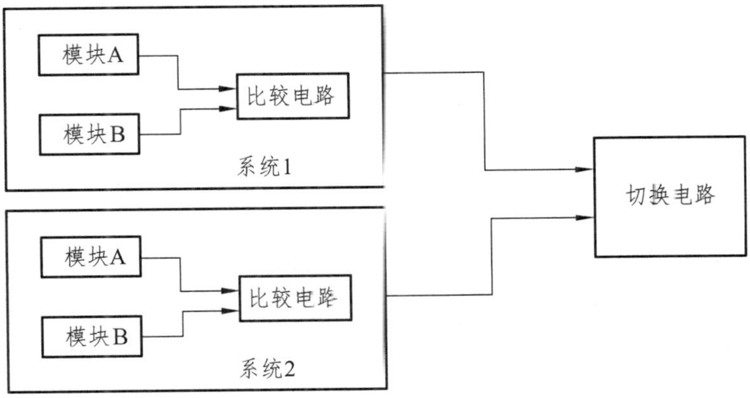

图 2-13　二乘二取二结构图

2. 二取二 CPU 电路

图 2-14 为二取二 CPU 电路原理图。在一个计算机系统中有两个 CPU，两个 CPU 的硬件、软件完全相同。两 CPU 的运算结果经比较回路检查，一致后形成有效的输出，否则无输出电源。这就使安全得到最有效的保证。

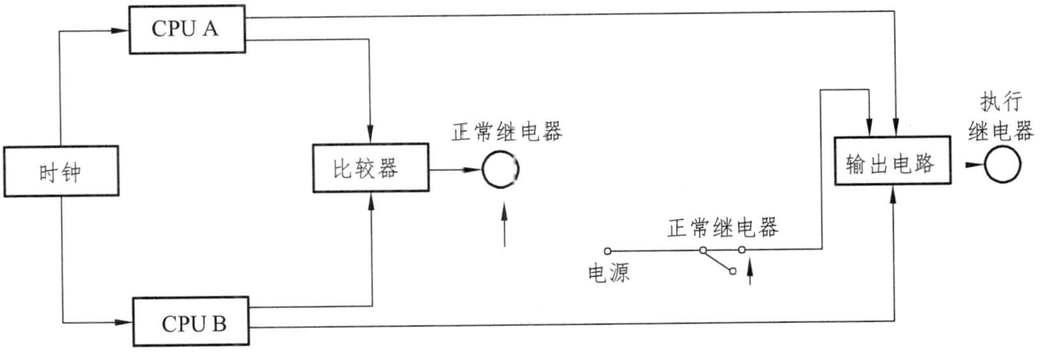

图 2-14　二取二电路原理图

3. 双系热备

图 2-15 为二乘二取二系统的双机切换构成模式，双系之间采用的是热备的方式。

在这种双系热备的方式中，输入/输出计算机均同时工作，同时产生输出；并且以并联的方式连接到被驱动的继电器上。因此，双系热备仅对 1 系和 2 系计算机而言，对于输入/输出计算机，双系均以二重系并联方式运行。

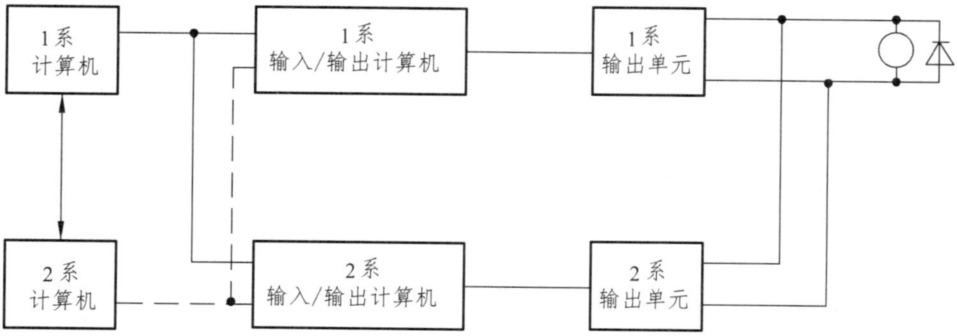

图 2-15　二乘二取二系统的切换热备方式

（四）I/O 通道故障—安全保障技术

1. 故障—安全输入接口

目前，在计算机联锁系统中，信号机、道岔、轨道电路等监控对象的状态信息多是用安全型继电器的接点状态来反映的，输入接口的任务是将这种数据安全地采集到联锁机中来。为此，故障—安全输入接口必须做到以下两点：

（1）采用光电隔离技术。通常，接点输入电路要经过光电耦合才能接至输入接口，以便有效地抑制接点输入电路的电磁干扰。

（2）采用静态输入或动态输入方式，以便有效地实现故障—安全原则。

1）静态故障—安全输入接口（见图 2-16）

静态故障—安全输入接口的设计思想是采用编码方式，将反映监控对象状态的二值开关量用多元代码来表达。

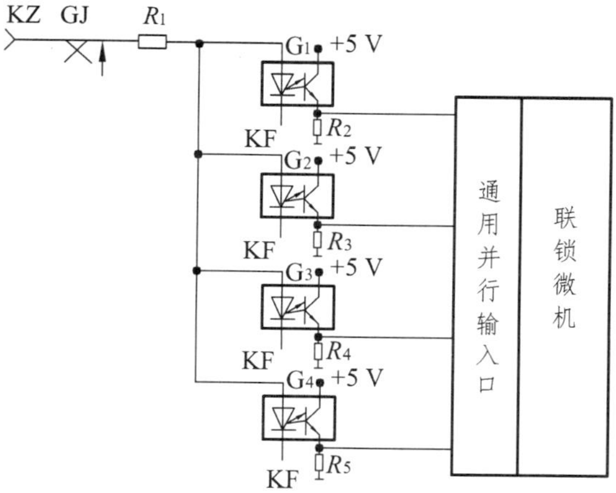

图 2-16　静态故障—安全输入接口

在电路的每一个输入端接入一个光电耦合器的作用：

（1）使微机与其他电源隔离。

（2）提高抗干扰的能力。

2）动态故障—安全输入接口（见图 2-17）

从计算机的输入输出关系来看，该接口电路实际上是一个闭环形式的动态脉冲电路。它的故障—安全是通过计算机校验输入代码是否畸变来判断输入接口电路是否失效实现的。

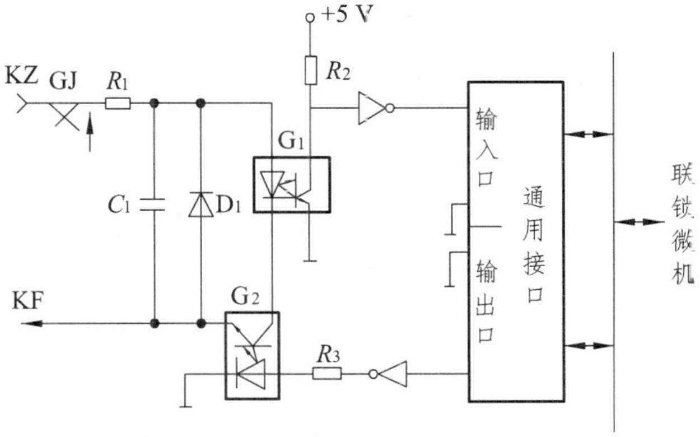

图 2-17 动态故障—安全输入接口

2. 故障—安全输出接口

目前，车站信号广泛使用的联锁装置、执行器件与被控对象（信号机，转辙机等）的结合电路均是继电电路，经长期实践检验，证明这确实是可行的故障—安全电路。所以，计算机联锁系统只要在此基础上设计出相应安全的继电器驱动电路（带动继电器动作），通过继电控制电路控制现场设备，即可满足系统对输出接口的各项技术要求。而联锁机输出的控制信息通常是代码形式，且信号电平很低，一般不足以驱动继电器工作。因此，输出接口的任务是将控制信息从代码形式转换成电平形式，并将电平放大到足以驱动继电器工作，同时要求在变换过程中满足故障—安全原则。

为了达到上述这一要求，在输出接口的设计中，一般是采用代码动—静态和动／静态—电平两级变换电路实现的。

1）代码—动/静态变换电路

代码—动/静态变换电路是联锁机输出控制信息所必须经历的过程。这种变换可分成软件变换和硬件变换两种实现方式。

软件变换借助软件的执行使计算机不断输出脉冲序列。硬件变换可以采用移位寄存器来实现（见图 2-18）。

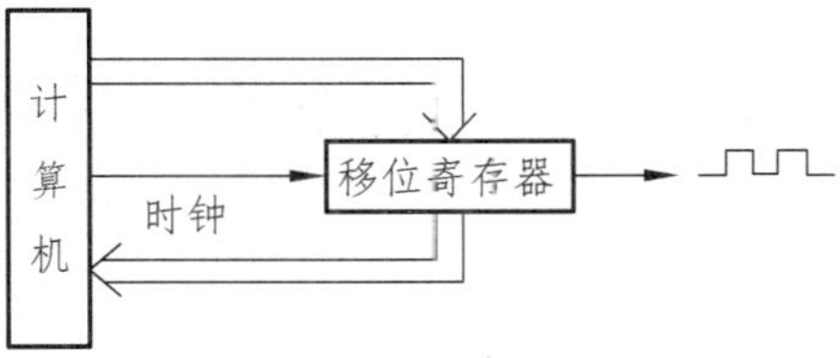

图 2-18 动静态变换电路

2）动/静态—电平变换电路

动/静态—电平变换电路是一种只有当输入为规定的脉冲序列时，其输出才为高电平，而在其他任何情况下输出均为低电平的电路，所以称这类电路是动态驱动电路或故障—安全驱动电路。

这种电路一般是由控制命令输出光电隔离电路、驱动放大电路及继电器电路三部分组成（见

图 2-19）。

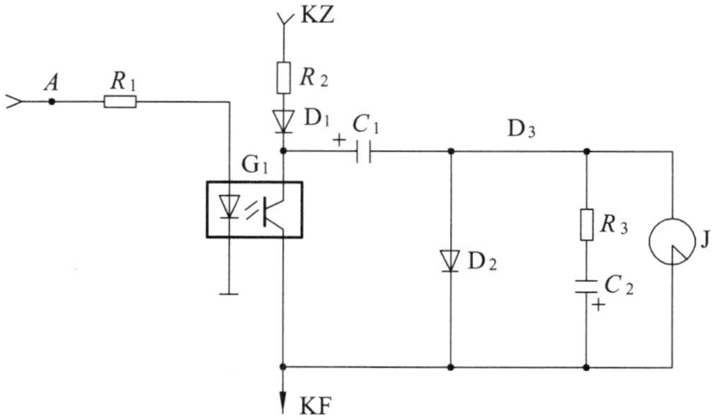

图 2-19　动/静态电路

（五）局域网络冗余技术

各种拓扑结构的局域网都需要通过冗余技术提高可靠性。

以总线型以太网为例，从硬件冗余的角度出发，对以太网的所有硬件均采用双备份结构，即双份的传输介质（如同轴电缆等）、双份的以太网接口板。每个站点机都插入两块网络接口板，给两块网络接口板分配不同的端口地址并调整好网络接口板的中断。容错局域网的结构示意图如图 2-20 所示。A 网、B 网为互为备份网络。

在提高网络通信可靠性的前提下，还是要采用故障—安全技术，以确保网络通信的安全性。关于安全信息传输的故障—安全技术主要是要采取一些检错措施，以检出传输设备和传输通路发生的传输错误，例如采用双相代码传输或采用冗余度小、检错能力高的 CRC 码作为检错码进行传输等，一旦这些检错措施检出固定故障，必须进行安全侧输出。

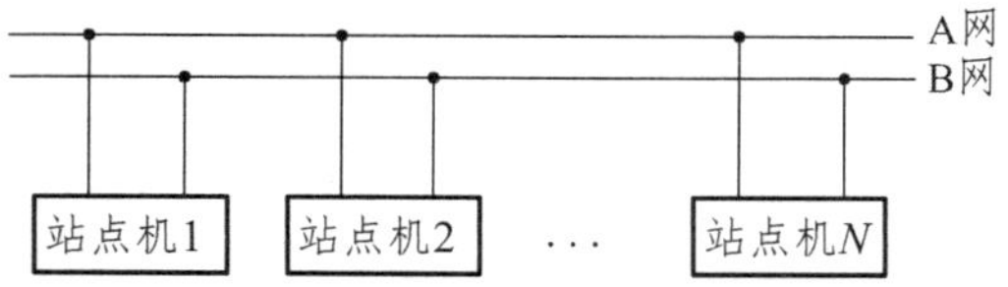

图 2-20　动/静态电路

第五节　城轨计算机联锁的硬件基础

以工业控制机算机为核心构成的计算机联锁系统，由于其控制规模的大小、功能的完善程度、技术实现方法、经济因素以及研制的技术背景和历史背景的不同，尽管在具体结构上存在着一定的差异，但大体上可从层次结构和冗余结构两个侧面来描述。

一、系统的层次结构

所谓层次结构，就是按进路的控制层次来描述系统的结构。

联锁系统从操作到监控对象的进路控制往往可以分为（见图 2-21）:

（1）人机对话层。

（2）联锁层。

（3）控制层。

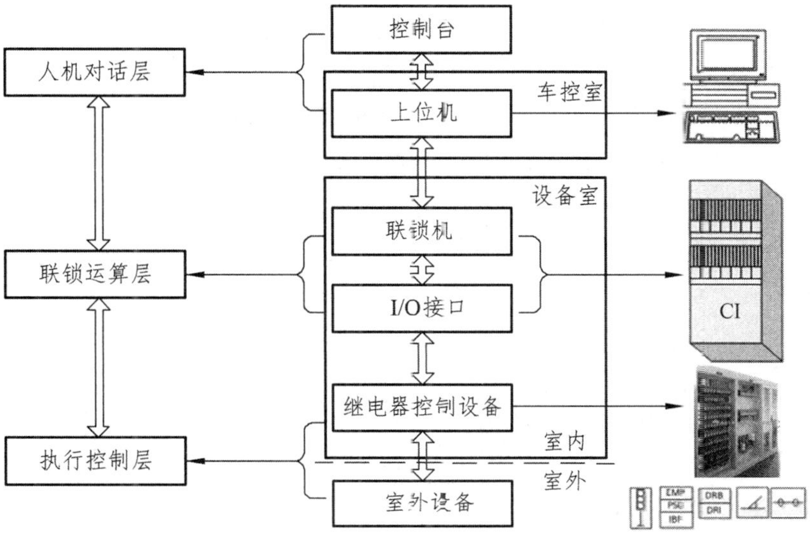

图 2-21　CI 层次结构图

1. 上位机

上位机也称监视控制机，它是联锁机的通信前置机，是一种信息管理计算机。主要任务是完成人机对话功能。

2. 联锁机

也称下位机，主要用于实现信号设备的联锁逻辑处理功能，完成进路选出、排路、锁闭、开放信号和信号开放后的保持检查以及解锁等功能。它经串口与上位机相连，与执行层的联系方式有两种：专线方式和总线方式。

二、可靠性和安全性冗余结构

计算机联锁系统是一种以通用计算机技术为基础构成的车站信号实时系统。因此，必须要保证系统十分可靠，并满足故障—安全原则。这就需要从软件、硬件方面对联锁系统各层组成模块采取冗余技术，构成多重化的冗余结构来确保整个系统的高可靠性和高安全性。

计算机联锁系统采用冗余结构的实质在于用增加相同性能的模块来换取系统的可靠性和安全性。具体分为：

（1）可靠性冗余结构。

（2）安全性冗余结构。

（3）计算机联锁系统冗余结构的应用。

（一）系统的可靠性冗余结构和安全性冗余结构

系统的可靠性冗余结构即为了使系统的可靠性指标达到或者超过目标值而采取的冗余结构。

计算机联锁系统的可靠性的定义是：该系统在规定的时间内、在规定的条件下完成规定功能的能力。度量可靠性的定量标准是可靠度，计算机联锁系统的可靠度往往用其自身的平均故障间隔时间（MTBF）来表示。

计算机联锁系统的可靠性冗余结构，往往采用双机热备二重系统，其原理结构如图 2-22 所示。安全性冗余结构通常采用与的结构，如图 2-23 所示。

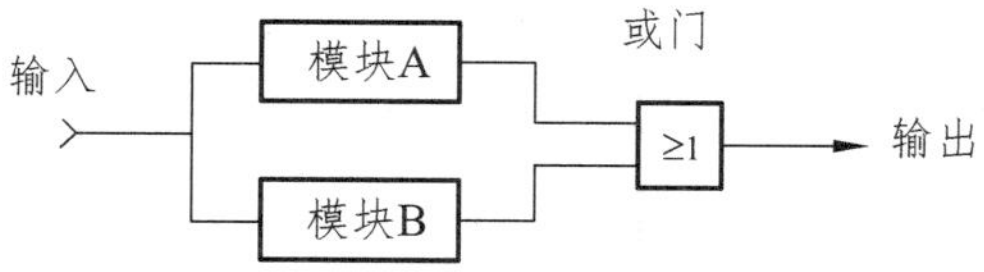

图 2-22　可靠性冗余结构

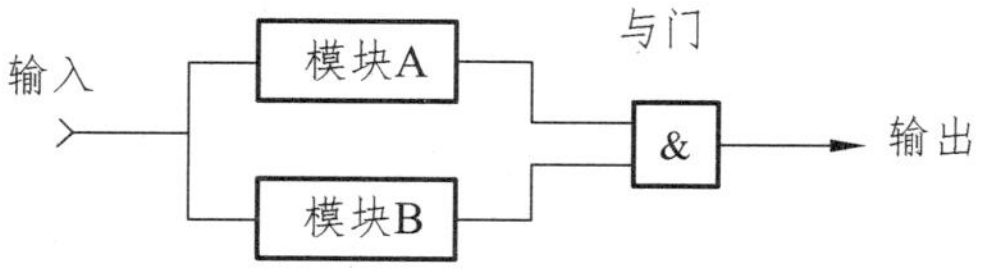

图 2-23　安全性冗余结构

（二）计算机联锁系统的冗余结构应用

1. 上位机即监视控制机

由于上位机所处理的信息主要是操作人员的按钮操作信息和联锁系统的各种表示信息，因此不要求该机具有故障—安全特性。只要提高它的可靠性就可以了。其冗余结构如图 2-24 所示。

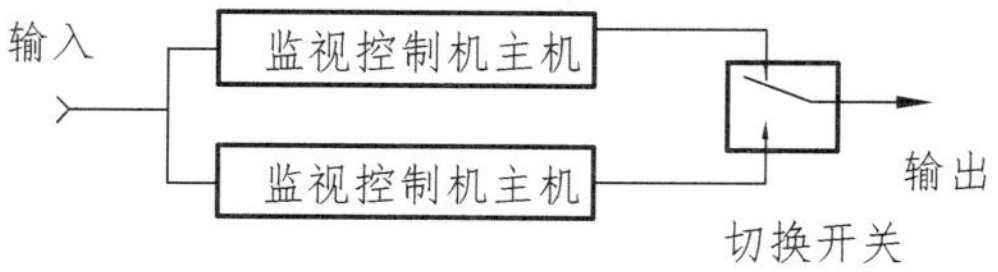

图 2-24　上位机的冗余结构

2. 联锁机采用的冗余结构

对于联锁机来说，其所处理的状态信息和控制命令均属于安全信息。因此，不仅需要采取可靠性冗余结构以提高它的可靠性，而且还要采取安全性冗余结构来确保它的安全性。

1）“二乘二取二”冗余结构

“二取二”指在一套子系统上集成两套 CPU，两套 CPU 严格同步，实时比较。只有双机运行一致，才对外输出运算结果。

“二乘”指用两套完全相同的“二取二”子系统构成双机并用或热备系统。

每一子系统内部为安全性冗余结构，两子系统形成可靠性冗余结构。这样，既提高了系统的可靠性，又提高了系统的安全性（见图 2-25）。

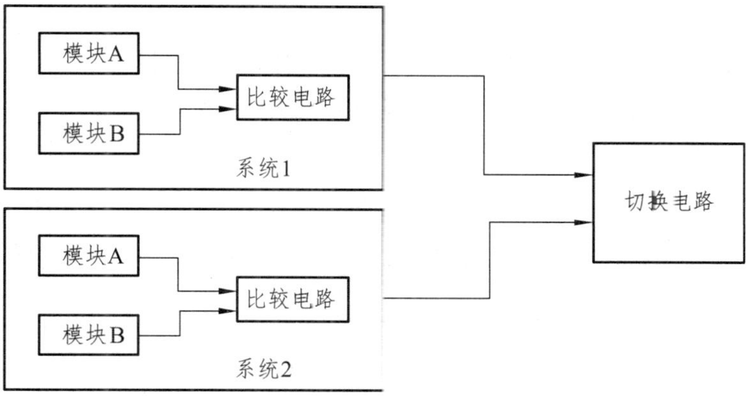

图 2-25　二乘二取二结构图

2）三取二冗余结构

“三取二”冗余结构如图 2-26 所示。采用“三取二”冗余结构需要妥善解决一些技术问题，这些技术问题主要是：

（1）三台计算机的同步运行问题

（2）高指标表决器问题

（3）故障机的及时切离与及时修复问题

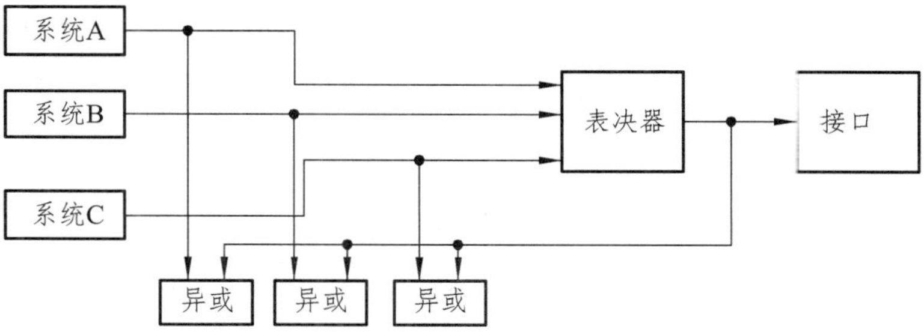

图 2-26　三取二结构图

复习思考题

1. 简答题

（1）工业控制计算机分为哪几种？

（2）工控软件的特性有哪些？

（3）工控机的结构组成是什么？

（4）什么是分布式控制系统？

（5）集中式控制系统的定义是什么？

（6）分布式控制系统的优缺点是什么？

（7）集中式控制系统的优缺点是什么？

（8）什么是容错？

（9）实现容错技术的方法有哪些？

（10）主动容错控制有哪两个步骤？

（11）什么是冗余？
（12）城轨计算机联锁的层次结构是什么？每一层对应了哪些设备？
（13）画出联锁的提高可靠性冗余结构图和安全性冗余系统图。
（14）画出“二乘二取二”的冗余结构图。

2. 填空题

冗余技术分为____________法和________________。

微课　常用提高 RAMS 的方法

第三章 城轨联锁原理

【学习目标】

1. 掌握城轨联锁的组成。
2. 理解城轨联锁的两种架构。
3. 掌握城轨联锁和其他系统的数据交换。
4. 掌握城轨联锁的基本功能。
5. 了解城轨联锁的其他功能。
6. 掌握城轨联锁的接口。
7. 了解城轨联锁的电磁防护。
8. 掌握室外设备布置的通用原则。
9. 掌握联锁的基础。
10. 了解室外设备的具体布置原则。
11. 掌握进路表编制原则。
12. 掌握联锁表的制作。

【学习方法和建议】

本章讲述了城轨联锁的原理，需要熟悉本章教学内容，认真阅读教材，掌握城市轨道交通信号系统的技术基础。了解室外设备的布置原则，了解城轨轨道全线联锁设备的组成和单套联锁设备的组成，根据本章节的一个联锁区的联锁表制作出另一个联锁区的联锁表。

第一节　城轨联锁的组成

一、城轨联锁的组成

联锁是指为了保证铁路车站行车和调车作业的安全，在信号机、道岔和进路之间通过技术手段建立的相互制约关系。实现这种关系的设备称为联锁设备。联锁设备除了保证作业安全外，还有提高作业效率和降低劳动强度等作用。

在城轨线路中，集中控制在设备配置上体现为一套 CI 控制系统（见图 3-1）。

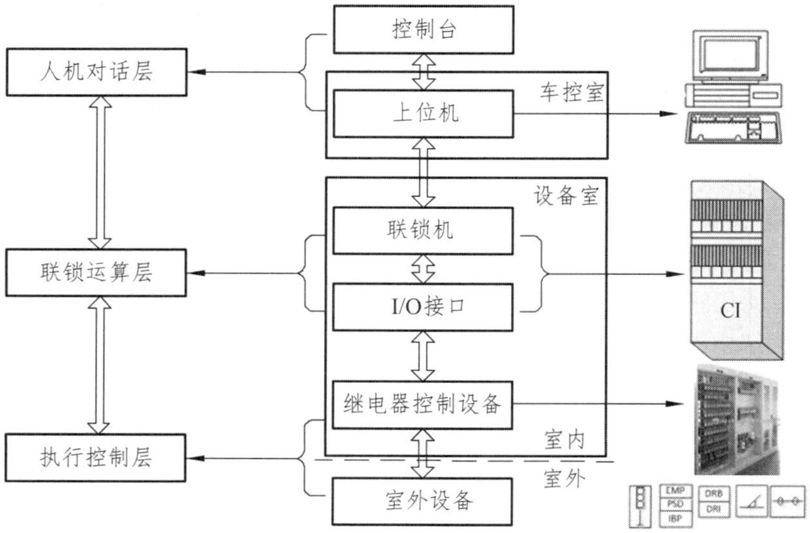

图 3-1　单套联锁系统

人机会话层：包含联锁的上位机或者控制台，安装在车控室。其中上位机也称监视控制机，它是联锁机的通信前置机，是一种信息管理计算机。主要任务是完成任机对话功能。

联锁运算层：包括联锁机和 I/O 接口设备，安装在信号设备室，其中联锁机和 I/O 接口设备也称下位机，主要用于实现信号设备的联锁逻辑处理功能，完成进路、排路、锁闭、开放信号和信号开放后的保持检查以及解锁等功能。经串口或网口与上位机相连，与执行层的联系方式有两种：专线方式和总线方式。

执行控制层：包括继电器设备和室外设备。

二、城轨联锁的两种架构

城轨联锁的被控对象通常是一条城轨线路，和国铁线路相比有车站数量多、站间距短的特点，如果每个车站设置一套联锁必然会带来设备多，故障率高的问题，所以城轨联锁在设计上通常将整条线路作为一个区域考虑。区域计算机联锁是在车站计算机联锁的基础上，结合网络传输技术发展起来的铁路信号控制系统。其将原先多个车站作为一个控制区域，利用一套监控系统实现集中控制，以达到节省投资、提高效率、减少岗位、节约资源的目的。

城轨计算机联锁有两种控制方式。

（一）集中控制方式

集中控制方式下，整个控制区域视为一个车站，在各个车站设置联锁系统的执行设备，在其中的一个设备集中站或中心使用一套联锁机完成原先多个车站的联锁逻辑运算和集中控制，实现车站联锁、区间闭塞和站间联系的一体化。这种方式的优点是简化站间联系，取消站间联系电路和联系电缆；缺点是单点故障影响系统正常工作，一旦联锁主机故障或网络中断，则整个系统就会瘫痪。

在图 3-2 所示的在城轨线路中，集中控制在设备配置上体现为一套 CI 控制了五个车站，CI 主机放置在城轨站 1，城轨站 5 没有 CI 主机，只有 CI 的 I/O 执行器。城轨站 1 的联锁控制 5 个车站，城轨站 1 的 I/O 执行器控制城轨站 1、城轨站 2 和城轨站 3，城轨站 5 的 I/O 执行器控制城轨站 4 和城轨站 5。5 个站只有 I/O 执行器控制边界。

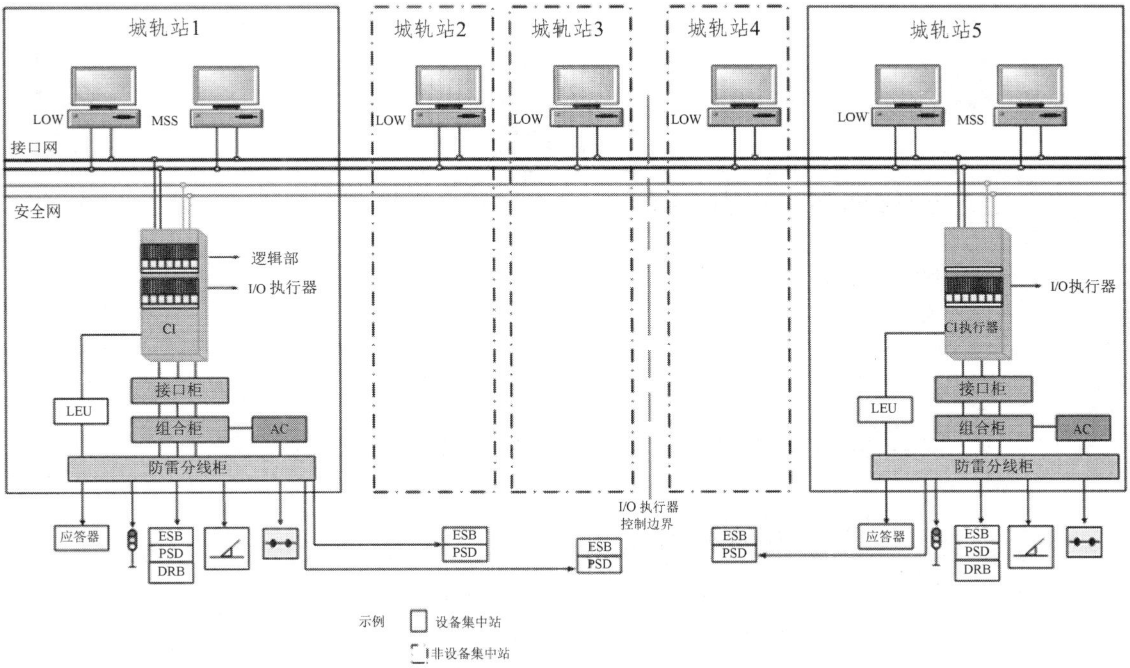

图 3-2　集中式控制

（二）分散控制方式

在控制区域的每个设备集中车站设置一套联锁系统和相应的执行设备，各站联锁逻辑运算由本站联锁系统实现，通过网络传输技术，实时传输各个车站的表示信息，在中心控制站进行实时集中监控，既可由中心控制站向指定车站下发实时控制命令（集中控制模式），又可在特殊情况下（如网络中断时）在本站进行操作控制（非常站控模式）。这种方式的优点是结构灵活，可避免故障造成的不利影响；缺点是投资会相应加大。

在图 3-3 的配置中，城轨站 1 和城轨站 5 分别设置 CI 主机，城轨 1 站的 CI 控制区域为城轨站 1、城轨站 2 和城轨站 3，城轨 5 站 CI 控制区域为城轨站 4 和城轨站 5。

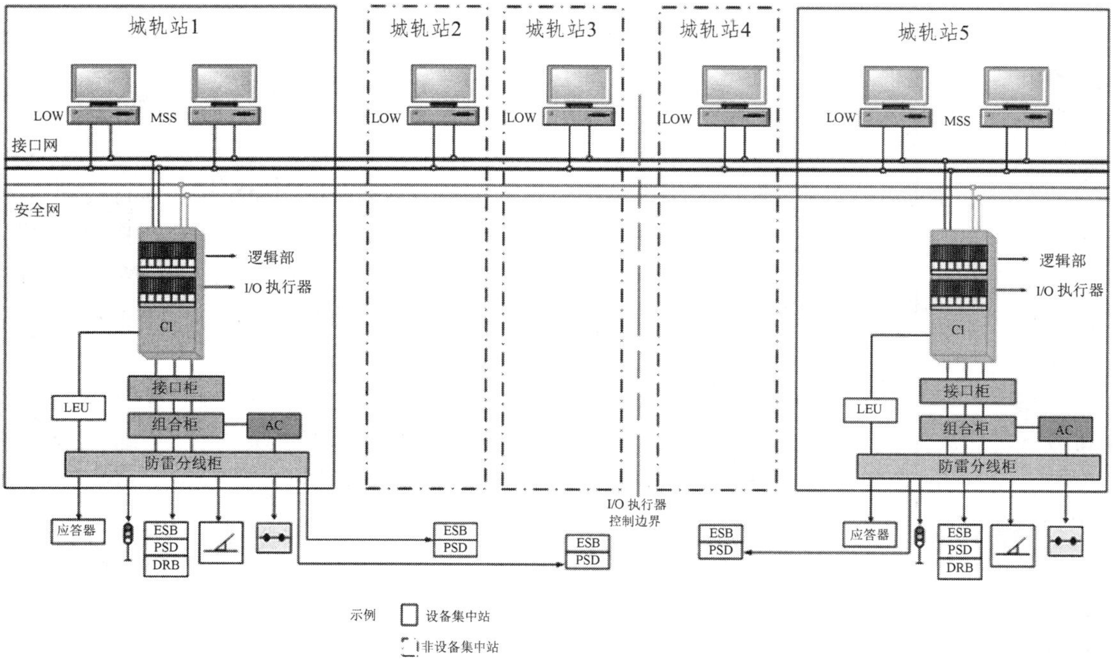

图 3-3　分散控制方式

三、联锁和其他系统的数据交换

联锁系统的数据交换如图 3-4 所示。

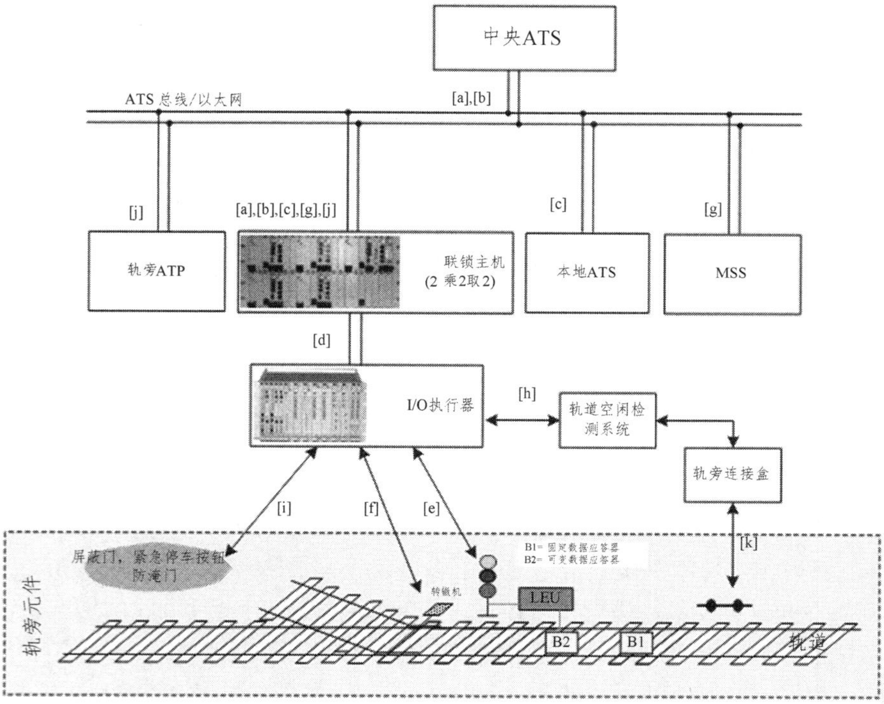

图 3-4　联锁系统数据交换

其中：

[a]: ATS 发送给联锁系统的命令，包含进路命令、道岔命令以及其他相关命令。

[b]: 联锁系统发送给 ATS 的相关元件状态信息，如进路状态、报警信息、故障信息以及轨旁元件状态等。

[c]: 本地 ATS 控制台发送给联锁系统的相关命令以及联锁发送给本地 ATS 的相关状态信息。

[d]: 通过以太网从 CI 的 I/O 执行器到联锁主机的状态信息传输，包括轨道、信号机、道岔、屏蔽门、紧急停车按钮及防淹门等。

[e]: I/O 执行器元件控制计算机发出的信号机控制命令以及读取的信号机状态信息。

[f]: I/O 执行器元件控制计算机发出的道岔控制命令以及读取的道岔状态信息。

[g]: 联锁系统发送给诊断系统的信息（如故障报告等）。

[h]: 轨道空闲检测系统发送给 I/O 执行器元件控制计算机的轨道区段“占用”或“出清”状态信息。

[i]: I/O 执行器元件控制计算机读取轨旁设备 EMP、PSD 和防淹门等的状态信息。

[j]: 联锁系统与轨旁 ATP 系统之间的信息交换，包括联锁系统发送给 ATP 系统的相关轨旁元件状态，以及 ATP 系统发送给联锁系统的强制命令。

[k]: 轨道空闲检测系统轨旁元件传递给轨旁连接盒的信息，该信息用于轨道空闲检测系统计算。

四、系统功能

（一）基本功能

1. 区　段

用于列车占用检测的区段可分为逻辑区段和物理区段。CI 系统可提供封锁区段、解封区段功能。区段封锁后，CI 系统不应排列经过该区段的进路。

2. 信号机

（1）信号不出现乱显示即不符合规定的信号显示。在组合灯光开放和关闭时，应避免因灯丝故障导致信号显示升级。

（2）系统检测到信号机显示与预期结果不一致时，控制该信号机显示禁止信号。

（3）CI 系统能接受地面 ATP 提供的信号机的列车接近信息，控制进路始端信号机转换不同的显示。

（4）CI 系统提供信号机封锁、信号机解封功能。信号机封锁后，不能再排列经过该信号机的进路。

（5）CI 系统提供信号关闭功能。

（6）CI 系统具备信号重复开放的功能。办理了重复开放手续，防护该进路的信号机应检查信号开放条件满足后开放。

（7）进路信号开放，持续检查信号开放联锁条件满足。

（8）进路的始端信号机，在信号关闭后，除本规范明确的情况外，不经再次办理，不自动重复开放信号。

（9）信号灯丝监督符合下列规定：

① 列车信号机和调车信号机设灯丝监督。

② 信号机在开放列车允许信号灯前，检查红灯灯丝完好。

③ 在信号开放允许信号灯后，不间断地检查灯丝完好。

④ 当开放的信号灯断丝，控制信号机显示禁止信号。

⑤ CI 系统可提供信号机灯光测试功能。进行灯光测试时，CI 点亮控制区域内的全部信号机。

3. 道　岔

（1）CI 系统具备道岔位置信息，包括：道岔定位、道岔反位、道岔四开，并能提供道岔挤岔表示。

（2）道岔的转换。

① CI 系统具备操作道岔的功能，包括：人工单独操纵（对应定操和反操命令）、进路选动和进路带动。道岔的单独操纵的优先级高于进路的选动和带动。

② 进路控制方式操纵道岔时，进路上的道岔应顺序选出，动作电流应错开启动峰值。

（3）CI 系统能够通过进路锁闭、区段锁闭、人工单独锁闭、引导总锁或其他锁闭的方式对道岔进行锁闭。道岔一旦被锁闭，道岔不能操纵。

（4）CI 系统具备单独锁闭和单独解锁的功能。道岔单独锁闭后可以排列经过该道岔所在位置的进路。

（5）CI 系统可提供道岔封锁、道岔解封功能。道岔封锁后，CI 系统不应排列经过该道岔的进路。

4. 进　路

（1）CI 系统具备列车进路、引导进路和调车进路。

① 正线 CI 系统具备列车进路、引导进路；车辆段和停车场联锁系统应具备调车进路，车辆段和停车场联锁系统可提供列车进路和引导进路。

② CI 系统为不同控制等级的列车办理不同性质的列车进路，CI 系统为 CBTC 控制级列车提供 CBTC 列车用进路，CBTC 列车用进路的办理和开放可检查进路内方首区段的空闲，不检查进路内其他区段的空闲。

（2）进路的办理。

① CI 系统能提供人工办理、ATS 自动办理进路的功能；

② 进路人工模式和自动模式之间的转换，可单独转换，也可按照联锁区统一转换；

③ CI 系统为 CBTC 列车提供进路和非 CBTC 列车提供进路的办理操作方式应相同；

④ CI 系统能选出与操作意图相符的进路，依次确定进路的始端、终端，只能自动地选出一条基本进路；

⑤ 一条进路办理之后，不得同时开通其敌对进路。

（3）进路的锁闭。

① CI 系统具备进路锁闭的功能。进路锁闭在进路选通且有关联锁条件具备时构成。

② CI 系统具备进路接近锁闭的功能。接近锁闭在信号开放后接近区段有车占用时构成；当接近区段未设置轨道检测装置时，接近锁闭应于信号开放后立即构成。

（4）进路的解锁。

① 正常解锁：

a. CI 系统具备进路正常解锁的功能。锁闭的进路在其防护信号机因列车跨压正常关闭后，能随着列车的正常运行分段自动解锁，解锁时有条件做三点检查的区段采用三点检查。

b. 进路中存在多列车时，进路随最后一列车的运行解锁。

② 人工解锁/取消进路：

a. CI 系统具备取消进路的功能。

b. CI 系统具备进路人工解锁的功能。进路接近锁闭后，人工解锁可采用延时解锁或在收到列车停车保证的情况下立即解锁。

c. CI 系统具备区段故障解锁功能，办理区段故障解锁应人工确认。

③ CI 系统可提供自动通过进路的功能，处于自动通过模式的进路不随列车运行自动解锁，其防护信号机的显示随着列车的运行自动开放或关闭。

④ CI 系统可根据需要提供自动折返进路功能。办理自动折返进路后，CI 系统自动排列列车进入折返线和驶出折返线的进路，并开放信号。当折返轨多于一个时，CI 系统可提供全自动折返进路功能，办理全自动折返进路后，CI 系统根据折返线的使用情况选择合适的折返线，排列折返进路。

⑤ CI 系统具备引导进路功能，可提供引导总锁功能，引导总锁后 CI 系统控制范围内道岔锁闭。正线仅在进路引导的情况下才能开放引导信号。

5. 保护区段功能

（1）保护区段。

① CI 系统能够提供不同路径的保护区段。

② 保护区段与后续进路方向一致时，二者可以重复锁闭。

（2）保护区段的设置：

① 为非 CBTC 控制级列车办理列车进路时，保护区段随着列车进路的建立而建立，进路始端信号开放需要检查保护区段锁闭且空闲。

② 为 CBTC 控制级列车办理进路时，保护区段随着列车的走行而建立，进路始端信号机的开放宜不检查保护区段。

③ 当保护区段不唯一，CI 系统可根据操作意图设置不同的列车保护区段；当保护区段唯一，联锁自动设置保护区段。

（3）保护区段的锁闭:设置保护区段，保护区段空闲且道岔转换到保护区段所需位置，相关联锁条件满足后，保护区段锁闭。

（4）保护区段的解锁：

① 列车进入列车进路停稳后，保护区段自动解锁。

② 保护区段被后续进路重复锁闭时，保护区段随着后续进路的正常解锁而自动解锁。

③ 保护区段随着主进路的取消或人工解锁而自动解锁。

（二）其他功能

（1）CI 系统具备站台紧急关闭接口功能。

办理紧急关闭作业包括：

① 对相应的引入该站台的和由此站台出发的非 CBTC 列车用进路（不含引导）的信号机应立即关闭。

② 由此站台出发的 CBTC 列车用进路的信号应立即关闭。

（2）CI 系统具备站台门接口功能。

① CI 系统采集站台门的状态。站台门条件不满足的站台，对相应的引入该站台的和由此站台出发的非 CBTC 列车用进路（不含引导）的信号机应立即关闭；由此站台出发的 CBTC 列车用进路的信号应立即关闭。由于站台门条件不满足引起的信号关闭，在站台门条件满足后，CI 系统可自动重开信号。

② CI 系统可根据来自 ATP 系统的站台门命令开关站台门。

③ CI 系统可提供扣车接口功能。办理了扣车作业后，CI 系统可关闭对应站台的出发信号机；由于扣车引起的信号机关闭在扣车取消后可自动重开信号。

五、接口与通道

（一）CI 子系统与地面 ATP 子系统接口要求

（1）CI 子系统与地面 ATP 间应用层交互信息。

（2）CI-地面 ATP 间的数据传输宜基于 IP 协议，应保证数据传输的安全性。

（3）CI-地面 ATP 间信息交换采用周期通信和/或事件触发通信的方式。

（4）从 CI 到地面 ATP 的信息：

① CI 传送给地面 ATP 的信息，包括以下内容：

a. 区段状态。

b. 无人折返按钮信息。

c. 站台门状态。

d. 站台紧急关闭状态。

e. 进路信息。

② 区段状态是指物理区段检测设备检测到的区段状态信息。

③ 无人折返按钮信息是指办理无人自动折返的按钮状态信息。

④ 站台门状态是指站台门的状态信息，包括关闭/开放等信息。

⑤ 站台紧急关闭状态是指站台的紧急关闭按钮状态。

⑥ 进路信息是指联锁的进路信息，包括进路状态、信号机状态、区段锁闭状态，道岔信息和保护区段状态。

（5）从地面 ATP 到 CI 的信息：

① 地面 ATP 传送给 CI 的信息包括以下内容：

a. 信号机的列车接近信息。

b. 逻辑区段信息。

c. 停稳信息。

d. 跨压信息。

e. 无人折返状态指示信息。

② 信号机的列车接近信息是指地面 ATP 根据列车的属性信息控制对应的信号机接近信息，联锁可利用该信息作为信号机的强制命令，控制信号机开关灯显示。

③ 逻辑区段信息是指地面 ATP 传递给 CI 系统的逻辑区段状态信息，联锁可利用该信息追踪列车的位置。

④ 停稳信息是地面 ATP 送给联锁的列车停稳信息，联锁可用来解锁保护区段。

⑤ 跨压信息是地面 ATP 送给联锁的列车跨压进路始端信号机信息。

⑥ 无人折返状态指示信息是地面 ATP 传递给联锁的无人自动折返信息，联锁可利用该信息控制无人折返灯。

（二）CI 子系统与车载 ATP 子系统接口要求

（1）CI 子系统与车载 ATP 间应用层交互信息。

（2）CI-车载 ATP 间的数据传输宜基于 IP 协议，应保证数据传输关安全性。

（3）CI-车载 ATP 间信息交换采用周期通信和/或事件触发通信的方式。

（4）从 CI 到车载 ATP 的信息：

① CI 传送给车载 ATP 的信息包括站台门状态信息。

② 站台门状态是指站台门的状态信息，包括关闭/开放等信息。

（5）从车载 ATP 到 CI 的信息：

① 车载 ATP 传送给 CI 的信息包括站台门命令信息。

② 站台门命令是指车载 ATP 发出的站台门控制命令，CI 可利用该信息控制站台门开/关。

（三）CI 子系统与 ATS 子系统接口要求

（1）CI 子系统与 ATS 子系统间的应用层交互信息。

（2）CI-ATS 间的数据传输宜基于 IP 协议。

（3）CI-ATS 间信息交换周期通信和事件触发通信的方式。

（4）从 CI 子系统到 ATS 子系统的信息：

① CI 传送给 ATS 的信息包括以下内容：

a. 道岔位置信息。

b. 道岔单锁信息。

c. 道岔封锁信息。

d. 自动通过进路信息。

e. 信号状态信息。

f. 信号封锁信息。

g. 信号引导信息。

h. 灯丝状态信息。

i. 区段状态信息。

j. 自动折返模式信息。

k. 站台扣车状态信息。

l. 保护区段状态信息。
m. 报警信息。
② 道岔位置信息指道岔的定位和反位状态信息。
③ 道岔单锁信息指道岔的单锁状态信息。
④ 道岔封锁信息指道岔的封锁状态信息。
⑤ 自动通过进路信息指进路的自动进路模式状态信息。
⑥ 信号状态信息指信号灯的状态信息，如红灯状态、绿灯状态、黄灯状态等。
⑦ 信号封锁信息指信号机的封锁状态信息。
⑧ 信号引导信息指信号机的引导状态信息。
⑨ 灯丝状态信息指信号机的灯丝断丝状态信息。
⑩ 区段状态信息指区段的占用、空闲、锁闭状态信息。
⑪ 自动折返模式信息指联锁自动折返模式的状态信息。
⑫ 站台扣车状态信息指站台上设置的扣车状态信息。
⑬ 保护区段状态信息指 CI 子系统建立的保护区段的状态信息。
⑭ 报警信息指 CI 子系统在信息采集或逻辑运算时产生的各种报警信息。
（5）从 ATS 子系统到 CI 子系统的信息：
① ATS 传送给 CI 的信息包括以下内容：
a. 道岔位置控制。
b. 道岔单锁控制。
c. 道岔封锁控制。
d. 进路控制。
e. 进路模式控制。
f. 信号控制。
g. 信号封锁控制。
h. 信号引导控制。
i. 区段故障解锁。
j. 自动折返模式控制。
k. 站台扣车控制。
② 道岔位置控制指请求扳动道岔位置，包括请求定位操作与请求反位操作。
③ 道岔单锁控制指请求改变道岔单锁状态，包括设置道岔单锁与解除道岔单锁。
④ 道岔封锁控制指请求改变道岔封锁状态，包括设置道岔封锁与解除道岔封锁。
⑤ 进路控制指请求改变进路建立状态，包括建立进路与取消进路。
⑥ 进路模式控制指请求改变进路的控制模式，包括设置进路自动通过模式与取消进路自动通过模式。
⑦ 信号控制指请求改变信号机状态，信号重开等信息。
⑧ 信号封锁控制指请求改变信号机封锁状态，包括设置信号机封锁与解除信号机封锁。
⑨ 信号引导控制指请求改变信号机的引导状态，包括设置引导状态与取消引导状态。
⑩ 区段故障解锁指用于故障情况下的区段故障解锁请求。

⑪ 自动折返模式控制指请求改变联锁自动折返模式的状态，包括设置与取消各种自动折返模式。

⑫ 站台扣车控制指请求改变站台扣车状态，包括设置站台扣车与取消站台扣车。

六、电磁兼容防护

（一）电磁兼容

（1）CI 应按照 GB/T 24338.5—2009 的要求进行电磁兼容检验并符合规定指标。

（2）应在电源、计算机、数据通信线路、输入输出接口、机架结构及地线设置等方面采取电磁兼容设计，包括元器件的选用和印刷电路板的设计制作。

（3）在采取了必要的防电磁干扰和防雷措施之后，在规定严酷性等级的运用环境中，设备必须正常工作，不允许产生任何指标下降和功能上非期望的偏差。

（4）联锁计算机、输入/输出接口等设备必须置于金属机壳（机柜）内，并良好接地。当上述设备置于多于一个的机柜内时，这些机柜之间必须在电气上良好连接，并于一点接地。

（二）雷电防护

（1）电源屏的主、副电源引入端应设防雷设备。

（2）地面及高架线路信号楼内 CI 设备的电源引入端应设防雷单元。

（3）计算机与现场连接的电缆应根据雷害程度的不同，分别采取防雷措施。

（4）地面及高架线路信号楼内的布线应考虑防雷设计。

（5）CI 的防雷性能应符合 TB/T3074 的要求。

七、供电及电源设备

（1）计算机联锁应由信号专用电源通过至少 2 个独立电源通道为计算机联锁系统提供 220 V 交流供电。当所供电源不具备不间断供电性能时，应采取措施使对计算机和电子设备的供电电源具有不间断供电的性能。

（2）计算机和电子设备的直流电源应具有有效去除脉冲及浪涌干扰的性能。

八、其　他

（1）机柜或机架的最大尺寸宜不超过 2350 mm × 900 mm × 800 mm（高 × 宽 × 深）。

（2）联锁机柜应预留一定数量的模板接插位置。

（3）机柜或机箱的结构应有良好的散热、隔热、防潮及防尘性能。

（4）机柜或机箱的设计应便于测试和器材更换。

（5）印刷板应涂以保护层，元器件排列应有规律。板上应有电路名称，元器件附近应有识别标志，各种识别标志被涂层覆盖而不易辩识时，需在涂层外复印再现。

（6）电路板应采用阻燃材料。

（7）电缆应采用低烟无卤阻燃材料。

第二节　联锁基础

联锁是指车站内信号（机）、道岔、进路（轨道区段），这三者必须建立的一种制约关系称为联锁关系。

其中，进路即列车运行的路径；道岔即决定列车运行的进路；信号机即防护列车运行的进路。

车站联锁系统主要完成：

（1）进路的建立：控制道岔到进路所需要的位置，并将进路上的所有道岔锁闭。

（2）检查信号开放为允许信号的条件以后，开放相应的信号机。

（3）列车进入信号机内方以后，信号自动关闭，变为红色显示。

（4）列车按所建立的进路通过以后，在满足“三点检查”的前提下，使进路上的道岔，自动地“逐段解锁”。

信号机显示允许信号，必须满足以下条件：

（1）进路上的道岔，都已经处于进路所要求的位置并已经被锁闭。

（2）进路上所有的轨道区段都处于空闲状态。

（3）与所建立进路的敌对进路没有建立。

（4）除了自动信号与连续通过信号，不允许信号自动重复开放。

（5）进站信号机的红灯灯丝必须完好。

（6）取消或人工解锁时信号随之关闭等。

（7）列车进入信号机内方后，信号自动关闭。

一、道岔控制功能

道岔控制功能负责道岔的解锁、转换、锁闭和监督。这些动作是对联锁系统通过接口模块输出的单操道岔命令或进路排列命令的响应，这些命令可能来自 ATS 系统（操作命令中心或本地操作员工作站）。因为道岔控制功能将直接影响列车行驶的安全，所以它将拒绝执行不符合安全标准的命令。道岔的不同状态将指示给 ATS 系统。

二、信号机控制功能

信号控制功能负责监视轨旁信号机状态，并根据进路、轨道区段、道岔和其他轨旁信号机的状态来控制信号机。它根据来自 ATS 的命令设置信号机为停车显示，同时产生命令输出，ATC 系统以此来授权列车从一个进路行驶到另一进路。

正线区段轨旁设置道岔防护信号机、出站信号机、出站兼道岔防护信号机等信号机。信号机的显示规定如下：

（1）红灯：不允许列车越过该架信号机。

（2）绿灯：允许通过，进路中所有的道岔开通直向；列车可在岔路上以最低限制速度运行。

（3）黄灯：允许通过，进路中至少有一组道岔开通侧向；列车应以限制速度通过道岔侧向。

（4）黄灯 + 红灯：引导信号，允许列车以不大于规定速度（ATP 的 RM 模式下）的速度越过该信号机。司机负责列车运行。

（5）灭灯（信号机关闭）：对于装备 ATP 设备的列车，此信号显示被用于移动闭塞运行（CTC 模式）。

三、进路控制

进路控制功能负责整条进路的排列、锁闭、保持和解锁。这些动作是对命令的响应，这些命令可能来自 ATS 系统。因为进路控制功能直接影响到列车行驶安全，所以它拒绝执行不符合安全标准的命令。进路自动解锁可以用不同的方法实现。

轨道区段必须组合才能形成进路，每条进路在路网的两点之间定义一条专门的路径，它可能包括道岔和/或交叉渡线。一条进路代表一条路径，在合适的条件下，可以分配给单趟列车或多趟连续列车行驶。进路控制基于轨道空闲检测功能的“逻辑出清”和“逻辑占用”信息。若轨道布置进行了相应的设计，CI 联锁在正常行驶方向提供一条进路，反向行驶方向提供另外一条进路。

进路排列由各种安全规定决定。典型情况是：在一条进路被排列之前，必须证明没有敌对进路已经排列，没有出现其他预设置的敌对条件，也没有道岔锁闭在与进路不一致的位置。

进路保持在进路未解锁期间一直有效。进路解锁由“接近锁闭”控制和保护。

当列车需要接近一条进路的末端时，要求提供一个安全距离，其防护点必须在进路末端之外。这时，进路控制功能必须设置一个保护区段，禁止其他列车进入该区段，以此满足要求的安全距离。

进路并非只能由一列车占用，两列或更多的列车也可以占用同一进路甚至同一轨道空闲区段，这取决于 ATP 系统的限定。对于完全在轨旁 ATP 控制下运行的列车，ATP 系统将控制列车的安全间隔。

四、进路功能

（一）单列车进路

单列车进路指排列好的进路内只能进一列车（见图 3-5）。

常规进路包含了列车防护区段的所有元件，这些元件正是防护列车运行所必需的。进路表中定义了相应的进路元件、保护区段和侧防的条件。

备选的进路也是常规进路。

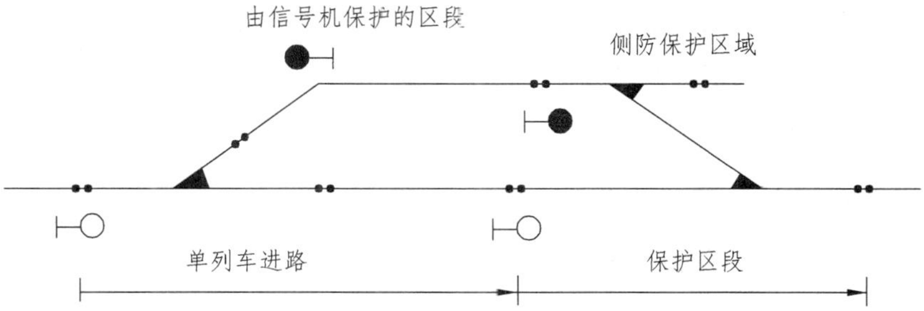

图 3-5　单列车进路

（二）多列车进路

多列车进路指进路内可以进两列以上的列车（见图 3-6）。

在多列车进路的情况下，只有始端信号机后方一个设定的轨道区段（道岔区段和一个附加轨道区段）是受监控轨道区段。如果必要，监控的区段数量可以为零。

若先行列车解锁了被监控的轨道区段，则可以再次排列多列车进路。这些轨道区段通常设计为后续列车不须在道岔区域内制动，以便道岔不被锁闭。

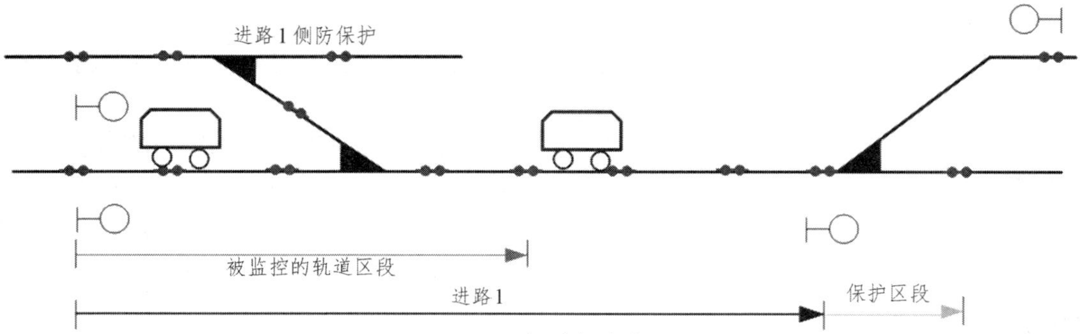

图 3-6　多列车进路

（三）通过 ATS 系统自动排列进路

自动排路的功能是 ATS 系统的一部分功能，它与联锁系统一起自动排出列车运行的进路。为此，该功能有一个自动操作单元，像调度员一样对联锁发出指令，而实际的安全进路排列则由联锁负责。

当一架信号机处于自动排路模式时，也可以通过人工操作排列进路。

当进路进入许可的检查结果不满足时，联锁系统向 ATS 系统发回相应的信息。接着，ATS 系统将重复传输该控制命令，直到达到设定的重复次数。在两次发送该控制命令之间 ATS 系统将等待一定的时间。联锁逻辑基于以下事实：只有提供了自动排列列车进路功能（可预设）且启动相应信号机的该功能时，进路设置才有效。

（四）追踪进路

追踪进路是联锁系统本身的一种自动排列进路功能。这种进路的防护信号机具有自动信号属性。当列车接近信号机，占用触发区段时（触发区段是指列车占用区段时引起进路排列的区段，触发进路可能是信号机前方第一个接近区段，也可能是第二个接近区段，触发区段根据信号机布置和通过能力而定），列车运行所要通过的进路自动排列。

如图 3-7 所示，信号机 X1504 设置成追踪模式，当列车接近，G1504 占用，CI 认为列车已接近，自动排列 X1504 至 X1508 的进路。

（五）侧　防

侧面防护是指避免列车侧面进入，类似于铁路的双动道岔和带动道岔的处理。

侧防是通过操作、锁闭和检测相邻道岔，使所有通往已排列进路的路径无法通行。通过主信号机显示停车信号并将该信号机设置在进路要求侧防方向上来实现侧面防护。应在进路表内为每条进路设计提供侧防的元件和侧防区域元件。

侧防分两级，一级侧防用道岔防护，如图 3-8 中的 5 号道岔，二级侧防在道岔开通到进路方向时用信号机来防护，图中的 6 号道岔在反位时，用信号机 S2 禁止信号来防护。

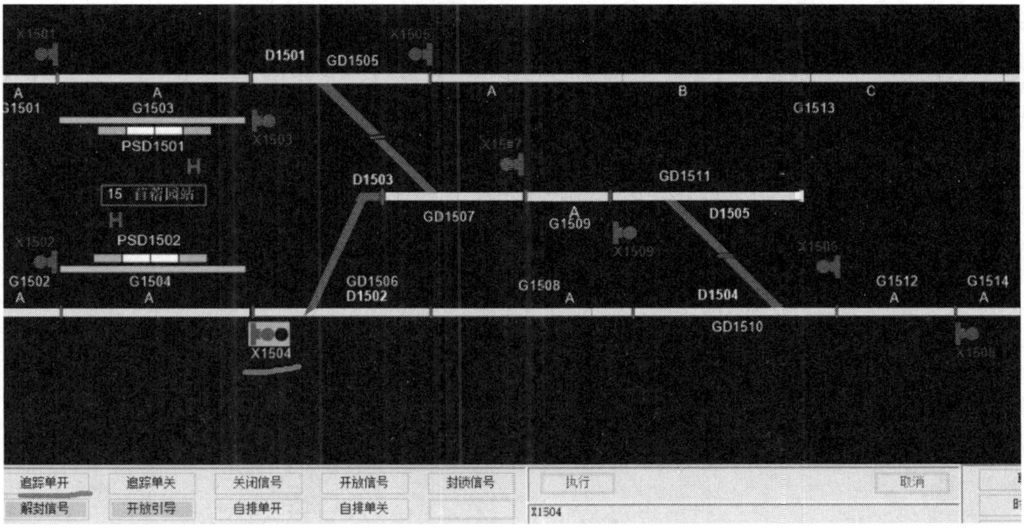

图 3-7　排列追踪进路

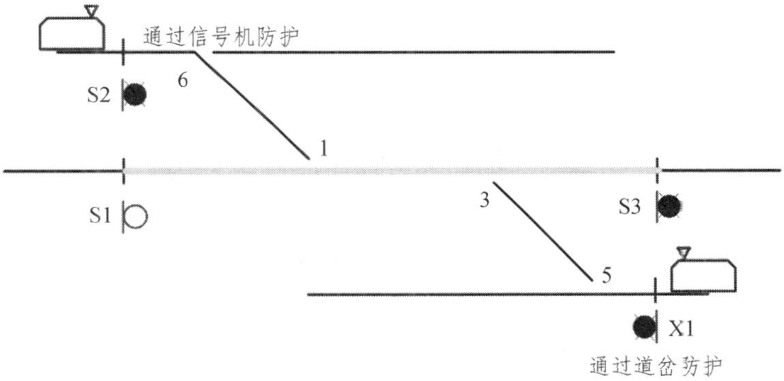

图 3-8　进路的侧防

（六）保护区段

为了保证列车的安全运行，避免列车因种种原因不能在信号机后方停住而导致事故的发生，考虑到列车的制动距离及线路等因素，在终端信号机后方设置一至两个区段为保护区段（见图 3-9），类似于国铁的延续进路。

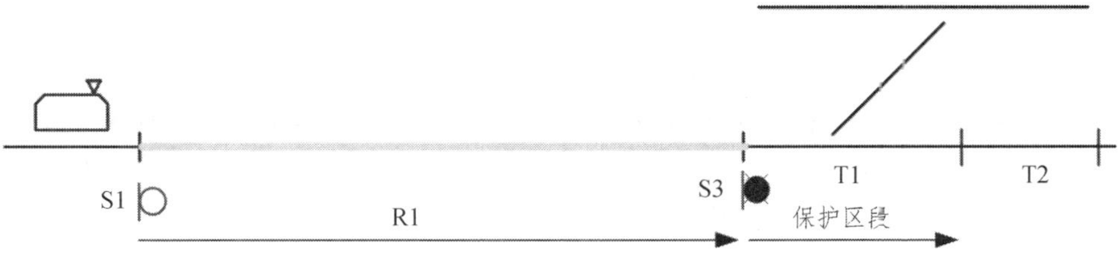

图 3-9　保护区段

保护区段进入许可检查包括：

（1）保护区段所有的元素都不能在不允许的位置被征用。

（2）保护区段所有的元素不能被其他保护区段征用。

（3）保护区段的所有元素表示为出清。

（4）保护区段的所有元素不能因为运行锁定在不允许的位置。

（5）不能设置临时限速。

其中，保护区段距离应该在设计阶段基于最坏的列车参数计算（如刹车特性、列车长度等）。

如果自动列车接近，联锁保护区段不用被考虑。

（七）折返进路

如图 3-10 所示，列车在站台轨 TC32K 上停稳，CI 排列 X7K 至 X98K 牵出进路，排列成功后列车开放允许信号，列车进入，到达终端 TC37K 停稳，CI 排列以 X1K 为始端的折返进路。

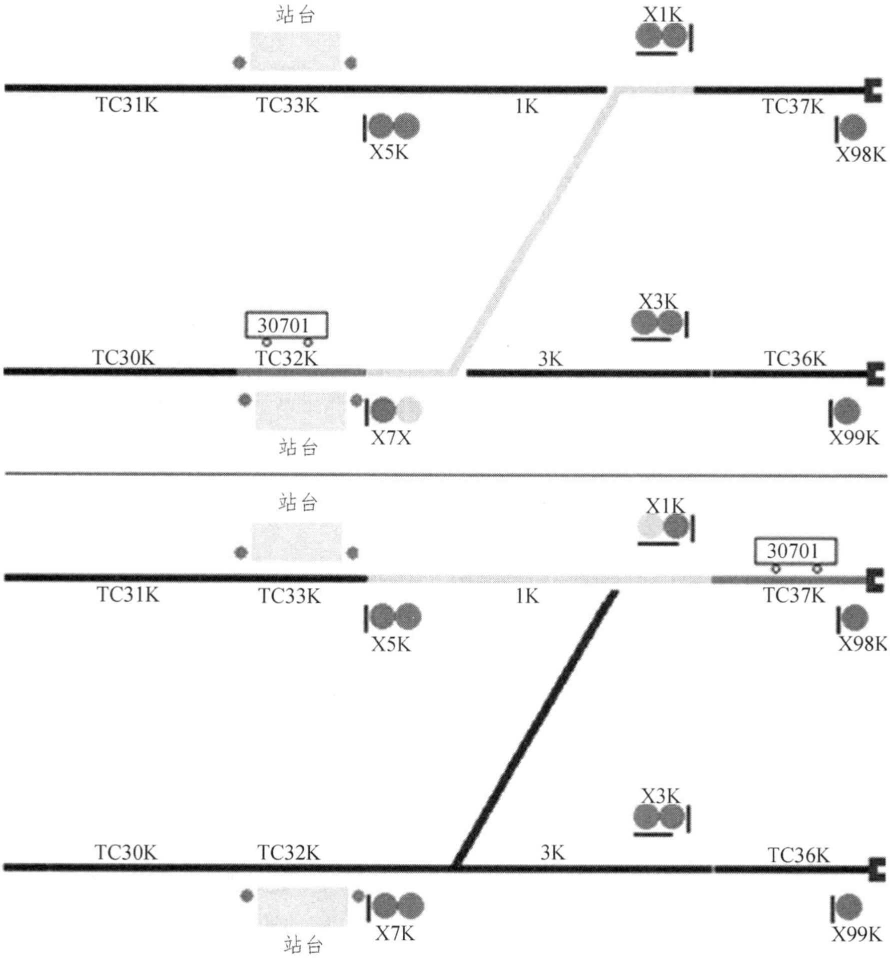

图 3-10　折返进路

五、进路监督

（一）引导信号控制级

引导信号控制级是运行进路联锁的最低监督等级，它允许列车依靠信号机显示运行。进路已经排好并锁闭，进路可能没有完全出清，不考虑侧防条件和保护区段的设置。

引导信号显示也可用于救援驾驶。

如图 3-11 所示，如果轨道区段 3 被占用（如故障列车）要求的进路 AB 只能达到“引导信号等级”并且起始信号机 A 只能显示允许列车司机在限速下驶入进路（RM 速度）。列车司机只能选择最低的 RM 模式。

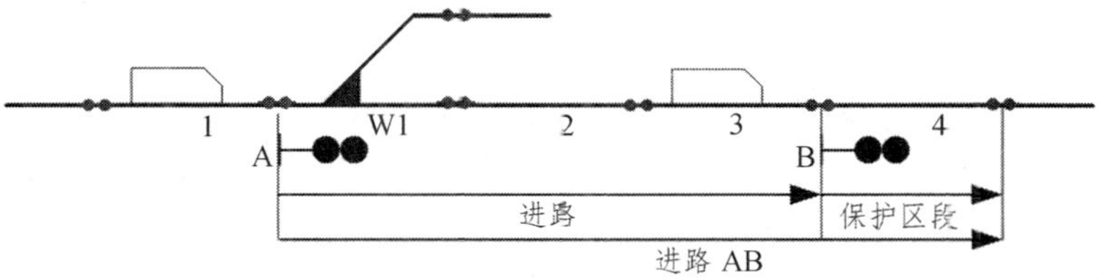

图 3-11　引导信号举例

操作员发起对故障列车的机车联挂。联锁为机车提供信号显示保护。

（二）移动闭塞（ATP）信号控制级

移动闭塞信号控制级用于信号化列车的移动。进路本身被设定和锁闭，并考虑侧防，但进路有可能没有完全出清，且未考虑保护区段。

如果有强制命令“自动列车接近”，信号机开放给 ATP。如果没有给出强制命令，列车仅从主信号控制级得到信号机开放信息。

（三）主信号控制级

未装备列车必须满足主信号控制级的所有指定的进路条件，信号机才能开放通过信号。所有进路条件，包括保护区段条件和进路轨道空闲区段出清，都要接受检查以实现该控制等级。

该级需要为未装备的列车检查信号机开放的所有条件，按要求提供信号机的信号功能。如果如信号机自动出清功能中的描述没有其他故障，信号将被出清。

以下的进路条件需要检查：

（1）监督运行进路中设计道岔的正确位置以及锁闭进路中所有的元素。

（2）监督该进路中用于侧防的道岔正确位置以及设置和锁闭所有的侧防元素。

（3）所有的元素永久出清。

（4）设计侧防区域的所有元素永久出清。

（5）终端信号机显示有效的信号。

（6）根据设计，主信号机控制级的条件可以在没有保护区段的情况下实现。

（四）信号机自动开放

即使在满足进路表中所有 ATP 信号机控制级的条件之后，信号机仍不会自动设置为 ATP-

信号机显示；除此之外，还必须从轨旁 ATP 获得“列车接近”条件。如果两方面的条件都满足，信号机将自动开放通过信号显示，由轨旁 ATP 控制的列车可以通过该信号机。

如果满足信号机控制级的条件，信号机将自动设置为通过显示，不需要另外操作开放信号机。

（五）整条运行进路的取消

无须登记，即可通过人工操作取消运行进路。通过以下步骤实现进路取消。

（1）起始信号机立刻变换为停止信号显示。

（2）只要接近区段没有占用，将会立即执行进路取消。

（3）如果接近区段被列车占用，进路取消在延时时间后执行，以确保列车能够在信号机前方停车。

（4）如果在规定的时间内没有列车进入进路，该进路将会执行解锁。

（5）如果列车已进入进路，由于在起始信号机前方停车不可能，所以进路取消被拒绝。

如果多辆列车在进路中（如多列车进路），仅最后一辆列车之后的元件执行解锁。因此取消进路的执行时刻（在反应时间产生的一段时延之后）的列车位置才具有决定性，而不是取消进路的操作时刻的列车位置。

运行进路保护区段的状态对运行进路解锁是不重要的；但是如果满足相同条件，运行进路解锁后保护区段也要被解锁。

六、临时限速（TSR）

ATP 根据 ATS 发出的相关指令设置和取消限速。

ATP 基于逻辑轨道原理提供“临时限速-工作区域设置”状态指示。一旦施加了临时限速，ATP 发送“临时限速或工作区域设置”为“是”到 CI。如果没有设置临时限速，ATP 发送“临时限速或工作区域设置”为“否”到 CI。

对于 ITC 级别下的列车或未装备列车，只有一个间接区域保护是可用的。在联锁内部，禁止主信号机显示“通过”，以保护相关区域。如果可用，操作员能够激活引导信号显示来允许列车以默认限制速度和司机负责驾驶进入临时限速区域。

七、运行模式的功能

（一）打开/关闭自动排路功能

在所有信号机上都是由一个综合指令打开或关闭自动进路排列功能，这些信号机已经设计了自动排列进路功能。来自自动排列进路级的指令只在该信号机自动排列进路功能打开时起作用。

（二）打开/关闭单个信号机的列车自动排路功能

如果信号机已经设计了自动排列进路功能，那么可以在这架信号机上开放或关闭自动进路排列功能。来自自动排列进路级的指令只在该信号机自动排列进路功能打开时起作用。

（三）打开本地操作

只有在控制中心（ATS）发出了相应的释放命令之后，本地操作（站控）才能被打开。因此，所有的操作指令只能从本地操作员工作站实现。

运行模式切换时无须考虑联锁条件检查的特性。自动运行的功能（自动操作）将不受影响。

甚至在本地操作打开时，联锁显示也应被传输到控制中心（ATS）。显示和指令状态变化、故障和命令的记录保存至少两天并且只能由位于本地操作员位置的打印机完成。

（四）强制打开/关闭本地操作功能

没有收到控制中心（ATS）的释放指令，本地操作（站控）也可以被打开。通过一个登记操作处理打开本地操作，所有联锁系统的操作处理只能从本地操作员的工作站执行。

通常在控制权的正常转换无法发生时使用此命令（如失去通信）。

八、敌对进路的定义

不能同时选出敌对进路。敌对进路是指：

（1）同一到发线上对向的列车进路与列车进路。

（2）同一到发线上对向的列车进路与调车进路（包括局部控制调车进路）。

（3）同一咽喉区内对向重叠的列车进路（包括接车进路的延续进路）。

（4）同一咽喉区内对向或顺向重叠的列车进路（包括接车进路的延续进路）和调车进路。

（5）同一咽喉区内对向重叠的调车进路。

（6）到发线分歧道岔轨道区段的调车进路与该到发线的接车进路。

（7）由于防护进路的信号机设在侵入限界的轨道绝缘节处，而禁止同时开通的进路。

（8）向驼峰推送车列占用的股道与另一端向该股道的接车或调车进路。

（9）咽喉区内同一空闲的无岔区段上对向的调车进路（到发线上无岔区段应根据具体情况及运营要求另作规定）。

九、三点检查的定义

（1）当防护进路的信号机被跨压后，在检查本区段空闲下一区段占用后，进路上的第一个区段立即解锁。

（2）非第一区段的正常解锁必须完成三点检查（见图 3-12）：

① 前一区段解锁，本区段占用。

② 检查下一区段占用，本区段出清。

三点检查的顺序是：

① 前一区段占用、本区段空闲。

② 本区段占用、前一区段出清。

③ 下一区段占用、本区段出清。

如图 3-13 所示，待解锁区段是 b，则三个条件分别是：

① a 占用、b 空闲。

② b 占用、a 出清。

③ c 占用、b 清。

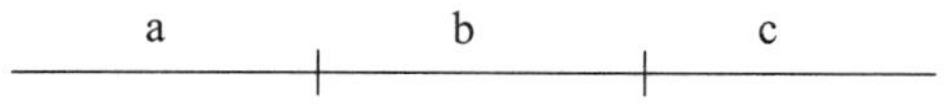

图 3-12　三点检查示例

第三节　室外设备布置原则

一、概　述

轨旁信号机、计轴是列车运行控制系统中的重要组成部分，可为列车运行控制系统提供行车许可信息和定位信息，以保障列车安全高效运行。本文档所介绍的是信号机和计轴设备的布置。

二、通用原则

（一）信号机

在城市轨道交通系统中，信号系统是保证运输安全与提高运营效率的重要设备。列车的运行速度不取决于信号的显示，允许信号的绿灯和黄灯代表列车的运行进路是道岔直股还是弯股。

（二）信号机的设置

（1）道岔防护信号机设置在道岔前方和后方。

（2）在每个车站出站方向设出站信号机，若出站外方设有道岔，则设出站兼道岔防护信号机。

（3）长区间在后备模式下为满足必要的追踪间隔设置区间信号机（依据牵引计算设置）。

（4）出段（入正线或进两条地铁线路的联络线）信号机，设置在转换轨出口处。

（5）线路尽头、折返进路终端设置阻挡信号机。

信号机的种类分以下几种。

1. 出站信号机、出站兼道岔防护信号机、防护信号机、区间信号机

出站信号机、出站兼道岔防护信号机、防护信号机、区间信号机采用红、绿、黄、蓝四灯位信号结构，信号机常态显示为红灯。其显示及意义如下：

（1）红灯：不允许列车越过该架信号机。

（2）蓝灯：当前为 CBTC 模式。

（3）绿灯：允许通过，进路中所有的道岔开通直向。

（4）黄灯：允许通过，进路中至少有一组道岔开通侧向；列车应以限制速度通过道岔侧向。

（5）黄灯 + 红灯：允许列车以不大于规定速度（如 25 km/h）的速度越过该信号机，并随时准备停车。

如图 3-13 所示，X0101 为出站兼防护信号机，X0102 为出站信号机，X0103、X0105 为防护信号机，X0104 为区间信号机。

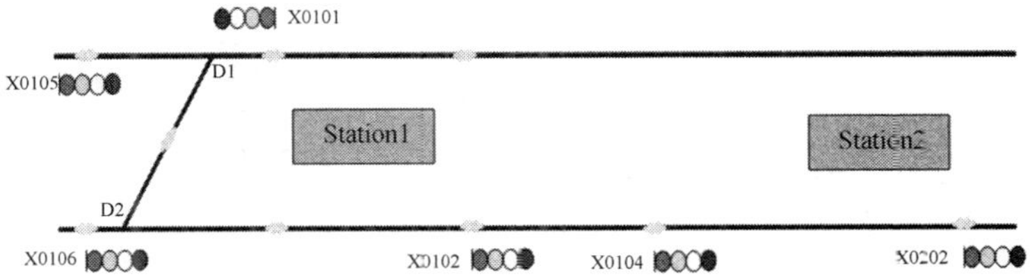

图 3-13　区间信号机示例

当区间不满足系统设计间隔时，需要设置区间通过信号机。

2. 出场/段信号机或出联络线信号机

出场/段信号机或出联络线信号机和正线信号机一致，常态显示为红灯，其显示及意义和正线信号机一致（见图 3-14）。

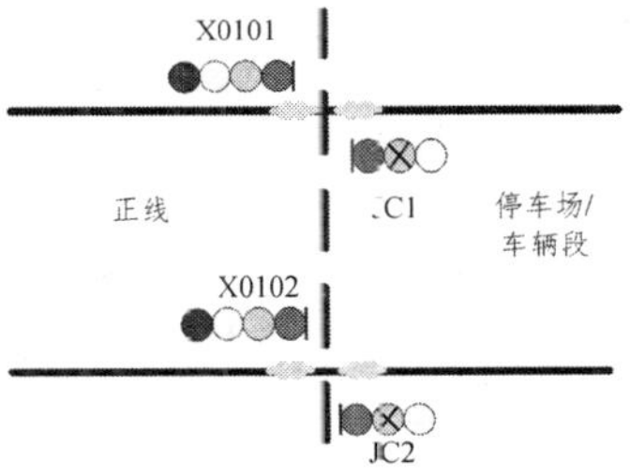

图 3-14　出场/段信号机或出联络线信号机

3. 存车线信号机

存车线信号机采用红、绿、黄、蓝四灯位信号结构，封闭绿灯（见图 3-15），常态显示为红灯。其显示及意义如下：

（1）红灯：不允许列车越过该架信号机。

（2）蓝灯：当前为 CBTC 模式。

（3）黄灯：允许通过，进路中至少有一组道岔开通侧向；列车应以限制速度通过道岔侧向。

（4）黄灯 + 红灯：允许列车以不大于规定速度（如 25 km/h）的速度越过该信号机，并随时准备停车。

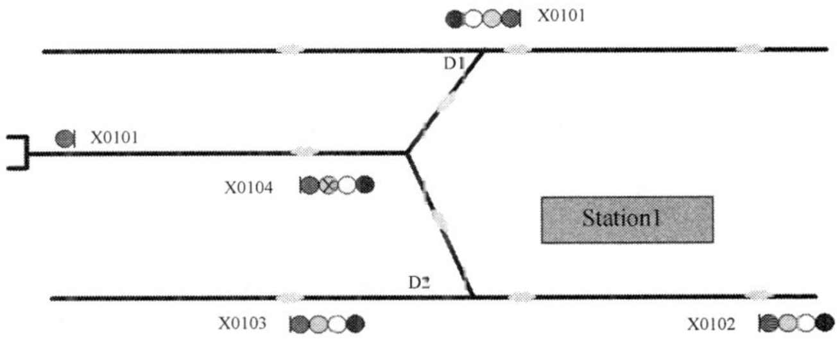

图 3-15　存车线信号机

4. 终端信号机

终端信号机即在线路终端或存车线终端设置的红灯阻挡信号机（见图 3-16）。

图 3-16　终端信号机

（三）计轴设备

计轴是用于完成计算车辆进出区段的轮对数,分析计算区段是否有车占用的一种技术设备。具有检查占用和空闲的功能。

计轴一般设在站内，区间可不设计轴，如果区间不满足行车间隔，可根据需要设置计轴。计轴设置分为无岔区段和有岔区段两种情况。

1. 无岔区段设置

对于无岔区段，在其两端各设一个计轴点，如图 3-17 所示。对于数个无岔区段构成的带型区段，其计轴点的设置如图 3-18 所示，其中，中间计轴点可以兼用。

图 3-17　两个计轴点组成的无岔区段单个计轴

图 3-18　三个计轴点组成的无岔区段两个计轴

2. 有岔区段设置

对于由一组单动道岔组成的轨道区段，在其岔前、岔后直向和岔后侧向各设置一个计轴点，如图 3-19 所示。

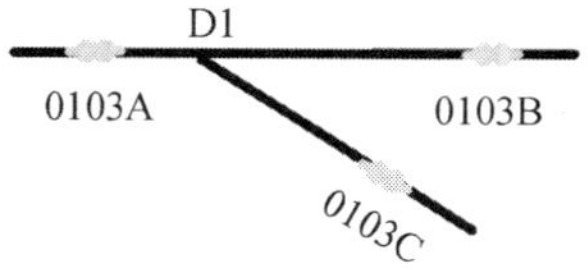

图 3-19　单一道岔有岔区段设置

对于由两个单动道岔组成的轨道区段，在其岔前和每组道岔的岔后直向和岔后侧向各设一个计轴点，共需要 4 个计轴点，如图 3-20 所示。

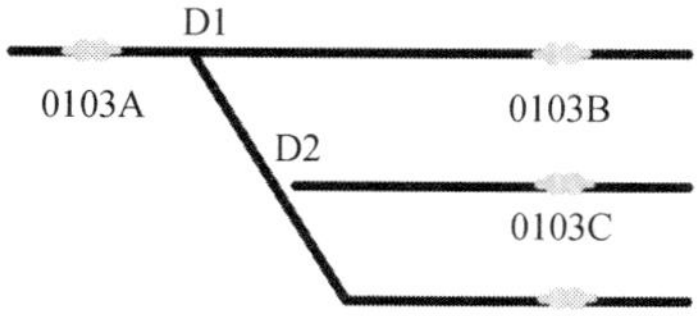

图 3-20　两个单动道岔有岔区段设置

对于单渡线，两端的道岔要划分为不同的轨道区段，所以渡线的中部需要设置一个计轴点，该计轴点为两端的区段共用，如图 3-21 所示。

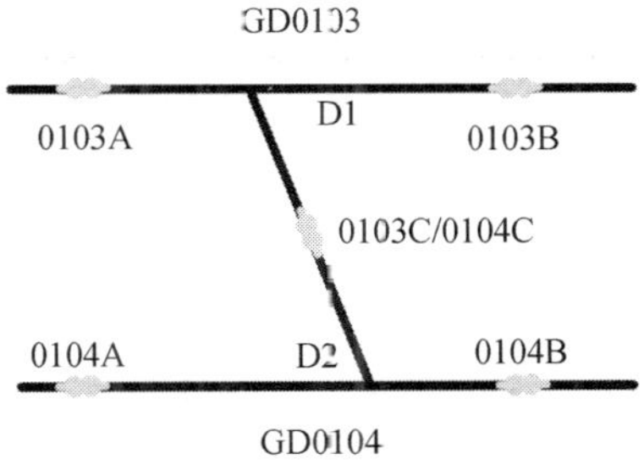

图 3-21　单渡线设置

对于交叉渡线，在每条渡线的中部各设置一个计轴点，若计轴区段（如 GD0103、GD0104）因工程设计原因过长超过 200 m，需对 GD0103、GD0104 中间加计轴进行分割，如图 3-22 所示。

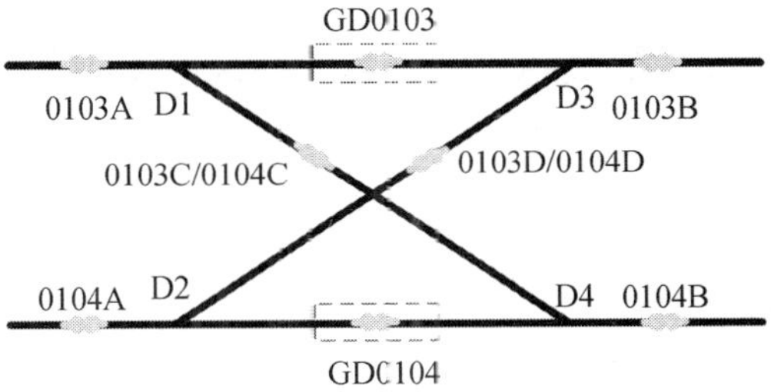

图 3-22　交叉渡线设置

设计时每个轨道区段所包含的道岔个数没有严格的限制，但必须保证列车从任何方向驶入轨道区段都能被检测处理。

三、具体布置原则

（一）车站设备

从安全角度考虑，车站轨旁设备布置的目标是：确保列车停在出站信号机外方，列车车门的位置应与站台屏蔽门的位置相吻合，即尽可能保证列车的停车精度。

以行车安全为目标，轨旁设备布置中需要考虑的因素有：

（1）列车超速进站，ATP 实行紧急制动，列车制动距离大于正常停站距离。

（2）列车进站后，车载设备在运行过程中失控，导致列车紧急停车。

综上，为标识站界，在站台进站端前方布置进站计轴，在站台出站端后方布置出站计轴，设置出站信号机，并在距出站信号机一个安全防护距离布置防护计轴作为保护区段。

1. 无岔站

无岔站设置计轴、信号机如图 3-23 所示。

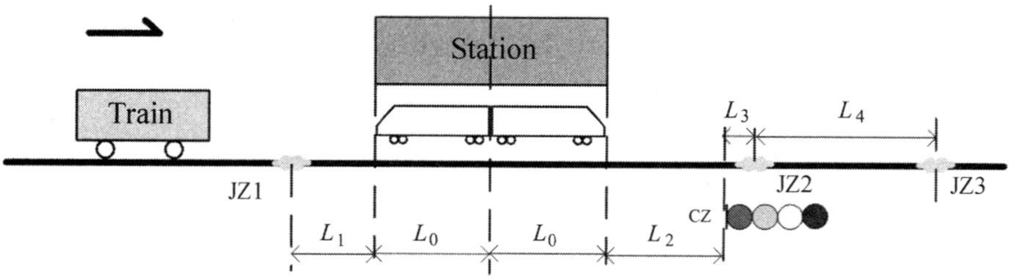

图 3-23　无岔站

在图 3-23 中，JZ1 为进站计轴，JZ2 为出站计轴，JZ3 为保护区段计轴。其中：

L_0——列车按要求进站停车，车头距站中心位置，为车长的一半；

L_1——进站计轴 JZ1 与列车进站停车车尾之间的距离；

L_2——出站信号机与列车进站停车车头之间的距离；

L_3——出站计轴 JZ2 与出站信号机之间的距离；

L_4——保护计轴与出站计轴之间的距离。

1）进站计轴

列车停靠站台，列车中心与站台中心重合，此时进站计轴至列车车尾距离大于列车车载的初始定位误差与一定的列车退行防护距离之和。可得：

$$L_1 \geqslant a+b$$

a——列车车载的初始定位误差；

b——列车退行防护距离。

暂考虑车载初始定位误差为 2 m，退行防护距离为 4 ~ 6 m，考虑 2 m 的裕量，L_1 的取值范围为 8 ~ 10 m，暂取 10 m。

2）出站信号机

为了保证列车停车有一定的车辆滑行距离，不越过出站信号机，一般出站信号机距出站端最短为 5 m，同时还要考虑出站信号机距离站台出站端不能太远，以致满足视距条件，所以最大距离一般不超过 10 m。综上，出站信号机布置在距列车停站车头 5 ~ 10 m 处。本信号系统中设置的出站信号机在距列车车头 5 m 处，即 $L_2 = 5$ m，特殊情况可适度调整信号机位置，但原则上不超过 10 m。

3）出站计轴

司机驾驶车辆离开站台，列车第一轮对压入信号机内方第一区段，出站信号机显示红灯，因司机座位离第一轮有一定的距离，为消除司机误以为闯红灯的假象，出站计轴设置离出站信号机内方一定的距离 L_3，取 $L_3 = 3$ m。

4）保护区段计轴

计算保护区段计轴距出站信号机距离 L_4 应考虑的因素有：

（1）前方障碍物的影响，包括前方列车有可能发生的退行、列车最后车轮距车尾的距离等。该部分总距离设为 S_1，自主车载系统设计时 S_1 取 12 m。

（2）列车的安全防护模型需要的制动距离。该部分总距离设为 S_2，暂定 S_2 取 36 m。

（3）列车的测距误差。在车载设备进行是否要制动判断时，使用的是测量位置，而该位置是存在误差的，保护区段长度的设置就是要保证误差最大的情况下也能保证不撞上前方障碍物。

该部分总距离设为 S_3。

（4）应答器天线到列车头部的距离。由于列车是靠应答器天线接受应答器信息后才实施相关操作，因此必须考虑，该部分距离为 S_4。保护区段信号机的主应答器与信号机前方计轴点的距离为 a_1，$S_4>a_1$，考虑 S_4，否则不考虑。

（5）如果出现应答器丢失时，还要考虑应答器的开窗范围。车载设备在判断出列车越过开窗范围最大可能的辐射范围后，即认为此应答器已经丢失，即应答器的理论开窗范围应该是应答器的辐射范围与列车的测距误差之和，设该部门距离为 S_5，此距离已经包含 S_3，因此在站台区域 S_5 取值为 5 m；

（6）预留一段距离用于未考虑到的因素，设该部分距离为 S_6，暂考虑为 7 m。

考虑最不利的情况，安全区段是以上之和，即：

$$L_4 \geqq S_1 + S_2 + S_4 + S_5 + S_6 = 12 + 36 + 0 + 5 + 7 = 60$$

综上，取 $L_4 = 60$ m，即安全区段计轴距出站计轴为 60 m。

2. 有岔站

有岔站的计轴、信号机设置如图 3-24 所示。

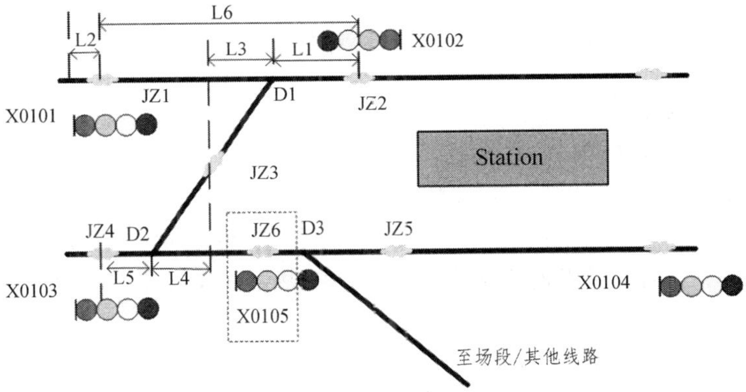

图 3-24　有岔站

在 3-24 图中，JZ1 为道岔反向防护计轴（对着岔尖方向设置的计轴为正向防护计轴），X0101 为反向防护信号机，JZ2 为出站计轴（也是道岔正向防护计轴），X0102 为出站兼防护信号机，JZ3 为渡线计轴，X0103 为正向防护信号机。其中：

L_1——出站计轴（兼道岔正向防护计轴）距岔尖的距离。

L_2——反向道岔防护信号机距方向防护计轴的距离。

L_3/L_4——渡线计轴距两端岔尖的垂直距离。

L_5——道岔正向防护计轴距岔尖的距离。

L_6——有岔区段长度。

（1）出站兼防护信号机同无岔站设置的出站信号机设置一致。

（2）出站处，出站计轴布置考虑 L_1 距离应大于 4 m，在 L_1 满足大于 4 m 的前提下，该计轴布置以出站兼防护信号机为参考点，距出站兼防护信号机内方 3 m 的距离。

（3）反向防护计轴距反向防护信号机的距离 $L_2 = 3$ m。

（4）在渡线计轴的设置时，$L_3 = L_4$，具体可根据工程设计的公里标确定，一般设置在警冲标内方 3.5 ~ 4 m 位置，当工程条件限制设置在警冲标内方小于 3.5 m 处时，需将此计轴按照侵限考虑。

（5）道岔正向防护计轴离岔尖的距离 L_5 取 5 m，设置道岔正向防护信号机距道岔正向计轴防护计轴为 3 m。

（6）有岔区段长度以出站计轴（兼道岔防护计轴）为布置参考点，取 $L_6 = 60$ m；

（7）若有岔区段包含多组道岔（非交叉渡线），如图中 JZ4 和 JZ5 组成的有岔区段，若此有岔区段超过 200 m，那么在 JZ4 和 JZ5 之间需加道岔防护计轴 JZ6 隔开，并且增加防护信号机 X0105。

3. 尽头线

尽头线设置如图 3-25 所示，设置单显信号机，信号机距尽头线 L_1 的距离按工程条件决定，最小取值为 6 m。

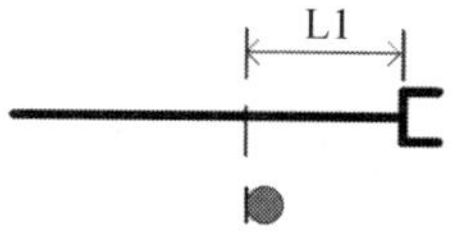

图 3-25　尽头线

（二）区间设备

1. 区间信号机

布置区间信号机需要考虑的因素有：

（1）线路坡度和曲率。这不仅影响线路的限速条件，还影响列车制动的减速度，进而影响列车安全制动距离。

（2）闭塞分区间隔要求。

（3）列车常用制动距离：

① 最不利条件下，列车的紧急制动距离。

② 点式 ATP 模式下，列车运行的闭塞方式为固定闭塞，通常在区间设置信号机。区间设备的布置需要满足安全需求，即前后两列车之间在空间上需满足最小安全追踪距离。

2. 区间计轴

区间计轴作为区间信号机配套布置，区间计轴距离区间信号机的距离为 L，最不利情况下，L 的取值应大于 0，即区间计轴位于区间信号机后方，在本章节设计时，取 $L = 3$ m。

3. 追踪间隔计算

追踪间隔：以前后 2 列车通过区间同一个点之间的时间差为区间运行时间间隔。

在图 3-26 中，计算前后 2 列车车头通过 A 点为区间运行时间间隔。

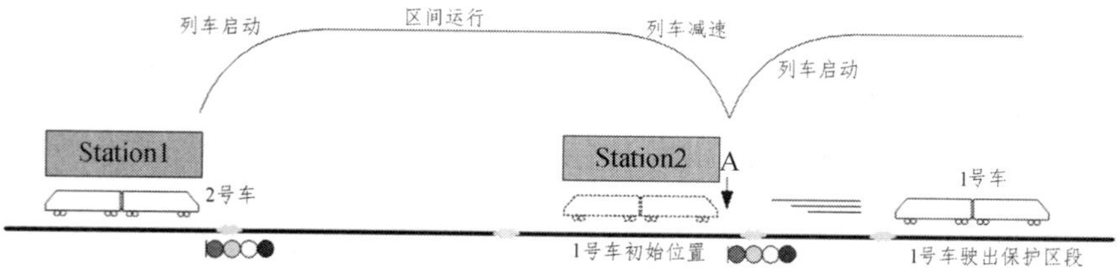

图 3-26　区间计轴

列车 2 追踪列车 1 的行动顺序为 2 号站台出站信号开放→1 号车驶出保护区段→1 号站台出站信号开放→2 号列车启动→2 号列车在区间内行驶→2 号列车进站减速至零速→2 号列车停站。

追踪时间可分为 4 段时间。

T_0：2 号站台出站信号开放时间。

T_1：1 号列车发车，直到列车尾部驶出保护区段。

T_2：追踪点 A 信号开放时间。

T_3：2 号列车启动→区间内行驶→列车进站减速至零速。

其中，又可细分为 T_{31} 列车加速时间，T_{32} 列车在区间运行时间，T_{33} 列车减速时间。在计算加速时间和减速时间时，应考虑列车的出站、进站速度不超过站台的限速值。

T_4：列车停站。

估算过程：

表 3-1　参数表

参数名称	参数符号	参数值
闭塞长度/m	$L_{闭塞}$	1 500
区间运行速度/（km/h）	$V_{区间}$	72
列车加速度/（m/s²）	$a_{车加}$	0.5
列车减速度/（m/s²）	$a_{车减}$	0.5
站台限速/（km/h）		50
停站时间/s		30
站台长度/m	$L_{站台}$	140
保护区段/m	$L_{保护}$	60
列车长度/m	$L_{车}$	120
信号机开放时间/s		3

列车的加减速过程中，列车速度不能超过站台区间限速。

$a_{ACC} = \min（a_{车加}，V_{站台}2/（2 \times L_{站台}））$;

$a_{DEC} = \min（a_{车减}，V_{站台}2/（2 \times L_{站台}））$;

$T_0 = 3$ s;

$T_1 = \text{sqrt}（2*（L_{车}+L_{保护}）/a_{ACC}） = 26.8$ s。

$T_2 = 3$ s;

$T_{31} = V_{区间}/a_{ACC} = 40$ s；$L_{加速距离}= a_{ACC}* T_{31}{}^2/2=400$ m;

$T_{33} = V_{区间}/a_{DEC} = 40$ s；$L_{减速距离}= a_{ACC}* T_{33}{}^2/2=400$ m;

$T_{32} =（L_{闭塞区间} - L_{加速距离} - L_{减速距离}）/V_{区间}=35$ s;

$$T_3 = T_{31}+T_{32}+T_{33}=115 \text{ s};$$

T_4 时间为 30 s;

站间运行间隔时间为 $T = T_0 + T_1 + T_2 + T_3 + T_4 =177.8$ s。

综上，当两站距离在 1.5 km 范围内，中间不需要设置通过信号机。反之也可通过以上计算过程倒推出设置信号机及计轴的位置。

4. 转换轨、联络线处计轴设计

在车辆段与正线交界处或两条正线联络线处，需要设置转换轨。转换轨的计轴区段长度可以存放一辆工程应用的列车，一般为 140 ~ 160 m，用在转换轨前、后方，也需要设置独立的物理区段（见图 3-27）。

考虑车辆段和正线或两条联络线使用的计轴厂家不统一，为避免两家计轴设备干扰，在分界处计轴布置需要一定的距离间隔，此点由计轴设备性能决定。暂定 L_1=2 m。

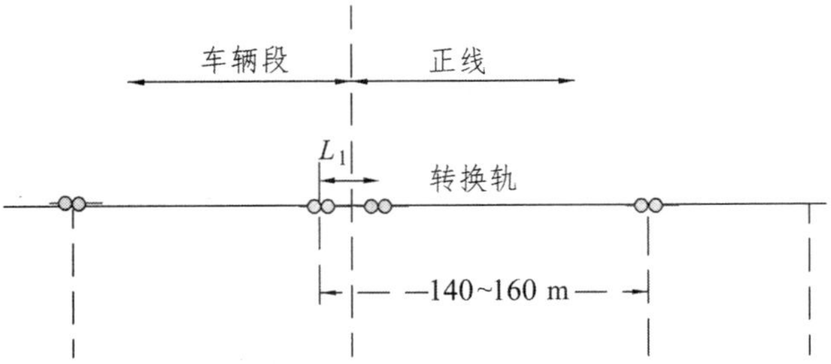

图 3-27　转换轨处计轴

第四节　进路表编制原则

联锁图表是车站联锁设备间联锁关系的说明，采用图和表的形式来表示。它由信号平面布置图和联锁表两部分组成。联锁图表说明车站信号设备之间的联锁关系，显示了进路、道岔、信号机以及轨道电路区段之间的基本联锁内容。电路设计是根据联锁图表的要求严密进行的，联锁试验和竣工验收时也以联锁图表作为检查工程质量的重要依据。因此，联锁图表必须认真编制，避免任何差错和遗漏。

1. 信号平面布置图

信号平面布置图是编制联锁表的主要依据，为满足编制联锁表的需要，信号平面布置图上一般应有以下主要内容：

（1）联锁区及非联锁区中与信号设备有关的线路布置及编号。

（2）联锁道岔、信号机、信号表示器、轨道电路区段（含侵限绝缘区段）等有关设备及其编号和符号。

（3）正线进行运营作业的运行方向。

（4）正线每个车站的中心公里标，每个设备距离起点的距离。

2. 联锁表

联锁表是根据车站信号平面布置图所展示的线路、道岔、信号机、轨道电路区段等情况，按规定的原则和格式编制。联锁表以进路为主体，需要逐条地把排列进路需顺序按压的按钮、防护该进路的信号机名称和显示、进路要求检查并锁闭的道岔编号和位置、进路应检查的轨道电路区段名称，以及与所排进路敌对的信号填写清楚。

一、联锁图表

联锁是铁路信号保证行车安全的重要技术措施，指的是信号设备与相关因素的制约关系。车站内有许多线路，通过道岔联结。联锁图表是车站联锁区内设备间联锁关系的图表，采用图和表的形式表示，由信号平面布置图和进路表两部分组成。联锁图表是对车站信号设备之间联锁关系的说明，显示了进路、道岔、信号机以及轨道区段（包括逻辑区段、保护区段）之间的基本联锁内容。

城市轨道交通中，规定一个联锁区对应一个进路表，作为联锁软件设计、测试的重要数据，为系统的接口配置文件提供重要依据。此外，进路表在联锁系统试验和测试过程中也是相当重要的。因此，进路表必须认真编制，避免任何差错和遗漏。

（一）进路元素的命名及编号

在轨道交通中，将进路内以及和进路具有联锁关系的信号设备都称之为进路元素，如道岔、信号机、轨道区段、屏蔽门、紧急停车按钮（以下简称紧停按钮）等。

1. 轨道区段的命名及编号

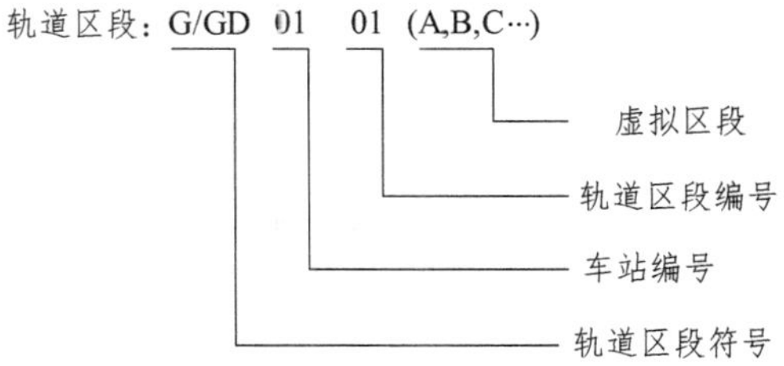

（1）轨道区段及车站序号一般由左至右递增。

（2）下行使用奇数编号，上行使用偶数编号。

（3）若轨道区段为道岔区段，则轨道区段编号前冠以“GD”，若为无岔区段，则区段编号前冠以“G”。对于一个计轴轨道区段（为无岔区段）又分割成若干个更小的逻辑区段，如分成A到L等逻辑区段，逻辑区段的命名为G0101A ~ G0101L。

2. 信号机的命名及编号

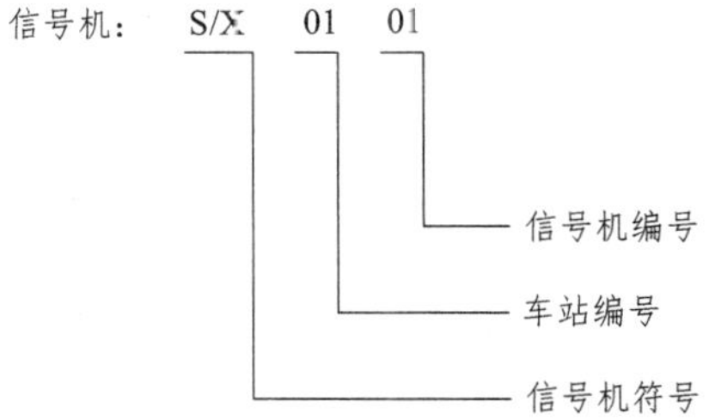

（1）信号机及车站序号序号一般由左至右递增。

（2）下行使用奇数编号，上行使用偶数编号。

（3）所有上行方向信号机编号前冠以“S”；所有下行方向信号机编号前冠以“X”。

3. 道岔的命名及编号

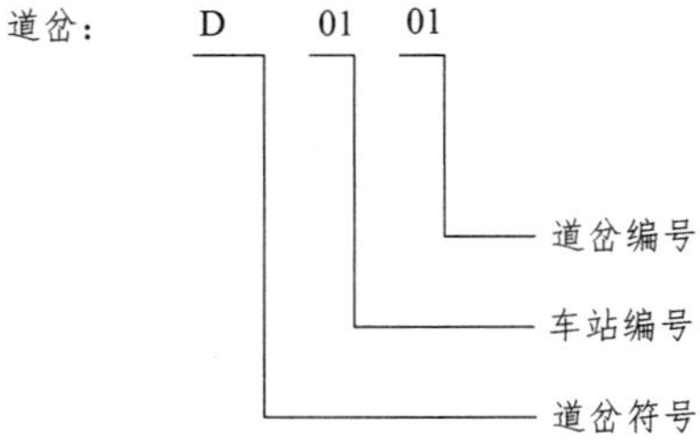

（1）道岔及车站序号一般由左至右递增。

（2）所有上行线的道岔以偶数命名（如 02，04，06，⋯）；所有下行线的道岔以奇数命名（如 01，03，05，⋯）。

4. 计轴设备的命名

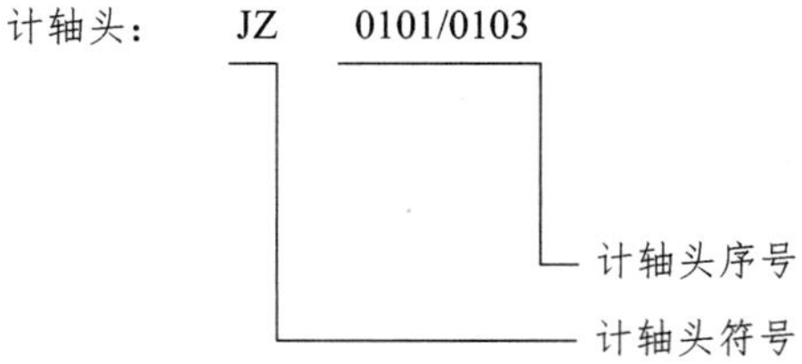

JZ0101/0103 表示该计轴头位于轨道区段 G0101 和 G0103 之间。

5. 屏蔽门的命名及编号

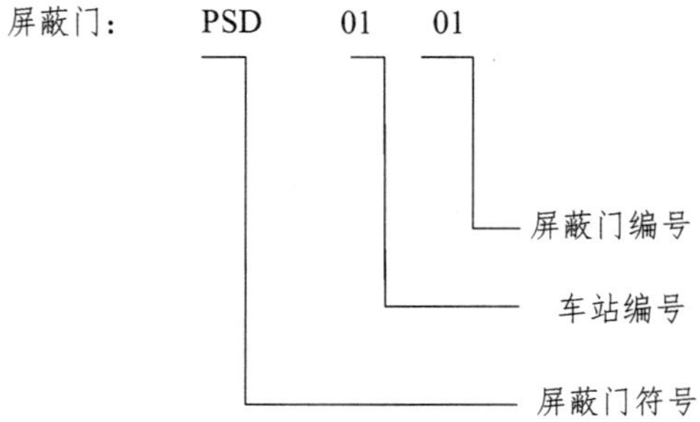

（1）车站编号由左至右递增。

（2）所有下行线的屏蔽门以奇数命名（如 01），上行线的屏蔽门以偶数命名（如 02）。

6. 紧停按钮的命名及编号

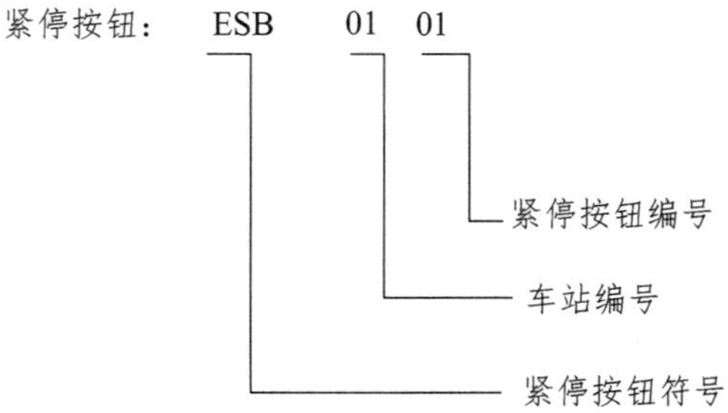

（1）车站编号一般由左至右递增。

（2）所有下行线的紧停按钮以奇数命名（如 01），上行线的紧停按钮以偶数命名（如 02）。

（二）道岔的位置定义

每组道岔都有两个位置：定位和反位。道岔的定位是指道岔经常开通的位置，而反位则是排列进路时临时改变的位置，如图 3-28 所示。

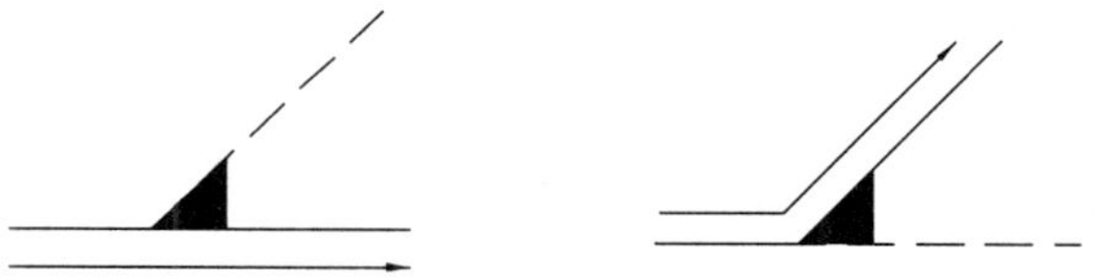

（a）道岔定位　　（b）道岔反位

图 3-28　道岔位置示意图

（三）信号平面布置图

信号平面布置图是编制进路表的主要依据，为满足编制进路表的需要，信号平面布置图上应该包含以下主要内容：

（1）联锁区及非联锁区中信号设备有关的线路布置及编号。

（2）联锁车站、道岔、信号机、轨道区段、逻辑区段、屏蔽门等有关设备及其编号。

（3）线路的运行方向。

图 3-29 所示为城乡路站的信号平面布置图，文档描述内容均以该站为例。

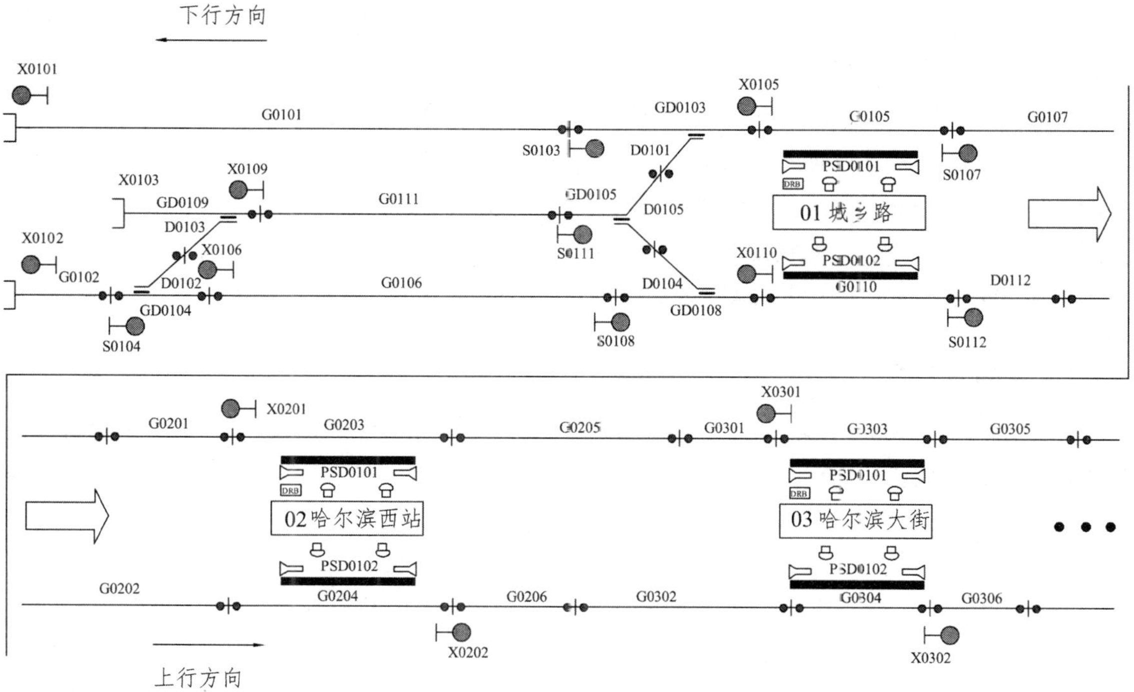

注：“●|●”表示计轴；“⊖”表示车站紧停按钮。

图 3-29　举例站场信号平面布置图

（四）进路表组成

进路表是根据车站信号平面布置图，按照规定的原则和格式编制的。进路表以进路为主体，列出所有行车进路的信息。进路表中逐条将排列进路需要检查的进路元素、联锁保护区段、侧防等列举出来，对防护列车运行是十分必要的。由于进路保护区段的不同，进路联锁关系也各不相同。

进路表中的有些数据信息是依照列车动态数据（包括所有接近区段、解锁时间、保护区段的要素）进行计算的。这些数据在工程设计的确认期间可能发生变化，以便与 ATP 的数据保持一致。

二、进路表的编制

进路是车站内列车由一点运行至另一点的全部径路。按各道岔的不同开通方向可以构成不同的进路。每条进路由相应的信号机来防护，列车依据防护信号机的显示行车。若进路上的道岔位置不正确，或已有车占用，又或敌对进路已建立，有关的信号就不能开放；信号一旦开放，其所防护的进路不能变动，即该进路内的道岔不能再转换。

在进路表的设计中，仅编写基本行车进路。这意味着仅仅描述从一个信号机到下一相邻信号机之间的行车进路。起点和终点在不同联锁区中的进路只在起始信号机所在的联锁区中进行描述，在实际排列这种跨联锁区的进路时，也由该联锁区负责启动。

所有进路都在进路表里通过起始信号机和终端信号机识别，其描述方式为:

起始信号机_目的信号机，例如：S0103_S0107 的进路。

进路表要求逐条列出本车站联锁区内的所有的基本进路，包括由于保护区段不同而构成的不同进路。每条进路按列列出进路编号、进路名称、始端信号机、终端信号机、始端信号机显示、进路的方向、进路自动追踪、自排进路、轨道区段、道岔、侧防、侵限区段、进路接近区段、保护区段、保护区段锁闭道岔、保护区段的侧防、保护区段的侵限区段、保护区段开始解锁的触发区段、ATP 级进路保护区段开始解锁的触发区段、进路延时解锁时间、敌对进路、保护区段延时解锁时间、其他联锁条件等。进路表的行表示每条进路相关元素的联锁关系，列表示进路所需要的元素或属性。进路表格式如表 3-2 所示。

（一）进路编号栏

进路表第一列为进路编号栏，此栏填写联锁区内所有进路的编号，根据进路的多少，编号依次递增，编号如：1，2，3，…。

（二）进路名称栏

所有进路在进路表中以起始信号机和终端信号机识别，其进路命名原则为：起始信号机_终端信号机。有些进路由于保护区段不同，还需加 1，2，…以进行区分，如图 3-30 中的 X0105_X0109_1 进路以 GD0109 和 GD0104 作为保护区段，X0105_X0109_2 则仅以 GD0109 作为保护区段，由于联锁关系不同，X0105_X0109_1，X0105_X0109_2 是两条不同的进路。

表 3-2　进路表

进路名称	始端信号机	终端信号机	主信号级进路始端信号机显示	进路方向	自动追踪进路	自排进路	轨道区段		道岔	侧防	侵限区段		ARC 接近区段		保护区段	
							降级模式	CBTC 模式			降级模式	CBTC 模式	降级模式	CBTC 模式	降级模式	CBTC 模式
X0401_X0301	X0401	X0301	L	下行	Y	Y	G0401,G0305,G0303	G0401A,G0305E,G0305D,G0305C,G0305B,G0305A,G0303A					G0403	G0403A	G0301	G0301A
S0402_S0502	S0402	S0502	L	上行	Y	Y	G0406,G0502	G0406A,G0502A,G0502B,G0502C,G0502D,G0502E,G0502F,G0502G					G0404	G0404A	GD0504	GD0504A
X0501_X0401	X0501	X0401	L	下行	Y	Y	G0405,G0403	G0405F,G0405E,G0405D,G0405C,G0405B,G0405A,G0403A					G0505,GD0503,G0501	G0505A,GD0503B,GD0503A,G0501A	G0401	G0401A
S0502_S0506_1	S0502	S0506	L	上行	Y	Y	GD0504,G0506	GD0504A,G0506A	D0502:定位	D0503:定位	<(D0503)>GD0503	<(D0503)>GD0503A	G0502	G0502A,G0502B,G0502C,G0502D,G0502E,G0502F,G0502G	GD0508	GD0508A
S0502_S0506_2	S0502	S0506	L	上行	N	Y	GD0504,G0506	GD0504A,G0506A	D0502:定位	D0503:定位	<(D0503)>GD0503	<(D0503)>GD0503A			GD0508,GD0507	GD0508A,GD0507A
S0503_X0505	S0503		U	上行	N	N	GD0503,G0511	GD0503A,G0511A	D0501:反位							
S0503_S0506_1	S0503	S0506	U	上行	N	N	GD0503,GD0504,G0506	GD0503A,GD0503B,GD0504A,G0506A	D0501:定位 D0503:反位 D0502:反位						GD0508	GD0508A

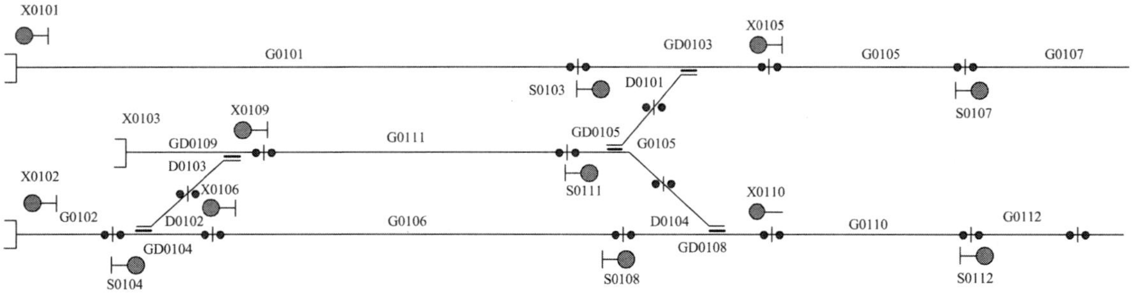

图 3-30　信号平面布置示意图

（三）始端信号机栏

始端信号机栏填写始端信号机名称（信号机命名原则见“进路元素的命名及编号”），这是进路表中识别进路的主要元素之一。

（四）终端信号机栏

终端信号机栏填写终端信号机名（信号机命名原则见“进路元素的命名及编号”），这也是进路表中识别进路的主要元素之一。

（五）主信号级始端信号机显示栏

主信号级始端信号机显示栏填写进路始端信号机在主信号级别下显示的灯光颜色，其填写原则为：当列车以道岔侧向行车，进路始端信号机显示黄灯，用“U”表示；当列车直向通过道岔时，进路始端信号机显示绿灯，用“L”表示。

（六）进路方向栏

进路方向栏填写进路运行方向，其填写原则为：当列车以下行方向运行时，进路方向栏填写“下行”；当列车以上行方向运行时，进路方向栏填写“上行”。

（七）自动追踪进路栏

自动追踪进路为联锁系统本身的一种自动排列进路功能，简称 ARC。列车接近信号机，占用触发区段时，列车运行所要通过的进路自动排出。追踪进路排出的前提除了满足进路排出的条件外，进路防护信号机还必须具备进路追踪功能。

当某一信号机的进路追踪功能被打开时，对其关联的规定进路的进路调用命令便通过接近表示自动产生。调用命令被储存，一直到信号机开放为止。接近表示由确定的轨道区段的占用来触发。

当某一信号机的进路追踪功能被打开时，也可以执行人工操作。若在其接近区段占用触发排路之前已人工排列了一条进路，则该信号机的进路追踪功能将关闭。

自动追踪进路栏填写当前进路是否允许在自动追踪模式下被排出，其填写原则为：当列车进路允许在自动追踪模式下排出时，以符号“Y”表示；当列车进路不允许在自动追踪模式下排出，则以符号“N”表示。

在自动追踪模式下，排列进路有以下规范：

（1）自动追踪模式下的排路原则是列车具有从起始点（终端点）到终端点（起始点）的两条完整的运营线。

（2）每架起始信号机在自动追踪模式下只能排列出一条进路。

（3）自动追踪模式下排列出来的进路为正常运营进路。

（4）与运营方向相反的进路不允许自动追踪。

（八）自排进路栏

进路自动排列是 ATS 系统的一部分，它的任务是与联锁配合，为列车运行自动排列行车进路，简称 ARS。进路的自动排列具备一个自动操作单元的功能，如同操作员在联锁上进行操作。当在一个信号机上开启了进路自排模式，进路仍然可以人工排列。进路自动排列条件为：

（1）进路设置了允许自动排列。

（2）进路的始端信号机开启进路自排模式。

自排进路栏填写当前进路是否允许在自排模式下被排出，其填写原则为：当列车进路允许在自排模式下排出时，以符号“Y”表示；当列车进路不允许在自排模式下排出时，则以符号“N”表示。

在自排模式下，排列进路有以下规范：

（1）与运营方向相反的进路不允许自排。

（2）能够在自动追踪模式下排列的进路，同时进路终端信号机有多条保护区段时，自动追踪进路只允许排出一条，自排进路允许全部排出。

轨道区段栏填写进路中轨道区段名称：

（1）降级模式下填写进路中计轴区段的名称。

（2）CBTC 模式下填写进路中逻辑区段的名称，用“,”隔开。

（九）道岔栏

道岔栏填写进路中道岔的名称以及进路要求道岔所处的位置。道岔栏填写格式如下：道岔名：定位/反位。小括号（　）表示反位，中括号[　]表示防护，大括号{　}表示带动。

（十）侧防栏

侧面防护是指为了避免其他列车从侧面进入进路，与列车发生侧面冲突。侧面防护由侧防道岔确保。侧面防护的任务是通过操作、锁定和检测邻近道岔，使所有和已排列进路相冲突的进路无法排列。在进路表中已为需要侧防的每一条运行进路定义了侧防。

如图 3-31 所示，办理 S0104_S0108 的进路中，为保证安全，需对道岔 D0102 反位进行侧防，需将道岔 D0103 锁闭在定位。在这种情况下，D0103 成为保护道岔，为 D0102 提供侧防。

侧防栏填写进路的侧防道岔的名称以及进路要求道岔所处的位置，填写格式如下：道岔名：定位/反位。

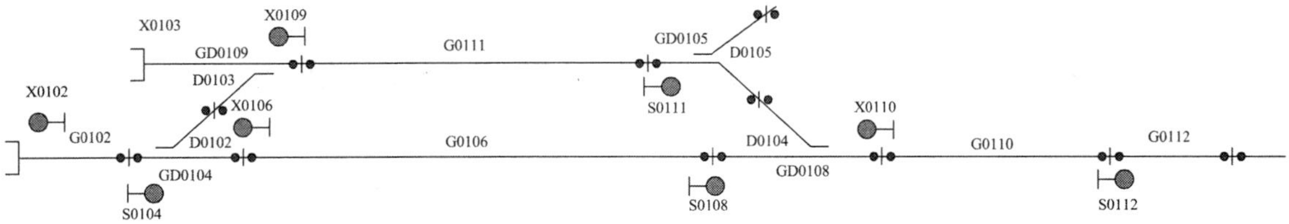

图 3-31　道岔侧防示意

（十一）侵限区段栏

侵限区段栏填写进路的侵限区段名称。

（1）降级模式下填写进路的侵限计轴区段的名称。

（2）CBTC 模式下填写进路的侵限逻辑区段的名称，用“,”隔开。

（十二）进路 ARC 接近区段栏

1. ARC 接近区段的计算

进路自动追踪（ARC）时，设置一个接近区段，用来排列相关行车进路。因此，需要一个激活点，该激活点通过一个设计的轨道区段的占用来实现。

如果行车进路没有及早建立，列车将在始端信号机处停下，如图 3-32 所示的 S_0 处。因此，接近区段必须满足合适的距离要求，令自动追踪进路的起始信号机及早开放以保证列车不必开始制动。

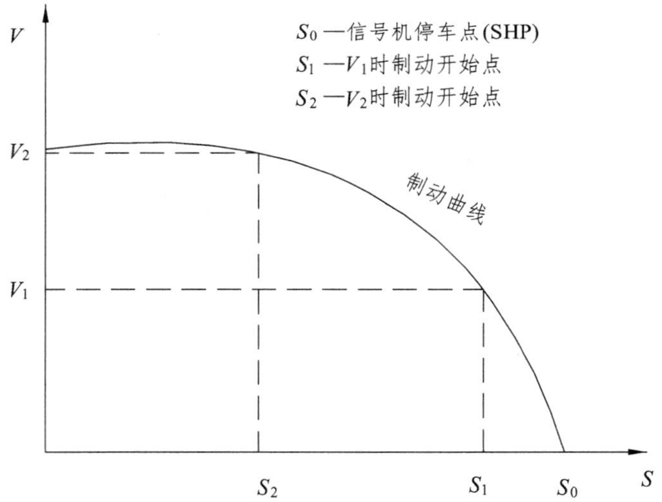

图 3-32　分级速度控制示意

制动开始点（S_1，S_2）取决于列车速度（V_1，V_2）此外，还需考虑整个系统的反应时间。这可以对 BEP（制动开始点）的停车距离添加一个固定距离（S_R）来实现。固定距离按行车的最大信号允许速度与系统的反应时间相乘结果计算得出，即

$$S_R = T_R \cdot V$$

其中，T_R 为整个联锁系统的反应时间，包括系统本身的反应时间和可能的道岔转换时间，其计算方法为：

$$T_R = (T_{P1} + \cdots + T_{PN}) + T_{SYSTEM}$$

其中，T_R 为整个联锁系统的反应时间；$T_{P1} \cdots T_{PN}$ 为 N 个道岔的转换时间，道岔按时间级别控制依次转换；T_{SYSTEM} 为系统本身的反应时间。

如图 3-33 所示，进路自动追踪时接近区段的长度为：

$$S_{ARC} = S_R + S_{BR}$$

其中，S_{BR} 为安全停车距离。

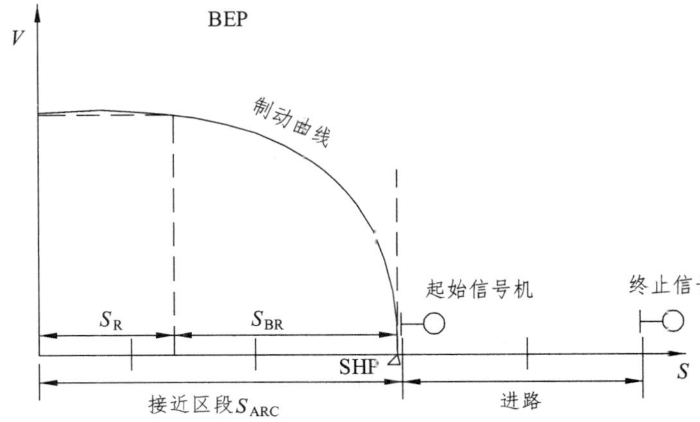

图 3-33　自动追踪的进路接近区段

在实际设计中，需要根据车辆参数、线路数据和所选设备的具体情况计算的，从而确定接近区段的长度。

2. ARC 接近区段栏的编写

进路接近区段栏填写进路接近区段占用的轨道区段名称。

（1）降级模式下填写进路的计轴区段的名称。

（2）CBTC 模式下填写进路的逻辑区段的名称。

接近区段设置及长度是根据的实际情况经过计算确定的，一旦接近区段长度确定，根据实现线路轨道区段的长度就可以确定接近区段所包含的轨道区段的个数。

（十三）保护区段栏

为了保证列车的运行安全，避免列车由于某种原因不能在目的地信号机前停车而导致事故的发生，充分考虑了列车的制动距离及线路等因素，在停车点后设置了保护区段，而保护区段距离是考虑最坏的列车参数计算（如列车制动特性，列车长度）而来，根据终端信号机后方轨道区段的实际长度，最终决定有几个轨道区段作为保护区段。排列一条主信号级的进路时如果进路有保护区段，则信号开放必须检查保护区段。排列一条移动闭塞级进路时，如果进路有保护区段，信号开放不需要检查保护区段。排列引导进路时，不需要检查保护区段。

保护区段栏填写进路的保护区段名称。

（1）降级模式下填写进路的计轴保护区段的名称，用“,”隔开。

（2）CBTC 模式下填写进路的逻辑保护区段的名称，用“,”隔开。

（十四）保护区段锁闭道岔栏

保护区段锁闭道岔栏填写进路的保护区段锁闭的道岔名称。保护区段锁闭道岔栏填写格式如下：

道岔名:定位/反位

（十五）保护区段的侧防栏

保护区段的侧面防护意义与进路一致，即通过锁定相关道岔的位置使所有与保护区段相冲突的进路无法排列。

保护区段的侧防栏填写保护区段的侧防道岔的名称以及保护区段要求道岔所处的位置，填写格式如下：

道岔名:定位/反位

（十六）保护区段的侵限区段栏

保护区段的侵限区段栏填写保护区段的侵限区段名称。

（1）降级模式下填写侵限计轴区段的名称，用“,”隔开。

（2）CBTC 模式下填写侵限逻辑区段的名称，用“,”隔开。

（十七）保护区段解锁的触发区段栏

对于保护区段的延时解锁，需要设置一个触发点，以在列车停车后解锁联锁保护区段。只要列车没有在信号机前停车，就有必要设置联锁的保护区段。当列车占用接近区段后保护区段将不能立即解锁，而会在计算过的延时时间后解锁。

延时解锁的保护区段的触发区段计算同进路自动追踪时的接近区段相同，只是在反应时间 T_R 的计算中，不必计算道岔的可能转换时间（见图 3-34）。

图 3-34　保护区段解锁时接近区段的计算

保护区段解锁的触发区段栏填写保护区段解锁的触发区段名称。

（1）降级模式下填写计轴区段的名称，用“,”隔开。

（2）CBTC 模式下填写逻辑区段的名称，用“,”隔开。

（十八）轨道区段栏

轨道区段栏分为降级模式和 CBTC 模式两列。

降级模式：填写进路内包含的计轴名称。

CBTC 模式：填写进路包含的逻辑区段的名称。

（十九）ATP 级进路保护区段延时建立的触发区段栏

为了提高效率，联锁的保护区段可以延时设置，当联锁的保护区段设置成功后，将使 ATP 的停车点前移至信号机。

由图 3-35 可知，必须在 ATP 停车点前完成安全区段的设置，接近区段 S_{SDO} 的计算方法和自动追踪时接近区段的计算方法基本相同，区别在于 ATP 停车点代替了信号机停车点，设置过程中保护区段只需包含最多一组道岔。如果联锁的保护区段设置成功，ATP 将使用联锁保护区段的一部分作为它的保护区段，此时 ATP 的停车点将移动到对应信号机。所以。

$$S_{SDO} = S_R + S_{BR}$$

其中，S_R 为联锁反应距离，$S_R = T_R \cdot V$，T_R 指整个联锁系统的反应时间，由系统本身的反应时间和可能的道岔转换时间组成。

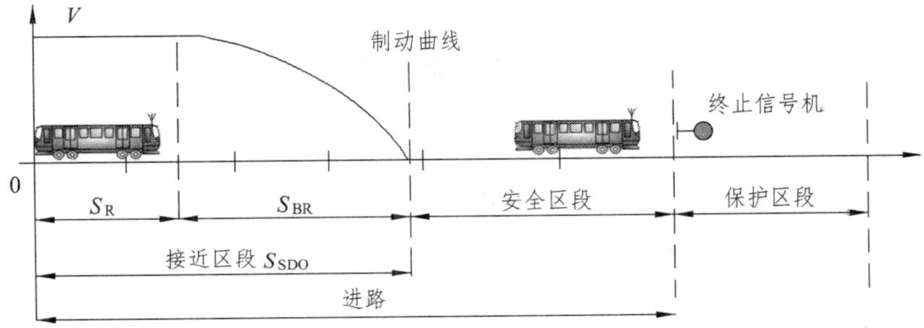

图 3-35　触发保护区段延时设置的接近区段

保护区段延时建立的触发区段栏填写保护区段建立的触发逻辑区段名称，只有移动闭塞级的进路有可能需要延时建立保护区段。

（二十）进路延时解锁栏

进路取消时，只要距离信号机不是太近，就可以立即取消进路。如果列车距离太近，进路立即取消可能导致列车越过信号机，因此进路本身可以延时之后取消，这个时间长度足以保证列车安全停车（见图 3-36）。

图 3-36　进路取消时接近区段的计算

该接近区段的计算同自动追踪时接近区段的计算基本相同，只是在反应时间 T_R 的计算中，道岔的可能转换时间不必计算。

$$S_{DRR} = S_R + S_{BR}，S_R = T_R \cdot V$$

其中，S_R 为联锁系统反应距离，S_{DRR} 为延时进路解锁区段。

进路延时解锁时间栏填写进路延时解锁的延时时间，延时时间根据列车速度、接近区段的长度、列车制动性能等条件参数进行设计配置，暂定为 30 s。

（二十一）敌对进路栏

敌对进路栏填写进路的所有敌对进路名称。若进路不存在敌对进路，则不填。

进路的敌对进路分为两种情况：

（1）与本条进路内元素部分重叠或者完全重叠的进路。

（2）与本进路内的元素没有重叠，但进路的防护信号机同本进路防护信号机差置设置，与本进路具有重叠的接近区段但进路方向相反的进路。如图 3-31 所示，X0105_X0101 的对向互斥进路即为以信号机 S0107 为始端的进路。

（二十二）其他联锁条件栏

其他联锁条件栏填写进路的其他联锁条件，如屏蔽门、紧急停车按钮、场联信息等信息。

第五节　联锁表制作

本节以具体的城轨线路五个车站举例说明联锁表的制作，全线信号联锁表见附录一。从图 3-37 上可以看出，全线包括五个车站，在工程设计时将这五个车站划分为两个联锁区，设置两套计算机联锁，分别为设在城轨 1 站设备室和城轨 5 站车站设备室，这两个联锁区根据联锁所在的车站分别取名城轨 1 车站联锁区和城轨 5 车站联锁区，其中城轨 1 站联锁区控制范围为城轨 1 站、城轨 2 站和城轨 3 站，城轨 2 站联锁区控制范围为城轨 3 站和城轨 4 站。

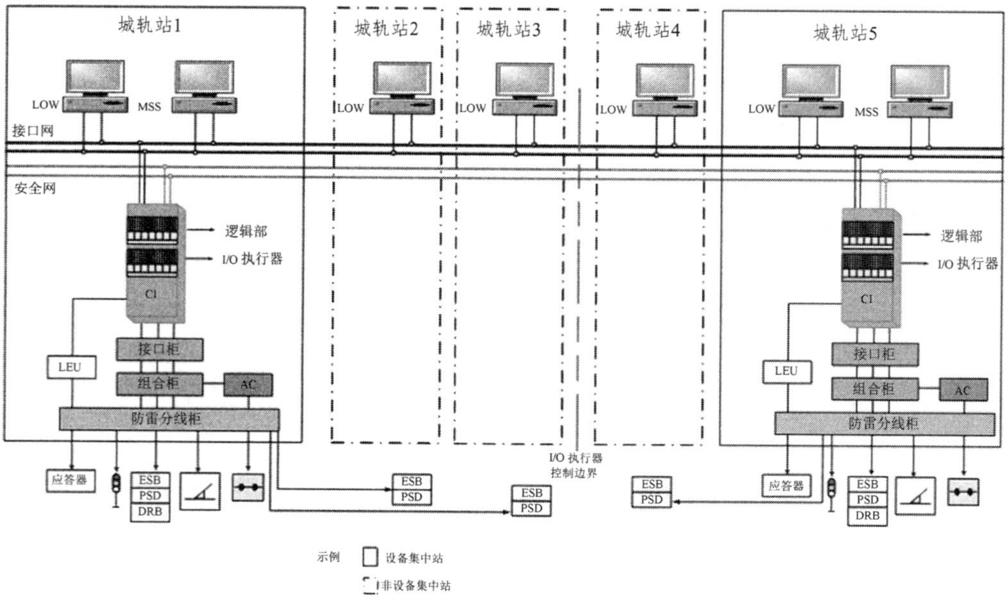

图 3-37　全线联锁设备

图 3-38 ~ 图 3-42 所示为城轨联锁车站 1 ~ 5 的联锁区平面图。表 3-3 为城轨 1 站的联锁表

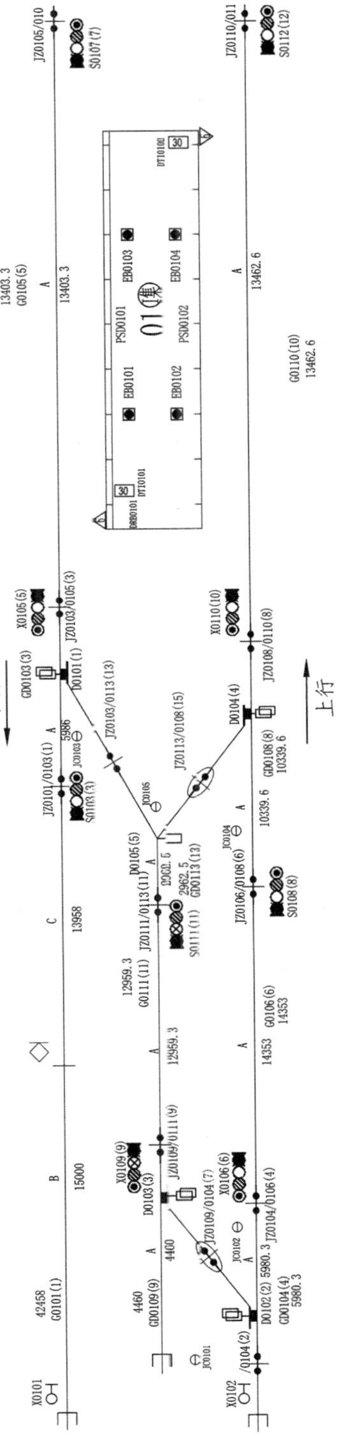

图 3-38 城轨 1 站平面图

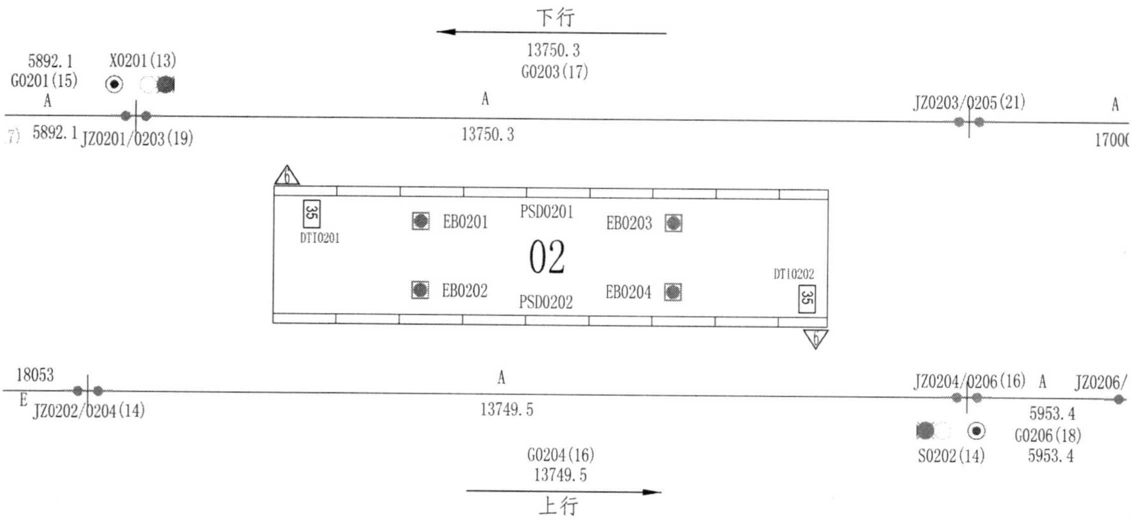

图 3-39　城轨 2 站平面图

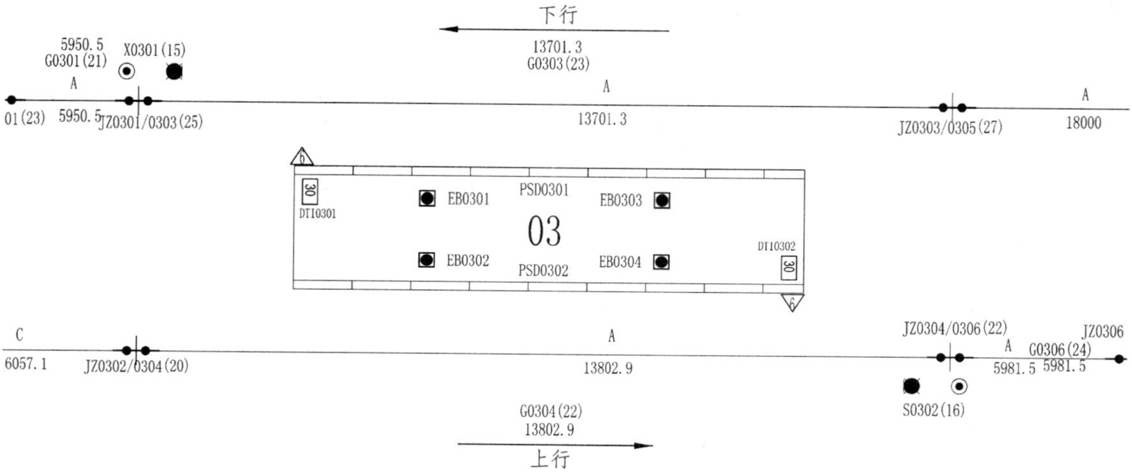

图 3-40　城轨 3 站平面图

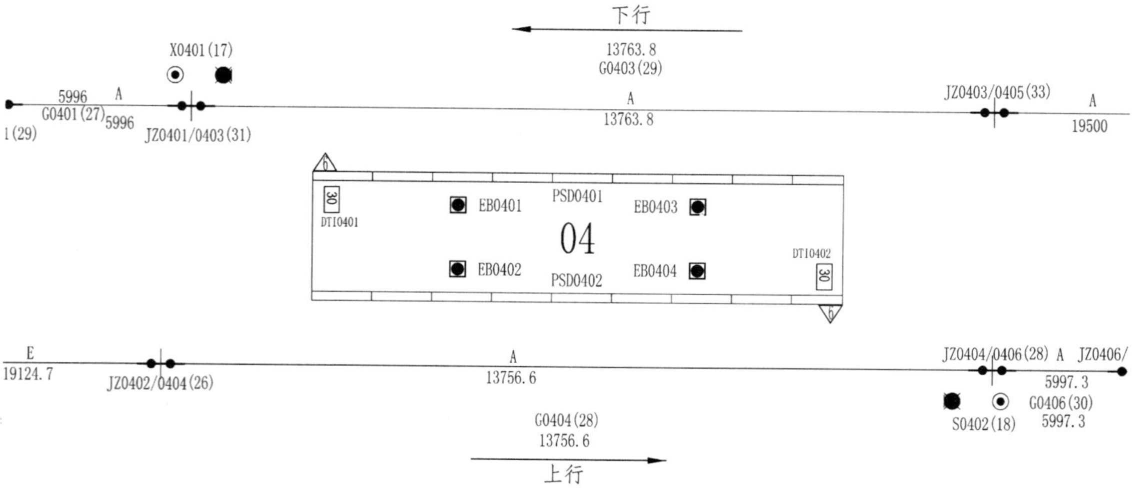

图 3-41　城轨 4 站平面图

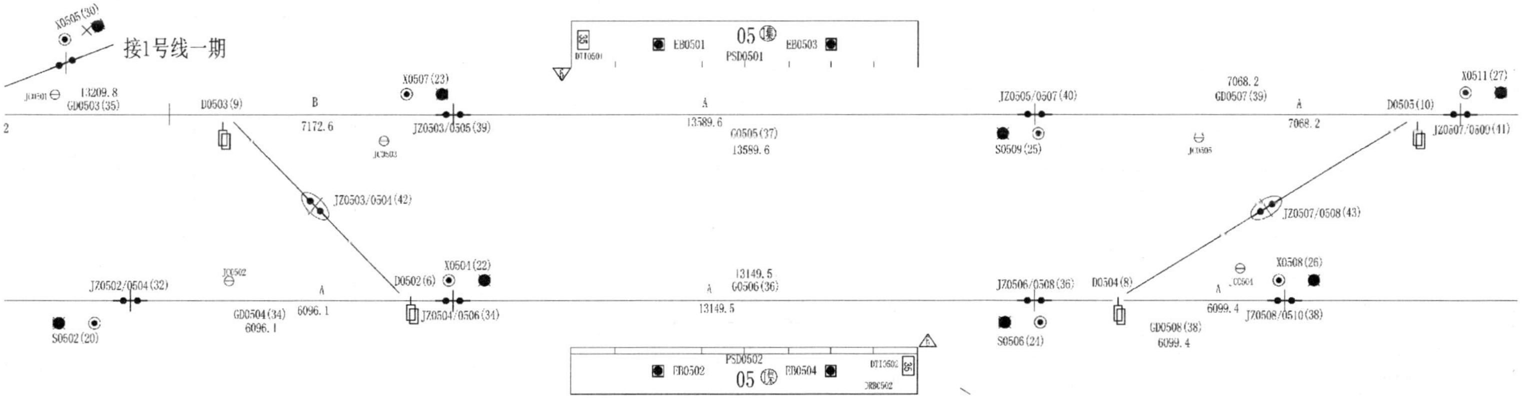

图 3-42 城轨 5 站平面图

表 3-3　城轨 1 站联锁表

（一）	（二）	（三）	（四）	（五）	（六）	（七）	（八）	（十八）		（九）	（十）	（十一）		（十二）		（十三）		（十四）	（十五）
进路编号	进路名称	始端信号机	终端信号机	主信号级进路始端信号机显示	进路方向	自动追踪进路	自排进路	轨道区段		道岔	侧防	侵限区段		ARC 接近区段		保护区段		保护区段锁闭道岔	保护区段的侧防
								降级模式	CBTC 模式			降级模式	CBTC 模式	降级模式	CBTC 模式	降级模式	CBTC 模式		
1	S0103_S0107	S0103	S0107	L	上行	N	N	GD0103,G0105	GD0103A,G0105A	D0101:定位						G0107	G0107A		
2	S0104_S0108	S0104	S0108	L	上行	N	Y	GD0104,G0106	GD0104A,G0106A	D0102:定位	D0103:定位	<(D0103)>GD0109	<(D0103)>GD0109A			GD0108	GD0108A	D0104:定位	D0105:定位
3	S0104_S0111_1	S0104	S0111	U	上行	N	Y	GD0104,GD0109,G0111	GD0104A,GD0109A,G0111A	D0102:反位 D0103:反位						GD0113 GD0103	GD0113A GD0103A	D0105:定位 D0101:反位	D0104:定位
4	S0104_S0111_2	S0104	S0111	U	上行	N	Y	GD0104,GD0109,G0111	GD0104A,GD0109A,G0111A	D0102:反位 D0103:反位						GD0113 GD0108	GD0113A GD0108A	D0105:反位 D0104:反位	D0101:定位
5	X0105_X0101	X0105	X0101	L	下行	N	Y	GD0103、G0101	GD0103A、G0101C,G0101B,G0101A,	D0101:定位		<D0105>GD0113	<D0105>GD0113A						
6	X0105_X0109_1	X0105	X0109	U	下行	Y	Y	GD0103、GD0113、G0111	GD0103A、GD0113A、G0111A	D0101:反位 D0105:定位	D0104:定位	<(D0104)>GD0108	<(D0104)>GD0108A	G0105	G0105A	GD0109	GD0109A	D0103:定位	D0102:定位
7	X0105_X0109_2	X0105	X0109	U	下行	N	Y	GD0103、GD0113、G0111	GD0103A、GD0113A、G0111A	D0101:反位 D0105:定位	D0104:定位	<(D0104)>GD0108	<(D0104)>GD0108A			GD0109 GD0104	GD0109A GD0104A	D0103:反位 D0102:反位	
8	X0106_X0102	X0106	X0102	L	下行	N	N	GD0104、G0102	GD0104A、G0102A	D0102:定位	D0103:定位	<(D0103)>GD0109	<(D0103)>GD0109A						
9	S0107_S0503_1	S0107	S0503	L	上行	N	N	G0107,G0201,G0203,G0205,G0301,G0303,G0305,G0401,G0403,G0405,G0501	G0107A,G0107B,G0107C,G0107D,G0107E,G0201A,G0203A,G0205A,G0205B,G0205C,G0301A,G0303A,G0305A,G0305B,G0305C,G0305D,G0305E,G0401A,G0403A,G0405A,G0405B,G0405C,G0405D,G0405E,G0405F,G0501A							GD0503	GD0503A,GD0503B	D0501:定位 D0503:定位	D0502:定位
10	S0107_S0503_2	S0107	S0503	L	上行	N	N	G0107,G0201,G0203,G0205,G0301,G0303,G0305,G0401,G0403,G0405,G0501	G0107A,G0107B,G0107C,G0107D,G0107E,G0201A,G0203A,G0205A,G0205B,G0205C,G0301A,G0303A,G0305A,G0305B,G0305C,G0305D,G0305E,G0401A,G0403A,G0405A,G0405B,G0405C,G0405D,G0405E,G0405F,G0501A							GD0503	GD0503A	D0501:定位 D0503:反位 D0502:反位	

续表

（一）	（二）	（三）	（四）	（五）	（六）	（七）	（八）	（十八）		（九）	（十）	（十一）		（十二）		（十三）		（十四）	（十五）
进路编号	进路名称	始端信号机	终端信号机	主信号级进路始端信号机显示	进路方向	自动追踪进路	自排进路	轨道区段		道岔	侧防	侵限区段		ARC接近区段		保护区段		保护区段锁闭道岔	保护区段的侧防
								降级模式	CBTC模式			降级模式	CBTC模式	降级模式	CBTC模式	降级模式	CBTC模式		
11	S0107_S0503_3	S0107	S0503	L	上行	N	N	G0107,G0201,G0203,G0205,G0301,G0303,G0305,G0401,G0403,G0405,G0501	G0107A,G0107B,G0107C,G0107D,G0107E,G0201A,G0203A,G0205A,G0205B,G0205C,G0301A,G0303A,G0305A,G0305B,G0305C,G0305D,G0305E,G0401A,G0403A,G0405A,G0405B,G0405C,G0405D,G0405E,G0405F,G0501A							GD0503,GD0504	GD0503A,GD0503B,GD0504A	D0501:反位	
12	S0108_S0112	S0108	S0112	L	上行	N	Y	GD0108,G0110	GD0108A,G0110A	D0104:定位	D0105:定位	<(D0105)>GD0113	<(D0105)>GD0113A			G0112	G0112A		
13	X0109_X0102	X0109	X0112	U	下行	N	Y	GD0109，GD0104，G0102	GD0109A，GD0104A，G0102A	D0103:反位 D0102:反位									
14	X0110_X0106	X0110	X0106	L	下行	N	N	GD0108,G0106	GD0108A,G0106A	D0104:定位	D0105:定位	<(D0105)>GD0113	<(D0105)>GD0113A			GD0104	GD0104A	D0102:定位	D0103:定位
15	X0110_X0109_1	X0110	X0109	U	下行	N	N	GD0108,GD0113,G0111	GD0108A,GD0113A,G0111A	D0104:反位 D0105:反位	D0101:定位					GD0109	GD0109A	D0103:定位	D0102:定位
16	X0110_X0109_2	X0110	X0109	U	下行	N	N	GD0108,GD0113,G0111	GD0108A,GD0113A,G0111A	D0104:反位 D0105:反位	D0101:定位					GD0109,GD0101	GD0109A,GD0104A	D0103:反位 D0102:反位	
17	S0111_S0107	S0111	S0107	U	上行	N	N	GD0113,GD0103,G0105	GD0113A,GD0103A,G0105A	D0105:定位 D0101:反位	D0104:定位	<(D0104)>GD0108	<(D0104)>GD0108A			G0107	G0107A		
18	S0111_S0112	S0111	S0112	U	上行	Y	Y	GD0113,GD0108,G0110	GD0113A,GD0108A,G0110A	D0105:反位 D0104:反位	D0101:定位			G0111	G0111A	G0112	G0112A		
19	S0112_S0202	S0112	S0202	L	上行	Y	Y	G0112,G0202,G0204	G0112A,G0202A,G0202B,G0202C,G0202D,G0202E,G0204A					G0110	G0110A	G0206	G0206A		
20	X0201_X0105_1	X0201	X0105	L	下行	Y	Y	G0201,G0107,G0105	G0201A,G0107E,G0107D,G0107C,G0107B,G0107A,G0105A			<D0105>GD0113	<D0105>GD0113A	G0203	G0203A	GD0103	GD0103A	D0101:定位	
21	X0201_X0103_2	X0201	X0103	L	下行	N	Y	G0201,G0107,G0105	G0201A,G0107E,G0107D,G0107C,G0107B,G0107A,G0105A							GD0103,GD0113	GD0103A,GD0113A	D0101:反位 D0105:定位	D0104:定位
22	S0202_S0302	S0202	S0302	L	上行	Y	Y	G0206,G0302,G0304	G0206A,G0302A,G0302B,G0302C,G0304A					G0204	G0204A	G0306	G0306A		
23	X0301_X0201	X0301	X0201	L	下行	Y	Y	G0301,G0205,G0203	G0301A,G0205C,G0205B,G0205A,G0203A					G0303	G0303A	G0201	G0201A		
24	S0302_S0402	S0302	S0402	L	上行	Y	Y	G0306,G0402,G0404	G0306A,G0402A,G0402B,G0402C,G0402D,G0402E,G0404A					G0304	G0304A	G0406	G0406A		

续表

（一）	（二）	（十六）		（十七）			（十九）	（二十）			（二十一）	（二十二）			
进路编号	进路名称	保护区段的侵限区段		保护区段延时解锁			ATP 级进路保护区段延时建立的触发区段	进路延时解锁			敌对进路	其他联锁条件			
		降级模式	CBTC 模式	时间（s）	降级模式触发区段	CBTC 模式触发区段		时间（s）	降级模式接近区段	CBTC 模式接近区段		屏蔽门	紧急停车按钮	防淹门	场联信息
1	S0103_S0107			15	G0105	G0105A		30	G0101	G0101A,G0101B,G0101C	X0105_X0101，X0201_X0105_1,X0201_X0105_2	PSD0101	ESB0101,ESB0103		
2	S0104_S0108			15	G0106	G0106A		30	G0102	G0102A	X0110_X0106，X0106_X0102				
3	S0104_S0111_1			15	G0111	G0111A		30	G0102	G0102A	S0104_S0111_2，X0109_X0102 X0105_X0109_1，X0105_X0109_2 X0110_X0109_1 X0110_X0109_2				
4	S0104_S0111_2			15	G0111	G0111A		30	G0102	G0102A	S0104_S0111_1，X0109_X0102 X0105_X0109_1，X0105_X0109_2 X0110_X0109_1 X0110_X0109_2				
5	X0105_X0101							30	G0105	G0105A	S0103_S0107,S0107_S0503_1,S0107_S0503_2,S0107_S0503_3	PSD0101	ESB0101,ESB0103		
6	X0105_X0109_1			15	G0111	G0111A		30	G0105	G0105A	S0111_S0107，S0104_S0111_1，S0104_S0111_2，X0105_X0109_2,S0107_S0503_1,S0107_S0503_2,S0107_S0503_3	PSD0101	ESB0101,ESB0103		
7	X0105_X0109_2			15	G0111	G0111A		30	G0105	G0105A	S0111_S0107，S0104_S0111_1，S0104_S0111_2，X0105_X0109_1,S0107_S0503_1,S0107_S0503_2,S0107_S0503_3	PSD0101	ESB0101,ESB0103		
8	X0106_X0102							30	G0110,GD0108,G0106	G0110A,GD0108A,G0106A	S0104_S0108,S0108_S0112				
9	S0107_S0503_1			15	G0501	G0501A		30	GD0103,G0105	GD0103A,G0105A	X0105_X0109_1,X0105_X0109_2,X105_X0101,X0201_X0105_1,X0201_X0105_2,X0301_X0201,X0401_X0301,X0501_X0401,X0505_X0501,X0507_X0501,X0504_X0501,S0107_S0503_2,S0107_S0503_3	PSD0101,PSD0201,PSD0301,PSD0401	ESB0101,ESB0103,ESB0201,ESB0203,ESB0301,ESB0303,ESB0401,ESB0403		
10	S0107_S0503_2			15	G0501	G0501A		30	GD0103,G0105	GD0103A,G0105A	X0105_X0109_1,X0105_X0109_2,X105_X0101,X0201_X0105_1,X0201_X0105_2,X0301_X0201,X0401_X0301,X0501_X0401,X0505_X0501,X0507_X0501,X0504_X0501,S0107_S0503_1,S0107_S0503_3	PSD0101,PSD0201,PSD0301,PSD0401,	ESB0101,ESB0103,ESB0201,ESB0203,ESB0301,ESB0303,ESB0401,ESB0403		

续表

（一）	（二）	（十六）		（十七）			（十九）	（二十）			（二十一）	（二十二）			
进路编号	进路名称	保护区段的侵限区段		保护区段延时解锁			ATP 级进路保护区段延时建立的触发区段	进路延时解锁			敌对进路 CBTC 模式	其他联锁条件			
		降级模式	CBTC 模式	时间（s）	降级模式触发区段	CBTC 模式触发区段		时间（s）	降级模式触发区段	CBTC 模式触发区段		屏蔽门	紧急停车按钮	防淹门	场联信息
11	S0107_S0503_3			15	G0501	G0501A		30	GD0103,G0105	GD0103A,G0105A	X0105_X0109_1,X0105_X0109_2,X105_X0101,X0201_X0105_1,X0201_X0105_2,X0301_X0201,X0401_X0301,X0501_X0401,X0505_X0501,X0507_X0501,X0504_X0501,S0107_S0503_2,S0107_S0503_1	PSD0101,PSD0201,PSD0301,PSD0401	ESB0101,ESB0103,ESB0201,ESB0203,ESB0301,ESB0303,ESB0401,ESB0403		
12	S0108_S0112			15	G0110	G0110A	G0106A,GD0108A	30	GD0104,G0106	GD0104A,G0106A	X0110_X0106,X0106_X0102,X0504_X0110_1,X0504_X0110_2	PSD0102	ESB0102,ESB0104		
13	X0109_X0102							30	G0111	G0111A	S0104_S0111_1,S0104_S0111_2,S0111_S0107,S0111_S0112				
14	X0110_X0106			15	G0106	G0106A		30	G0112,G0110	G0112A,G0110A	S0104_S0108,S0108_S0112,S0112_S0202	PSD0102	ESB0102,ESB0104		
15	X0110_X0109_1			15				30	G0112,G0110	G0112A,G0110A	S0104_S0111_1,S0104_S0111_2,S0111_S0112,S0112_S0202	PSD0102	ESB0102,ESB0104		
16	X0110_X0109_2			15	G0111	G0111A		30	G0112,G0110	G0112A,G0110A	S0104_S0111_1,S0104_S0111_2,S0111_S0112,S0112_S0202	PSD0102	ESB0102,ESB0104		
17	S0111_S0107			15	G0105	G0105A		30	G0111	G0111A	X0105_X0109_1,X0105_X0109_2,X0201_X0105_1,X0201_X0105_2,X0109_X0102	PSD0101	ESB0101,ESB0103		
18	S0111_S0112			15	G0110	G0110A	G0111A,GD0113A,GD0108A	30	G0111	G0111A	X0110_X0109_1,X0110_X0109_2,X0504_X0110_1,X0504_X0110_2,X0109_X0102	PSD0102	ESB0102,ESB0104		
19	S0112_S0202			15	G0204	G0204A	G0202D,G0202E	30	GD0108,G0110	GD0108A,G0110A	X0504_X0110_1,X0504_X0110_2,X0110_X0106,X0110_X0109_1,X0110_X0109_2	PSD0102,PSD0202	ESB0102,ESB0104,ESB0202,ESB0204		
20	X0201_X0105_1			15	G0105	G0105A	G0107C,G0107B,G0107A	30	G0203	G0203A	X0201_X0105_2,S0107_S0503_1,S0107_S0503_2,S0107_S0503_3,S0103_S0107,S0111_S0107	PSD0101,PSD0201	ESB0101,ESB0103,ESB0201,ESB0203		
21	X0201_X0105_2			15	G0105	G0105A	G0107C,G0107B,G0107A	30	G0203	G0203A	X0201_X0105_1,S0107_S0503_1,S0107_S0503_2,S0107_S0503_3,S0103_S0107,S0111_S0107	PSD0101,PSD0201	ESB0101,ESB0103,ESB0201,ESB0203		
22	S0202_S0302			15	G0304	G0304A	G0302B,G0302C	30	G0204	G0204A	X0504_X0110_1,X0504_X0110_2	PSD0202,PSD0302	ESB0202,EEB0204,ESB0302,ESB0304		
23	X0301_X0201			15	G0203	G0203A	G0205B,G0205A	30	G0303	G0303A	S0107_S0503_1,S0107_S0503_2,S0107_S0503_3	PSD0301,PSD0201	ESB0301,ESB0303,ESB0201,ESB0203		
24	S0302_S0402			15	G0404	G0404A	G0402D,G0402E	30	G0304	G0304A	X0504_X0110_1,X0504_X0110_2	PSD0402,PSD0302	ESB0402,ESB0404,ESB0302,ESB0304		

表中包括：

（1）进路序号。

（2）进路名称。

（3）进路始端信号机名称。

（4）进路终端名称。

（5）主信号级进路始端信号机的显示，“L”为绿灯；“U”为黄灯。

（6）进路方向，填：“上行”或者“下行”。

（7）此进路是否为自动追踪进路，是填 Y，否填 N。

（8）此进路是否为自排进路，是填 Y，否填 N。

（9）降级模式下建立此进路需要出清的轨道区段。

（10）CBTC 模式下建立此进路需要出清的逻辑区段。

（11）进路所包含的道岔及其位置。

（12）进路中侧防锁闭的道岔及其位置。

（13）降级模式下建立此进路需要出清的侵限区段。

（14）CBTC 模式下建立此进路需要出清的侵限区段。

（15）CBTC 模式下此进路的接近区段。

（16）降级模式下此进路的接近区段。

（17）降级模式下此进路的保护区段。

（18）CBTC 模式下此进路的保护区段。

（19）此进路的保护区段需要锁闭的道岔及其位置。

（20）此进路的保护区段的侧防需要锁闭的道岔及其位置。

（21）降级模式下此进路的保护区段需要出清的侵限区段。

（22）CBTC 模式下此进路的保护区段需要出清的侵限区段。

（23）进路的保护区段延时解锁需要的时间。

（24）降级模式下此进路的保护区段开始延时解锁需要占用的区段。

（25）CBTC 模式下此进路的保护区段开始延时解锁需要占用的区段。

（26）CBTC 模式下此进路的保护区段开始自动建立需要占用的区段。

（27）此进路在接近锁闭条件下取消进路延时解锁所需的时间。

（28）降级模式下此进路的接近锁闭区段。

（29）CBTC 模式下此进路的接近锁闭区段。

（30）此进路的敌对进路。

（31）~（34）此进路的其他联锁条件，比如屏蔽门、紧停、防淹门、场联等。图 3-43 ~ 图 3-47 为城市 1 ~ 5 站的全线平面图。

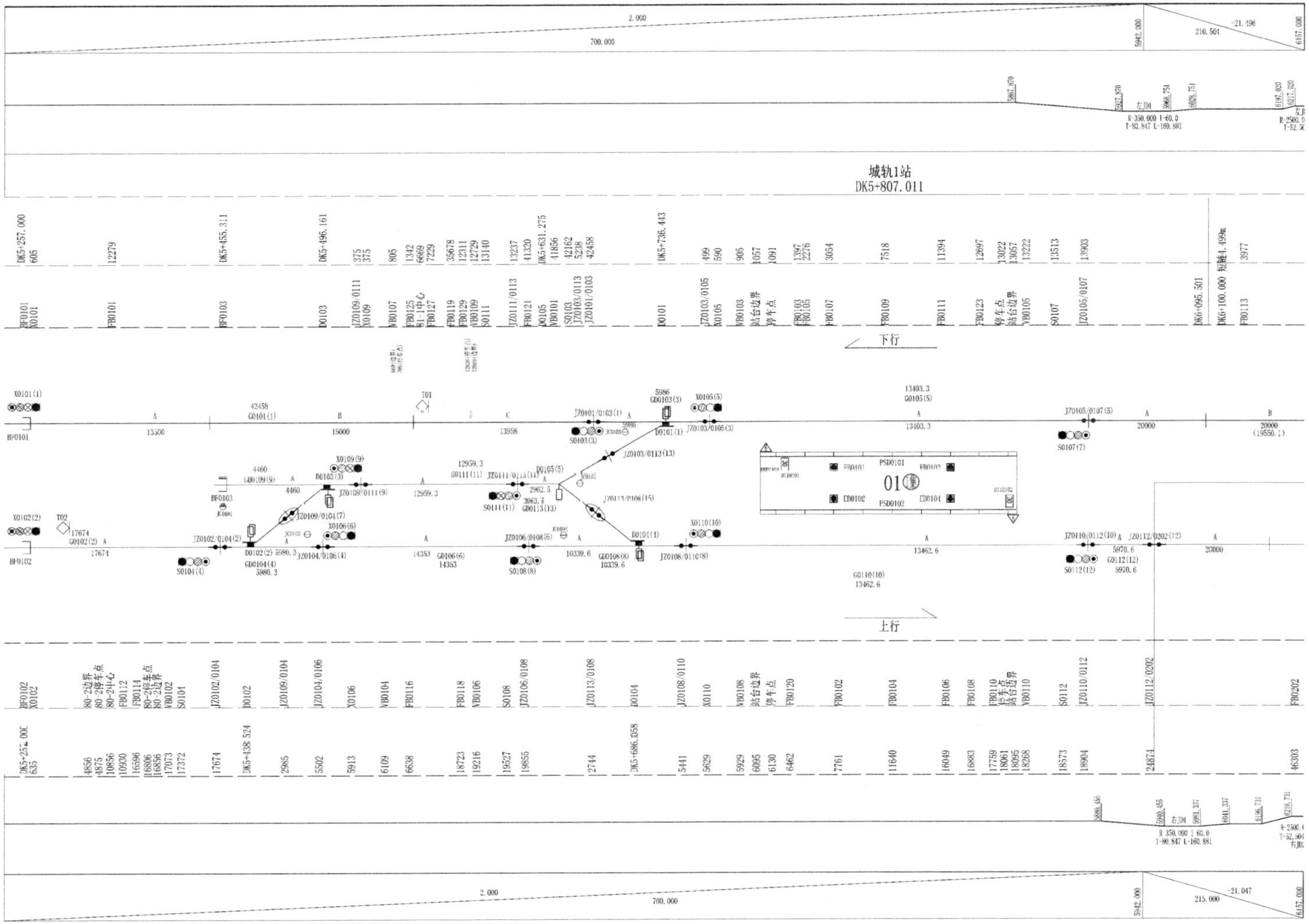

图 3-43　城轨 1 站全线平面图

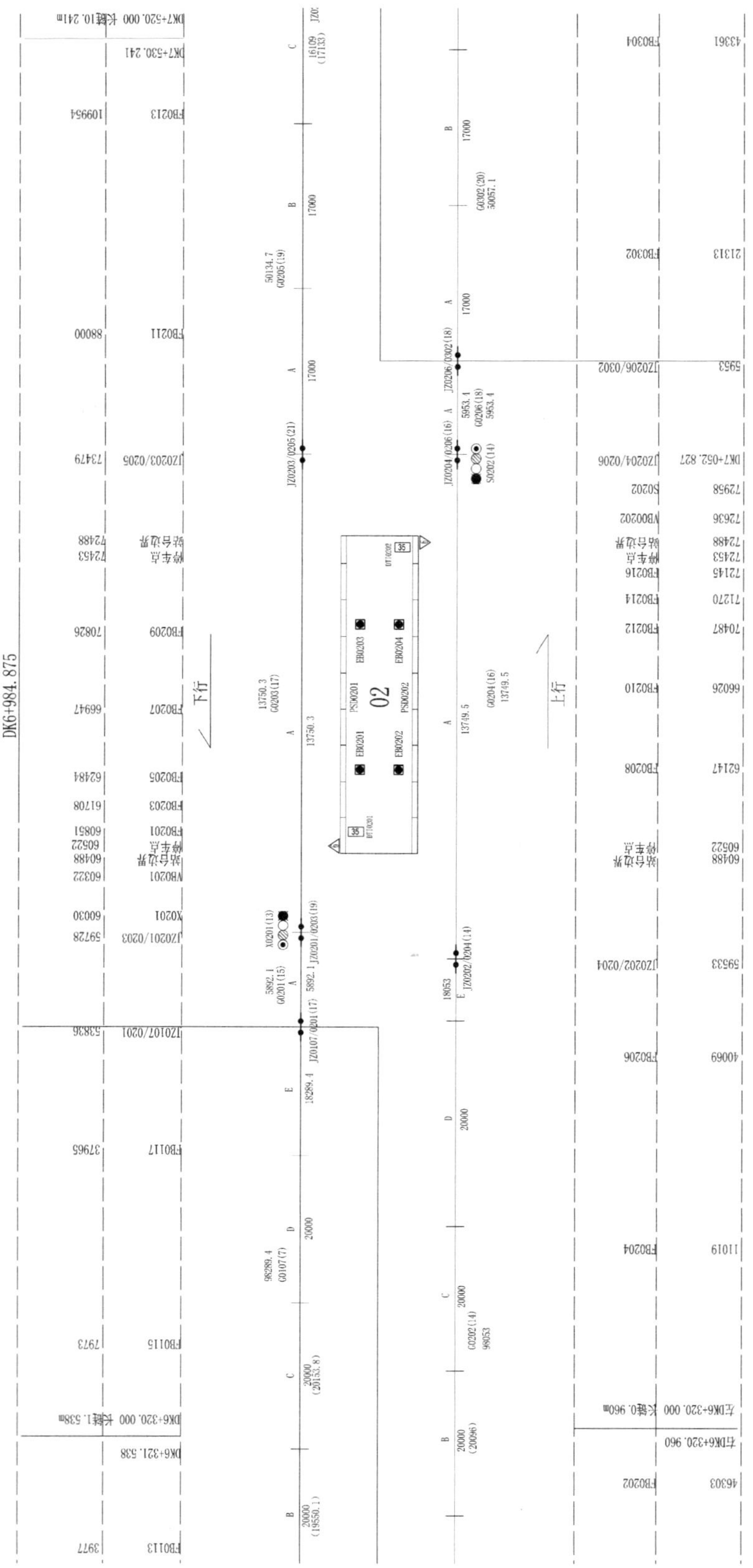

图 3-44 城轨 2 站全线平面线

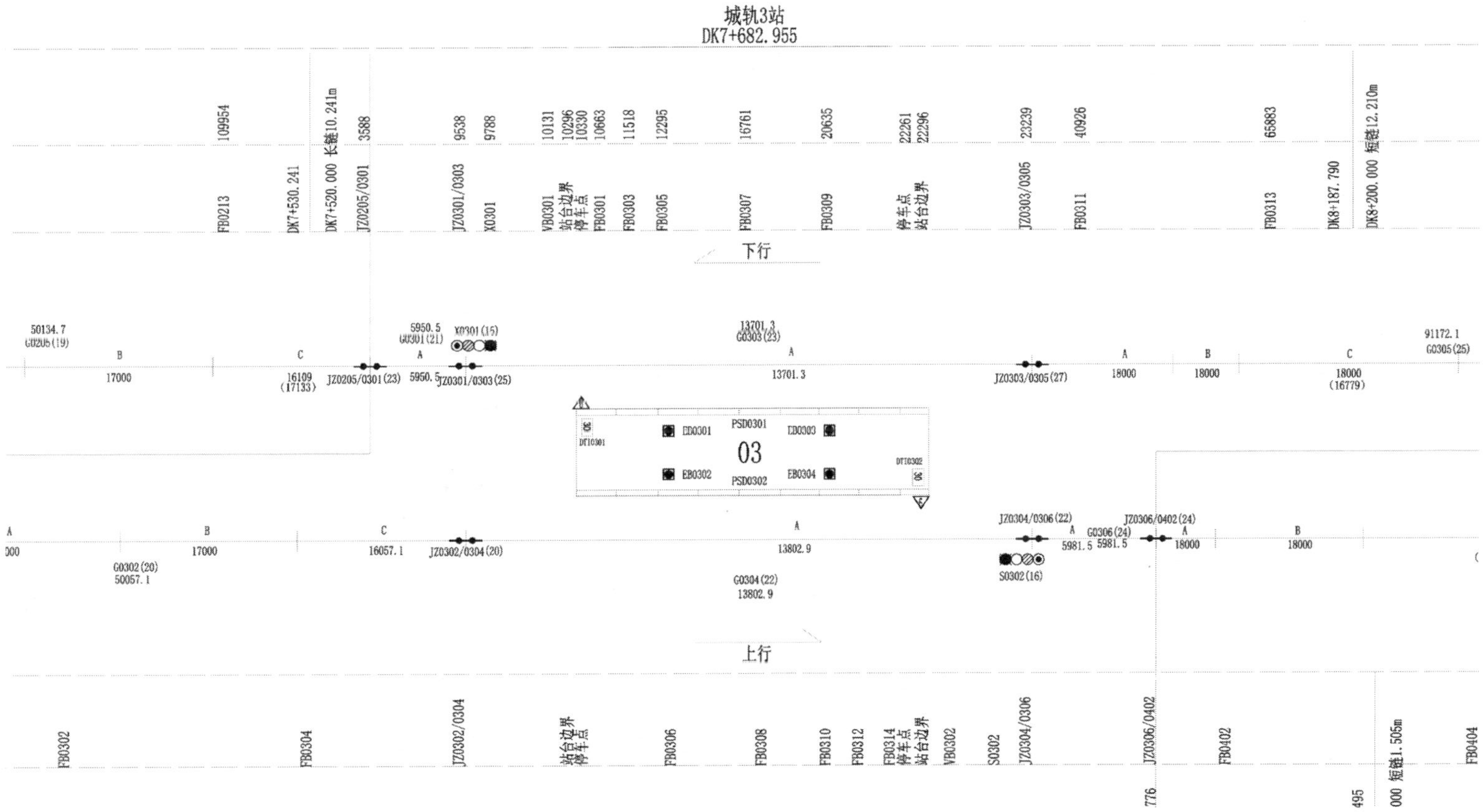

图 3-45 城轨 3 站全面平面图

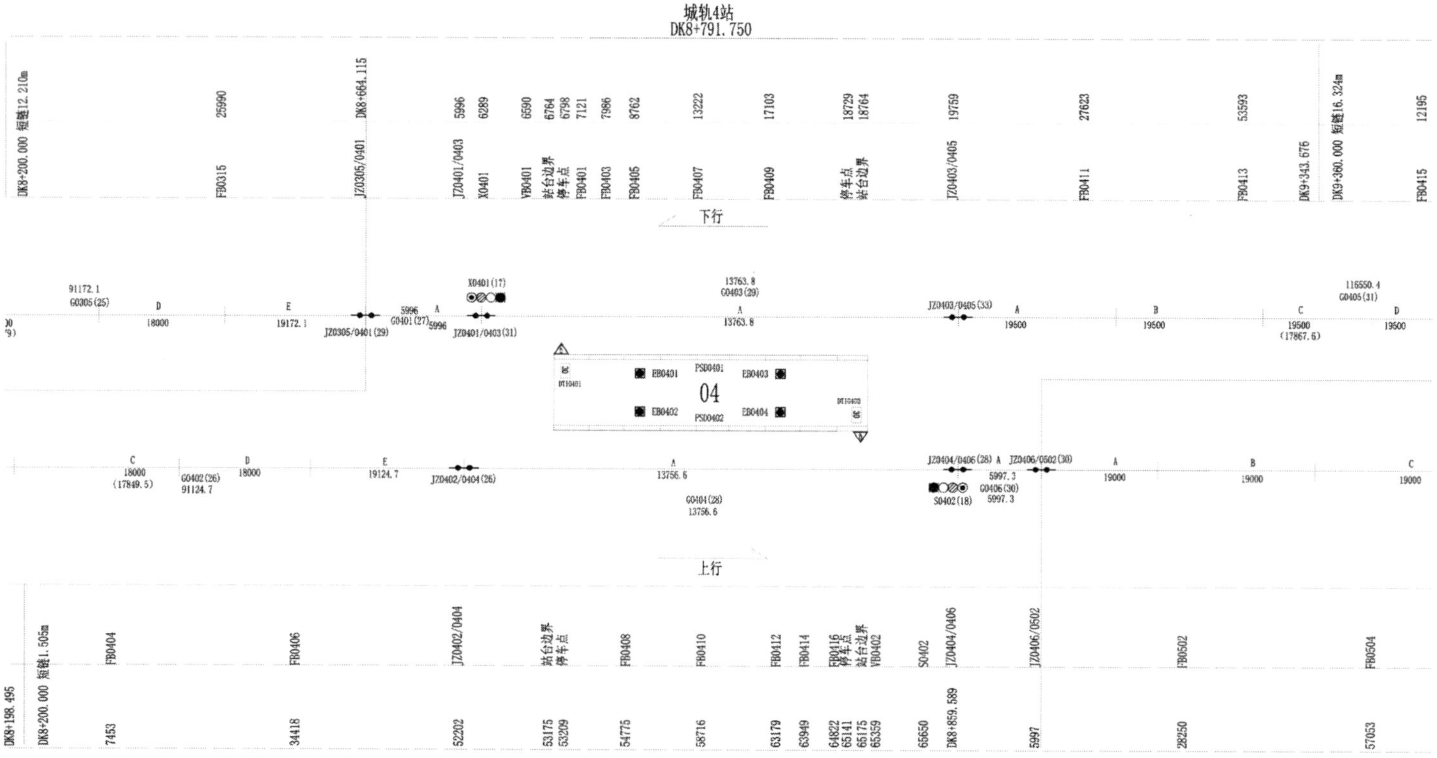

图 3-46　城轨 4 站全面平面图

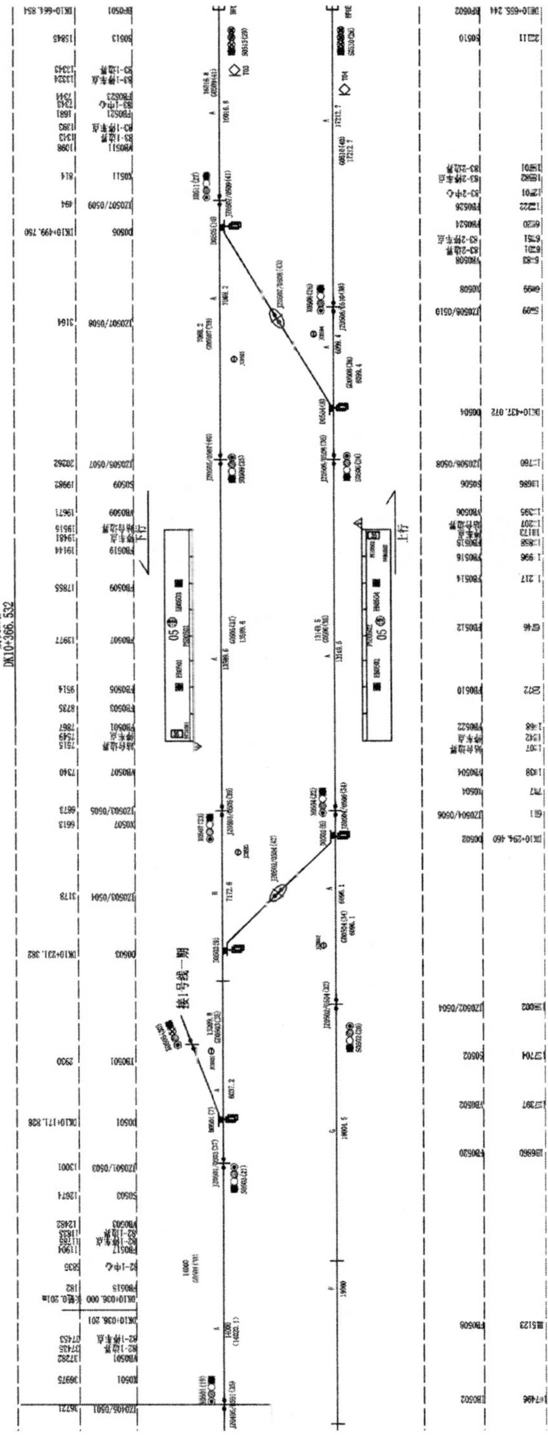

图 3-47　城轨 5 站全线平面图

复习思考题

简答题

（1）简述城市轨道交通联锁的组成。

（2）城市轨道交通集中式控制和分布式控制有什么不同？

（3）CI 和其他系统交换了哪些数据？

（4）CI 的基本功能是什么？

（5）城轨室外设备的布置原则有哪些？

（6）城轨联锁的进路表编制原则有哪些？

（7）根据城轨 5 站的平面图填写表 3-5 中的内容。

（8）请根据城轨 1 站联锁表制作城轨 5 站的联锁表。

表 3-5　复习思考题（7）表格

进路编号	进路名称	始端信号机	终端信号机	主信号级进路始端信号机显示	进路方向	自动追踪进路	自排进路	轨道区段		道岔	敌对进路	其他联锁条件		
								降级模式	CBTC模式			屏蔽门	紧急停车按钮	场联信息
5	S0502_S0506_2													
6	S0503_X0505													
7	S0503_S0506_1													
8	S0503_S0506_2													
9	S0503_S0509													
10	X0504_X0501													
13	X0505_X0501													
14	S0506_S0510													
15	S0506_S0513													
16	X0507_X0501													
17	X0508_X0504_1													
18	X0508_X0504_2													
19	S0509_S0513													
20	X0511_X0504_1													
21	X0511_X0504_2													
22	X0511_X0507													
（1）	（2）	（3）	（4）	（5）	（6）	（7）	（8）	（9）	（10）	（11）	（30）	（31）	（32）	（34）

微课　城轨联锁的组成

第四章 城轨联锁系统软件

【学习目标】

1. 掌握计算机联锁软件的功能和总体结构。
2. 了解联锁数据和数据结构。
3. 掌握联锁控制程序和调度方法。
4. 了解进路的处理方式。
5. 了解人机会话层的任务。
6. 了解人机会话层的实现。

【学习方法和建议】

熟悉本章教学内容，认真阅读教材，知道联锁的系统软件、总体架构，掌握联锁的数据和数据结构，知道联锁软件的调度方法，理解会话层的实现和特点，建议结合实际联锁上位机的操作和界面的响应理解计算机联锁系统软件。

第一节　软件的功能与总体结构

一、软件的功能

一般来说，计算机联锁系统的软件应具有以下功能。

（一）人机界面信息处理功能

1. 操作信息处理

对正常的操作进行处理，形成有效的操作命令，并在屏幕上给出相应的表示，以便使值班员确认自己的操作；对错误的操作进行处理，并在屏幕上给出相应的提示，以便使值班员能够立即发现自己的错误操作，及时采取措施纠正错误的操作。

2. 表示信息处理

对现场信号设备的状态，在屏幕上实时给出显示，使值班员能随时监督现场设备的运用情况。

3. 维护与管理信息处理

对现场的信号设备的故障状态，在屏幕上及时给出特殊的显示，以便使维护人员迅速、准确地查找故障；自动记录并储存值班员办理作业的时间及被操作的按钮，完成与其他周边系统的联系。

（二）进路控制功能（基本联锁控制）

能够完成规定的联锁功能，主要包括：

（1）进路选出（建立）。

（2）进路锁闭。

（3）信号开放。

（4）信号保持开放。

（5）进路解锁。

（6）进路正常解锁。

（7）进路非正常解锁。

（8）道岔单独操纵等。

（三）执行控制功能

（1）输出控制：根据联锁软件生成的控制命令来驱动现场设备控制电路。

（2）输入控制：采集现场设备的状态信息，为联锁运算提供数据。

（四）自动检测与诊断功能

主要是在执行联锁程序的过程中检测故障的外在现象，检查硬件资源的物理失效、软件的缺陷以及故障的位置。

（五）其他功能

（1）非进路调车控制功能。

（2）与调度监督系统联系功能。

（3）与其他系统，如站内调度、管理信息系统等的结合功能。

（4）监测联锁设备状态功能等。

上述各项功能尽管存在着某些联系，但它们的目的性是不同的，而且在一个具体车站上也不需要联锁系统具备所有这些功能，因此，每项功能需由独立的软件甚至是由独立的计算机来实现。在这些软件中，人机界面信息处理软件、基本联锁软件、执行控制软件、自动检测与诊断软件是计算机联锁系统必须具备的。

二、软件的总体结构

计算机联锁系统是以计算机为主要技术实现车站联锁控制的系统，该系统应保证行车安全，提高运输效率，改善劳动条件，并为管理、服务现代化创造条件；应能满足各种站场规模和运输作业的需要。因此，系统软件的基本结构应设计成实时操作系统或实时调度程序支持下的多任务的实时系统。

综合分析国内外研制的计算机联锁系统，其软件的基本结构可归结如下。

（一）按照系统层次结构分类

按照软件的层次结构，可分为三个层次，即人机会话层、联锁运算层和执行层，其结构如图 4-1 所示。

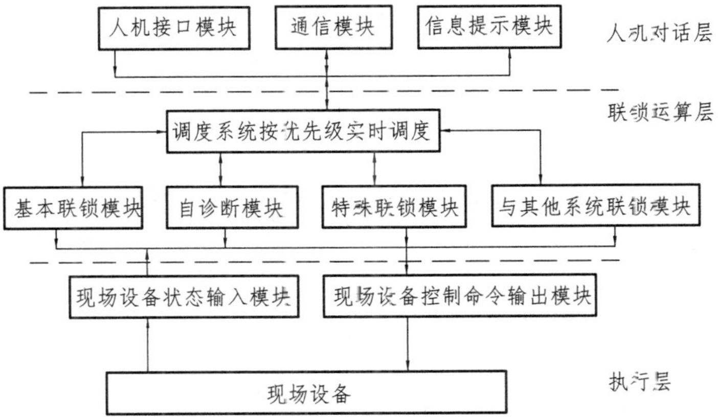

图 4-1　软件的层次结构

人机对话层完成人机界面信息处理；联锁运算层完成联锁运算；执行层完成控制命令的输出和表示信息的输入。

（二）按照冗余结构划分

按照冗余结构，可分为“三取二”系统的单软件结构和双机热备制式的双版本软件结构。其中双版本软件结构如图 4－2 所示。

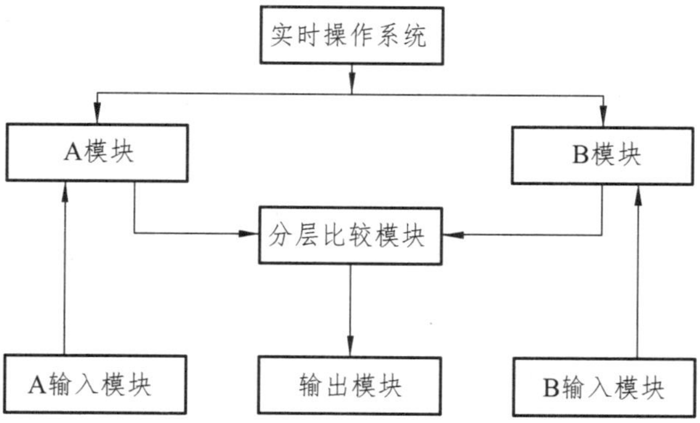

图 4-2　双版本软件结构图

（三）按照联锁数据的组织形式划分

按照联锁数据的组织形式，可分为小站规模的联锁图表式软件结构和中站以上规模的进路控制式的软件结构。其中进路控制式的软件结构（即模块化结构）如图 4-3 所示。

在图 4-3 中，各个模块之间相对独立，只有数据交换，没有程序上的联系，使得系统结构清晰，设计、编程均可实现标准化。

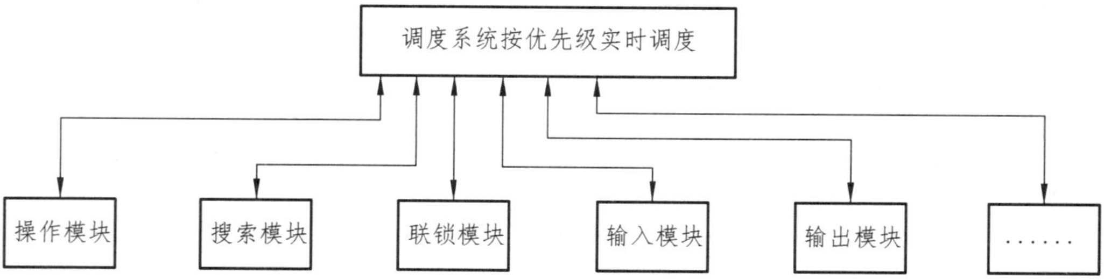

图 4-3　进路控制式的软件结构

第二节　联锁数据与数据结构

联锁数据是指在联锁计算机中，所有参与联锁运算的数据。

在联锁数据中，有一些数据可能由于硬件故障或受到干扰而发生错误，其后果不仅会导致系统失败，而且会造成危险输出。

例如，一个涉及行车安全的逻辑变量的安全侧代码可能由于故障而畸变成危险侧代码，这是十分危险的。

又如，一个地址码在传输过程中发生错误而未识别出来，也将造成数据传输的去向混乱，其后果也是十分危险的。

因此，必须采取适当的数据编码和差错控制技术以提高系统的可靠性和安全性。关于编码和差错控制的一般原理，在数字和通信的技术书籍中多有介绍，在这里将从安全的角度强调一些应注意的问题。

另外，参与联锁的数据量是很大的，它们在存储器中的组织方法称作数据结构。数据有静态数据（常量）和动态数据（变量）两类。相应地有静态数据结构和动态数据结构。数据结构的形式不仅影响联锁程序的结构，而且关系到数据结构自身的生成方式问题。一种好的数据结构可用计算机辅助设计方法生成，这样可以减少或避免编制数据结构时的人为错误。

一、联锁数据

（一）数据的编码

在计算机联锁系统所处理的大量数据中，代表安全信息的二值逻辑变量占有重要的地位。如果简单地用一个二值码元（bit）代表一个具体逻辑量，显然是不符合故障—安全要求的。因此，必须采取多个码元编码。编码技术是冗余技术在信息领域里的具体应用。

对于涉及安全的逻辑量，取一个字节（1 Byte）的全 8 位编码作为一个逻辑量值，并取其中的相间码 10101010 和 01010101 作为有效值。因为 10101010 和 01010101 间具有最大的码距，且具有更高的故障—安全值。

对于参与运算的一些非逻辑变量（如一些标志），可以采用增加码位的方法来判别它是否因故障而出现错误，还可以采用比较法或多数表决法来提高该类数据的安全性。

在计算机系统中还有一些常量。对于参与运算的一些常量的检测，除了用比较法外，更多的是用校验法，即设计一种算法对数据进行整批的检测。常量一般是存于 ROM 中的，对于常量的检测也就是对 ROM 的检测，检查方法很多，在此不再赘述。

（二）数据的传输

在多个计算机的安全系统中，当计算机之间相距较远时，一般采取串行数据传输方式。所传输的数据有逻辑量、数字量和地址数据等。为了避免数据在传输中出错，一般采取避错和容错相结合的技术。避错技术是采用可靠的器件，抗干扰的通道介质以及严格的工艺措施等，力求数据不发生错误。采取容错技术就是传输理论中的差错控制技术。在编码理论中，常用到（n，k）分组码这一术语，其中 n 表示整个传输码的位数，k 表示信息位数，那么 $n-k$ 就是冗余位数，一般称作监督位。编码理论的重要内容之一是研究信息码元与监督码元的相关性，设计出合理的码字，在满足规定的检错和纠错能力情况下，使得编码和译码技术易于实现而且经济。应该说，当前的传输编码理论比较成熟，理论上讲，用增加通道的空间和时间的办法总是能用编码方法达到代码防护的预期水平。但从目前使用中的安全系统来看，多采用标准的编码形式，如汉明码和 BCH 码等，而不采用纠错能力更强的特殊编码方式。

在实时控制系统中，要求数据及时刷新，因此可利用周期循环传输的特点采取比较或表决方法提高数据的安全性，这也就是说数据的接收端必须是安全系统。如果运算时间允许，可在重要数据上附上它产生或传输的时间标志，在使用时检查这个时间标志是否过时，从而提高系统的安全性。

二、静态数据及其结构

联锁程序需要哪些静态数据以及这些数据在存储器中的组织形式，对于联锁程序的结构有很大的影响，在这里，以标准的、各条进路共享的联锁程序为背景，讨论静态数据及其结构形式。

建立任何一条进路都必须指明该进路的特性和有关监控对象的特征及其数量等，这包括：

（1）进路性质，是列车进路还是调车进路。

（2）进路方向，是上行方向还是下行方向。

（3）进路的范围，即进路的两端。

（4）防护进路的信号机（信号机名称）。

（5）进路中的轨道电路区段（名称）及数量。

（6）进路中的道岔（名称）、所处的位置、数量。

（7）路所涉及的侵限绝缘轨道区段（名称）及检查条件。

（8）进路的接近区段（名称）。

（9）进路的离去区段（名称）。

若将上列各项纳入一个数据表中就构成了一个进路表。将一个车站的全部进路（包括迂回进路）的进路表汇总在一起就构成了总进路表（它很像我们熟悉的进路联锁表）。总进路表存于 ROM 中就是一个静态数据库。当办理进路时，根据进路操作命令可从静态数据库中选出相应的进路表，从而可找到所需的静态数据。

三、动态数据及其结构

参与进路控制的动态数据主要包括操作输入变量、状态输入变量、表示输出变量、控制输出变量以及联锁处理的中间变量等。

（一）操作输入变量

操作输入变量是反映操作人员操作动作的开关量。在 RAM 中需设一个操作变量表集中存放操作变量。每个操作变量在变量表中的逻辑地址应与它的输入通道的地址一一对应。操作变量表根据系统的硬件体系结构，可能存于人机会话计算机或联锁计算机中。

在联锁系统中，为了防止误动一个操作而形成错误的操作命令，一般需由两次或两次以上的操作才能形成操作命令，例如，办理一条基本进路需按压进路始端和终端按钮。所以操作输入变量是形成操作命令的原始数据。在 RAM 中应开辟一个区域集中地存放操作命令，称这些操作命令的集合为操作命令表。一条操作命令形成后，就可从操作变量表中删去相应的操作变量了。

操作输入变量除了用于形成操作命令外，还作为表示信息的原始数据以及监测系统的记录内容。为了记录，需将操作输入变量表的内容复制一份存于监测系统中，保存时间应不小于 8 h。

（二）状态输入变量

状态输入变量是反映监控对象状态的变量，如轨道区段状态、道岔定位状态、道岔反位状态、信号状态、灯丝状态，以及与进路有关的其他设备状态等。状态变量是参与联锁运算的安全数据，每个变量最好经由两个通道输入，形成两个变量分别存入两个相距较远的存储单元中，其目的在于对两个变量进行直接或间接的比较，以检查输入通道是否发生了故障。如果发现了故障则给出故障信号，促成双机切换，提高系统的可靠性。如果不采取双通道输入方式，则需通过双机互检方法才有可能发现输入通道故障。

状态变量应周期性地及时刷新，以保证变量能确切反映监控对象的实际状态。刷新周期一般应不大于 250 ms。

状态变量除了参与联锁运算外，还作为表示信息和监测系统的原始数据。

状态变量在 RAM 中有两种基本组织方式，一种组织方式是将同类输入变量集中在一个变量表中，例如，将全部轨道区段变量集中在轨道区段变量表中。对于这种数据结构，只要给出变量表的首地址以及各个变量在表中的逻辑地址，就能查到所需变量。对应这种结构形式，在站场形数据结构中，应把状态变量的逻辑地址列入相应的轨道区段静态数据模块中。这样一来，在建立进路时就可把进路中的所有状态变量的逻辑地址找出来，并构成进路表，从而为联锁程序提供状态变量的地址。由此，我们可以进一步加深对进路表的理解：它不仅反映了进路的特征和哪些监控对象与进路有关，而且指明了监控对象的状态变量的地址。

状态变量的另一种组织方式是分散存储方式。在存储器的 RAM 中为每一监控对象开辟一个存储区称作动态数据模块，动态数据模块与静态数据模块一一对应。凡是与监控对象相关的变量均设在该模块中，例如，在轨道区段动态数据模块中包括状态变量、进路锁闭变量、进路解锁用的变量以及其他变量等。在这种情况下，将动态数据模块的首地址列入相应的静态数据模块中，那么搜索出进路的静态数据模块后，也就找到了各动态数据模块，从而也就找到了所需的状态变量。在进路表中给出动态数据模块首址就可以了。

（三）表示输出变量

表示输出变量是指向控制台、表示盘或屏幕显示器提供的变量。通过这些变量反映有关列车或车列运行情况、操作人员的操作情况以及联锁设备工作状况。在计算机联锁系统中，可提供比电气集中更丰富的信息和表现形式（如光带、图形、音响和语音等）。这些信息需取自状态输入变量、操作输入变量、中间变量以及控制命令输出变量等。一般是将表示输出变量集中在一个存储区以便输出。

（四）控制变量

控制变量是指控制信号和道岔的变量。对于任何一个控制对象都由两套程序产生双份控制变量，只有双份变量一致时才可形成控制命令变量并经由安全输出通道输出。控制变量可存放在动态数据模块中，而控制命令存放在专辟的控制命令表中。控制命令的逻辑地址与输出通道一一对应。

控制变量和控制命令都应周期性地刷新，以保证数据的实时性。

（五）中间变量

中间变量是指联锁程序执行过程中产生的一些变量。这些变量有的存放在动态数据模块中，有的需另辟专区存放。只有当对联锁程序的执行过程有较深入的理解后才能知道有哪些中间变量，以及如何组织它们较为方便。这里就不讨论了。

第三节　联锁控制程序及其任务调度方式

一、联锁控制程序的基本模块

一个车站的规模大小和站场结构的简繁程度主要影响进路的数量，而各条进路的控制过程则基本上是一样的。这种相同性是由安全作业的要求所决定，而不是人们主观臆造的。因此，以进路控制过程作为设计联锁程序的依据是很自然的，这样可使它为各条进路所共用，也就使联锁程序标准化，为各个车站所通用了。

在进路控制过程中，有些过程必须有操作人员的参与，如办理进路、取消进路、人工解锁等；有些过程不需人的参与，如进路锁闭、信号开放、进路自动解锁等。另外，在进路控制过程中必须了解监控对象的状态，必须向操作人员提供表示信息，以及向道岔和信号机的控制电路提供驱动信息，即控制命令。因此，联锁控制程序一般来说可分成下面六个模块：

（1）操作输入及操作命令形成模块。

（2）操作命令执行模块。

（3）进路处理模块。

（4）状态输入模块。

（5）表示输出模块。

（6）控制命令输出模块。

现在对这些模块的主要功能进行说明。

（一）操作输入及操作命令形成模块

操作输入是指把值班员操作按钮、键盘、鼠标或光笔等形成的操作信息输入计算机中并记录下来。在联锁系统中，为了防止由于误操作或误碰输入器件而形成有效的操作命令，原则上需由两个或两个以上的操作信息才能构成一个操作命令。当然，即使采用两个操作信息仍不一定是正确的。因此，该模块的主要功能是记录操作信息，分析操作信息是否能构成合法的操作命令。不合法时则向操作人员提示。

操作输入量是很大的，形成的操作命令的种类也有十几种，如进路操作命令、进路取消命令等。该模块一般由人机会话计算机完成。人机会话计算机将形成的操作命令经由串行数据通道输送到联锁计算机中，并储存在一个操作命令表中。

（二）操作命令执行模块

操作命令执行模块是根据操作命令执行相应功能的程序模块。在该执行模块中包括许多子模块。实际上，有多少种操作命令就有多少个子模块。这里暂不分析每个子模块的具体功能，但可以肯定，每个子模块执行时间很短，而且无需考虑它们的优先级别，在执行顺序上不受限制，而是那么在执行“操作命令执行模块”时，根据操作命令表的每一条现在的命令，从操作命令执行模块中找出相应的子模块予以执行。如果执行结果达到预期目的，则从操作命令表中删去相应的操作命令；否则应给出表示信息，提醒值班员采取相应的措施。

（三）进路处理模块

进路处理模块是在执行了进路搜索子模块对所办进路已形成进路表之后，对进路进行处理的模块。以后将进路处理划分成五个阶段，并相应地将进路处理程序分成五个子模块。

（1）进路选排一致性检查及道岔控制命令形成子模块。该模块的基本功能是检查道岔位置是否符合进路要求，如果不符则形成相应的道岔控制命令。

（2）进路锁闭模块。该模块的基本功能是检查进路的锁闭条件是否满足，若满足时给出进路锁闭变量及提示信息（如白光带等）。

（3）信号开放子模块。该模块的基本功能是检查进路信号开放条件是否满足，若满足时形成防护该进路信号机的开放命令。

（4）信号保持子模块。在信号开放后，该模块不间断地检查信号开放条件，条件满足时使信号保持开放，否则使信号关闭。

（5）自动解锁子模块。该模块的基本功能是实现进路正常解锁和调车进路的中途返回解锁。

（四）状态输入模块

该模块是将道岔、信号和轨道电路等的状态信息输入联锁计算机中。

（五）表示信息输出模块

该模块是将已形成的各种表示信息通过相应的接口来驱动表示灯，使 CRT 工作。

（六）控制命令输出模块

该模块是将已形成的道岔控制命令和信号控制命令通过相应的输出通道来控制道岔控制电路和信号控制电路。

二、任务调度方式

在联锁计算机中，如何把各个程序模块管理起来使其协调而有效地工作，是软件设计的一个重要内容。对于程序模块的管理，也称作程序模块的调度。一般来说，有两种基本的调度方式，即集中调度方式和分散调度方式。

集中调度方式是在各个程序模块之外，另设计一套实时调度程序，由它统一调度各个任务的执行，如图 4- 4 所示。这种方式是由调度程序确定向哪个任务发送一组信息，由这些信息激励任务开始工作。任务执行结束时也向调度程序提供一组信息，调度程序收到该组信息后确定下一步调用哪个任务。集中调度方式具有层次结构的特点，调度程序处于上层，各个任务处于下层。各个任务仅与调度程序交换信息而任务之间不需相互联系，这就为扩展任务提供了方便。集中调度方式可以根据各个任务的优先级别进行调度，可以监督任务的执行情况。例如，某个任务由于某种原因超过了规定的执行时间，则可强制它停止执行而调用其他任务。集中调度方式还能较方便地根据任务的需要确定下一步调用哪个任务，而不局限于某种确定的顺序，也就是说，对于任务的调度具有较大的灵活性。

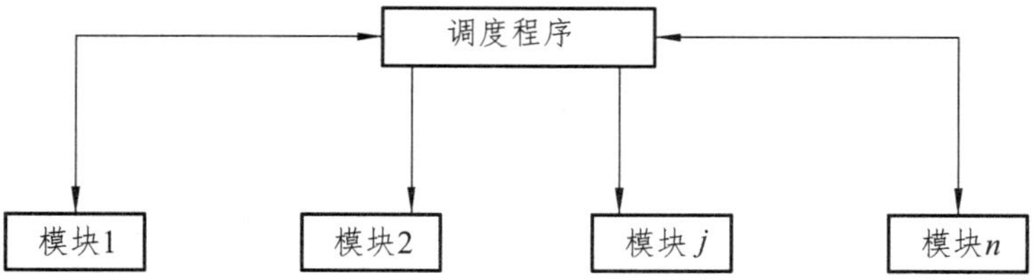

图 4-4　程序模块的集中调度方式

分散调度方式是相对于集中调度方式而言的，即不设专门的调度程序，而是将调度的功能由各个任务分别承担。一个任务执行结束时由任务自身确定下一步执行哪个任务。根据任务之间联系的简繁程度，有多种分散调度方式，其中最简单的是顺序控制方式。其中，任务的执行顺序是固定不变的。这种方式结构简单，节省时间，但灵活性较差。

对于计算机联锁系统来说，原则上两种方式均可使用，或者混合使用。但是，采用集中调度方式会使程序的层次化和模块化结构比较清晰，而且可以充分利用集中调度方式的优点，如对各模块进行监督等，有利于提高系统的可靠性，所以采用集中调度方式要好一些。

第四节　进路处理程序

一、操作命令

计算机联锁系统是一种有人参与的系统。由于操作人员难免有操作失误的可能，应尽可能通过检验或判断使错误操作不致形成操作命令。因此，对应于按钮的操作有一个按钮操作的分析程序。它的任务就是对输入的按钮操作按照车站信号的要求进行分析，符合要求的形成操作命令存于操作命令表中，以便进一步处理。不符合要求的给出“操作错误”的语音及文字提示，提醒操作人员改正错误操作。根据联锁要求，即便是合法的操作命令也必须在规定的条件满足之后才能执行。当执行一条操作命令时，如果它的执行条件没有满足，也应向操作人员提供“操作命令无效”的信息，以便操作人员采取相应措施，例如，取消该命令或进行其他操作等。

下面介绍一些重要的操作命令及其执行条件。

（一）进路操作命令

该命令的任务是选出一条具体的进路。当采用站场形静态数据结构时，该命令的任务是从站场形数据库中选出一组符合所选进路需要的数据，形成一个进路表，并将该表存于进路总表中。因此，称进路操作命令的执行程序模块为“进路搜索模块”。

（二）取消进路命令

该命令的任务是取消已建立的进路。在执行该命令时，应首先检查是否已建立了需取消的进路。如果事先根本没有建立这条进路，则说明该取消进路命令是无效的。当存在需要取消的进路时，则必须检查：接近区段无车或防护进路的信号机未曾开放以及进路在空闲状态（即列车或车列未驶入进路）。当这些条件满足时，才能取消进路，实际上就是从进路总表中删除该进路表以及将有关进路锁闭的变量复原为解锁状态。

（三）人工延时解锁命令

该命令的任务是解除处于接近锁闭状态的进路。在执行该命令时，同样需要检查该命令是否有效。如果有效，则检查接近区段有车、信号关闭、进路空闲。上述条件满足后再延时 3 min（对于国铁接车进路和正线发车进路的人工解锁）或 30 s（对于调车进路和其他城轨列车进路人工解锁）才使进路解锁。

（四）进路故障解锁

当一条进路由于轨道电路故障而不能正常解锁时需办理进路故障解锁。首先检查该命令是否有效，若有效再检查解锁的条件。解锁的条件是：故障的轨道电路已经修复或故障区段没有修复，而经过一段时间没有发现轨道电路有新变化，并检查到列车或车列已经通过了该进路的所有道岔区段。

（五）区段故障解锁命令

当开机或由于某种原因使轨道区段不能解锁时，应分段按故障解锁方式使其解锁。解锁条件是该区段未被进路征用（未排在某条进路中），而且在空闲状态。

（六）重复开放信号命令

当信号开放后由于轨道电路瞬间分路或其他原因而关闭时，若开放信号的条件再次满足了，则应在值班员的操作下重新开放信号。

（七）非常关闭信号命令

在计算机联锁系统中，由于某种故障原因而不能以取消进路、人工解锁等方式使信号机关闭时，需通过一定的手段或措施再按压一个特设的非常关闭信号按钮，强制切断信号继电器电源，使信号关闭。

（八）开放引导信号命令

当进站信号机（或接车进路信号机）因故不能正常开放时，可开放引导信号。引导信号开放时一般无联锁保证，引导信号的开放一般为非保留式。当其开放后能保证对进路中的有关道岔施行锁闭时，可采用开放保留方式，并应能随时将其关闭。

（九）引导锁闭命令

引导进路可按进路控制和单独操纵道岔方式建立。若引导进路上的道岔状态信息正确，则应锁闭进路中的道岔和敌对进路。否则应根据咽喉区道岔状态信息的反映情况，扩大锁闭道岔的范围，进而实现全咽喉锁闭。城市轨道交通中通常不采用。

（十）引导解锁命令

引导锁闭在列车通过后，由引导解锁命令使其解锁。城市轨道交通中通常不采用。

（十一）道岔单独操纵命令

在道岔未受区段锁闭、进路锁闭和单独锁闭的条件下，可进行单独操纵。

（十二）道岔单独锁闭命令

操作人员无条件地单独锁闭。

（十三）道岔单独解锁命令

操作人员无条件地将道岔的单独锁闭解除。

二、操作命令执行模块

对应每种操作命令都有一个执行程序子模块。这些子模块按一定的程序控制方式联系在一起就构成了操作命令执行模块，如图 4-5 所示。

图 4-5 所示的结构是按如下思路构成的：操作人员的操作由人机会话计算机采集并传送给联锁计算机，由按钮分析模块对按钮操作进行分析后，形成操作命令并存储在操作命令表中；当主程序执行“操作命令执行模块”时，顺序地从操作命令表中取出命令予以执行；当命令的执行条件满足而成功执行后，从存储区删去相应的命令。图中的每个模块仅有一个入口和一个出口，而且其中各个子模块也仅有一个入口和一个出口，这种结构符合结构化程序设计，便于对模块进行独立设计和调试。

图 4-5 为进路搜索子模块，其中 i 为当前进路号，m 为进路总数。除了进路搜索子模块外，其他子模块的功能比较简单，因此它们的程序也容易设计。下面给出几个子模块的流程。

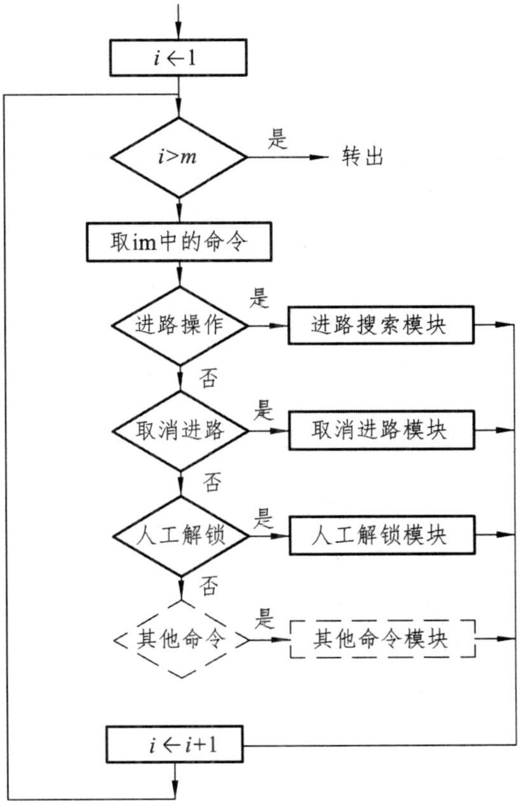

图 4-5　操作命令执行模块

（一）取消进路子模块的流程

（1）检查总进路表中是否存在所要取消的进路。

（2）→（存在，不存在）/（3，8）。

（3）→（接近区段空闲，不空闲）/（4，7）。

（4）→（进路空闲，不空闲）/（5，8）。

（5）取消进路，转出该子模块（包括从进路总表中将该进路的进路表内容取消，将有关进路锁闭变量置成解锁状态等）。

（6）形成“操作命令无效”信息，并转出该子程序模块。

（7）→（信号已开放，未开放）/（6，4）。

（8）形成“操作命令无效”信息，转出该子模块。

（9）→（进路空闲，不空闲）/（5，8）。

（10）取消进路，转出该子模块。

（11）形成“操作命令无效”信息，转出该子模块。

在上述流程中，由于是遵循结构化设计方法写出的，所以有些步骤是重复的。如果将重复部分合并，则可写成下列形式：

（1）检查总进路表中是否存在所要取消的进路。
（2）→（存在，不存在）/（3，8）。
（3）→（接近区段空闲，不空闲）/（4，7）。
（4）→（进路空闲，不空闲）/（5，8）。
（5）取消进路，转出该子模块。
（6）形成“操作命令无效”信息，转出该子模块。
（7）→（信号已开放，未开放）/（6，4）。
以上流程的框图如图 4-6 所示。

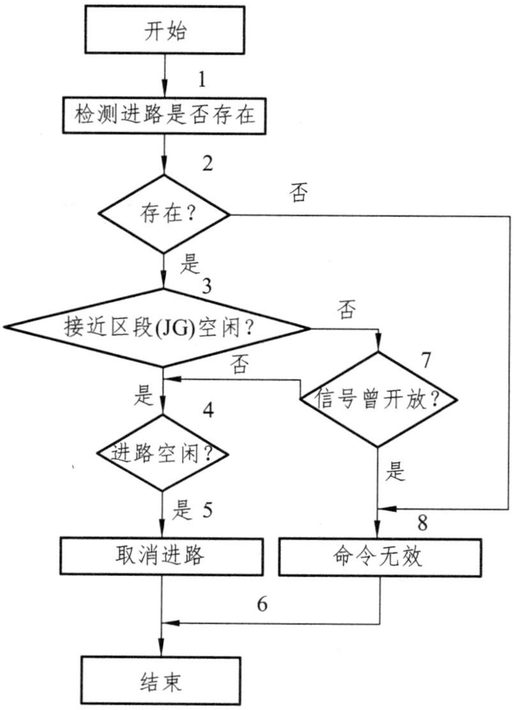

图 4-6　取消进路子模块

（二）人工解锁子模块的流程

（1）检查总进路表中是否存在所要取消的进路。
（2）→（存在，不存在）/（3，10）。
（3）→（接近区段有车，无车）/（4，10）。
（4）→（信号开放，没有）/（5，10）。
（5）→（进路空闲，不空闲）/（6，10）。
（6）关闭信号。
（7）开始延时 3 min 或 30 s。
（8）→（延时时间到，未到）。
（9）进路解锁，转出该子模块。

（10）形成“操作命令无效信息”。

（11）出该子模块。

与以上流程对应的框图如图 4-7 所示。

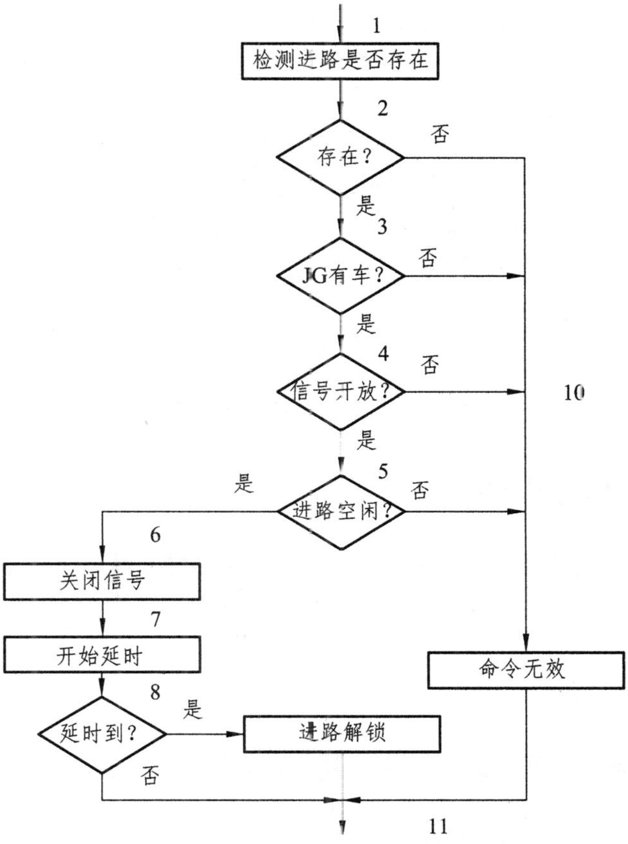

图 4-7　人工解锁模块

（三）进路故障解锁子模块流程

（1）检查总进路表中是否存在该进路。

（2）→（存在，不存在）/（3，6）。

（3）→（列车或车列已占用过进路中的任意一个道岔区段，没有）/（4，6）。

（4）→（进路中的所有道岔区段均已空闲，没有）/（5，6）。

（5）进路解锁，转出该子模块。

（6）形成“操作命令无效”信息，转出该子模块。

与上面流程对应的框图如图 4-8 所示。

从以上三个例子可以看出，只要对子模块的功能有了明确的规定，写出它们的流程是比较容易的。这里不再一一写出其他子模块的流程。

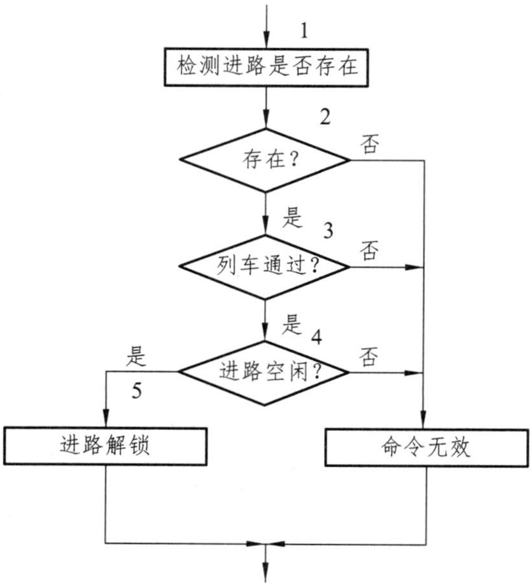

图 4-8　进路故障解锁子模块的流程

三、进路搜索程序模块

进路搜索程序的功能是根据前面所提到的形成的进路操作命令，从站场形静态数据库中选出符合进路需要的静态数据，构成一个进路表并存于进路总表中。

四、进路处理模块

进路处理模块是对已经搜索出来的进路进行处理的模块，它是为各条进路共用的，这里采取如下两种控制方式。

当一个车站同时最多能办理 m 条进路时，那么进路总表中最多存有 m 条进路的进路表。当主程序进入进路处理阶段时，对进路总表中各条进路处理一遍后转出。进路处理总框图如图 4-9 所示。

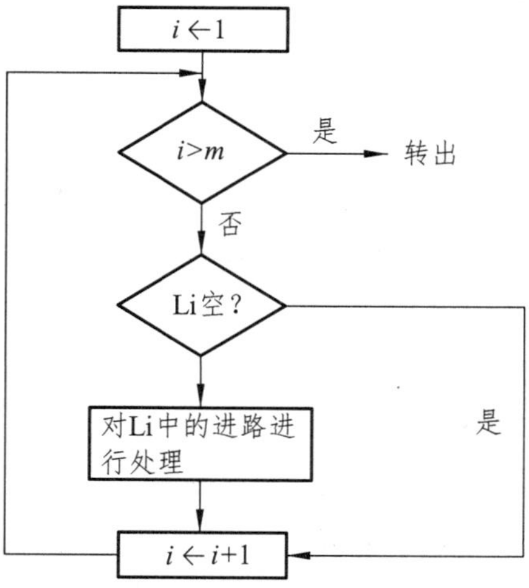

图 4-9　进路处理总框图

在对某一条具体进路进行处理时，根据行车安全的技术要求，可分成 5 个阶段即 5 个模块，并按照顺序方式进行处理。每进入一个阶段时，其执行条件可能满足也可能不满足。为了实时地进行处理，当条件满足时，处理完毕后应立即处理它的后续模块。当条件不满足时，则立即转出而对另一条进路进行处理。根据上述的控制思路，相应地进路处理流程如图 4-10 所示。

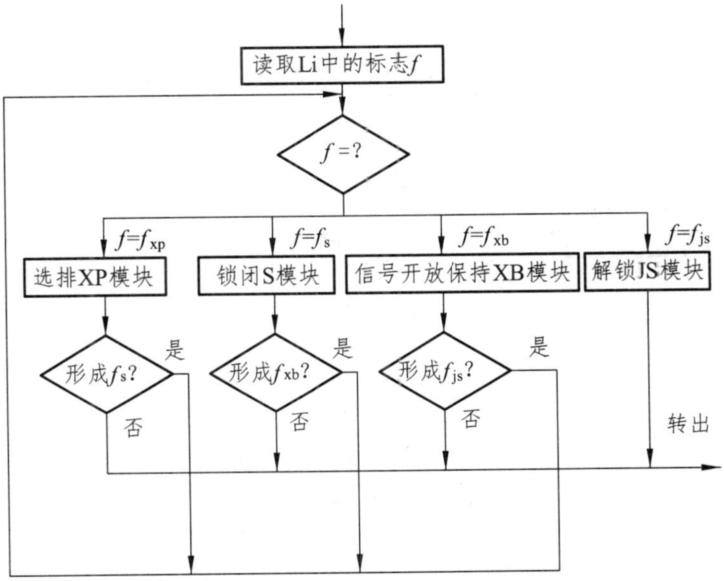

图 4-10　进程处理流程图

在进路处理过程中，不少地方需检查进路是否空闲，检查道岔位置是否正确，检查照查条件（其中包括两咽喉间的敌对进路的检查，与区间闭塞的联系，场间联系，与机务段联系，与非进路调车联系以及其他联系等）是否满足等。对此，可设计相应的标准检查模块以供调用。

下面分别对进路处理的 5 个阶段的处理模块进行介绍。

1. 选排一致检查及道岔控制命令生成模块

1）模块功能

当通过进路搜索程序选出一条进路后，在该进路的进路表中首先将进程标志设置成选排标志。当程序进入进路处理阶段而对进路进行处理时，可根据选排标志进入选排模块。选排模块的功能是：

（1）当进路中的道岔位置符合进路要求时，将进路的进程标志置成锁闭标志。为执行锁闭模块做准备。

（2）当某一道岔位置不符合要求时，则生成相应的道岔控制命令。

（3）在生成道岔控制命令之前，检查道岔所在区段是否空闲，该道岔是否被单独锁闭。

（4）道岔控制命令的保持时间不大于规定的时间，若超过规定时间道岔仍选排不一致，则强制取消该控制命令。该模块的流程图如图 4-11 所示。

2）处理流程

图 4-11 所示为上述处理的流程图。

（1）（f=?）→（f_{xp}，f_s，f_{xb}，f_{js}）。

（2）（选排一致，不一致）→（3，4）。

（3）（f←f_s）→1。

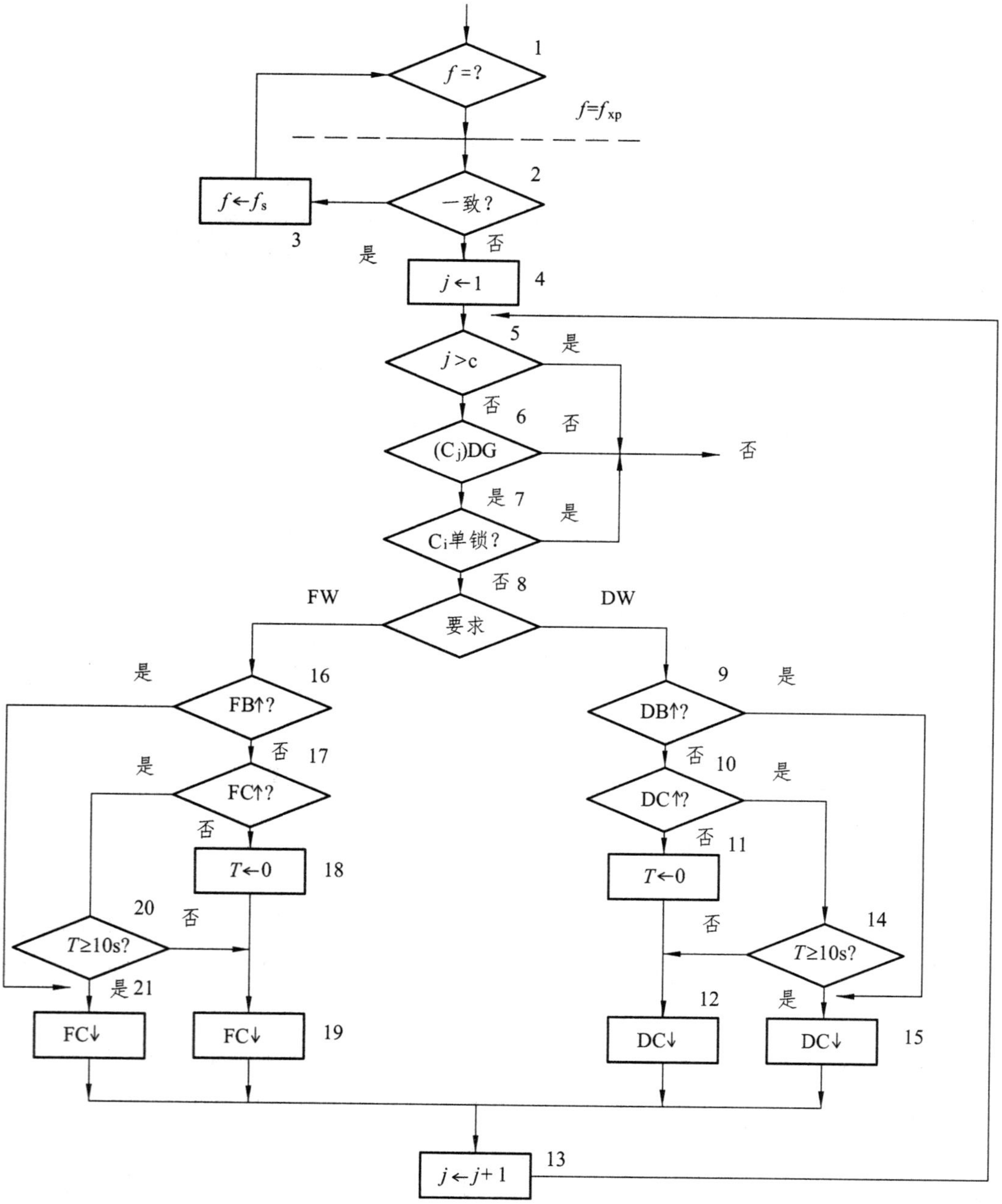

图 4-11　选排一致检查及道岔控制命令生成模块流程图

（以上三步说明，当 $f=f_s$ 时首先检查选排一致性。若一致则置 f 为 f_s，为执行“S 模块”作准备。）

（4）$j \leftarrow 1$。

（5）（$j \leqslant C$，$j > C$）→（6，转出）。

（6）（道岔所在区段空闲（DG↑），不空闲）→（7，转出）。

（7）（道岔未单锁，已经单锁）→（8，转出）。

（8）（要求定位（DW），要求定位（FW））→（9，16）。

（9）（道岔不在定位（DB↓），道岔不定位（DB↑））→（10，15）。

（10）[未生成定位控制命令（DC↑），已生成]→（11，14）。

（11）$T \leftarrow 0$。

（12）生成道岔控制命令，即 DC↑。

（13）$j \leftarrow j+1$，→5。

由第 4 步开始进入道岔控制命令生成的阶段，第 6、7 步检查道岔是否在锁闭状态，有否生成控制命令的可能性：第 8、9 步检查有否必要生成定位控制命令。第 10 步检查是否已生成了控制命令。若未生成，在第 11 步将计时器 T 清除，并开始计时，计时器 T 有外部时钟定时地累积计时。第 12 步生成控制命令，而后在第 13 步转出。当再次执行该模块时，在第 14 步检查计时时间是否已到。若时间已到则清在第 15 步强制取消控制命令，否则转到第 12 步使控制命令继续有效。

（14）（$T \geqslant 10$ s，$T < 10$ s）→（15，12）。

（15）取消定位控制命令→DC↓→13。

（16）（FB↓，FB↑）→（17，21）。

（17）（FC↓，FC↑）→（18，20）。

（18）$T \leftarrow 0$。

（19）FC↑→13。

（20）（$T \geqslant 10$ s，$T < 10$ s）→（21，19）。

（21）FC↓→13。

从第 16 步开始是关于道岔反控制命令的生成和取消过程。这里不再一一解释了。

2. 进路锁闭模块

1）模块功能

当进路处理模块的进程标志为锁闭标志时，进路处理程序转到执行进路锁闭模块。进路锁闭模块应完成：

（1）检查进路中的所有区段空闲，包括侵限界的道岔区段检查。

（2）检查道岔位置正确。

（3）检查照查条件满足。

（4）在条件满足时，实现进路锁闭。在条件不满足时，调用诊断程序，分析不能锁闭的原因，给出提示信息。

2）处理流程

其程序流程如图 4-12 所示。

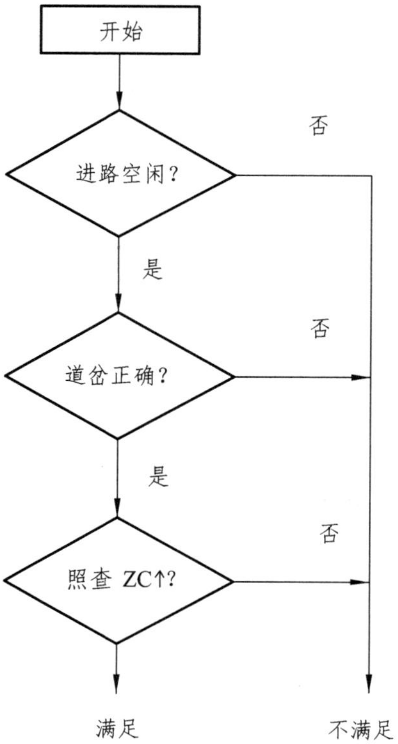

图 4-12　进路锁闭模块程序流程图

3. 信号保持开放模块

1）模块功能

当进程标志为保持标志时，进路处理程序处于保持信号开放阶段。在该阶段应持续地校核进路状况，检查允许灯光完好，列车一旦驶入进路，信号应立即关闭，即立即给出关闭信号控制命令。但对于调车进路来说，考虑到调车中途返回情况，其信号关闭时机为车列出清接近区段或出清进路的第一区段。当信号正常关闭时，给出进路解锁标志，以便进路处理程序自动进入解锁模块。

2）处理流程

该模块的其程序流程如图 4-13 所示。

4. 进路自动解锁模块

1）模块功能

当进路的进程标志为解锁标志时，进路处理程序进入进路自动解锁阶段。在该阶段要完成 3 个功能：

（1）确定信号的关闭时机。

（2）实现进路正常解锁。

（3）实现中途返回解锁。与这三个功能相对应的设有三个程序模块：确定调车信号关闭时机的模块、正常解锁模块、中途返回解锁模块。其中，正常解锁模块需要通过三点检查就可以完成而中途返回解锁模块较复杂，下面仅对中途返回解锁模块进行叙述。

在转线的调车作业过程中，由于车列中途返回而使得某些牵出迷路的道岔区段，甚而整个牵出进路不能按正常解锁方式解除进路锁闭，因此，需采取中途返回解锁措施。

牵出进路的中途返回解锁有两种情况。第一种情况是当牵出进路的中途有折返信号机，而调车车列根据该信号机折返时，折返信号机前方的道岔区段按中途返回解锁方式解锁。

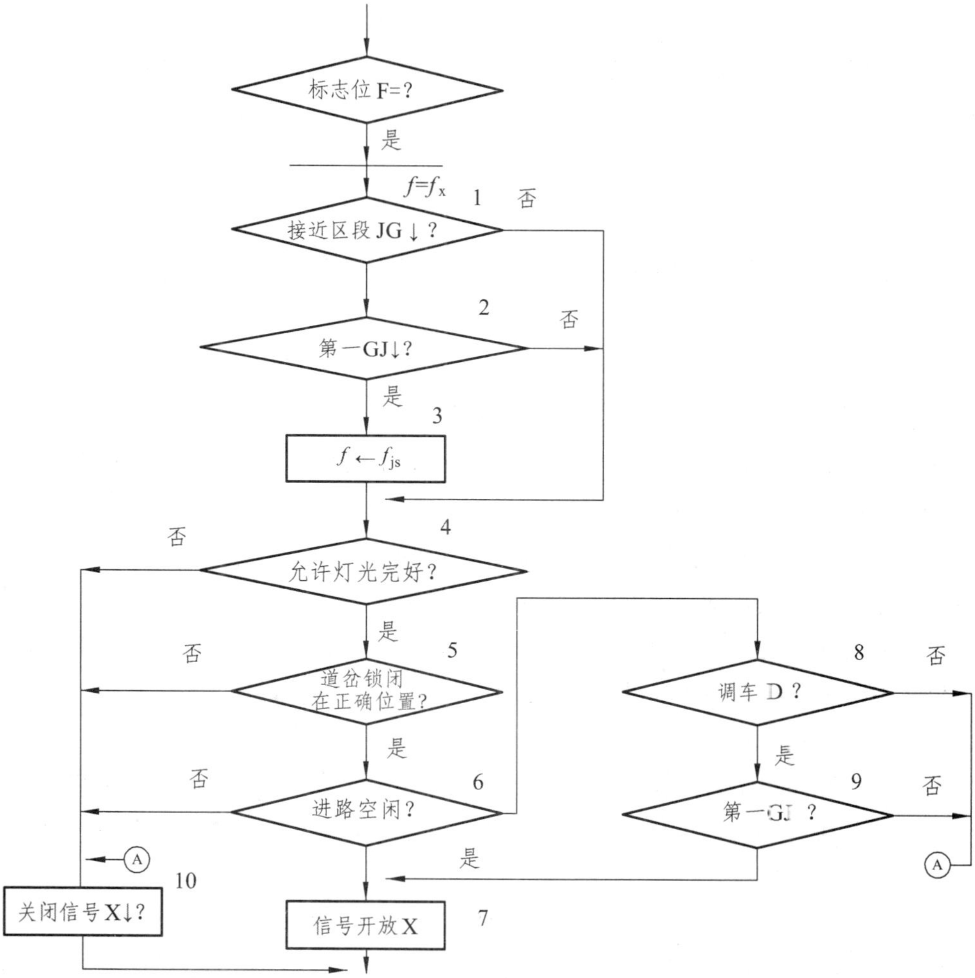

图 4-13　信号开放保持检查模块的流程

2）举例说明

例如，在图 4-14（a）中，进行由 IG 到 3 G 的转线作业，首先需建立由 S1 到 D21 的牵出进路，当车列牵出并越过 21DG 后，再建立 D23 到 S3 的折返进路。那么牵出进路中的道岔区段 17DG 和 19DG 就需按中途返回解锁方式解锁。在这种情况下，解锁的条件必须能反映车列确实已经折返并且离开了待解锁的区段，而且这些条件是不会由于轨道电路瞬间误动而造成的。于是选取了如下条件作为中途返回解锁的依据：

（1）在牵出进路的中途有折返信号机。

（2）该折返信号机曾开放过。

（3）待解锁的各个轨道区段已经空闲。

（4）折返信号机内方第一轨道区段有车占用。

经分析，这些条件满足后，是足以表明车列确实折返而又出清了待解锁的轨道区段了。

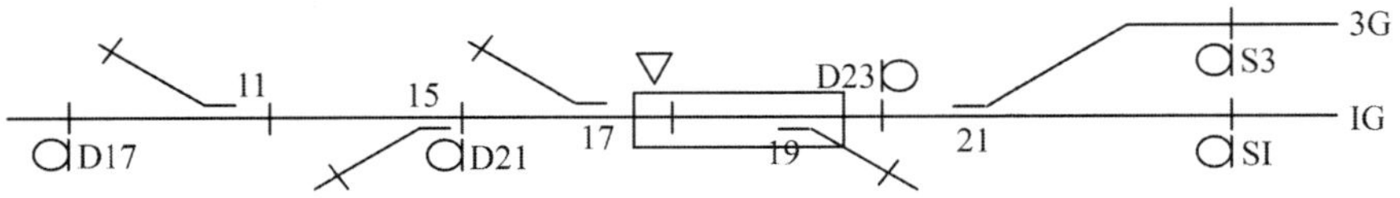

(a)

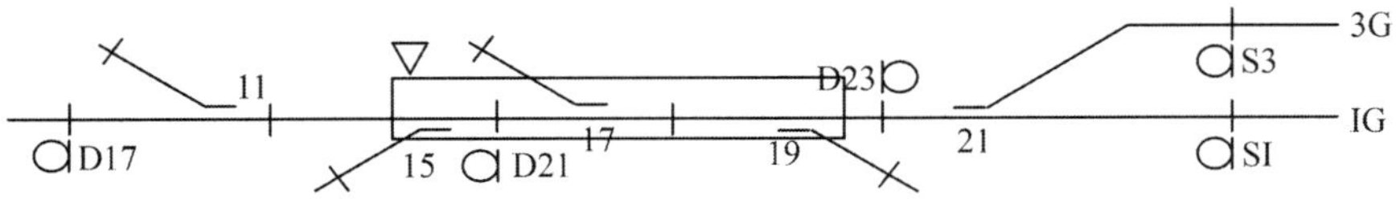

(b)

图 4-14　中途返回解锁示例

第二种需要中途返回解锁的情况是出现在当转线的车列较长，而需为它办理由多条基本进路相衔接的复合牵出进路。例如在图 4-14（b）中办理了由，Sl 到 D17 的牵出进路，车列在牵出过程中占用过 D21 到 D17 的进路后，又根据折返信号机 D23 而折返回股道 3 G 了。那么 D21 所防护的进路就不可能按正常进路解锁方式解锁，而需提供第二种中途返回解锁方式使其解锁。同样，选取的解锁条件也必须能确实反映车列返回而且出清了待解锁的进路（这里强调的是整个牵出进路的解锁而不是牵出进路的部分区段解锁）。

针对第二种中途返回解锁方式，选取了以下条件：

（1）（牵出）进路曾被占用。如果车列未驶入过该进路，那么它也不应自动解锁。

（2）进路已空闲的同时，进路的接近区段有车。在正常情况下，这个条件能够针对第二种中途返回解锁方式，选取以下条件：

① （牵出）进路曾被占用。如果车列未驶入过该进路，那么它也不应自动解锁。

② 进路已空闲的同时，进路的接近区段有车。在正常情况下，这个条件能够反映车列已经退出进路了。

③ 进路的接近区段又空闲。这个条件与第 2 个条件相配合，能够反映车列确实折返而离开进路了。

根据以上讨论，调车进路中途返回解锁的程序流程图如图 4-15 所示。

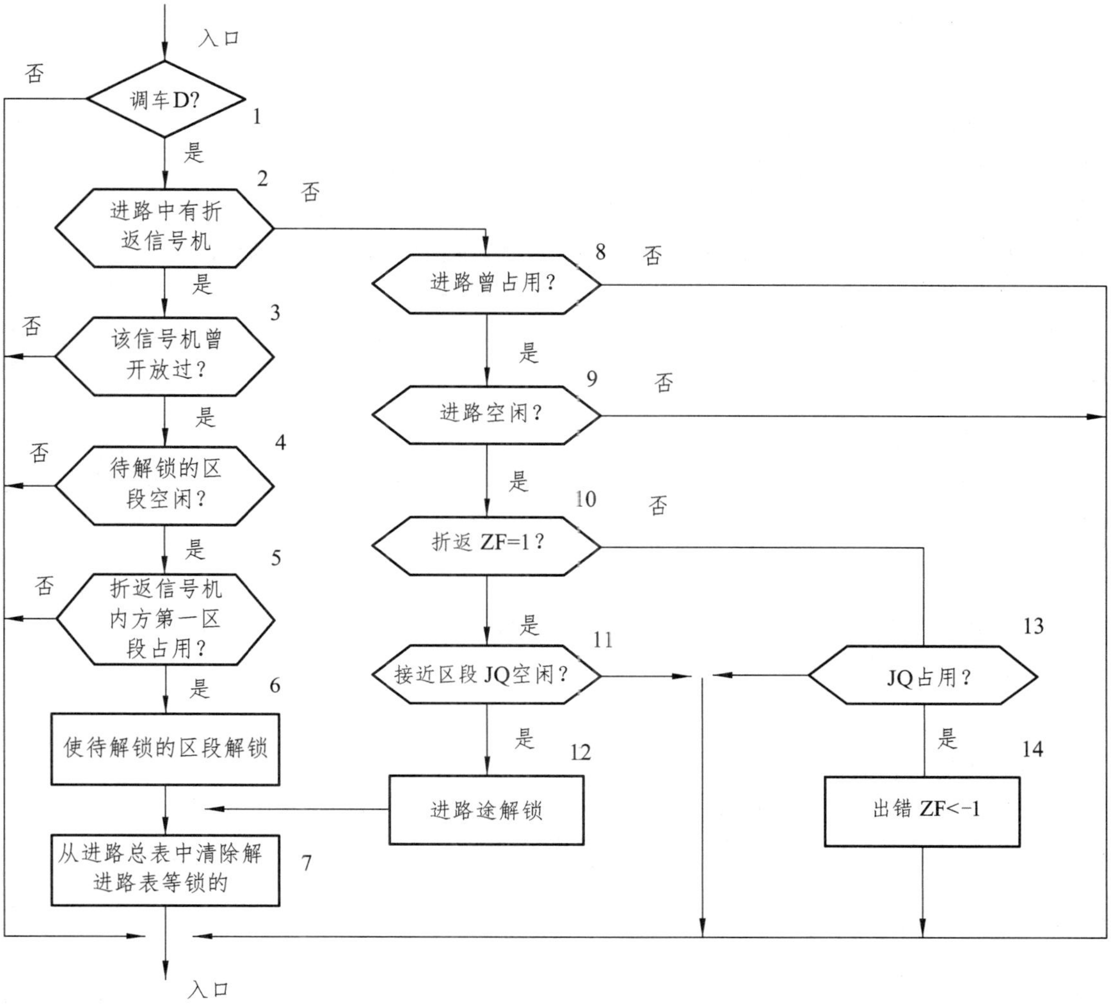

图 4-15　调车进路中途返回解锁的流程图

第五节　过程输入输出程序

在联锁运算中，需要实时读取现场设备的状态和向现场的道岔、信号机设备输出控制命令。这里的过程输入/输出指的是完成将现场的设备状态读入联锁机的过程以及向现场的设备输出控制命令的过程。相应地有完成现场设备状态输入的安全输入程序，向现场设备输出控制命令的安全输出程序。

一、安全输入程序

安全输入程序由输入清零、读入数据和置回执三个模块组成。它们的功能分别是：数据输入表清零、读输入口数据并进行数据分离、输入缓冲区中的数据经处理后送入动态变量表。

安全输入程序的算法如下：

1. 输入表清零

为了实现输入设备与输入口的一一对应，为每一个输入设备设一个说明表，表中存放该设备的名称、输入地址和输入的状态数据，将所有输入设备的说明表集中存放，称作输入表。为了实时输入动态数据，将输入表中的输入地址、输入数据均清空（数据设为无效）。以便保证每一次输入的数据都是现场设备的实际数据，防止因输入口故障造成数据的长久不变。例如，某一个道岔上一次的输入数据表示该道岔在定位，若干次输入前不将数据清为无效，这时若输入口故障，使得本次输入没有采集进来，联锁程序就会误把上次的数据当作此时的设备状态而进行联锁运算，这是很危险的。

2. 读入数据

将全部用到的输入数据端口的数据读入输入表中的对应字节中，将每一输入端口的 8 位或 16 位数据分别处理后送入数据输入缓冲区中，进行有关检查。

3. 数据转换处理

把数据输入缓冲区中的数据取出后，判断对应的继电器的状态，填写对应的动态变量表（即联锁运算程序同安全输入程序的接口数据区）。

4. 设置相应的标志

检查动态变量表，根据检查的结果进行设置（如信号曾开放标志等）。若此次读入程序运行成功，设置成功返回标志，若不成功，设置不成功返回标志，以便主程序能够知道该程序的运行情况，并且通过返回标志得知不成功的原因及故障点。

二、安全输出程序

在驱动输出继电器前必须做最后的输出数据一致性检查。检查的内容包括：两套软件的输出一致性校验、输出回读校验、设备名称的校验、输出地址的校验、输出回读地址、输出位地址的校验等。在各种校验中，最重要的校验是对两套软件的输出表进行的一致性校验，不一致时不能输出。

输出模块由输出模块 0 和输出模块 1 组成。输出模块 0 的功能是：将全部的输出端口清零，将输出表数据清零，进行回读检查，进行输出表与输出回读校验表数据一致性检查。输出模块 1 的功能是：将有吸起输出控制命令的输出继电器对应的输出通道输出指定代码，按一定的时间间隔不断调用输出模块 0 和输出模块 1，就可使有吸起命令的输出继电器吸起。为了实现故障—安全原则，采用动态输出方式。即连续数目的变化输出为有效的控制命令输出。因为当输出口故障时，会导致输出保持一种状态不变。若将控制命令的输出指定为一种稳定状态，就有可能使故障时的输出与控制命令的输出相一致，造成危险输出，这是不允许的。

安全输出程序的算法如下：

（1）调用输出模块 0。

（2）检查有无控制命令。

从输出控制命令表（由联锁程序填写）中取出控制变量，检查有无控制命令。若有控制命令，对控制命令进行处理。即将有控制命令的输出继电器在输出表中的对应位置为高电平。

（3）调用输出模块 1。

（4）输出安全性检查。

进行各种输出安全性检查，确认无误后从输出表中取出数据送往输出端口。

（5）一致性检查。

输出数据与输出回读数据及地址进行一致性检查，一致时输出，不一致时不输出。过程输入输出程序的框图如图 4-15 所示。

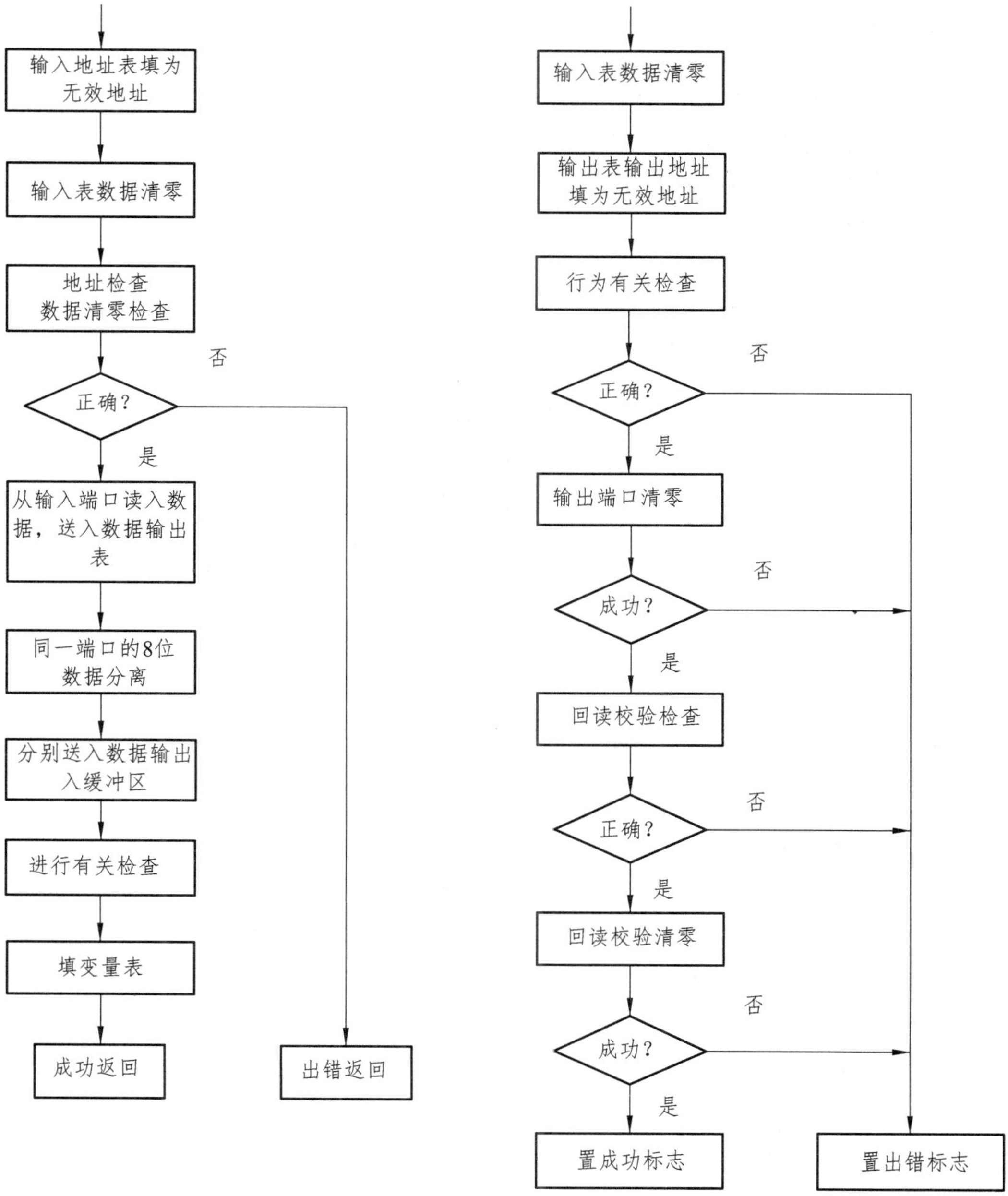

图 4-15　过程输入输出程序的框图

到现在为止，已将联锁程序的基本内容做了讨论。可以看出，给出的联锁程序流程是以进路控制为依据而设计的，它为各条进路所共享，因此是标准化的，能够适应不同规模车站联锁的需要。

复习思考题

简答题

（1）联锁软件的功能有哪些？

（2）联锁软件的总体结构是什么？

（3）什么是联锁的静态数据结构？包括哪些内容？

（4）什么是联锁的动态数据结构？包括哪些内容？

（5）联锁软件包括哪些模块？

（6）画出操作命令处理模块的框图。

（7）画出进路处理的流程图。

微课　进路处理过程

第五章 城轨联锁上位机的操作

【学习目标】

1. 了解上位机的操作基础。
2. 掌握联锁的操作方法。
3. 了解 ATS 操作方法。
4. 了解联锁命令。
5. 了解线路监控元素种类。

【学习方法和建议】

熟悉本章教学内容，认真阅读教材，知道联锁上位机的界面组成，掌握操作方法，了解联锁的基本命令。通过实际上位机设备的反复操作加深对联锁命令的深刻理解。

第一节　操作基础

一、操作及显示组件

车站操作员工作站（LOW）的组件布置图如图 5-1 所示。

图 5-1　上位机组件布置图

车站操作员工作站由 1 台工控机、1 或 2 台显示器、1 只鼠标、1 个键盘以及扬声器组成。

车站操作员工作站与所在的联锁相连接，可以显示本身所在的联锁区与相邻的联锁区，但联锁操作是受到限制的。车站操作员工作站只能够操作指定的联锁区域。

（一）显示器

显示器的屏幕上显示三个区域。

（1）管理窗口。

（2）监视窗口。

（3）操作窗口。

窗口的平面布置是固定的，如图 5-2 所示。

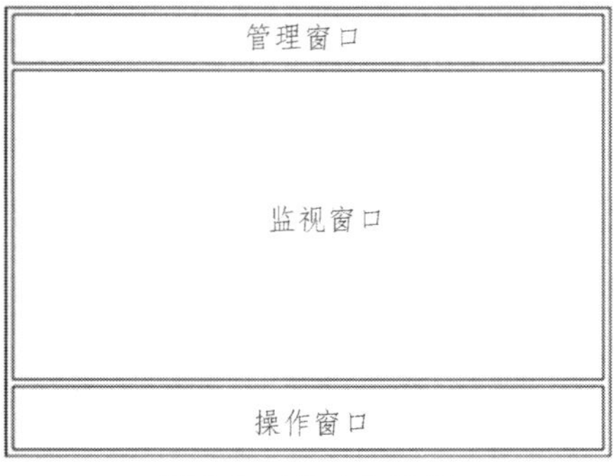

图 5-2　窗口布置图

（二）键　盘

利用键盘，用户可输入文本以及进行一些操作。键盘主要由字母数字符号键，12 个功能键以及光标控制键组成（见图 5-3）。

图 5-3　键　盘

（三）鼠　标

利用鼠标点击按钮可以选择各种元素，也可以发出命令（见图 5-4）。鼠标键具有以下基本功能：

（1）左键：用于选择可操作元素的选择键，如轨道详图中的道岔和信号机的选择、窗口中按钮的执行。

（2）滚轮：用于滚动显示报警和记录信息。

（3）右键：用于选择可操作元素并且快速执行非安全相关操作的选择键。

图 5-4　带键鼠标

在本文中，可进行下列鼠标操作：

（1）按下按键：按下按键并一直按着不松开。

（2）松开：松开按下的鼠标键。

（3）点击：按下鼠标并马上松开。

（4）双击：快速点击两次而不移动光标。

（5）移动：不使用键盘而移动鼠标。

（6）拖动：在按住一个鼠标键的同时移动鼠标。

（7）滚动：上下滚动鼠标滚轮。

备注：当描述鼠标的操作时，未加说明的是指点击鼠标左键操作。如果需要使用鼠标右键（例如非安全相关操作快速执行），则在本文中将会有详细的说明。

二、操作动作与窗口结构

本节利用南京地铁公司的实例来描述作为列车调度员如何使用车站操作员工作站来操作联锁以及进行时刻表操作和 ATS 操作。

系统初始启动时，只有“登录”按钮可用（激活），不可用的按钮以灰色显示，鼠标无法点击。

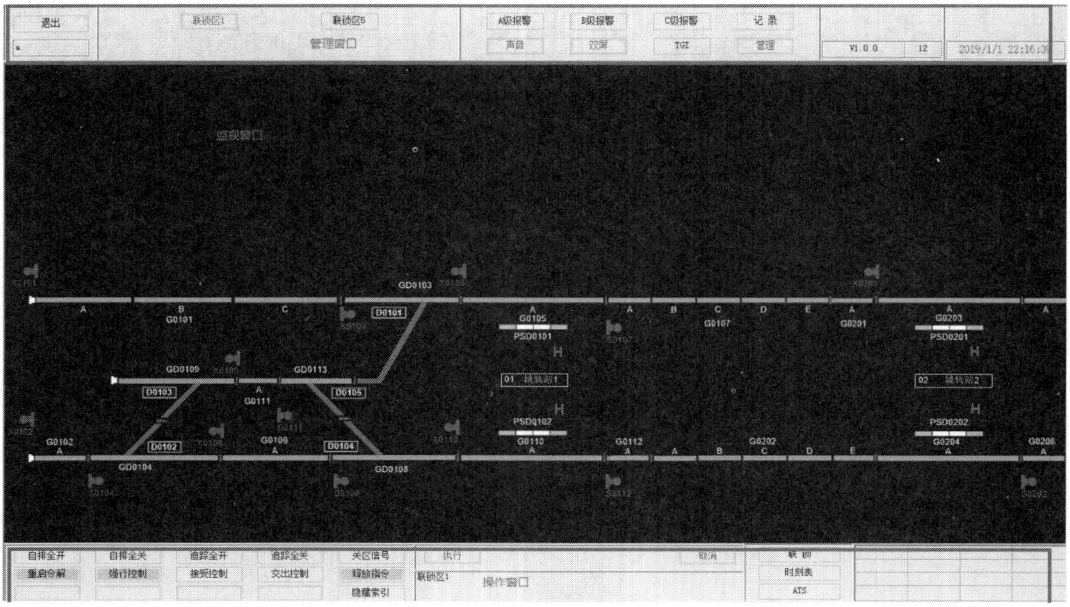

图 5-5　LOW 启动

（一）管理窗口

LOW 启动后，在管理窗口中显示基本菜单（见图 5-6）。

图 5-6　管理窗口

基本菜单的组成如下：

（1）登录/退出输入框。

（2）用于打开各个控制区域轨道详图的按钮。

（3）用于选择不同优先级的报警列表的按钮。

（4）用于选择不同功能的按钮（记录、管理、声音）。

（5）版本号。

（6）日期和时间。

登录和退出：登录/退出按钮在管理窗口的最左侧，由一个按钮和一个输入框组成。

轨道详图按钮：用于选择不同控制区域轨道详图的按钮，在登录/退出按钮的右侧。这些按钮用控制区域名称加以标注，主要用途是可以对控制区域进行切换显示。

报警列表按钮：报警列表按钮在轨道详图按钮的右侧。三个报警列表按钮用于按其优先级打开报警列表。A 级报警列表的优先级最高，而 C 级报警列表的优先级最低。

备注：如果出现某一优先级的报警，与该优先级相应的按钮开始闪烁。只要有信息尚需确认，这种闪烁就不会停止。如果报警列表中所有信息均被确认，则该按钮以红色显示，不闪烁。如果接收到来自联锁的“报警恢复”信息，且此报警已被确认，则它将从报警列表上被删除。

其他功能：用于选择其他功能的按钮在报警按钮的下方。包括声音；记录；管理。

利用管理按钮（只有具有访问权的管理员才可以选择）可以激活用户管理操作界面。利用记录按钮可打开信息记录列表。利用声音按钮可关闭有声警报，直至下一个警报到来。

注意：声音按钮不可能永久地关闭有声警报。

版本：当前版本显示在其他功能按钮的右侧。

备注：如果出现故障信息，则必须指出此版本的名称。

日期/时间：当前日期和时间显示。

（二）监视窗口

在监视窗口中，可以显示轨道详图、各级报警列表或记录信息（见图 5-7）。

轨道详图显示带有十分详细的部分或全部联锁设备，由此显示所有的列车运行信息。

以符号显示的轨道设备（如道岔、信号机）在本文中被称为元素。

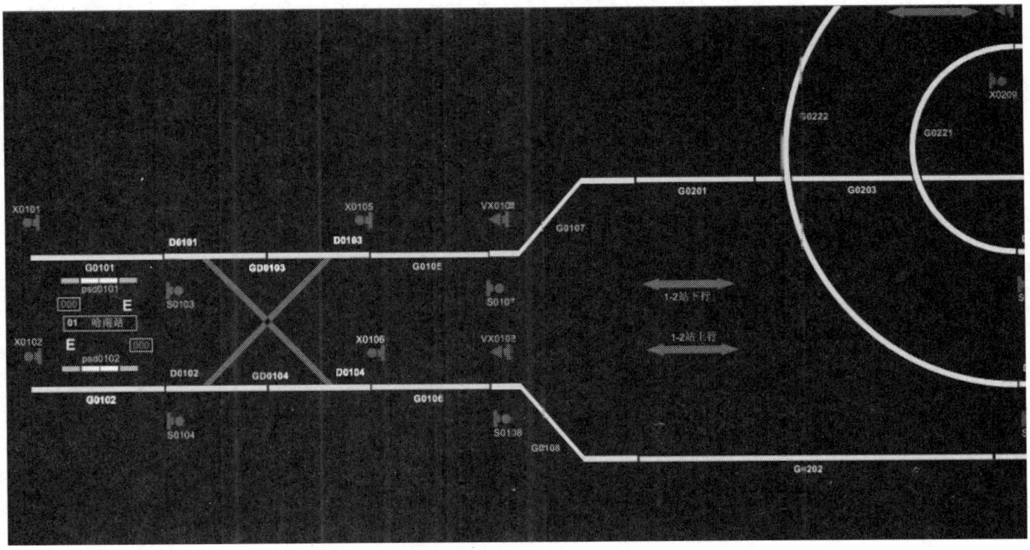

图 5-7　监视窗口显示元素状态

在监视窗口中（见图 5-8），还可以显示三个报警列表和记录列表，这些列表均可以用鼠标左键点击列标识符来改变排序顺序。一个向上或向下指的箭头出现，显示出排序顺序（升序或降序）的列。

如果相应的列无法容纳一个单元的内容，用鼠标左键单击该列的分隔条，将会出现一个虚的列分隔线，移动鼠标将改变该列的大小。

日期/时间	等级	设备类型	设备编号	报警信息编号	报警描述	是否恢复	是否确认	操作员	人工确认时间	故障恢复时间
2012-11-14_08:00:50	C	36	25	108	未定义的故障-108	☐	☐			
2012-11-14_08:00:50	C	36	25	211	未定义的故障-211	☐	☐			
2012-11-14_08:00:50	C	36	25	212	未定义的故障-212	☐	☐			
2012-11-13_20:25:38	C	36	25	108	未定义的故障-108	☐	☐			
2012-11-13_20:25:38	C	36	25	211	未定义的故障-211	☐	☐			
2012-11-13_20:25:38	C	36	25	212	未定义的故障-212	☐	☐			
2012-11-13_20:23:24	C	36	25	108	未定义的故障-108	☐	☐			
2012-11-13_20:23:24	C	36	25	211	未定义的故障-211	☐	☐			
2012-11-13_20:23:24	C	36	25	212	未定义的故障-212	☐	☐			
2012-11-13_20:18:02	C	36	25	108	未定义的故障-108	☐	☐			
2012-11-13_20:18:02	C	36	25	211	未定义的故障-211	☐	☐			
2012-11-13_20:18:02	C	36	25	212	未定义的故障-212	☐	☐			
2012-11-13_19:55:06	C	36	25	211	未定义的故障-211	☐	☐			
2012-11-13_19:55:06	C	36	25	212	未定义的故障-212	☐	☐			
2012-11-13_19:55:06	C	36	25	108	未定义的故障-108	☐	☐			
2012-11-13_19:48:42	C	36	25	108	未定义的故障-108	☐	☐			
2012-11-13_19:48:42	C	36	25	211	未定义的故障-211	☐	☐			
2012-11-13_19:48:42	C	36	25	212	未定义的故障-212	☐	☐			
2012-11-13_19:37:52	C	36	25	108	未定义的故障-108	☐	☐			
2012-11-13_19:37:52	C	36	25	211	未定义的故障-211	☐	☐			
2012-11-13_19:37:52	C	36	25	212	未定义的故障-212	☐	☐			
2012-11-13_19:35:58	C	36	25	211	未定义的故障-211	☐	☐			
2012-11-13_19:35:58	C	36	25	212	未定义的故障-212	☐	☐			
2012-11-13_19:35:58	C	36	25	108	未定义的故障-108	☐	☐			
2012-11-13_18:56:09	C	36	25	108	未定义的故障-108	☐	☐			
2012-11-13_18:56:09	C	36	25	211	未定义的故障-211	☐	☐			
2012-11-13_18:56:09	C	36	25	212	未定义的故障-212	☐	☐			
2012-11-13_18:50:26	C	36	25	108	未定义的故障-108	☐	☐			
2012-11-13_18:50:26	C	36	25	211	未定义的故障-211	☐	☐			
2012-11-13_18:50:26	C	36	25	212	未定义的故障-212	☐	☐			
2012-11-13_18:06:17	C	36	25	108	未定义的故障-108	☐	☑	kkk	2012-11-13_18:40:22	
2012-11-13_18:06:17	C	36	25	211	未定义的故障-211	☐	☐			
2012-11-13_18:06:17	C	36	25	212	未定义的故障-212	☐	☐			

图 5-8　监视窗口显示报警信息

（三）操作窗口

操作窗口（见图 5-9）显示的是操作动作按钮，这些按钮可用来操作单个元素。操作窗口的内容取决于所选的操作类型。

操作窗口中有下列对话框：

（1）联锁对话框。

（2）安全操作对话框。

（3）ATS 对话框。

（4）时刻表对话框。

（5）管理对话框（属于以管理员身份登录，点击管理将显示用户管理操作对话框）。

图 5-9　操作窗口

在以下章节中将详细地说明以上对话框的含义和使用方法。

操作窗口的右侧是综合信息指示器（暂未实现），它对于整个联锁都是有效的。每个综合信息指示器都有一个固定的位置和代表的含义。

三、访问权

操作的访问权分为：

（1）操作员访问权（限于具体某个人）。

（2）工作站访问权（某个工作站）。

1. 操作员访问权限

操作员访问权是在登录过程中通过输入指定给某一操作员的用户名和密码而被授予。有四种访问权：

（1）值班员——操作，普通联锁操作程序（车站调度）和报警列表接收。

（2）管理员——管理，改变访问权和输入新的用户的权利，无联锁操作权。

（3）维护员——服务，维护（维护人员）。

（4）值班站长——特殊安全性操作（站长），除普通联锁操作外，用户还可以执行与安全有关的操作，以及本地 ATS 的相关操作：ATS 操作和时刻表操作只有具有 ADM 访问权的操作员才可以通过按钮“管理”来打开用户管理对话框以改变其他用户的访问权（见表 5-1）。

表 5-1　操作员访问权限

访问权	普通联锁操作	安全联锁操作	用户管理	ATS 操作	时刻表操作
值班员	√				
维护员	√	√		√	√
值班站长	√	√		√	√
管理员			√		

2. 工作站台访问权限

工作站访问权是指对 27 个车站的本地操作员工作站设置的对联锁和不同控制区域的操作权。工作站访问权在系统初始设计时确定，操作员无法进行修改。工作站访系统登录界面如图 5-10 所示。

图 5-10　登 录

用鼠标左键点击“登录”按钮。

此时显示内容变为“用户”，光标自动移动到下面的输入框（见图 5-9）。

在输入框中输入用户名称。

按下键盘的[Enter]键进行输入确认。

此时显示内容变为“密码”（见图 5-10）。

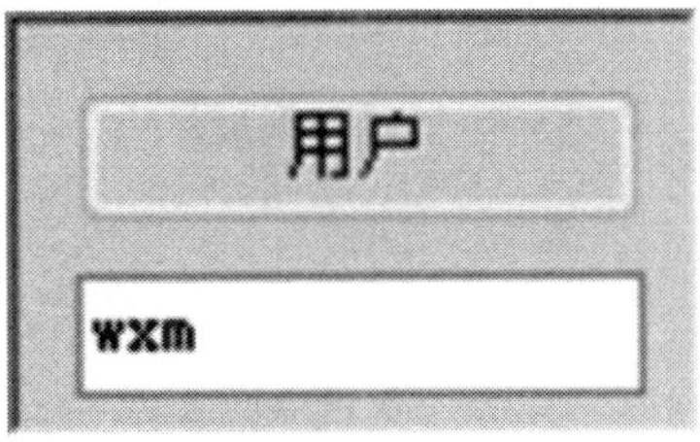

图 5-9　用户名输入框

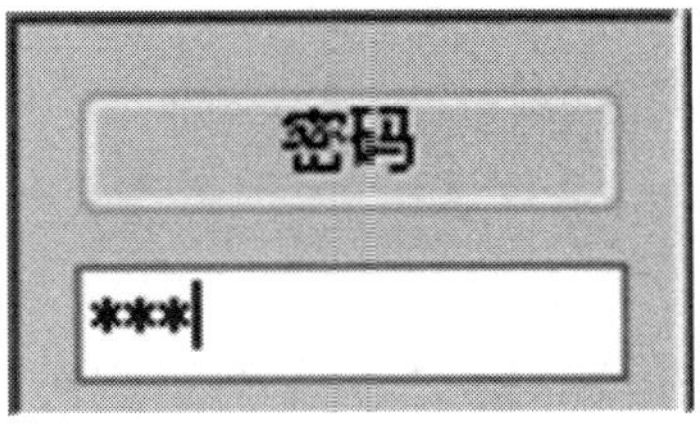

图 5-10　密码输入框

在输入框中输入密码并按下[Enter]键确认。

注意：

（1）不允许输入汉字作为密码。

（2）如果用户名和密码正确，显示内容将变为“退出”，按钮下方的输入框中将显示当前登录的用户名称，此时用户已经成功登录到系统中。

（3）不正确的输入将导致显示报错信息“未知用户名或密码”。此时系统仍然处于登录状态。

（4）如果用户点击“登录”按钮后在 30 s 之内不输入名称且按下键盘[Enter]键，或者是在输入名称并按下[Enter]键后在 30 s 之内不输入密码且按下键盘[Enter]键，系统将自动恢复到准备登录状态。

登录成功后，根据该用户的访问权，点击允许使用的按钮。

系统中退出界面如图 5-11 所示。

图 5-11　退出系统

点击“退出”即可。

此时系统显示已准备就绪可以登录，此前的用户已从系统中退出（见图 5-12）。

图 5-12　退出

四、管理对话框

管理员有权限且能够指定或改变操作员的名称、操作访问权和密码。以管理员的身份登录后，基本窗口中的“管理”按钮可用（见图 5-13）。

图 5-13　管理按钮

五、报　警

报警子系统按照优先级 A、B、C 对警报进行管理。如果有警报出现，对应级别的报警按钮闪烁并以有声信号来提醒操作员。两种提醒方式都不受显示器中所显示的对话框的影响。有三种报警列表（即 A、B 和 C），每种报警列表只含有相应等级的警报。如果在处理过程中出现警报，操作员可以确认该警报。

A 级警报截屏实例如图 5-14 所示。

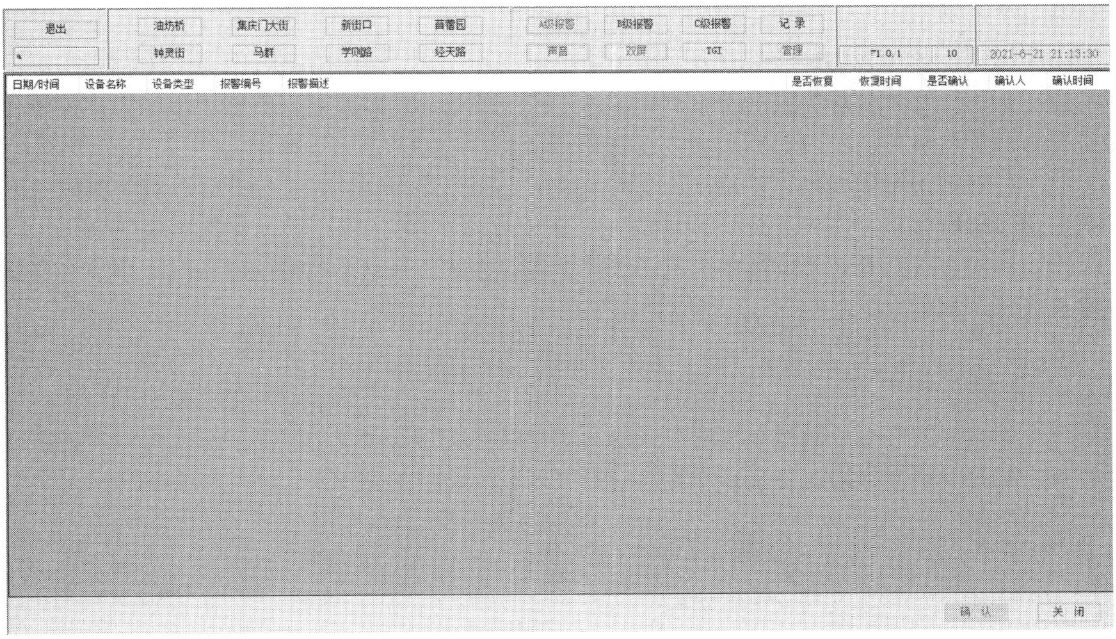

图 5-14　A 级报警

（一）报警系统的功能

没有相应级别的警报时，对应级别的报警按钮显示为灰色。如有警报出现，该警报将立刻被输入相应的报警列表中，相应的报警按钮开始闪烁并发出有声信号，不同优先级的警报有其不同的警报声（A 级或 B 级警报声）。警报的优先级越高，其警报持续时间越长，且其警报声也越响，C 级警报没有声音。

只要报警列表中有尚未确认的警报，对应的报警按钮将保持红色闪烁，并且警报声一直持续。如果报警列表中所有警报都已确认，则警报按钮将转换为持续的红色光，并且关闭此报警列表的警报声。如果设备中引起警报的故障已被排除，那么该设备将报告故障已排除。已消除的警报经确认后，将从报警列表中被删除。当报警列表中不再有警报时，报警按钮将再显示为灰色，且将关闭该报警列表的警报声。

用户可以随时按下管理窗口中的“声音”按钮来暂时关闭声音告警。但当有新的警报出现时，警报声音将自动启动（见表 5-2）。

表 5-2　不同报警级别的状态

所有警报状态	对应级别按钮颜色显示	对应级别按钮是否闪烁	声音	适用级别
未确认未恢复	红色	是	开启	A、B
未确认已恢复	红色	是	开启	A、B
已确认未恢复	红色	否	关闭	A、B、C
已确认已恢复	灰色	否	关闭	A、B、C

注意：

（1）不可能将声音告警完全且永久地关闭。

（2）如果几个不同优先级的警报同时出现，优先级最高的警报将以声音警报的方式报警。A 级警报的优先级最高，而 C 级警报的优先级最低。

（3）C 级警报不需要操作员确认，当其出现时，由系统自动确认。因此，C 级警报按钮不闪烁，也没有警报声。

（4）针对各级报警，系统最多为每一级报警保存 500 条信息。超过 500 条时，系统将自动删除最先保存的信息。

（二）打开和关闭

单个的报警列表可以通过在管理窗口中的“A 级报警”“B 级报警”“C 级报警”按钮来打开。点击某种类别的报警，将会打开相应的报警列表（见图 5-15）。

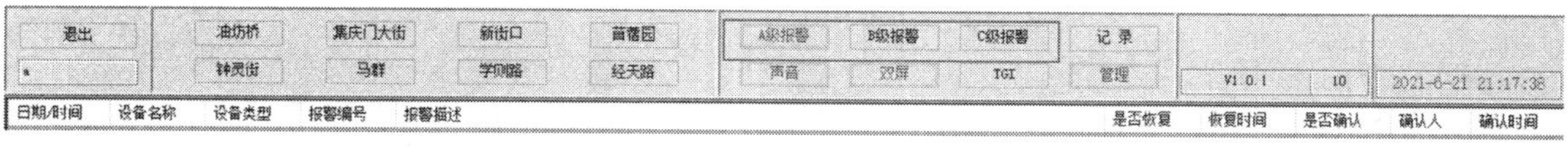

图 5-15　报警按钮

点击“A 级报警”，监视窗口中将显示 A 级报警的报警列表。

点击“B 级报警”，监视窗口中将显示 B 级报警的报警列表。

点击“C 级报警”，监视窗口中将显示 C 级报警的报警列表。

报警列表的关闭可以点击报警操作对话框的“退出”按钮，监视窗口将显示打开报警列表前的控制区域轨道详图；也可以按下某个控制区域切换按钮（如“学则路”），监视窗口将显示所选择的控制区域轨道详图。

1. 报警列表软键

通过鼠标在报警列表中选择需要确认的报警，已选的条目以深蓝色来表示（见图 5-16）。

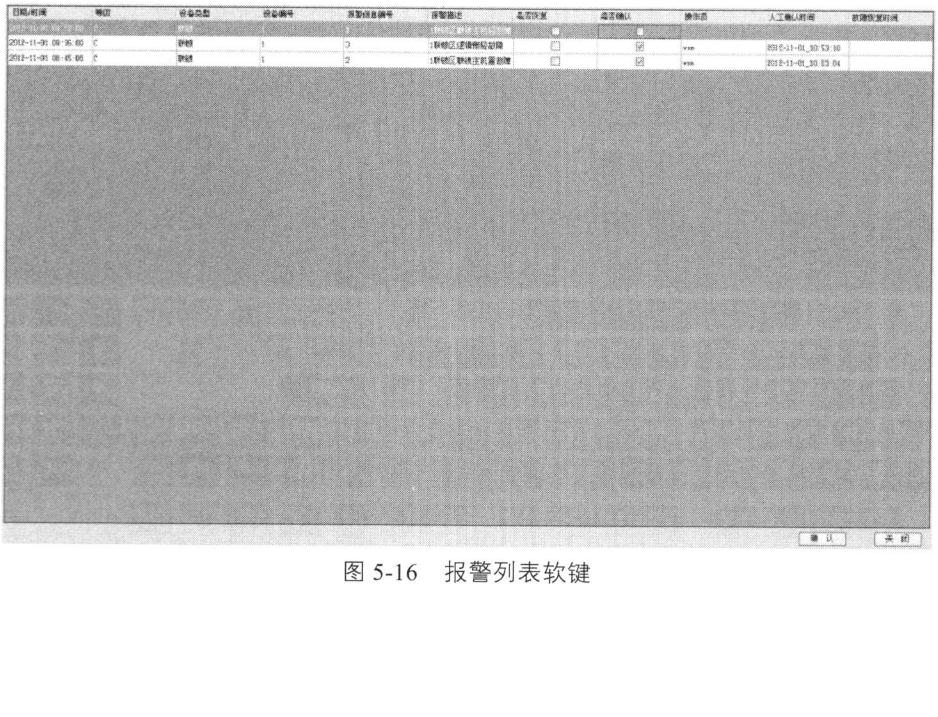

图 5-16　报警列表软键

备注：一次只能确认一条报警。

点击“确认”按钮，操作员的名字将输入操作员列中。

备注：如果在确认之前，报警已经恢复，则在操作员点击“确认”按钮后，报警列表中的该条目将被删除。

2. 报警列表结构

A、B 和 C 级的报警列表采用相同的列表结构，由 7 列组成（见表 5-3）。

表 5-3　报警列表

列数	名称	含义
第一列	级别	警报等级，其取值范围为 A、B 或 C
第二列	日期/时间	发生报警的日期和时间
第三列	操作员	未确认前，显示操作员名称，是接收到该报警时的操作员的登录名，如果没有操作员登录，则为空； 确认后，显示“K**操作员名称”，操作员名称是确认该报警的操作员的登录名
第四列	联锁名	显示发生故障的元素所在的联锁名称
第五列	元素名	显示发生故障的元素名称
第六列	信息	显示所发生的故障的详细信息
第七列	已恢复	显示该故障是否已经恢复

3. 报警列表排序

报警列表中是条目时按时间倒序的方式进行自动排列的，用户也可以分别根据日期时间、操作员、联锁名及元素名等排序，方便用户进行查找相应的报警，时间是按照先后顺序排序，元素及联锁会按照英文字母（a、b…z）的顺序进行排列。

六、记录（日志文件）

记录功能将联锁系统的所有的报警信息和事件信息以及车站操作员工作站的操作日志进行保存。保存的总条目数为 5000 条，其中每一级报警各 500 条，事件信息 1500 条，操作日志 2000 条。如果某一类别的信息总数超过设定值，则将首先删除该类别信息保存时间最长的记录。

记录的内容保存在硬盘中，系统启动后将从硬盘中读取数据，这样可以保证历史信息不至于丢失。

可以通过点击基本窗口中的“记录”按钮打开记录列表，记录列表与报警列表可以进行切换，也可以点击“关闭”按钮关闭记录列表，或者点击某个控制区域切换按钮关闭记录列表。

备注：记录无须确认，“确认”按钮始终为灰色（不激活）。

记录列表中的级别含义为：

（1）A：A 级报警。

（2）B：B 级报警。

（3）C：C 级报警。
（4）E：联锁系统事件。
（5）O：工作站操作事件。

第二节　联锁操作

所有的联锁操作类型的过程基本上是一样的。

（1）在轨道详图中选择或者点击一个（或多个）元素。当点击一个（或多个）元素时，系统将在操作窗口显示对应元素的指令列表。

（2）点击一个所提供的和需要执行的指令。

（3）点击“执行”按钮。

在选择具体的指令之前，“执行”按钮中的标签为灰色（未激活）。

备注：在按下“执行”按钮之前，所有的操作命令都可以通过点击“取消”按钮来取消。在按下“执行”按钮之后，只能取消与安全相关的操作，条件是这些安全相关操作还没有被联锁执行。安全相关的操作详见本章第 4 节。

可以通过以下方式随时改变元素的选择：

（1）再次点击已选的元素。

（2）点击轨道详图中的某个自由区域。

（3）点击另一元素。

备注：与安全无关的命令按钮的背景为灰色，与安全有关的按钮的背景为浅蓝色。

在不选择具体元素或系统初始启动时，操作窗口显示联锁基本操作，如图 5-17 所示。

图 5-17　联锁基本操作

一、单元素的普通操作

在轨道详图中点击一个元素。联锁操作对话框中的各按钮自动显示被选定元素的操作命令，被选定元素在轨道详图中显示为淡蓝色背景。

例如，在图 5-18 所示的实例中，转换一个道岔：D0102。

首先在监视窗口中点击该道岔，选中的道岔以淡蓝色背景表示

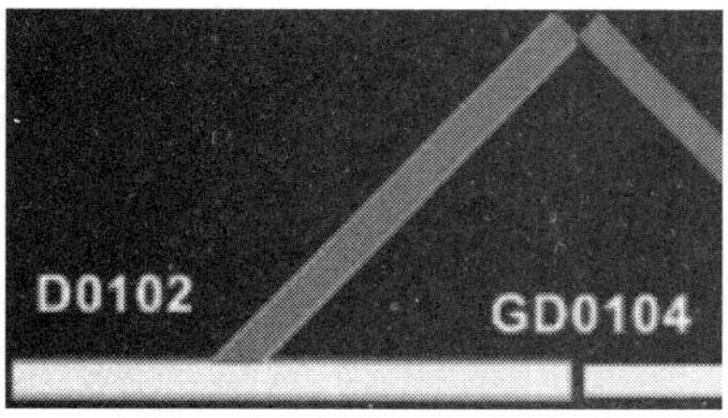

图 5-18　转换道岔实例

相应的道岔命令将显示在联锁操作对话框中，“执行”按钮不可用（见图 5-19）。

图 5-19　道岔普通操作

点击“反操道岔”，“执行”变为按钮可用（见图 5-20）。

图 5-20　点击“转换反位”后的界面

再点击“执行”按钮，用户可以在轨道详图中看到道岔 D0102 是如何改变其位置的（见图 5-21），同时淡蓝色背景消失，表示对该道岔的命令执行已经完成。操作窗口将恢复为联锁基本操作。

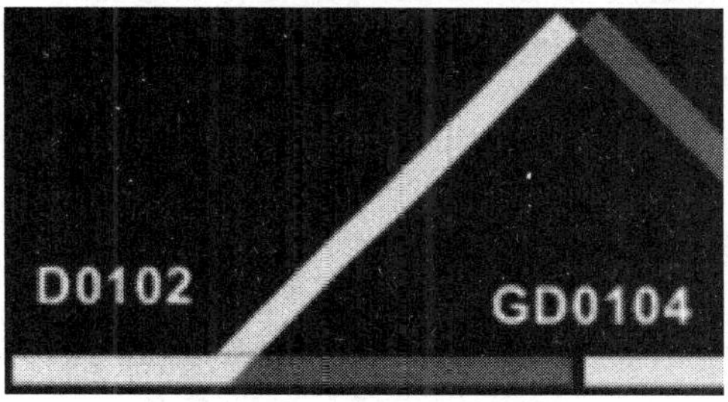

图 5-21　操作结果

二、多个元素的普通操作

只有进路命令才涉及多个元素的普通操作。一条进路由一个起始元素和一个终点元素来界定。

用鼠标左键点击起始元素（信号机）。联锁操作对话框的各按钮显示为信号机的命令。

再用鼠标左键点击终点元素（信号机或虚拟信号机），如果两个元素可以形成进路，则联锁操作对话框显示为进路命令。图 5-22 中两个浅蓝色标志为两个可以排列进路的信号机。

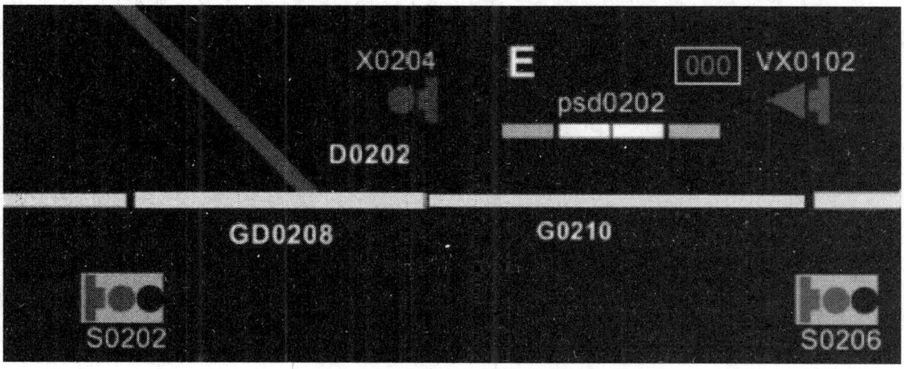

图 5-22　选择两个信号机

点击要排列的进路按钮后在执行按钮下方的列表中显示进路的名称（见图 5-23）。

图 5-23　多进路选择

点击“执行”按钮执行该指令。

联锁排列进路后界面显示为浅绿色的一条进路（见图 5-24）。

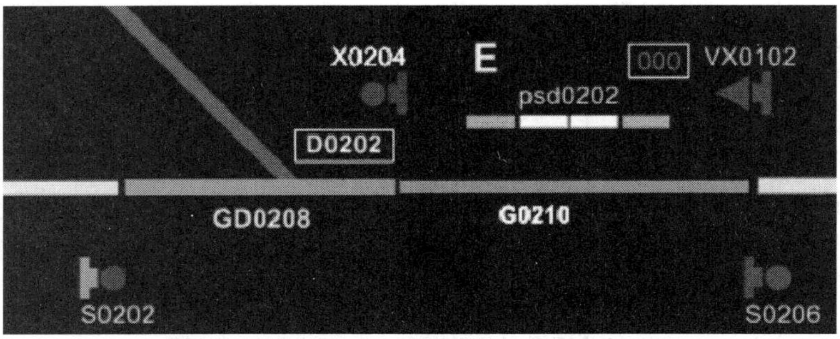

图 5-24　成功排列进路

三、联锁基本操作

联锁基本操作是指针对整个联锁区信号元素的操作。

用户无需在轨道详图中选择元素，系统启动时默认的联锁操作对话框上的命令按钮自动显示联锁基本操作命令，执行完成单元素操作或多元素操作之后，也会自动恢复成联锁基本操作对话框。

例如，对某联锁区进行自排全开操作。切换到某控制区域图形如图 5-25 所示。

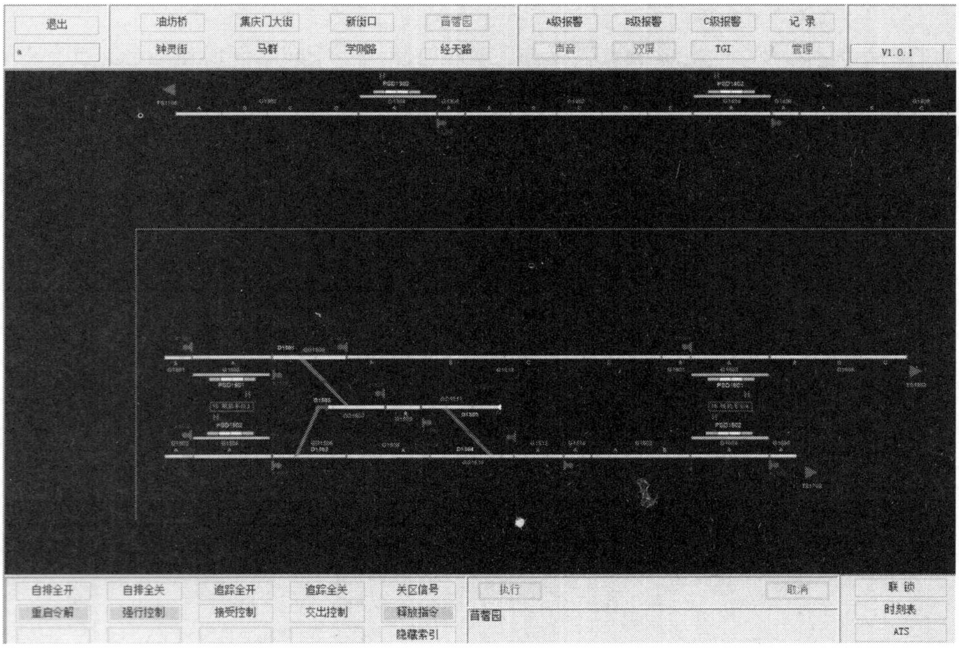

图 5-25　区域显示

选择联锁基本操作的“自排全开”指令，点击执行后显示界面如图 5-26 所示。

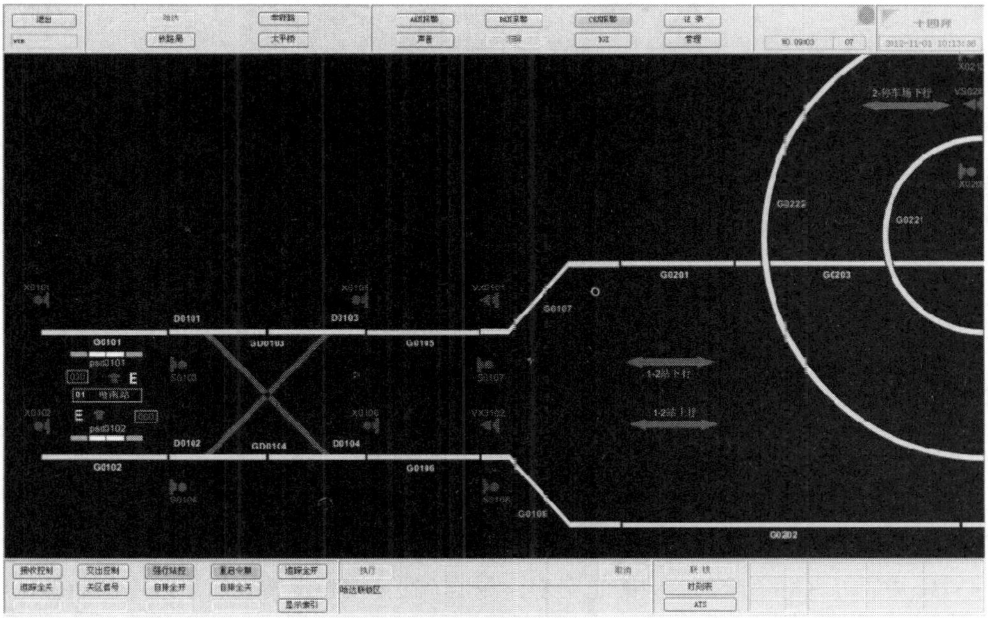

图 5-26　信号机自排全开

具有自排属性的信号机标签由白色变成绿色。

四、安全操作

当发生下列情况时，需要采用安全操作：

（1）需要更高的控制。

（2）由于发生故障而使普通的操作程序无法执行。

道岔实例：在轨道详图上选择一个道岔（见图 5-27）。

（a）普通位置　　（b）已选 淡蓝色

图 5-27　选择一个道岔

操作按钮区显示道岔命令，一般命令的按钮背景色为灰色，与安全命令有关的按钮背景色为蓝色（见图 5-28）。

图 5-28　道岔命令

点击“解封道岔”，然后点击执行（见图 5-29）。

图 5-29　解封道岔

联锁操作对话框显示安全操作对话框（见图 5-30）。

图 5-30　安全操作对话框

安全操作的流程：执行→CR1→CR2。

图 5-34 中，带有红色线条的圆圈是实现监测器。红色线条旋转表示系统不间断地从联锁获得数据。右边的两条有色线条的颜色包括：红色、绿色、蓝色。上一行是静态的，下一行是闪烁的，表示系统不间断地从联锁获得数据。颜色显示必须与下方的文字说明对应，下一行的有色线条必须闪烁。

备注：如果实际显示与上所述情况不符，请通知维护人员。

在该过程中，用户必须检查：

（1）检查所有线条是否与如上文所述显示。

（2）检查实现监测器是否正在转动

（3）检查线条的第二行是否闪烁。

（4）对轨道详图进行真实性检查。

如果以上检查项中发现某项有错误，请点击“取消”按钮来取消该安全操作。如果以上检查项均无误，则在 CR1 按钮有效后点击“CR1”按钮第一次确认该安全相关命令。

而后再进行一次下述检查：

（1）在消息反应行显示的命令是否与输入的命令一致。

（2）检查受到影响的元素是否已经作了白色标记。

（3）检查所有线条是否与如上文所述显示。

（4）检查实现监测器是否正在转动。

（5）检查线条的第二行是否是闪烁的。

（6）对轨道详图进行真实性检查。

如果以上检查项中发现某项有错误，请点击“取消”按钮来取消该安全操作。如果以上检查项均无误，则在 CR2 按钮有效后点击“CR2”按钮第二次确认该安全相关命令。

备注：系统将会自动先使 CR1 有效，点击“CR1”后再使 CR2 有效，必须先点击“CR1”按钮再点击“CR2”按钮。CR1 有效后，最迟 15 s 内必须按下“CR1”按钮；CR2 有效后，最迟 10 s 内必须按下“CR2”按钮，否则安全操作就会被联锁系统自动取消。点击“CR2”按钮前，操作员随时可通过点击“取消”按钮来取消该安全操作。

注意：发生错误时，必须立即停止与安全有关的操作。

执行解封道岔后如图 5-31 所示。

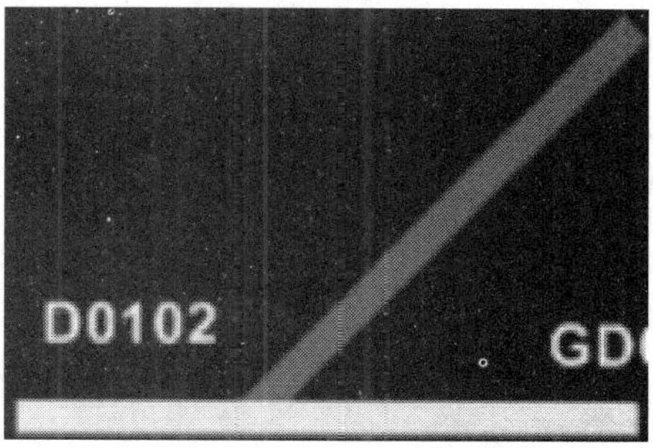

图 5-31　执行解封道岔后

第三节　ATS 操作

LOW 具备显示列车车次号的功能，ATS 操作功能使用户在中央 ATS 当机的情况下，执行车次号操作。

一、窗口激活

用户点击操作选择区的“ATS 操作”按钮，可以激活 ATS 操作界面，在轨道详图上选择一个轨道（不包括道岔）后，轨道信息区将显示该轨道的详细信息。也可以先在轨道详图上选择一个轨道，再点击操作选择区的“ATS 操作”按钮。

用户可以在该操作界面上执行车次号修改、车次号删除、车次号创建以及车次号步进的操作。点击不同的操作类型按钮，车次号输入区的输入框也不同。在用户输入完整信息后，点击“执行”按钮将指令发送给 TRC（本地排路计算机）。在操作过程中，随时可以通过点击“退出”按钮取消操作并且将操作界面恢复到联锁操作（见图 5-32）。

图 5-32　ATS 操作对话框

（1）操作按钮区：在该区域，操作员进行车次号操作功能选择。

（2）轨道信息区：显示所选择的轨道号，以及轨道上的车次号信息。如果不存在车次号信息，则除了轨道号之外的所有信息栏均为空。

（3）车次号输入区：在该区域，操作员可以输入增加的车次号和车组号信息或者更改的车次号。

（4）执行区：车次号输入完成后，点击“执行”将车次号命令发送给 TRC。点击“退出”，关闭 ATS 操作对话框。

（5）消息显示区：显示当前的车次号操作是否成功。

二、增加车次号操作

可以选择一个无车次号的逻辑轨道或者已经存在车次号的逻辑轨道进行增加车次号操作。

在轨道详图上选择一个逻辑轨道，点击“车次号创建”按钮，人工输入全为数字且符合长度的新车次号和新车组号后，点击“执行”按钮，在轨道详图上的逻辑轨道处会显示对应的车次框，消息显示区会显示操作成功（见图 5-33）。

图 5-33　增加车次号

备注：新车次号必须为 0 至 9 的数字组合，且必须由 7 个数字组成。新车组号必须为 6 个数字组成。

备注：如果所选择的逻辑轨道上已经存在 10 个列车车次号，则会提示增加操作失败。轨道详图上不会有变化。

三、删除车次号操作

删除车次号需要选择一个已经存在车次号的逻辑轨道进行操作。在轨道详图上选择一个存在车次号的逻辑轨道，“车次号删除”按钮显示有效，点击该按钮，车次号输入区显示希望删除的车次号以及所在的轨道号，核对之后，点击“执行”按钮，在轨道详图上对应的车次号消失，消息显示区会显示操作成功（见图 5-34）。

图 5-34　删除车次号

备注：如果一个逻辑轨道上存在多个列车，轨道信息区将出现滚动按钮，点击▼按钮，将顺序显示逻辑轨道上的各个列车车次号。可以选择希望删除的车次号（以深蓝色表示），选中的同时此车次号显示在车次号输入区中。

备注：如果在执行删除车次号操作之前，列车已经下线，则会提示删除失败。

四、步进车次号操作

只有选择一个已经存在车次号的逻辑轨道才能进行步进车次号操作。在轨道详图上选择一个存在车次号的逻辑轨道，“车次号步进”按钮有效，点击该按钮，车次号输入区显示希望步进的车次号以及所在的轨道号，同时消息显示区提示选择一个目的轨道元素，在轨道详图中选择目的轨道元素，新轨道号显示在车次号输入区的“新轨道号”文本框中（见图 5-35）。点击“执行”按钮，在轨道详图上车次号在源逻辑轨道元素处消失，在目标逻辑轨道元素处显示，消息显示区显示操作成功。

图 5-35 步进车次号

备注：如果在步进车次号之前，该列车已经下线，则会提示步进失败。

五、修改车次号操作

只有选择一个已经存在车次号的逻辑轨道才能进行修改车次号操作。在轨道详图上选择一个存在车次号的逻辑轨道，“车次号修改”按钮有效，点击该按钮，车次号输入区显示希望修改的车次号以及所在的轨道号（见图 5-36）。在“新车次号”栏中人工输入全数字且符合长度的车次号，点击“执行”按钮，在轨道详图上，旧车次号消失，新车次号显示，消息显示区显示操作成功。

图 5-36 修改车次号

备注：如果在修改车次号之前，该列车已经下线，则会提示修改失败。

六、执行和退出

可以随时点击“执行”按钮进行车次号的操作结束，系统会检查当前状态并且给出相应的提示。也可以随时点击“退出”按钮退出车次号操作窗口，此时显示联锁基本操作窗口。

备注：当 TRC 没有激活时，ATS 操作按钮不可用，无法激活 ATS 操作窗口。

七、时刻表操作

LOW 可以通过时刻表操作功能实现对时刻表的选择，在操作选择区点击“时刻表操作”，操作窗口显示时刻表操作窗口（见图 5-37）。

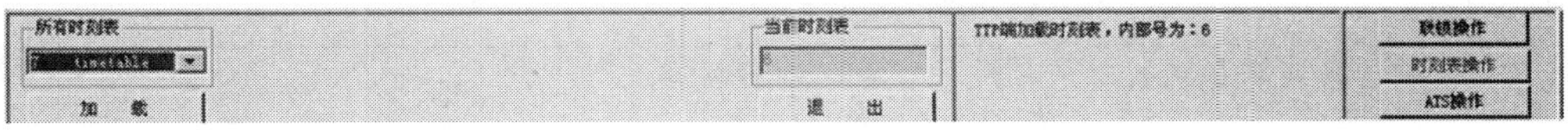

图 5-37 时刻表操作

“当前时刻表”文本框显示 TTP（本地时刻表计算机）已经加载的时刻表。在向 TTP 获得系统中所有时刻表信息之后，“所有时刻表”框将可用，文本框中将同时显示时刻表内部号以及时刻表名称，用户可以通过点击下拉框选择一个想使用的时刻表，通过点击“加载”按钮将加载时刻表指令发送给 TTP，TTP 将执行该命令，将本地 ATS 系统当时使用的时刻表设置为用户选择的时刻表。

可以随时点击“退出”按钮退出时刻表操作窗口，此时将显示联锁基本操作窗口。

备注：当 TTP 没有激活时，时刻表操作按钮不可用，无法激活时刻表操作窗口。

第四节　命令一览表

位于 OCC 的调度员工作站提供普通命令，各联锁站和有岔站的操作员工作站提供普通命令和与安全相关的命令。与安全相关的命令的按钮有浅蓝色的背景，而普通命令的按钮是浅灰色的背景。普通命令在点击“执行”之后无法取消，而与安全相关的命令程序在按下第二确认键之前可以取消。

RC：普通命令。

CC：安全相关命令。

一、联锁基本操作

联锁基本操作按钮如图 5-38 所示。具体含义如表 5-4 所示。

图 5-38　联锁基本操作按钮

表 5-4　联锁操作命令

命令缩写	命令含义	命令类型	备注
接收控制	接收控制权	RC	
交出控制	建议交出控制权	RC	
强行站控	车站强行取得控制权	CC	
重启令解	联锁系统重新启动，恢复相关命令操作功能	CC	
追踪全开	设置联锁区所有信号机处于联锁自动排列进路模式	RC	
追踪全关	取消联锁区所有信号机处于由联锁自动排列进路模式	RC	
关区信号	封锁联锁区全部信号机	RC	
自排全开	为联锁区所有信号机启动自排功能	RC	
自排全关	为联锁区所有信号机关闭自排功能	RC	

其中的安全命令说明如表 5-5 所示。

表 5-5　联锁操作安全命令说明

命令	描述
强行站控	一个联锁系统可以控制可能包含几个站的某条线路的一个区段。仅一个操作员站负责此联锁区段的操作。在普通操作时，通过一个提供和控制程序可以进行职责的转换。在紧急情况下， 本地操作员有机会通过该命令强制获得该职责。该命令不会使联锁安全逻辑的任何联锁失效或被忽略
重启令解	联锁系统重新启动，恢复相关命令操作功能。重启令解以恢复联锁正常操作之前，操作员必须确保联锁系统已正常恢复，具备使用条件

二、轨道操作

轨道操作按钮如图 5-39 所示。具体含义如表 5-6 所示。

图 5-39　轨道操作按钮

表 5-6　轨道操作命令

命令缩写	命令含义	命令类型	备注
封锁区段	禁止通过该轨道区段排列进路	RC	
解封区段	允许通过该轨道区段排列进路	CC	
轨区消限	取消对轨道区段的限速	CC	
轨区设限	轨道区段限速设定	CC	
强解区段	强制解除进路中的轨道	CC	

其中的安全相关命令说明如表 5-7 所示。

表 5-7　轨道操作安全相关命令说明

命令	描述
轨区设限	低速行驶区是为特别的情况（如在相邻轨道区段的安装）而设的与安全有关的区域
轨区消限	在解锁低速行驶区之前，操作员必须确保设置低速行驶区的原因已经解除
解封区段	此指令用来解锁某一轨道区段以便进行进路排列。在对某一轨道区段解锁前，操作员必须确保为进路排列而锁闭该元素的原因已经解除
强解区段	如果由于空闲检测系统发生故障，由一个或多个轨道组成的某一进路的一部分未被列车操控的进路解锁所解锁，应通过此与安全有关的操作逐一从该进路中解锁仍被该进路所征用的轨道区段

三、道岔操作

道岔操作按钮如图 5-40 所示。具体含义如表 5-8 所示。

图 5-40　道岔操作按钮

表 5-8　道岔操作命令

命令缩写	命令含义	命令类型	备注
强解区段	强制解除进路中的轨道	CC	
封锁道岔	禁止通过道岔排列进路	RC	
解封道岔	允许通过道岔排列进路	CC	
取消锁定	取消道岔锁定，道岔可以转换	CC	
单锁道岔	锁定道岔，阻止转换	RC	
转换定位	将道岔转换到定位	RC	
转换反位	将道岔转换到反位	RC	
轨区设限	道岔所属轨道区段限速设定	CC	
轨区消限	道岔所属轨道区段取消对轨道区段的限速	CC	
封锁区段	禁止通过该轨道区段排列进路	RC	
解封区段	允许通过该轨道区段排列进路	CC	

其中的安全相关命令说明如表 5-9 所示。

表 5-9　道岔操作安全相关命令说明

命令	描述
强解区段	如果由于空闲检测系统发生故障，由一个或多个轨道组成的某一进路的一部分未被列车操控的进路解锁所解锁，应通过此与安全有关的操作逐一从该进路中解锁仍被该进路所征用的轨道区段
解封道岔	封锁道岔以防止进路排列是一个专门用于元素的机制，以防止对闭塞的轨道区段排列进路。解锁道岔以便进行进路排列之前，操作员必须确保为进路排列而封锁该元素的原因已经解除
取消锁定	锁闭道岔以防止转换命令，操作员可确保在任何情况下道岔都不能被转换。进路或侧面保护要求以及手动要求的自动转换操作将被拒绝，此命令是用来防止非故意的道岔转换，例如保护在轨道上工作的维护人员。必须确保此种道岔不能不适时地解锁
轨区设限	低速行驶区是为特别情况（如在相邻轨道区段的安装）而设的与安全有关的区域
轨区消限	在解锁低速行驶区之前，操作员必须确保设置低速行驶区的原因已经解除
解封区段	此指令用来解锁某一轨道区段以便进行进路排列。在对某一轨道区段解锁前，操作员必须确保为进路排列而锁闭该元素的原因已经解除

四、信号机操作

信号机操作按钮如图 5-41 所示。具体含义如表 5-10 所示。

图 5-41　信号机操作按钮

表 5-10　信号机操作命令

命令缩写	命令含义	命令类型	备注
追踪单开	设置单架信号机处于联锁自动排列进路	RC	
追踪单关	取消单架信号机处于联锁自动排列进路	RC	
自排单开	设置单架信号机处于 ATS 自动排列进路模式	RC	
自排单关	取消单架信号机处于 ATS 自动排列进路模式	RC	
重复开放	恢复关单信号操作，将应开放的信号机恢复开放	RC	
封锁信号	封锁信号机，禁止开放	RC	
解封信号	解封信号机，允许开放	CC	
关单信号	设置信号机为关闭状态	RC	

其中的安全相关命令说明如表 5-11 所示。

表 5-11　信号机操作安全相关命令说明

命令	描述
解封信号	可通过运行操作的方法来锁闭信号机，可通过安全操作来对信号机进行解封。在执行解封命令之前，操作员必须确保该元素封锁的原因已经解除

五、虚拟信号机操作

虚拟信号机操作按钮如图 5-42 所示。具体含义如表 5-12 所示。

图 5-42　虚拟信号机操作按钮

表 5-12 虚拟信号机操作命令

命令缩写	命令含义	命令类型	备注
追踪单开	设置单架信号机处于联锁自动排列进路	RC	
追踪单关	取消单架信号机处于联锁自动排列进路	RC	
自排单开	设置单架信号机处于 ATS 自动排列进路模式	RC	
自排单关	取消单架信号机处于 ATS 自动排列进路模式	RC	
重复开放	恢复关单信号操作，将应开放的信号机恢复开放	RC	
关单信号	设置信号机为关闭状态	RC	

六、车站操作

车站操作按钮如图 5-43 所示。具体含义如表 5-13 所示。

图 5-43 车站操作按钮

表 5-13 车站操作命令

命令缩写	命令含义	命令类型	备注
关站信号	封锁车站所有信号机	RC	

七、进路操作

进路操作按钮如图 5-44 所示。具体含义如表 5-14 所示。

图 5-44 进路操作按钮

表 5-14　进路操作命令

命令缩写	命令含义	命令类型	备注
ATP 进路	开放 ATP 进路	RC	
取消 ATP	取消 ATP 进路	RC	
联锁进路	开放联锁进路	RC	
取消联锁	取消联锁进路	RC	
引导进路	开放引导进路	CC	
取消引导	取消引导进路	RC	

其中的安全相关命令说明如表 5-15 所示。

表 5-15　进路操作安全相关命令说明

命令	描　述
引导进路	开放引导进路。因故障需要开放引导进路时，操作员必须确认进路内的安全

八、区间方向操作

区间方向操作按钮如图 5-45 所示。具体含义如表 5-16 所示。

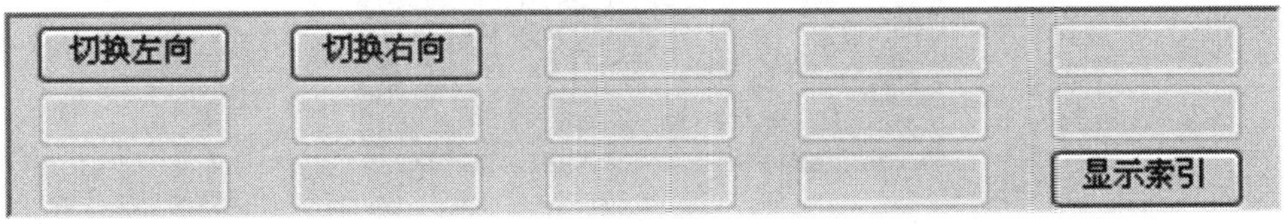

图 5-45　区间方向操作按钮

表 5-16　区间方向操作命令

命令缩写	命令含义	命令类型	备注
切换左向	对区间方向设定为左向	RC	
切换右向	对区间方向设定为右向	RC	

第五节　线路监控元素种类

一、列车号显示

列车号显示界面如图 5-46 所示。

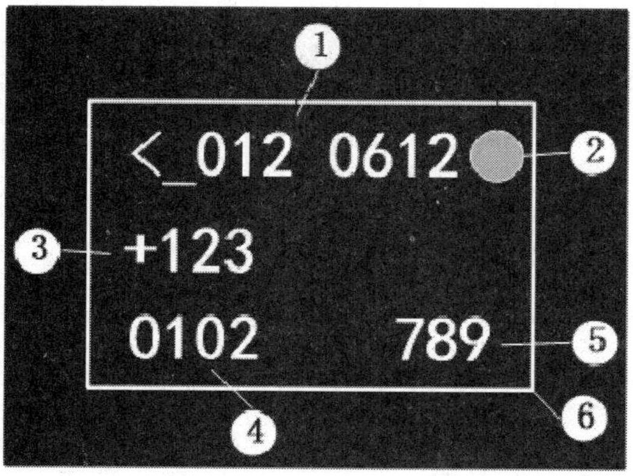

1—车次号；2—ATR 状态；3—偏离时间；4—车组号；
5—乘务组号；6—偏离时间显示。

图 5-46 列车号显示

1. 显示范例 1

正常行驶中的列车信息，车次号 181 服务号 05 行程号 10，偏差事时间为 0，车组号为 0102，乘务组号为 005。列车 ARS（自动进路排列）和 ATR（列车自动调整）功能都处于开启状态（见图 5-47）。

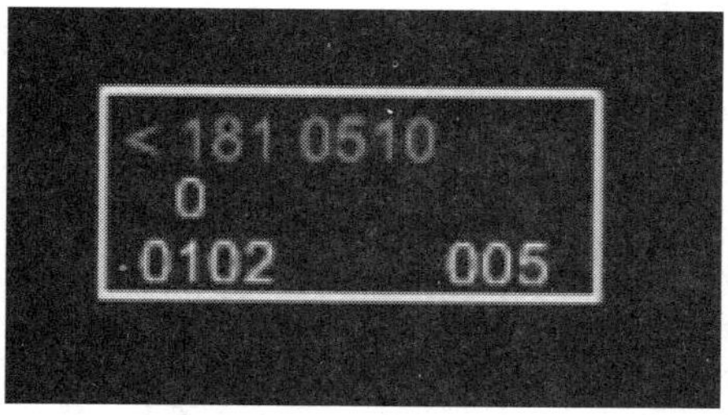

图 5-47 车列号显示示例 1

2. 显示范例 2

列车早点 20 s，通过车次框和偏差时间颜色显示，区分列车运行偏差时间。早点超过 120 s，为蓝色。早在点 15 ~ 120 s 间为绿色（见图 5-48）。

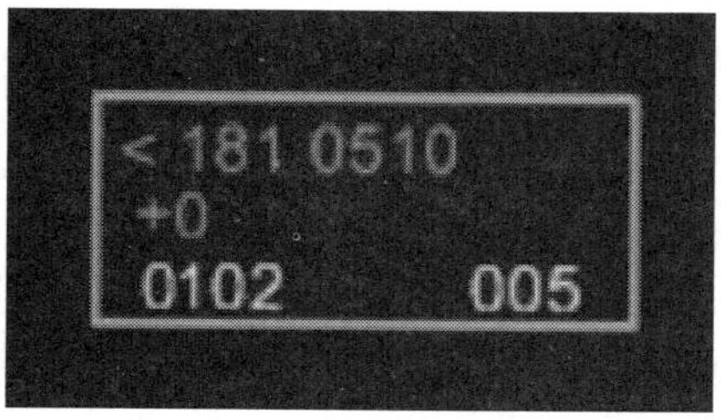

图 5-48 车列号显示示例 2

3. 显示范例 3

列车晚点 15 ~ 120 s 为紫色，晚点超过 120 s 为红色（见图 5-49）

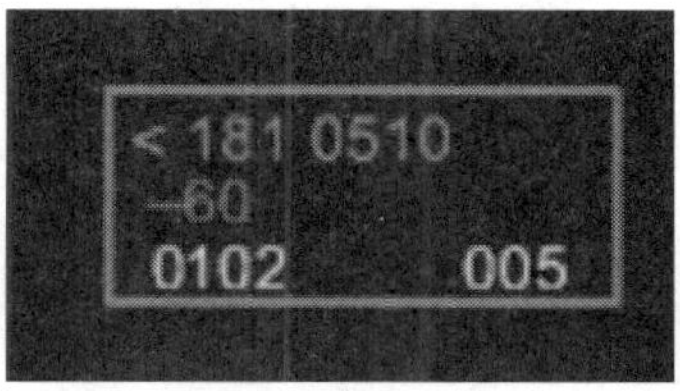

图 5-49　车列号显示示例 3

4. 显示范例 4

当列车 ATS 功能关闭后，会通过车次号红色颜色表示，绿色表示开启（见图 5-50）。

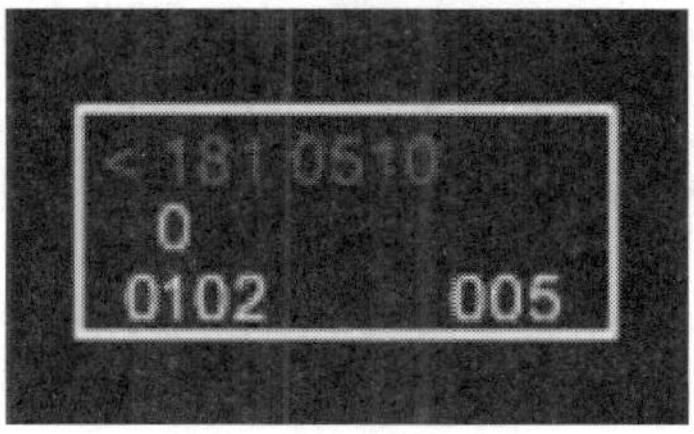

图 5-50　车列号显示示例 4

5. 显示范例 5

当列车 ATR 功能关闭后，会用红色圆表示。ATR 功能开启后，红色圆消失（见图 5-51）。

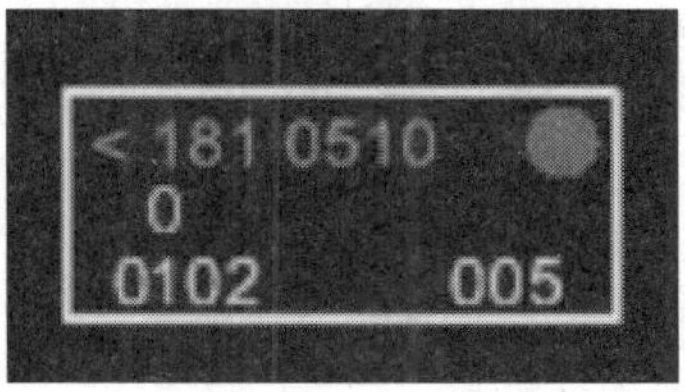

图 5-51　车列号显示示例 5

二、车站显示

车站显示界面如图 5-52 所示。

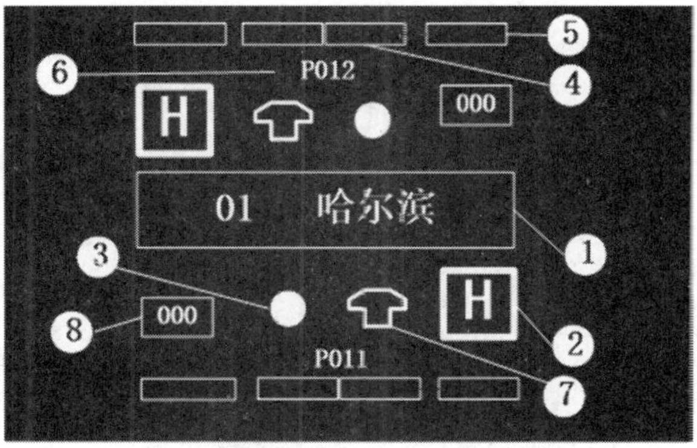

1—车站编号和名称；2—车站扣车和越站设定；3—列车停车；4—屏蔽门；5—站台屏蔽门；6—站台名称；7—紧急停车按钮；8—发车指示器。

图 5-52　车站显示

1. 显示范例 1

车站正常状态，未设定扣车、越站，未有列车停车，屏蔽门处于关闭状态（见图 5-53）。

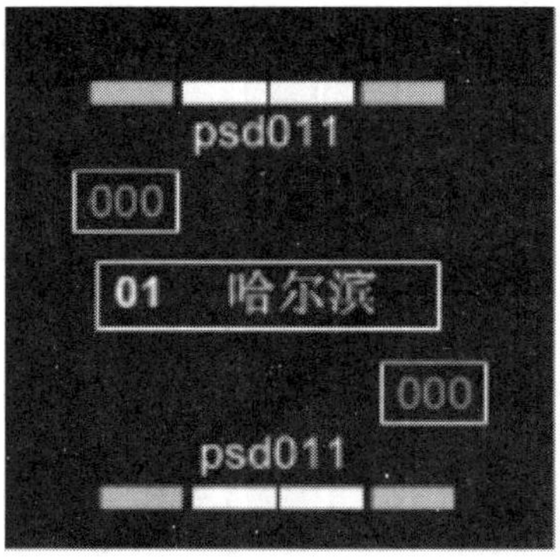

图 5-53　车站显示示例 1

2. 显示范例 2

车站列车停车，红色圆显示，DTI 倒计时 20 s，站台屏蔽门打开（见图 5-54）。

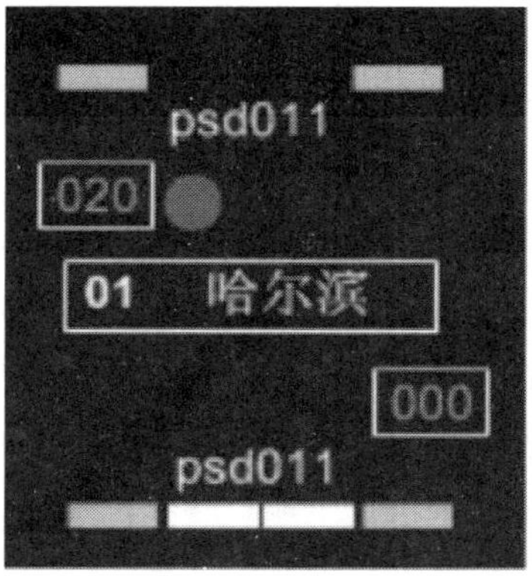

图 5-54　车站显示示例 2

3. 显示范例 3

中央 ATS 扣车设定，红色 H 显示（见图 5-55）。

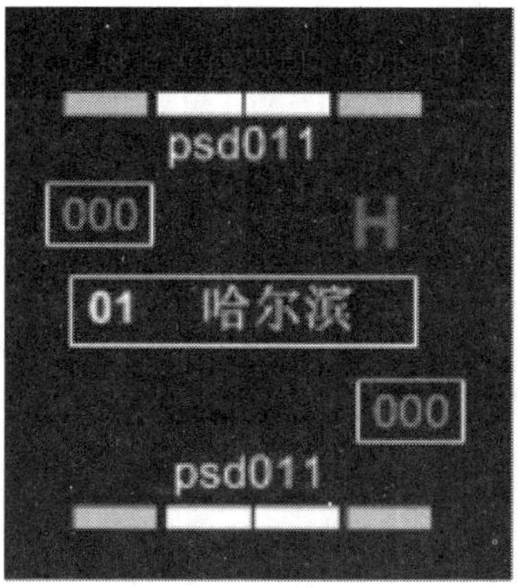

图 5-55　车站显示示例 3

4. 显示范例 4

中央 ATS 越站设定，绿色 S 显示（见图 5-56）。

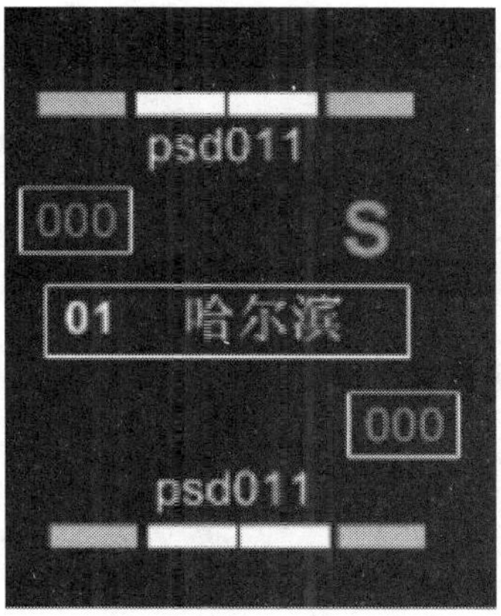

图 5-56　车站显示示例 4

5. 显示范例 5

站台紧急停车设定，红色闪烁显示（见图 5-57）。

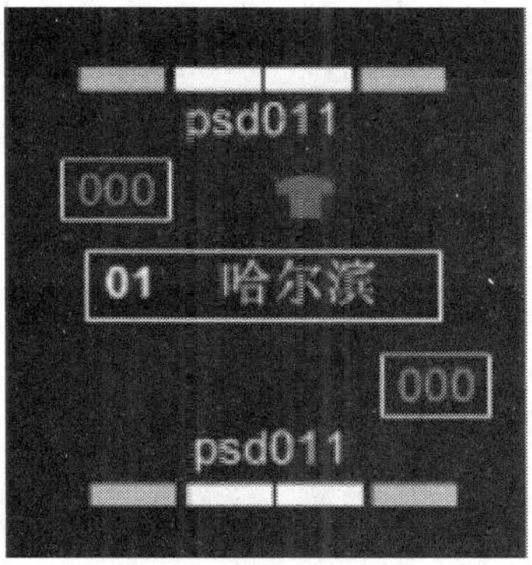

图 5-57　车站显示示例 5

6. 显示范例 6

站台门切除，红色显示（见图 5-58）。

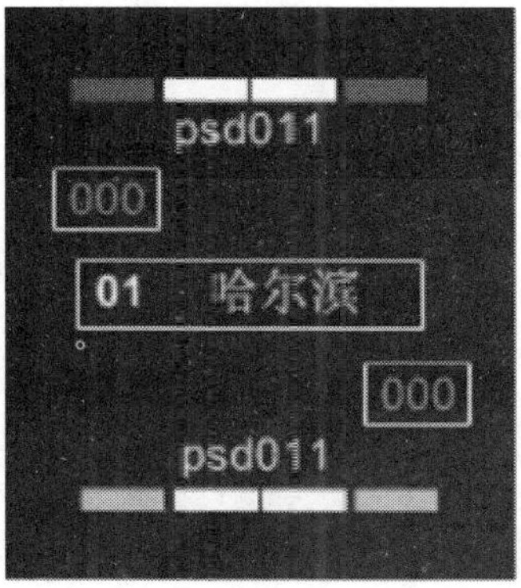

图 5-58　车站显示示例 6

三、轨道显示

轨道显示界面如图 5-59 所示。

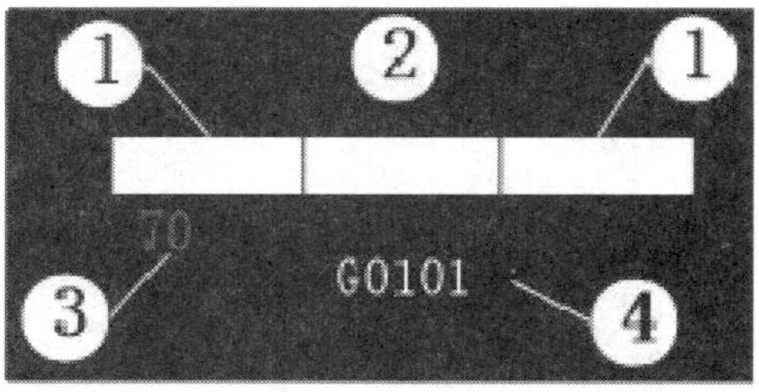

1—轨道两侧；2—轨道中段；3—临时限速；4—轨道编号。

图 5-59　轨道显示

1. 显示范例 1

正常情况下，轨道黄色显示（见图 5-60）。

图 5-60　轨道显示示例 1

2. 显示范例 2

列车占用，轨道红色显示（见图 5-61）。

图 5-61　轨道显示示例 2

3. 显示范例 3

轨道被进路征用，轨道绿色显示（见图 5-62）。

图 5-62　轨道显示示例 3

4. 显示范例 4

轨道被封锁，禁止排列进路，轨道中部蓝色显示（见图 5-63）。

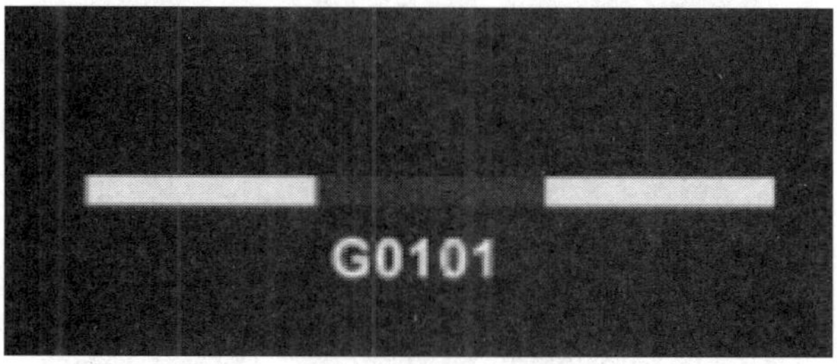

图 5-63　轨道显示示例 4

5. 显示范例 5

列车临时限速设定为 60（见图 5-64）。

图 5-64　轨道显示示例 5

四、道岔显示

道岔显示界面如图 5-65 所示。

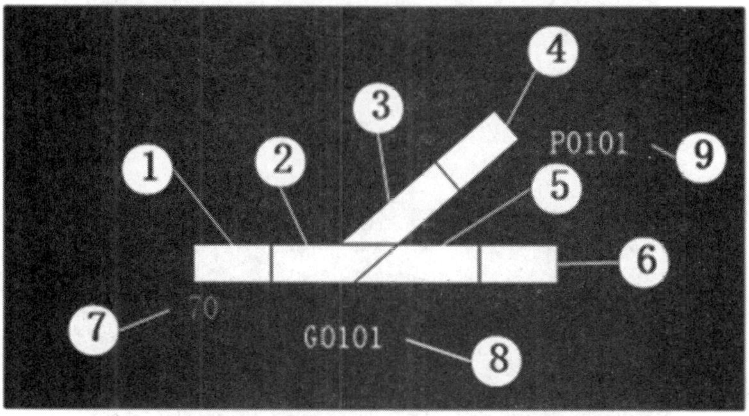

1—道岔头部延长；2—道岔头部；3—道岔左向；4—左向延长；5—道岔右向；6—右向延长；7—临时限速；8—轨道编号；9—道岔编号。

图 5-65　道岔显示

1. 显示范例 1

道岔正常状态，处于反位（见图 5-66）。

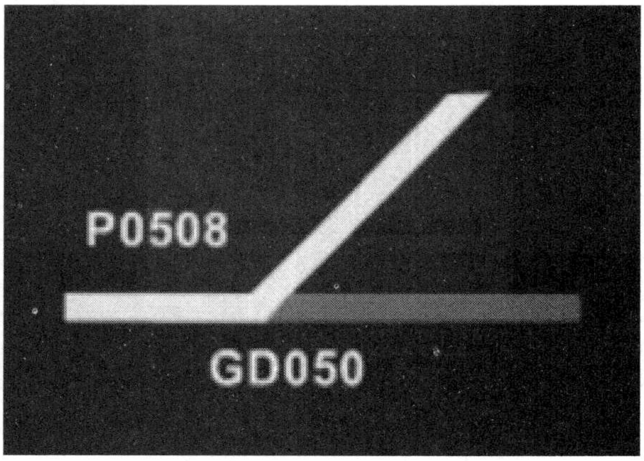

图 5-66　道岔显示示例 1

2. 显示范例 2

道岔正常状态，处于定位（见图 5-67）。

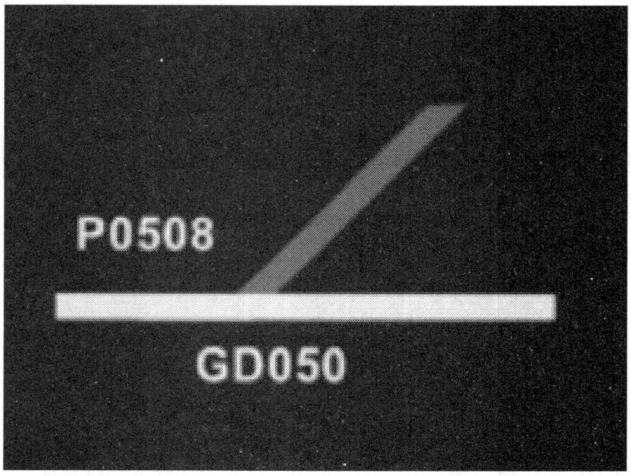

图 5-67　道岔显示示例 2

3. 显示范例 3

道岔处于反位，并进路征用（见图 5-68）。

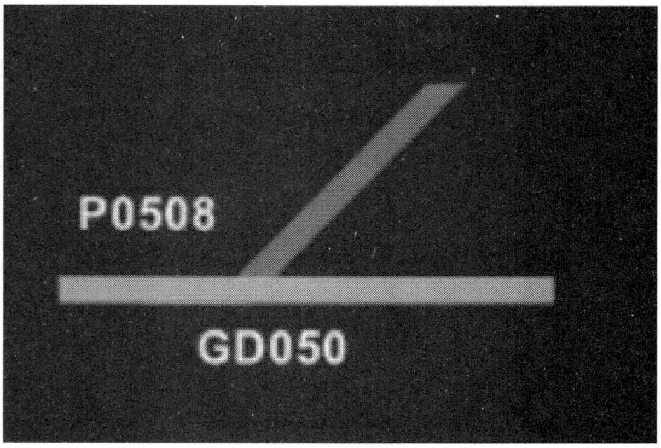

图 5-68　道岔显示示例 3

4. 显示范例 4

道岔处轨道电路占用，处于反位（见图 5-69）。

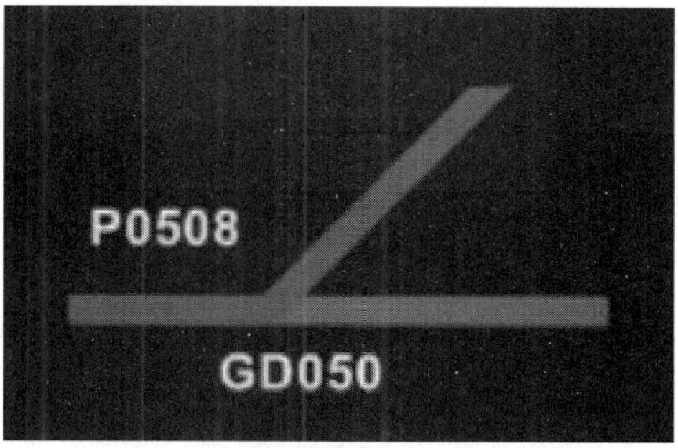

图 5-69　道岔显示示例 4

5. 显示范例 5

道岔被封锁，处于反位（见图 5-70）。

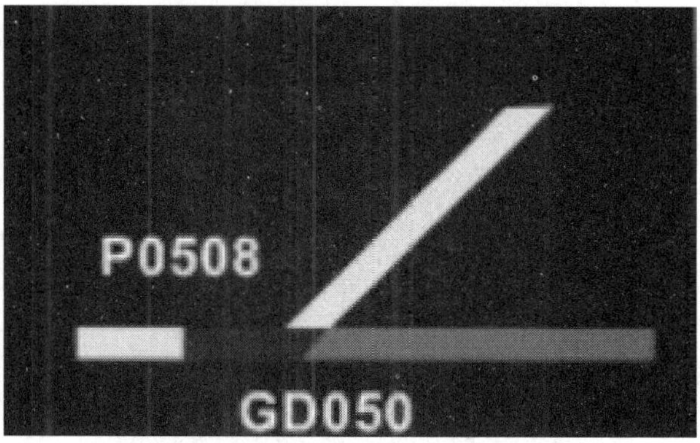

图 5-70　道岔显示示例 5

6. 显示范例 6

道岔设定临时限速，处于反位（见图 5-71）。

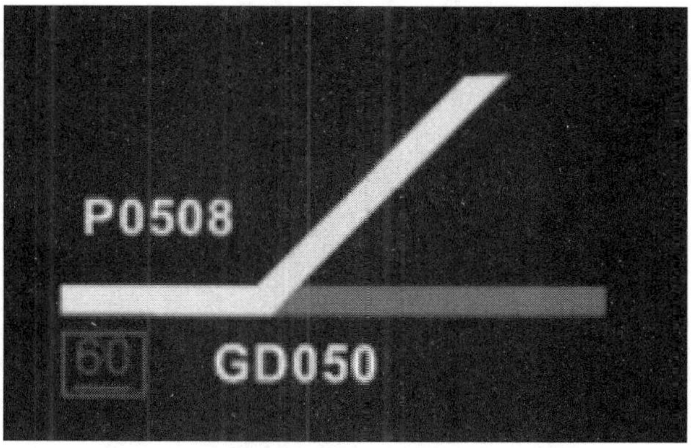

图 5-71　道岔显示示例 6

7. 显示范例 7

道岔被单独锁定，处于反位（见图 5-72）。

图 5-72　道岔显示示例 7

五、信号机显示

信号机显示界面如图 5-73 所示。

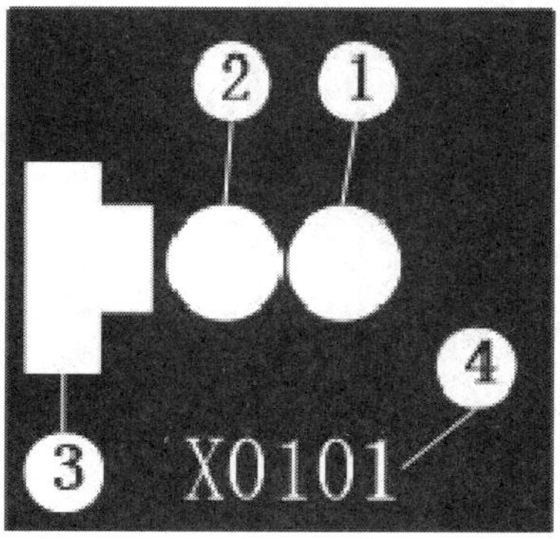

1—灯位 1；2—灯位 2；3—信号机座；4—信号机编号。

图 5-73　信号机显示

1. 显示范例 1

信号机红灯，进路未开放（见图 5-74）。

图 5-74　信号机显示示例 1

2. 显示范例 2

信号机红黄等，引导进路开放，底座绿色显示（见图 5-75）。

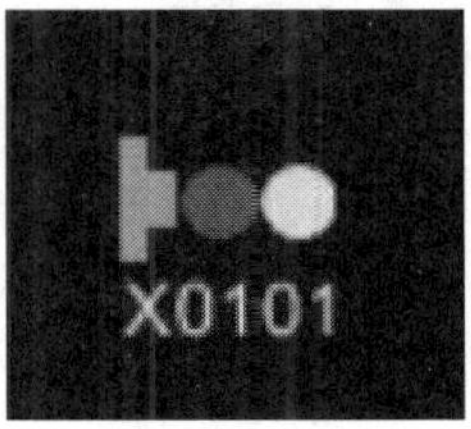

图 5-75　信号机显示示例 2

3. 显示范例 3

信号机绿灯，地面信号进路开放，底座绿色显示（见图 5-76）。

图 5-76　信号机显示示例 3

4. 显示范例 4

信号机黄灯，地面信号进路开放，侧投行驶，底座绿色显示（见图 5-77）。

图 5-77　信号机显示示例 4

5. 显示范例 5

信号机蓝灯，ATP 进路开放，底座绿色显示（见图 5-78）。

图 5-78　信号机显示示例 5

6. 显示范例 6

信号机红灯，该信号机被封锁，底座蓝色显示（见图 5-79）。

图 5-79　信号机显示示例 3

7. 显示范例 7

信号机红灯，ARS 自排设定，信号机编号绿色字显示（见图 5-80）。

图 5-80　信号机显示示例 4

8. 显示范例 8

信号机红灯，ARC 自排设定，信号机编号黄色字显示（见图 5-81）。

图 5-81　信号机显示示例 5

六、虚拟信号机显示

虚拟信号机显示界面如图 5-82 所示。

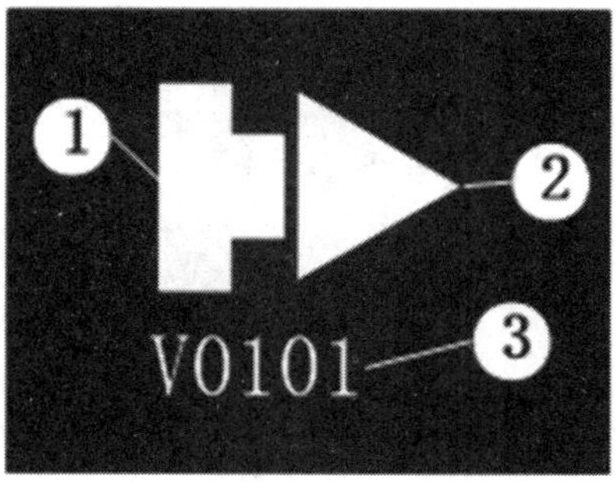

1—虚拟信号底座；2—ATP 信号；3—虚拟信号机编号。

图 5-82　虚拟信号机显示

1. 显示范例 1

ATP 进路未开放（见图 5-83）。

图 5-83　虚拟信号机显示示例 1

2. 显示范例 2

ATP 进路开放（见图 5-84）。

图 5-84　虚拟信号机显示示例 2

3. 显示范例 3

虚拟信号机被封锁，ATP 进路未开放（见图 5-85）。

图 5-85　虚拟信号机显示示例 3

4. 显示范例 4

ATP 进路开放（见图 5-86）。

图 5-86　虚拟信号机显示示例 4

5. 显示范例 5

虚拟信号机被封锁，ATP 进路未开放（见图 5-87）。

图 5-87　虚拟信号机显示示例 5

6. 显示范例 6

进路未开放，ARS 自排设定，信号机编号绿色字显示（见图 5-88）。

图 5-88　虚拟信号机显示示例 6

7. 显示范例 7

进路未开放，ARC 自排设定，信号机编号黄色字显示（见图 5-89）。

图 5-89　虚拟信号机显示示例如 7

复习思考题

简答题

（1）上位机的操作和显示组件有哪些？每个组件的功能是什么？

（2）什么是单元素的普通操作？

（3）什么是多元素的操作？

（4）什么是联锁的基本操作？

（5）安全操作的定义是什么？

（6）增加车次号如何操作？

（7）修改车次号如何操作？

（8）联锁基本操作有哪些?其中哪些是安全命令？

（9）轨道操作有哪些命令？其中哪些是安全命令？

（10）信号机有哪些操作命令？其中哪些是安全命令？

（11）进路有哪些操作命令？其中哪些是安全命令？

（12）列车号是如何显示的？

（13）车站上的显示内容有哪些？是如何显示的？

微课　联锁上位机的操作

微课　Low 机灰显故障处理

第六章 接口电路

【学习目标】

1. 掌握 CI 和信号机接口。
2. 掌握 CI 和转辙机的接口。
3. 掌握 CI 和轨道电路的接口。
4. 掌握 CI 的驱动采集接口电路。

【学习方法和建议】

熟悉本章教学内容，认真阅读教材，掌握 CI 和信号机、转辙机和轨道电路等实际设备的接口。多看工程的接口图，查阅相关的城市轨道交通国家标准，参观实际设备，使所学知识和实际相结合。

联锁接口电路是指计算机联锁和外部设备连接，进行输入和输出控制的电路，城市轨道交通中常用的有信号机点灯电路、道岔控制电路、计轴设备控制电路、紧急关闭控制电路、安全门控制电路、与车辆段联系电路等。这些电路没有标准图，各城市各线路不尽相同，但基本原理都是一致的，并且都符合相关的标准和规范，本章无法穷尽，只能举例说明。本章以常用的接口电路为例进行说明。

本文所描述的信号机、道岔和轨道电路等设备均适用于城市轨道交通正线。

其中：

0：不励磁，前接点断开。

1：励磁，前接点闭合。

第一节　与信号机的接口

一、与信号机的接口原理

以常用的三显示红绿黄信号机为例，联锁需要输出控制组合柜里的 LJ、UJ 和 YXJ 继电器，同时采集继电器组合柜里 1DJ 和 2DJ 继电器的状态（见图 6-1）。

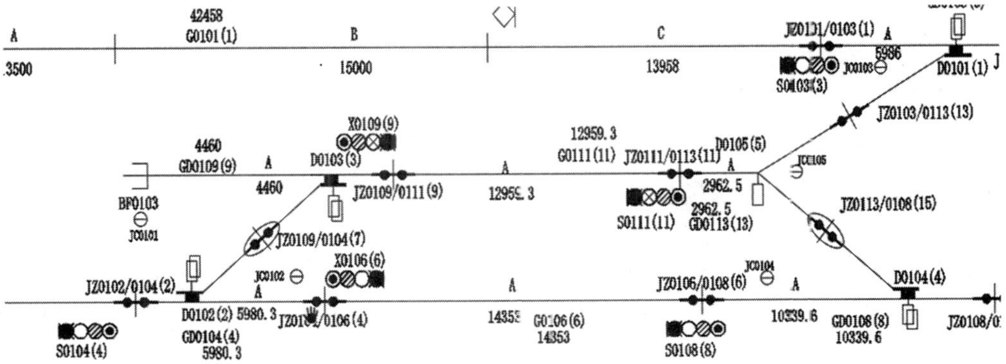

图 6-1　线路平面图

例如，在 LOW 上排列 S0104 到 S0108 的进路，LOW 将排列 S0104 到 S0108 进路的命令发给 CI，CI 收到后根据联锁逻辑对联锁表里 S0104 到 S0108 的检查内容进行检查，条件满足后开放绿灯信号，CI 逻辑将绿灯开放信号转化成 LJ 吸起给 CI 的 I/O 接口，与信号机的接口原理图如图 6-2 所示。

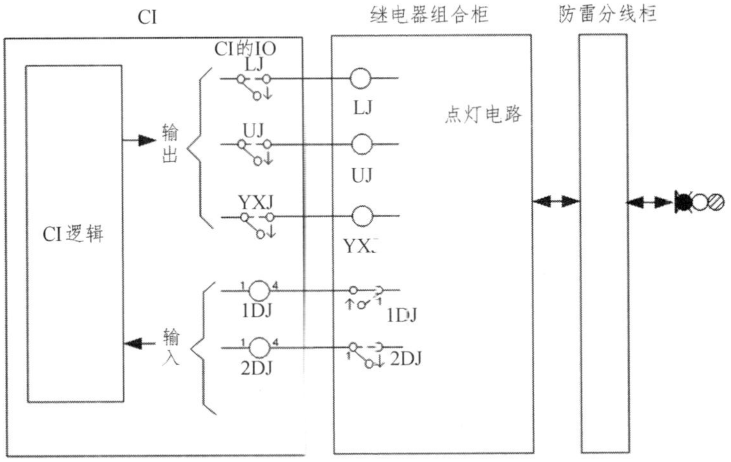

图 6-2　与信号机的接口原理图

CI 的 I/O 控制组合柜里的 LJ 励磁吸起，在组合柜里有 LJ、YXJ、UJ、1DJ 和 2DJ 继电器组成的组合电路，三显示信号机的电灯组合电路见下一节的电灯电路类型 3，通过组合柜里的电灯电路经防雷分线柜控制室外信号机。

二、与信号机的典型接口电路

城市轨道交通中常见的信号机种类和显示如表 6-1 所示。

表 6-1　常见信号机种类和显示

	信号显示	定位	点灯电路类型	备注
单显（红）	红		1	
两显示（红黄）	红、黄	红	2	
三显示（红绿黄）	红、绿、黄、红黄	红	3	
四显示（红绿黄蓝）	红、绿、黄、红黄、蓝	红	4	

信号机状态说明如下：

（1）红灯：不允许列车越过该架信号机。

（2）绿灯：允许通过，进路中所有的道岔开通直向。

（2）黄灯：允许通过，进路中至少有一组道岔开通侧向；列车应以限制速度通过道岔侧向。

（4）黄灯 + 红灯：引导信号，允许列车以不大于规定速度（如 25 km/h）的速度越过该信号机，并随时准备停车。

（5）蓝灯：CBTC 模式，开放 ATP 信号。

（一）点灯电路类型 1

终端阻挡信号机点灯电路如图 6-3 所示，其真体表见表 6-2。

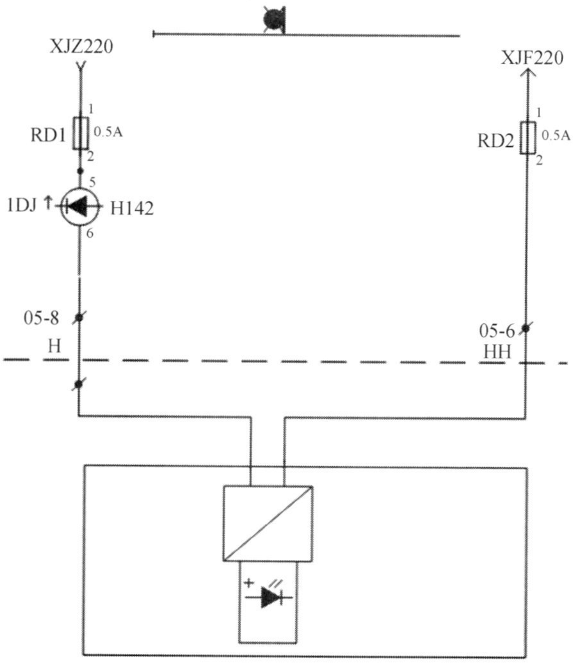

图 6-3　终端阻挡信号机典型点灯电路图

表 6-2　类型 1 真值表

和 CI 的继电器接口				
CI 输出	信号机命令	CI 输入（采集前接点）	信号机状态	故障指示
无	无	1DJ		
		1	红灯	无
		0	红灯断丝	有

（二）点灯电路类型 2

二显信号机点灯电路如图 6-4 所示，其真值表见表 6-3。

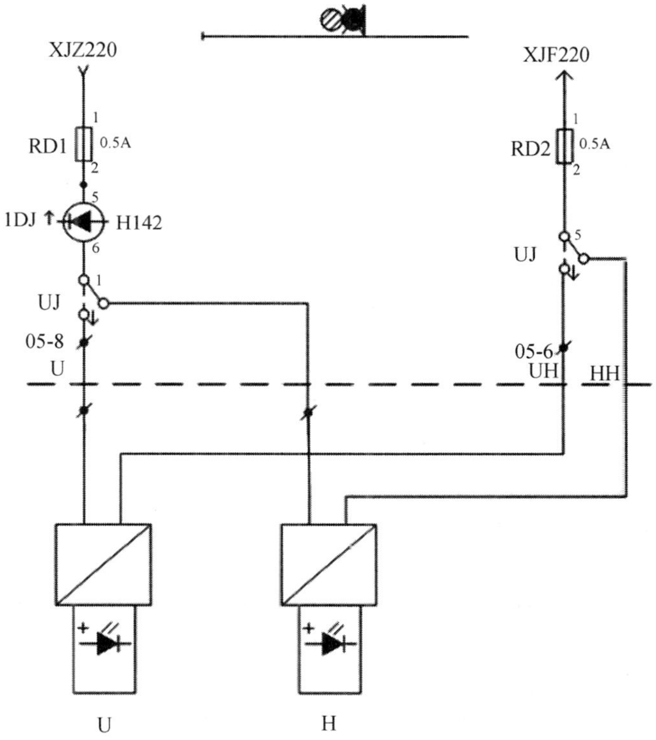

图 6-4　二显信号机典型点灯电路图

表 6-3　类型 2 真值表

和 CI 的继电器接口					
CI 输出	信号机命令	CI 输入		信号机状态	故障指示
UJ		1DJ	UJ		
0	打开红灯	1	0	红灯	无
0	打开红灯	0	0	红灯灯丝断丝	有
1	打开黄灯	1	1	黄灯	无
1	打开黄灯	0	1	黄灯灯丝断丝	有

（三）点灯电路类型 3

图 6-5 为正线三显示信号机的原理图，该点灯电路可以点亮红灯、绿灯、黄灯和红黄灯四种类型。其真值表见表 6-4。

CI 输出：LJ、UJ、YXJ

CI 输入：1DJ、2DJ

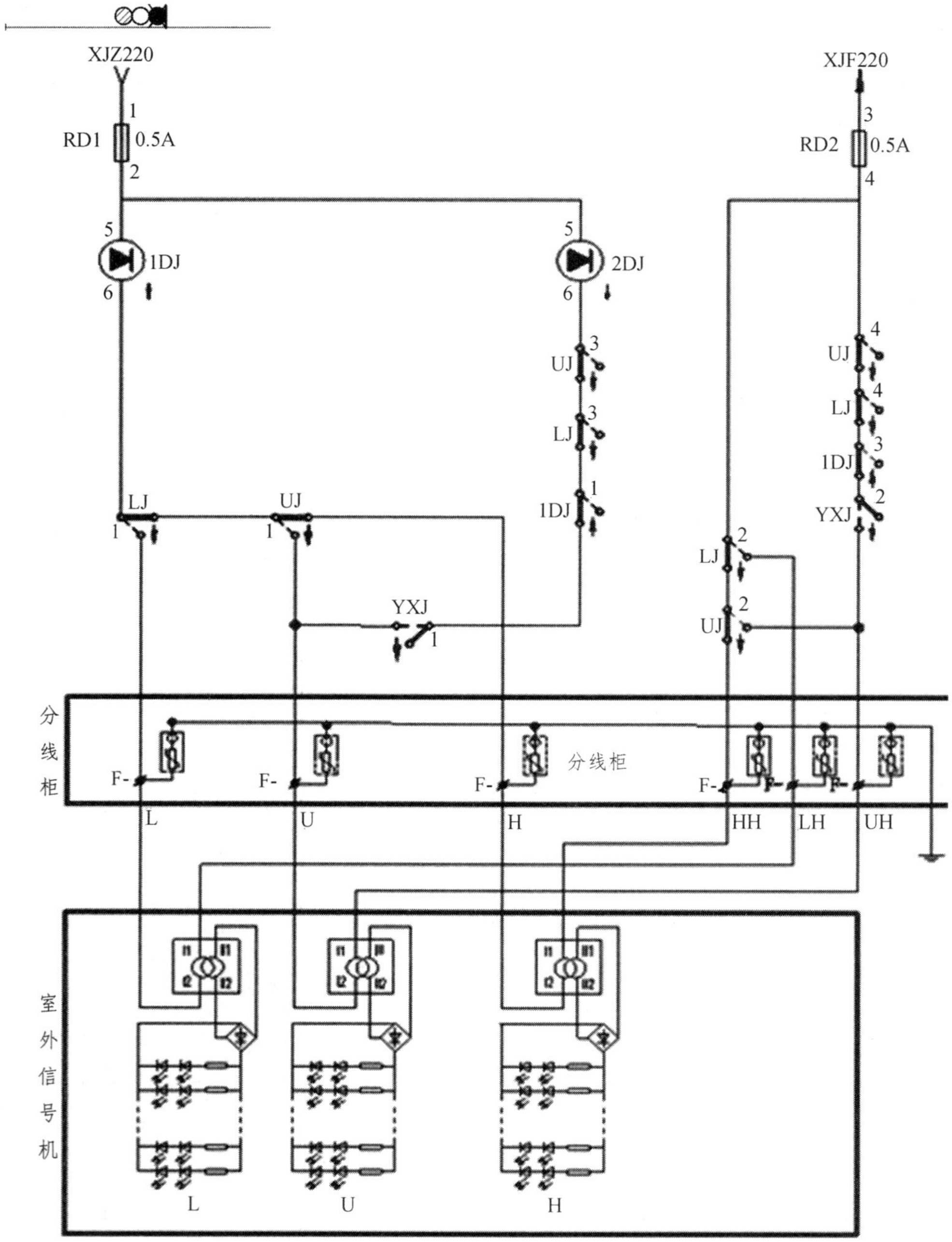

图 6-5　三显示信号机典型点灯电路图

电路工作过程为：

1DJ→LJ11-12（↑）→分线柜 L→室外 L 信号机→分线柜 LH→LJ21-22（↑）→XJF220

XJZ220→RD1→LJ11-13→UJ11-13→分线柜 H→室外 H 信号机→分线柜 HH→UJ21-23→LJ21-23→RD2→XJF220

表 6-4 三显示信号机真值表

和 CI 的继电器接口										
CI 输出			信号机命令	CI 输入					信号机状态	故障指示
LJ	UJ	YXJ		1DJ	2DJ	LJ	UJ	YXJ		
0	0	0	打开红灯	1	0	0	0	0	红灯	无
0	0	0	打开红灯	0	0	0	0	0	红灯断丝	有
1	0	0	打开绿灯	1	0	1	0	0	绿灯	无
1	0	0	打开绿灯	0	0	1	0	0	绿灯断丝	有
0	1	0	打开黄灯	1	0	0	1	0	黄灯	无
0	1	0	打开黄灯	0	0	0	1	0	黄灯断丝	有
0	0	1	打开红灯和黄灯	1	1	0	0	1	（引导）红灯和黄灯	无
0	0	1	打开红灯和黄灯	0	0	0	0	1	红灯断丝	有
0	0	1	打开红灯和黄灯	1	0	0	0	1	黄灯断丝	有

点亮红灯的点灯回路：XJZ220→RD1→1DJ56→LJ11-13→UJ11-13→分线柜 H→室外 H 信号机→分线柜 HH→UJ21-23→LJ21-23→RD2→XJF220。

点亮绿灯的点灯回路：XJZ220→RD1→1DJ56→LJ11-12（↑）→分线柜 L→室外 L 信号机→分线柜 LH→LJ21-22（↑）→RD2→XJF220。

点亮黄灯的点灯回路：XJZ220→RD1→1DJ56→LJ11-13（↓）→UJ11-12（↑）→分线柜 U→室外 U 信号机→分线柜 UH→UJ21-22（↑）→LJ21-23→RD2→XJF220。

点亮红黄灯的点灯回路：

（1）红灯点灯电路：XJZ220→RD1→1DJ56→LJ11-13→UJ11-13→分线柜 H→室外 H 信号机→分线柜 HH→UJ21-23→LJ21-23→RD2→XJF220。

（2）黄灯点灯电路：XJZ220→RD1→2DJ→UJ31-33→LJ31-33→1DJ11-12（↑）→YXJ11-12（↑）→分线柜 U→室外 U 信号机→分线柜 UH→YXJ21-22（↑）→1DJ31-32（↑）→LJ41-43→UJ41-43→RD2→XJF220。

注：DJ 默认 1DJ。

（四）点灯电路类型 4

图 6-6 为红绿黄蓝四显示信号机的点灯电路图，控制电路可以输出控制红灯、绿灯、黄灯、红黄灯和蓝灯五种类型。

CI 输出：LJ、UJ、YXJ、AJ

CI 输入：1DJ、2DJ

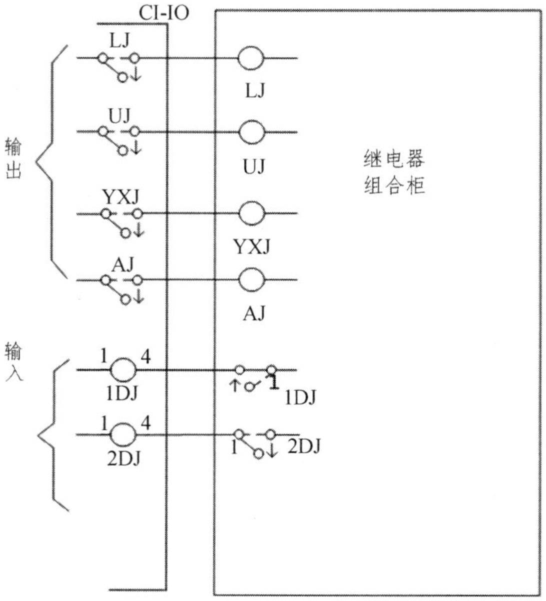

图 6-6　联锁对四显示信号机的控制采集接口。

图 6-7 所示为是四显示点灯电路图。

点亮红灯的点灯回路：XJZ220→RD1→XSL 电源盒 1→XSL 灯丝监督单元 1（71）→AJ11-13→LJ11-13→UJ11-13→05-7→分线柜 H→室外 H 信号机→分线柜 HH→05-8→UJ21-23→LJ21-23→AJ21-23→XSL 灯丝监督单元 1（81）→XSL 电源盒 1→RD2→XJF220。

点亮绿灯的点灯回路：XJZ220→RD1→XSL 电源盒 1→XSL 灯丝监督单元 1（71）→AJ11-13→LJ11-12（↑）→05-5→分线柜 L→室外 L 信号机→分线柜 LH→05-6→LJ21-22（↑）→AJ21-23→XSL 灯丝监督单元 1（81）→XSL 电源盒 1→RD2→XJF220

点亮黄灯的点灯回路：XJZ220→RD1→XSL 电源盒→XSL 灯丝监督单元 1（71）→AJ11-13→LJ11-13→UJ11-12（↑）→05-3→分线柜 U→室外 U 信号机→分线柜 UH→05-4→UJ21-22（↑）→LJ21-23→AJ21-23→XSL 灯丝监督单元 1（81）→XSL 电源盒 1→RD2→XJF220。

点亮红黄灯的点灯回路：

红灯：XJZ220→RD1→XSL 电源盒 1→XSL 灯丝监督单元 1（71）→AJ11-13→LJ11-13→UJ11-13→05-7→分线柜 H→室外 H 信号源机→分线柜 HH→05-8→UJ21-23→LJ21-23→AJ21-23→XSL 灯丝监督单元 1（81）→XSL 电盒 1→RD2→XJF220。

黄灯：XJZ220→RD1→XSL 电源盒 2→XSL 灯丝监督单元 2（71）→AJ31-33→UJ31-33→LJ31-33→1DJ11-12（↑）→YXJ11-12（↑）→05-3→分线柜 U→室外 U 信号机→分线柜 UH→05-4→YXJ21-22（↑）→1DJ31-32（↑）→LJ41-43→UJ41-43→AJ41-43→XSL 灯丝监督单元 2（81）→XSL 电源盒 2→RD2→XJF220。

点亮蓝灯的点灯回路：XJZ220→RD1→XSL 电源盒 1→XSL 灯丝监督单元 1（71）→AJ11-12（↑）→05-1→分线柜 A→室外 A 信号机→分线柜 AH→05-2→AJ21-22（↑）→XSL 灯丝监督单元 1（81）→XSL 电源盒 1→RD2→XJF220。

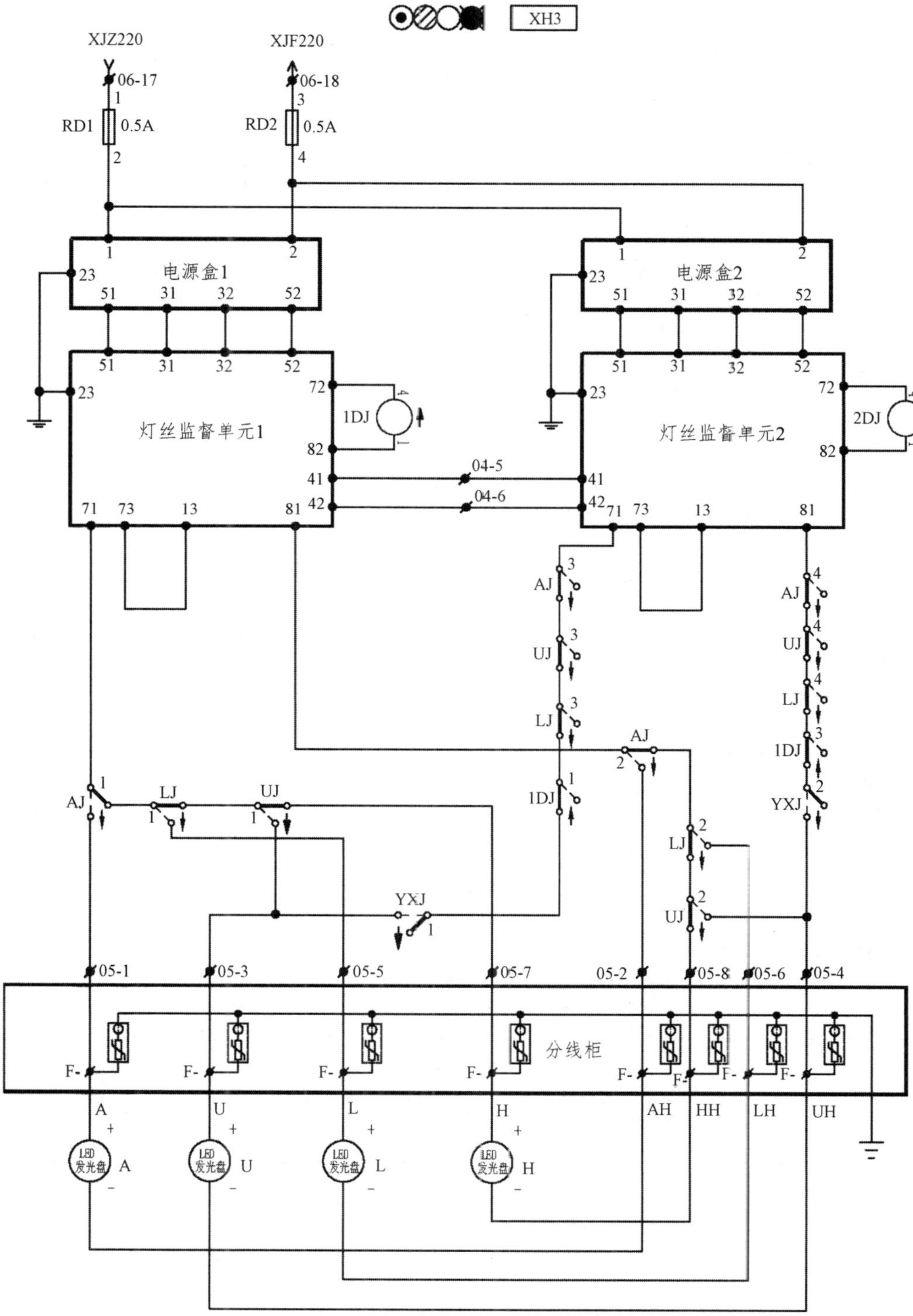

图 6-7　四显示典型点灯电路图

第二节　与转辙机的接口

与转辙机的接口原理图如图 6-8 所示，其真值表见表 6-5。

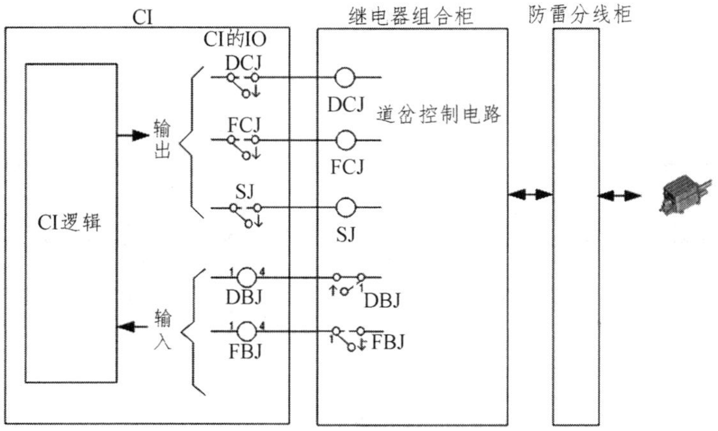

图 6-8　与转辙机的接口原理图

表 6-5　与转辙机接口电路的真值表

CI 输出			
DCJ	FCJ	SJ	道岔操作
×	×	0	道岔不能操作
0	1	1	操作到反位
1	0	1	操作到定位
CI 输入			
DBJ	FBJ	SJ	道岔状态
1	0	0	定位
0	1	0	反位
0	0	1	道岔在转动，如大于 13 秒，则停止 CI 输出道岔控制命令

表中，×表示任意状态。联锁逻辑中 SJ 的励磁需检查以下条件：

（1）没有进路锁闭，区段锁闭，占用（如有道岔强解功能，则取消）；

（2）没有单锁；

道岔在转换过程（小于 13 s）中无表示。

一、直流转辙机控制电路

（一）控制电路原理分析

道岔控制电路由动作电动转辙机的启动电路和反映道岔实际位置的表示电路组成。

1. 道岔启动电路

1）道岔启动电路应满足的技术条件

（1）道岔区段有车时，道岔不应转换。

（2）进路在锁闭状态时，进路上的道岔，都不应再转换。此种锁闭的作用叫作进路锁闭。

（3）在道岔启动电路已经动作以后，如果车随后驶入道岔区段，则应保证转辙机能继续转换到底，不要受（1）的限制而停转。

（4）道岔启动电路动作后，如果由于转辙机的自动开闭器接点接触不良或电动机的整流子与电刷接触不良，以致电动机电路不通时，应使启动电路自动停止工作复原，保证道岔不会再转换。

（5）为了便于维修试验，以及在尖轨与基本轨之间夹有障碍物，致使道岔转不到底时，能使道岔转回原位，必须保证道岔无论转到什么位置，都可随时用手动操纵方法使它向回转。

（6）道岔转换完毕，应自动切断电动机的电路。

2）道岔控制方式

控制道岔转换的方式有三种：人工转换、进路式操纵、单独操纵。

（1）人工转换：当停电、故障、维修、清扫时，在现场用手摇把将道岔转换至所需位置。

（2）道岔进路操纵：以进路的方式按进路的要求接通电动转辙机将道岔转换到定位或反位。选岔网络按照选路的要求，选出进路上各组道岔应转向的位置，即某道岔是定位操纵继电器 DCJ 吸起，就接通道岔启动电路使该道岔转向定位；是反位操纵继电器 FCJ 吸起，就接通道岔启动电路使该道岔转向反位。全进路上的道岔按进路要求一次排出。

（3）为了维修、试验道岔和开放引导信号排列引导进路等，需要对道岔进行单独操纵。单独操纵道岔的方法是：按下被操纵道岔按钮 CA，若要使它转向定位，则同时按下道岔总定位按钮 ZDA，接通道岔控制电路使该道岔转向定位；若要使它转向反位，则同时按下道岔总定位按钮 ZFA，接通道岔控制电路使该道岔转向反位。

进路式操纵操纵与单独操纵之间的关系是：道岔的单独操纵优先于进路式操纵。

3）道岔启动电路的工作原理

直流单动道岔控制电路如图 6-9 所示。

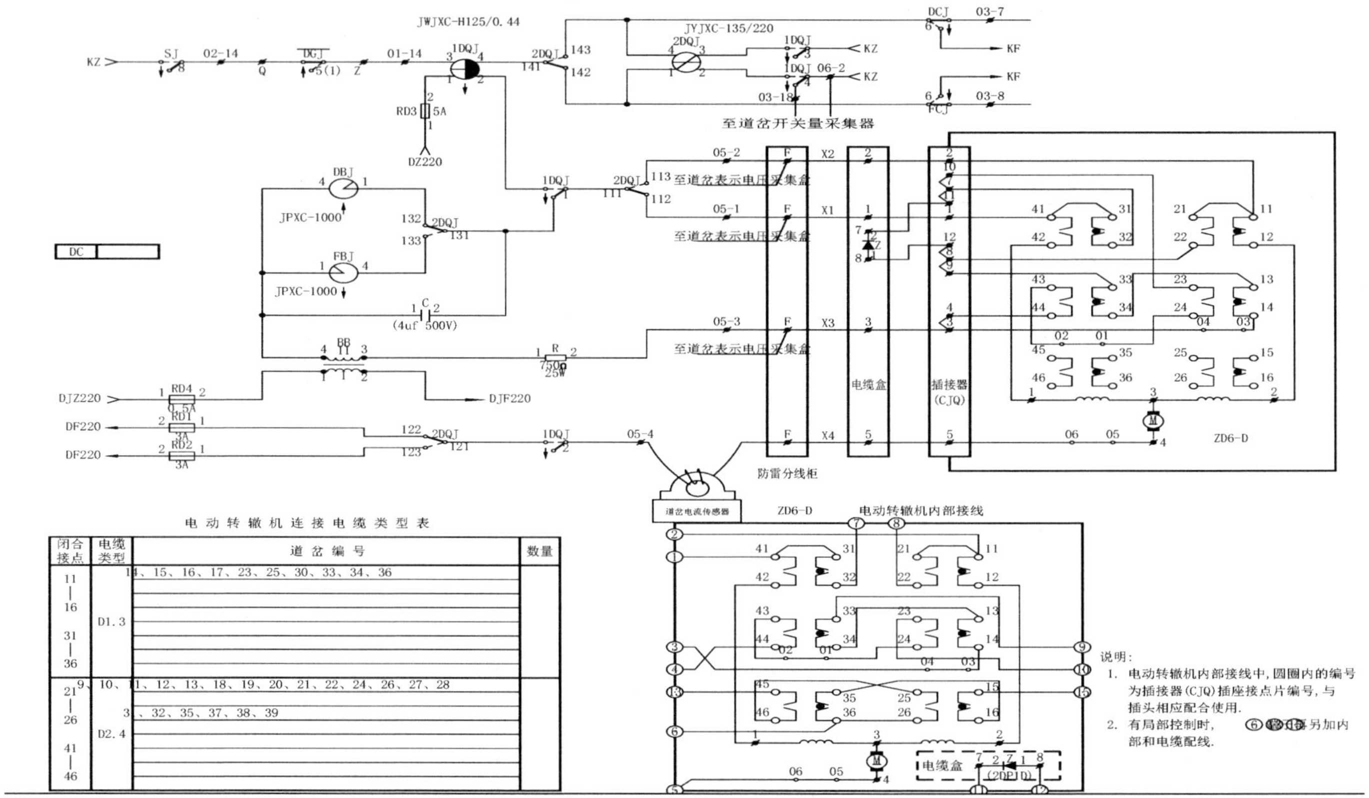

电动转辙机连接电缆类型表

闭合接点	电缆类型	道岔编号	数量
11—16 31—36	D1.3	14、15、16、17、23、25、30、33、34、36	
21—26 41—46	D2.4	9、10、11、12、13、18、19、20、21、22、24、26、27、28 3、32、35、37、38、39	

说明：
1. 电动转辙机内部接线中，圆圈内的编号为插接器(CJQ)插座接点片编号，与插头相应配合使用。
2. 有局部控制时，⑥[illegible]另加内部和电缆配线。

图 6-9　直流单动道岔控制电路图

道岔启动电路采用分级控制方式控制道岔转换，由第一启动继电器 1DQJ 检查联锁条件，符合要求后才能励磁吸起；然后由第二启动继电器 2DQJ 控制电机的旋转方向，以决定使电机转向定位转向反位；最后由直流电机转换道岔。

（1）按进路方式动作的道岔启动电路。

图 6-9 所示电路道岔在定位状态，当选路将该道岔选至反位时，FCJ 励磁吸起检查进路解锁后，由 FCJ 第六组前接点将 1DQJ 的 3—4 线圈励磁电路接通，其励磁电路为：

KZ→SJ81-82→DGJ51-52→1DQJ3-4→2DQJ141-142→FCJ61-62→KF。

1DQJ 励磁后，用其前接点构成 2DQJ 的转极，转极后用 2DQJ 第四组接点切断 1DQJ 的励磁电路。2DQJ 的转极电路为：

KZ→1DQJ41-42→2DQJ2-1→FCJ61-62→KF。

由于 1DQJ 的吸起和 2DQJ 的转极，接通 1DQJ 的 1—2 线圈自闭向室外电机送电电路，使电动转辙机直流电动机转动，将道岔从定位转换至反位。电机转换过程中保持 1DQJ 自闭吸起。电机供电电路为：

DZ220→RD3→1DQJ1-2→1DQJ12-11→2DQJ111-113→外线 X2→自动开闭器接点 11-12→电动机定子线圈 2-3→电动机转子线圈 3—4→遮断器 05—06→外线 X4→道岔电流互感器→2DQJ122—123→RD2→DF220。

由于电动转辙机表示杆的作用，道岔刚转换时，自动开闭器第二组动接点将 41—42 接点接通；待道岔转换至反位后，自动开闭器第一组动接点将 11—12 接点断开，使电动机停止转动。同时切断 1DQJ 的 1—2 线圈电路，使 1DQJ 缓放后落下，用其第一组后接点接通道岔表示电路。在道岔转换过程中，2DQJ 保持不动。

若要将道岔转回定位，只需选路时 DCJ 吸起，则 1DQJ 又励磁，2DQJ 的 3—4 线圈接通又转极，直流电动机定子 1—3 线圈通电将道岔转至反位，自动开闭器 41—42 接点断开，电机停转，1DQJ 落下接通道岔反位表示电路。

（2）道岔单独操纵时启动电路的动作。

单独操纵道岔时，启动电路的动作与上述选岔时动作完全一样，只不过 KF 电源是条件电源，并由道岔按钮继电器 CAJ 将其接入 1DQJ 和 2DQJ 电路中，使它们励磁、转极，启动道岔转换。

为了防止道岔误动，单独操纵道岔采用双按钮方式，为此每个咽喉设两个道岔总操纵继电器—道岔总定位操纵继电器 ZDJ 和道岔总反位操纵继电器 ZFJ。它们分别受 ZDA 和 ZFA 控制。为了防止同时误按 ZDA 和 ZFA，造成 ZDA 和 ZFA 同时励磁，两个继电器的励磁电路中均互相接有对方的第一组后接点进行互切，达到同时只准一个励磁的目的。进路在人工解锁时，不允许道岔单独操纵，故在 ZDJ 和 ZFJ 励磁电路 KF 电源处，接有总人工解锁继电器 ZRJ 的第二组后接点，人工解锁时 ZRJ 吸起切断 ZDJ 和 ZFJ 的 KF 电源，使它们不能励磁，送不出启动道岔的条件电源 KF-ZDJ 或 KF-ZFJ。

单独操纵转动道岔时，按下 ZFA，使 ZFJ 吸起，FK-ZFJ 有电，再按下被操纵道岔按钮使 CAJ 吸起后，即可使得 1DQJ 励磁、2DQJ 转极，将直流电动机电路接通使道岔转至反位。同样，CAJ 的吸起和条件电源 KF-ZDJ 有电，可使道岔转至定位。

4）道岔启动电路应满足的技术条件的实现

（1）在第一道岔启动继电器 1DQJ 励磁电路中检查 SJ 的前接点，证明道岔既未被区段锁闭又未被进路锁闭，如此实现了技术条件（1）和（2）。

（2）为了在道岔启动后不受区段锁闭和进路锁闭的控制，以保证道岔转换到底，增加了1DQJ的1-2线圈与电动机串接的自闭电路，使电动机转动时脱离SJ的控制。为保证道岔转换中不受车站值班员的控制回转，选岔网路上FCJ和DCJ的励磁是互切的，同时只准一个励磁。道岔转不到底时，通过SJ前接点自闭的FCJ或DCJ将不会落下，非得道岔转到底SJ落下后，才能使道岔操纵继电器复原。另外2DQJ转极向电动机送电后，其有极接点将不会变动，以保持电流方向不变，使电动机向一个方向转到底，直到自动开闭器动作才切断电源，以上措施保证了第（3）项技术条件的实现。

（3）1DQJ的1-2线圈阻值很小，仅为0.44 Ω，它与电动机串联，只有道岔启动使电动机转动后，有较大的电流流经的1-2线圈，它才能保持吸起。若启动后，电动机回路中有某处接触不良，使流过1DQJ的1-2线圈电流大大减少，即会落下切断向电动机的供电电路，从而阻止此后再自动接通，实现了技术条件（4）。

（4）为了使道岔因故障不能转到底时，能在值班员操纵下转回原位，电路中采取了三项措施，以保证其第（5）项技术条件的实现。

第一，在电动机启动时，自动开闭器的另一组接点马上就接通使电动机准备反转的回路。如有定位转向反位时，自动开闭器第二组动接点先动，接通41-42电动机准备反转的回路，当车站值班员进行回转操纵时2DQJ转极后，电动机回转电路被接通。

第二，将单独操纵道岔的道岔按钮继电器CAJ接点接在DCJ或FCJ接点前面，它对1DQJ的励磁和2DQJ的转极比进路操纵优先。一旦选路不能使某道岔转到底时，可先按下ZQJ，使KZ-ZQJ-H无电，将进路上的道岔操纵继电器复原，然后采用单独操纵道岔的方法使道岔随时转回原位。

第三，为了防止道岔因尖轨出有障碍物使电动机空转，保险烧断后，不能再使电动机回转，将其DF220电源处分设定位保险丝RD1和反位保险丝RD2（均为3 A）。一旦电动机空转烧断一处保险后，仍然保证电动机能回转。

（5）道岔转换完毕到为密贴后，自动开闭器21-22接点接通，使11-12接点断开，从而自动切断电动机电路使电动机停转；同时使1DQJ的1-2线圈失磁，1DQJ落下接通道岔表示电路，从而实现第（6）项技术条件。

自动开闭器两组接点不同时动作，是受表示杆密贴检查缺口的控制，启动时准备接通反转电路；道岔转到底后切断电动机电路，是道岔电路的一个重要环节。

为保护维修人员的安全，凡打开电动转辙机机盖后，遮断器05-06接点随即切断电动机动作电路，以防维修时电动转辙机被操纵。但要注意，此时仍能建立不改变该道岔的进路，仍需注意来往车辆。

由于1DQJ从励磁转为自闭的过程中将因接点转换而瞬间断电，为保证1DQJ可靠自闭，采用缓放型继电器。

2. 道岔表示电路

1）道岔表示电路的技术条件

（1）只能用道岔表示继电器的吸起来反映道岔的位置，不准用一个继电器的吸起和落下来表示道岔的两种位置。即只能用定位表示继电器DBJ的吸起表示道岔在定位；用反位表示继电器FBJ的吸起表示道岔在反位。

（2）当外线发生混线或混入其他电源时，必须保证不让 DBJ 和 FBJ 错误励磁。

（3）在道岔转换过程中，或发生挤岔、停电、断线等故障时，应保证 DBJ 和 FBJ 落下。

2）道岔表示电路的工作原理

道岔表示电路的 DBJ 和 FBJ 由两个偏极继电器（JPXC-1000 型）组成，由道岔表示变压器 BB 供电，经插接器 CJQ 与电动转辙机的自动开闭器接点联结起来，并将整流二极管附在 CJQ 上。道岔转到定位或反位后，1DQJ 失磁落下，用其后接点接通道岔表示电路。

道岔在定位时，DBJ 的励磁电路如下：

BBⅡ→DBJ1-4→2DQJ132-131→1DQJ13-11→2DQJ111-112→外线 X1→自动开闭器 41、31-32 接点→二极管 Z1-2→自动开闭器 22、33-34 接点→移位接触器 04-03 接点→自动开闭器 13-14→外线 X3→R2-1→BBⅡ。

DBJ 由道岔变压器二次侧供给的 220 V 交流电源，通过电动转辙机自动开闭器的定位转通接点，经整流二极管将交流电进行半波整流，其电流的方向正好构成 DBJ 的励磁吸起。在交流电的另半周，由于有电容器 C 的放电电流，所以能保持 DBJ 的稳定吸起。

当道岔转到反位后，自动开闭器反位表示接点 21-22、23-24 及 44-43 接通，2DQJ 处于反极性状态，整流二极管反接于表示电路中，改变了半波整流电流的方向使 FBJ 吸起，表示道岔处于反位。

不论道岔是处于定位还是反位，为了确切地反映道岔位置，都检查了自动开闭器两组动接点的动作一致性。DBJ 励磁电路中，不但检查了自动开闭器第一组动接点组 13-14 接通，而且又检查了第二组动接点 31-32、33-34 的接通，用以确认接触良好和动接点的一致性。FBJ 的励磁也检查了自动开闭器第二组和第四组接点的接通一致性。

当道岔尖轨有障碍使电动机空转时，1DQJ 不能落下，使表示电路不能接通；或道岔被挤，自动开闭器两组动接点被表示杆移位将检查柱抬起处于中间状态而断开表示电路，同时移位接触器 01-02 和 03-04 也被动作杆上顶柱断开，使得 DBJ 和 FBJ 均处于落下状态，表示道岔查发生故障，挤岔报警电路被接通发出挤岔报警。因此道岔表示电路不仅能正确反映道岔的故障情况。

3）道岔表示电路如何实现技术条件

（1）当外线混线时，可防止 DBJ 或 FBJ 的错误励磁，因为此时整流二极管失去作用，偏极继电器中流过交流电不会吸起。

（2）当电容器 C 击穿时，道岔表示继电器被 C 短路掉，从而不会励磁；当电容器引线断线时，由于失去滤波作用，DBJ 或 FBJ 将会颤动。

（3）当外线上混入外界电源时，由于采用 BB 变压器隔离，混入的电源不能构成闭合回路，可防止道岔表示继电器误动。

（二）道岔控制电路实例

为了节省电缆和检查道岔的动作与表示的一致性，四线制道岔控制电路的启动电路和表示电路是合用外线的，仅增加了一条专用表示回线 X3。

由于启动电路和表示电路不会同时工作，可以共用。两电路由 1DQJ 接点区分。启动道岔转换时，1DQJ 的 1-2 线圈向电动机送电以转换道岔；道岔转换到位后，自动开闭器断开电动机电路，电动机停转，使 1DQJ 第一组后接点将道岔表示电路接入外线 X1 和 X2，检查道岔到位密贴后使 DBJ 或 FBJ 励磁。另外，为保持两个道岔表示继电器中同时只准有一个吸起，表示电路中接入2DQJ第二组有极接点来区分DBJ和FBJ，同时还能表示继电器的励磁状态与道岔位置的一致性。

ZD6型电动转辙机与道岔四条控制线采用插接器CJQ联结起来，这对于维修时更换电动转辙机非常方便。但更换时要记住，更换的电动转辙机是左开还是右开，其内部配线是不相同的，千万不能搞错。

（三）四线制道岔控制电路故障分析

判断故障的基本方法如下：

（1）道岔的正常表示电压：交流为70 V，直流为60 V左右。若二极管接反，则交直流电压正常，道岔无定反位表示。

（2）在分线盘上进行测试，可以确定道岔的故障范围：

① 道岔表示正常时，测得交流电压为70 V左右，直流电压为60 V左右。

② 若测得交流电压约为2 V，无直流电压，则可能是二极管击穿。

③ 若测得交流接近0 V，无直流电压，则可能是室外发生了短路故障。

④ 若测得交流电压为110 V左右，无直流电压，则说明室外发生了断线故障。

⑤ 若测得的交流和直流均为0 V，则说明室内断线。

⑥ 若测得直流为150 V左右，交流电压为160 V左右，则说明表示继电器或有关连线断。

⑦ 若测得交流电压为10 V左右，直流电压为8 V左右，说明电容器断线。

⑧ 若测得交流电压为55 V左右，直流电压为45 V左右，则说明电容器短路。

（3）若启动电路发生故障，不能操纵道岔，在分线盘即可直接区分室内外故障：

① 将万用表置于R×1挡。

② 将故障道岔的单独操纵拉出。

③ 定位向反位转换时不启动，在分线盘上测X2、X4；反位向定位转换时不启动，在分线盘上测X1、X4。

a. 若电阻为30 Ω左右（此值为电缆回线电阻、电动机的定子和转子电阻之和，电机定子电阻约为6 Ω，转子电阻约为5 Ω），则说明室外正常，室内有故障。

b. 若电阻为无穷大，说明室外断线。

（四）区分道岔控制电路故障分析

1. 表示电路故障

控制台现象：道岔位置表示灯熄灭，控制台挤岔表示灯点亮，挤岔电铃鸣响。

分析：在道岔失去表示式时，在分线盘测量（定位测X1，X3，反位测X3，X1），若有交流电压110 V，则为室外开路故障；若无交流110 V，则为室外短路或室内故障。

2. 启动电路故障

当操纵道岔由定位向反位转换时，测X2，X4；当道岔由反位向定位转换时，测X1，X4。若表针有较大摆动幅度，则说明道岔室外启动电路故障，否则为室内控制电路故障或室外短路故障。

3. 确定道岔控制电路的故障范围（假定道岔在定位，向反位单独操纵）

（1）若道岔表示灯绿灯不灭，则说明 1DQJ 未吸起。

（2）若道岔定位表示绿灯熄灭，但松开按钮后恢复定位表示，则说明 1DQJ↑，2DQJ 未转极。

（3）若定位表示灯绿灯熄灭，松开按钮后不恢复定位表示，但控制台电流表不动作，说明 1DQJ↑，2DQJ 转极，启动电路断开。

（4）若定位表示灯熄灭，松开按钮后不恢复定位表示，但控制台电流表的读数为 3 A 左右，下降为 1 A 左右，尔后又上升为 2.8 A 左右，说明道岔启动电路正常，但道岔受阻。

（五）表示电路故障分析

1. 断路故障分析（以道岔在定位，电源已经送出的室外为例）

在电缆盒 1、3 端子测量：

1）若有交流 110 V，说明电缆盒至电动转辙机内部断线

查找方法如下：

（1）在室内操纵道岔，并将道岔放在无表示的位置上。

（2）万用表置于交流 250 V 挡位，一表笔放在 X3 上。另一表笔从 X1 开始，沿表示电路逐点测量，电压从有到无之间为故障点。

注意：测试点在 X1 至二极管之间，测得的是 110 V，测量点越过二极管后，电压有所降低。

2）若无交流 110 V 应断开 CJQ

（1）出现 110 V，说明电动转辙机内部短路。

（2）不出现 110 V，说明室内或电缆故障（短路或断路）。

2. 断路故障分析（假定电缆盒至转辙机内部有短路）

在电缆盒 1、3 上测量，并将表置于交流 250 V 挡位固定不动。

1）断开 CJQ

（1）出现 110 V，说明转辙机内部短路。

（2）不出现 110 V，说明电缆或电缆盒至 CJQ 的导线或 CJQ 的 1、3 端子之间短路，用甩线分别判断之。

2）插好 CJQ，断开自动开闭器 41

（1）出现 110 V，说明 X1 至 41 间与 X3 无短路。

（2）不出现 110 V，说明 X1 至 41 间与 X3 存在短路。

3）断开 31-32 接点

（1）出现 110 V，说明 X1 至 31 与 X3 之间无短路。

（2）不出现 110 V，说明 41 至 31 之间与 X3 存在短路。

4）断开移位接触器 03-04

（1）出现 110 V，说明 X3 至 04 间与 X1 之间无短路。

（2）不出现 110 V，说明 X3 至 04 间与 X1 存在短路。

5）断开 33-34 接点

（1）出现 110 V，说明 13 至 34 间与 X1 无短路。

（2）不出现 110 V，说明 13-34 间与 X1 存在短路。

经上述判断后，若现象为 3.⑴与 5.⑴，则说明定反位表示电路的共用部分出现了短路。应用下列方法判断：

① 断开 CJQ。

② 将万用表置于 R × 1K 挡或 R × 10K 挡。

分别测量 CJQ 插头的 7 与 8、CJQ 插座的 8 与 10、7 与 9、11 与 12、7 与 8、9 与 10 之间的电阻，判断是否接通。接通的两点即为短路点。

（六）启动电路故障分析（设道岔处于定位）

1. 反位电压法

反位电压法是常用的方法。所谓反位电压法：当启动电路发生故障时，人为地将室内的 2DQJ 的位置置于与室外道岔实际相反的位置上，借用表示电源查找启动电路故障的一种方法。

2. 断路故障的查找（设道岔由定位转换至反位）

（1）万用表置于直流 250 V 挡位上，在室内操纵道岔，在 1DQJ↑，2DQJ 转极的瞬间，在电缆盒 2、5 端子上测量：

① 有电压，说明电缆盒以后的电路有故障。

② 无电压，说明室内启动电压未送出（短路后，熔断器熔断除外）。

判断故障处于室内还是室外的流程如图 6-10 所示。

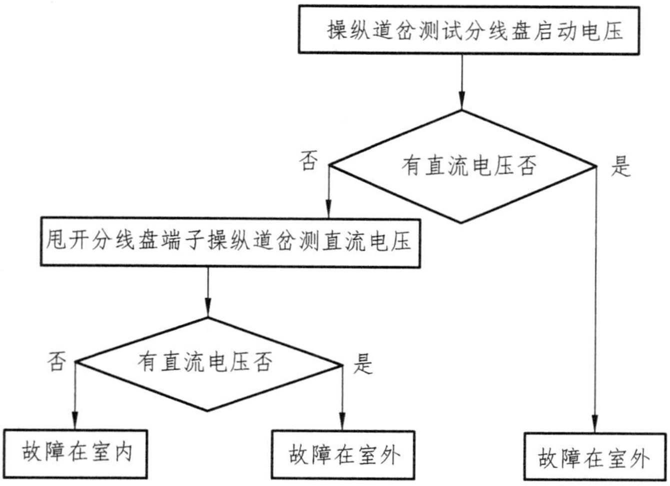

图 6-10　判断故障在室内还是室外

（2）电缆盒至转辙机内部启动电路断线查找方法：

① 将道岔操纵到并保留在反位位置。

② 将万用表置于交流 250 V 挡位上，一表笔固定在 X3，另一表笔沿启动电路逐点测量。

③ 电压从有到无之间为故障点。

（七）道岔室外控制电路混线故障分析（以 1、3 闭合为例）

1. X1 与 X2 混线

现象：由定位向反位时，道岔启动后烧断反位 DF220 的 RD2，道岔停在四开位置，无表示。

分析：X1 与 X2 相混，X1 的 DZ220 经自动开闭器 41-42 接到电机 1 端子，所以 X2 的 DZ220 经自动开闭器 11-12 接到电机 2 端子。

2. X1 与 X3 相混

现象：道岔原在定位，无位置表示，向反位操纵后，道岔能转换完毕，但在反位密贴处来回窜动，无位置表示。

分析：道岔转换完毕，1、3 断开，2、4 闭合，但 1DQJ 缓放，启动电路尚未断开，于是 DZ220 电源经 11—21—22—二极管—23—24—01—02—43—44—X3—X1—41—42—电机 1、3、4—05—06—X4—DF220 接通定位启动电路，道岔向定位转换，2、4 排接点断开，1、3 排接点接通，又接通了反位启动电路，使道岔转向反位，如此循环，出现道岔来回窜动的现象。

3. X2 与 X3 相混

现象：道岔原在定位，有定位表示；向反位操纵，道岔能转换完毕，无反位表示。

分析：因 X3 与 X2 相混，将反位表示电源短路，造成反位无表示，向定位操纵，可转换完毕。因 DZ220、DF220 被二极管阻断，故不会出现 X1 与 X3 相混时出现的故障现象。

4. X1 与 X4 相混

现象：道岔原在定位，有表示；向反位操纵时，先后熔断定反位的 DF220 熔断器 RD1、RD2，道岔不能转换完毕，一直无位置表示。

分析：由定位操纵至反位，1DQJ↑，2DQJ 尚未转极时，将 DZ220、DF220 短路，烧定位 DF220 熔断器 RD1；当 2DQJ 转极后，DZ220 和反位 DF220 正常供出，道岔启动，但当第四排接点接通时，X4 的 DF220 经 X1—41—42，直接接到定子的线圈 1 上，从而将转子线圈短路，导致反位 DF220 的熔断器 RD2 熔断，道岔停止转换，定反位均无表示。

若道岔原在反位，向定位操纵时，只要 2DQJ 转极，直接将 DZ220、DF220 电源短路，熔断定位的 DF220 电源熔断器 RD1，道岔不能启动，无位置表示。

5. X2 与 X4 相混

现象：道岔原在定位，向反位操纵时，2DQJ 转极后，直接烧反位的 DF220 熔断器，道岔不能启动，无位置表示；道岔原在反位，向定位操纵时，1DQJ↑，直接烧反位 DF220 熔断器，2DQJ 转极后，道岔刚一启动，烧定位 DF220 熔断器，无位置表示。

6. X3 与 X4 相混

现象：道岔原在定位，操纵至反位时，道岔转换完毕，有反位表示，但反位的 DF220 熔断器 RD2 熔断。

分析：X3 与 X4 相混，当道岔向反位转换完毕后，虽然反位启动电路被切断，但在 1DQJ

缓放时，X2 的 DZ220 经 11—21—22—二极管—23—24—43—44—X3—X4－DF220 构成通路，将 DZ220、DF220 短路，熔断反位熔断器 RD2。

若道岔原在反位，能正常转换到定位，当再次向反位操纵时，出现上述现象。

以上分析的故障均是在两线完全短路的情况下出现的。当不完全短路时，可能不会熔断熔断器，但控制台电流的读数较大。

二、交流转辙机控制电路

交流转辙机有很多型号，如 S700K，ZYJ7 和 ZDJ9 等，城市轨道交通正线中常用的是 ZDJ9，本教材以 ZDJ9 交流转辙机为例进行说明。

（一）道岔启动电路的技术条件和工作原理

1. 道岔控制方式

控制电动转辙机的方式有两种：

（1）道岔进路操纵。以进路的方式使进路中各组道岔按进路的要求接通电动转辙机将道岔转换到定位或反位。计算机联锁按照进路表的要求，选出进路上各组道岔应转向的位置，即某道岔是定位操纵继电器 DCJ 吸起，就接通道岔启动电路使该道岔转向定位；若是反位操纵继电器 FCJ 吸起，则接通道岔启动电路就使道岔转向反位。全进路上的道岔按进路要求一次选出。

（2）道岔单独操纵。为维修、试验道岔和开放引导信号排列引导进路等，需要对道岔进行单独操纵。单独操纵道岔的办法是：按下被操纵的道岔按钮 CA，若要使它转向定位，则同时按下道岔总定位按钮 ZDA，接通道岔控制电路使道岔单独转至定位；若要使它转向反位，则同时按下道岔总反位按钮 ZFA，接通道岔控制电路使道岔单独转至反位。

2. 道岔启动电路的技术条件

（1）对道岔实行区段锁闭，道岔区段有车占用时，或道岔区段轨道电路发生故障时，不准道岔转换。

（2）对道岔实行进路锁闭，进路在锁闭状态时，不准进路上的道岔再转换。

（3）道岔启动后，如果列车或调车车列随后驶入该道岔区段，则应保证道岔能继续转到底，不受第一条技术条件限制而停转。若使道岔停转或允许值班员控制它回转，都将造成脱轨或挤岔等严重事故。

（4）道岔启动后，如果电路故障使道岔没有启动，如自动开闭器接触不良等造成道岔未转动，则启动电路应自动被切断。以免由于邻线行车震动等原因，使接触不良故障自动消除，造成道岔自行转换，此时若有车进入会造成道岔中途转换事故。

（5）应保证道岔在不能转换到底时，能在车站值班员操纵下，随时都可以使它返回原位，以便在道岔尖轨与基本轨之间夹有障碍物时使道岔转回原位。

（6）道岔转换完毕到位密贴后，应自动切断启动电路使电机停转。

ZDJ9 道岔控制电路图如图 6-11 所示。

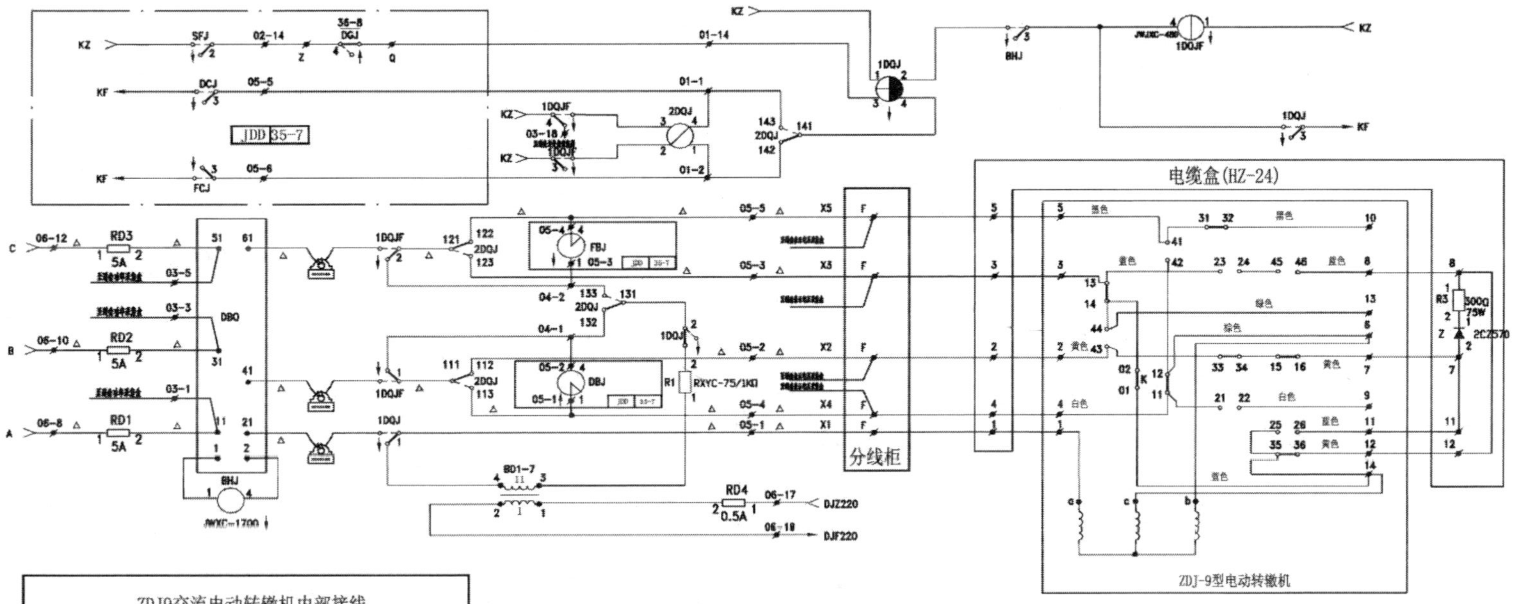

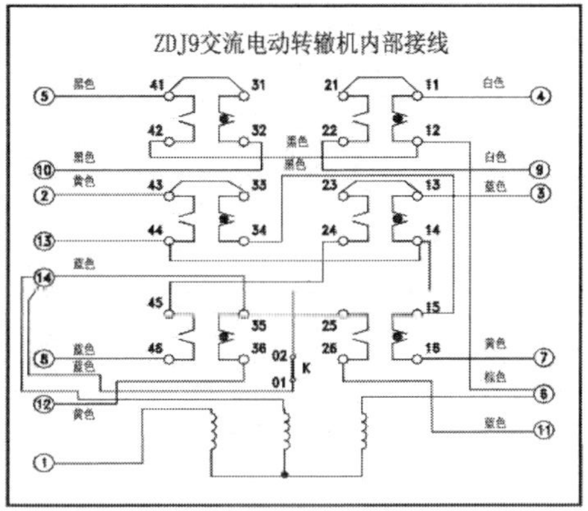

电 动 转 辙 机 连 接 电 缆 类 型 表

闭合接点	电缆类型	道岔编号	数量
11—16 31—36	D1.3		
21—26 41—46	D2.4	40	

JDF 35-8

注：图中带△符号者，用WDZC RY 7Φ0.52 软线。

图 6-11　ZDJ9 道岔控制电路图

各线作用：

X1：　　启动　电机 A 线共用线；表示　表示共用线

X2：　　反—定时接电机 B 线；定表二极管支路

X3：　　定—反时接电机 C 线；反表二极管支路

X4：　　定—反时接电机 B 线；定表继电器支路

X5：　　反—定时接电机 C 线；反表继电器支路

路径：

定—反：　X1、X3、X4　　接点组 11 ~ 12、13 ~ 14

反—定：　X1、X2、X5　　接点组 41 ~ 42、43 ~ 44

定表：　X1、X2、X4　　接点组 11 ~ 12、15 ~ 16、33 ~ 34、35 ~ 36

反表：　X1、X3、X5　　接点组 41 ~ 42、45 ~ 46、23 ~ 24、25 ~ 26

3. 道岔启动电路的动作原理

1）道岔断相保护器（见图 6-12）

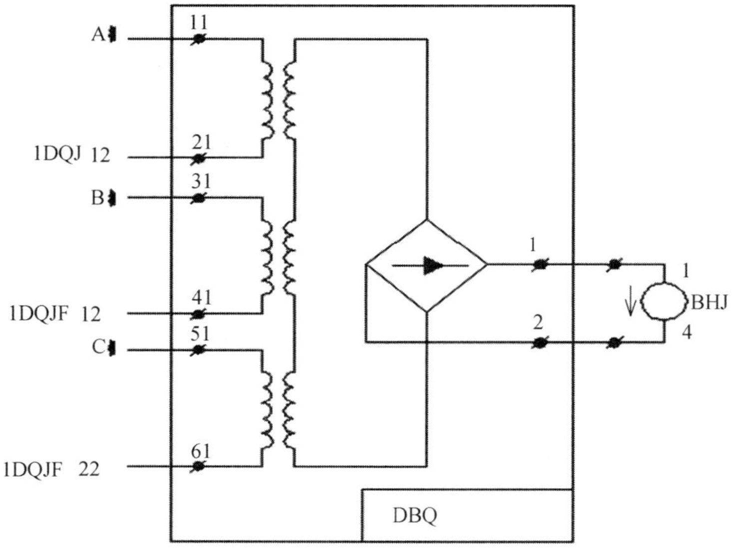

图 6-12　断路保护器原理图

交流转辙机采用三相交流电源，供电电压为 380 V。为防止在三相交流电源断相情况下烧坏电动机，在交流转辙机控制电路中设有道岔断电保护器 DBQ。DBQ 由三个电流互感器、桥式整流和保护继电器 BHJ 三部分组成。三个电流互感器的一次侧线圈分别串联在三相交流电路中，二次侧线圈首尾相连，经桥式整流后，输出端子接保护继电器 BHJ。

当三相交流电源正常供电，电动机定子绕组中三相电流流过，电流互感器工作在磁饱和状态，二次侧感应电流中的三次谐波经桥式整流后输出直流电，BHJ 由于得到直流电而吸起，用 BHJ 的接点作为道岔控制电路的条件。当道岔转换到底后，由于三相负载断开，BHJ 复原落下。

三相交流电源出现断相故障时，若 B 相断电，则为 A、C 两相供电，其线电压加至电流互感器一次侧，而二次侧两电流互感器电压反向串联，互相抵消，桥式整流器无输出，使 BHJ 落下，从而断开 1DQJ 电路和三相交流电动机电路，防止因断相运行而烧坏电动机。

2）道岔动作电路

定位第一、三排接点闭合，道岔以从定位向反位动作为例。

道岔启动电路采用分级控制方式控制道岔转换，由第一道岔启动断电器 1DQJ 检查联锁条件，符合要求后才能接通励磁电路，然后由第二道岔启动继电器 2DQJ 控制交流电机的转换方向，以决定将道岔转向定位还是反位。具体分析如下。

当进路操纵道岔由定位向反位转换时，使 1DQJ 吸起，电路为。

KZ24→SJ11-12→GJ31-32→1DQJ3-4 线圈→2DQJ141-142→FCJ11-12→KF24 V。

1DQJ 吸起后，1DQJF 随之吸起，电路为：

KZ24→1DQJF1-4 线圈→1DQJ31-32→KF24。

1DQJF 吸起后接通 2DQJ 转极电路，其电路是：

KZ24→1DQJF41-42→2DQJ2-1 线圈→FCJ11-12→KF24。

当室内 1DQJ、1DQJF 吸起时，2DQJ 转极后构成三相交流电动机电路，如图 6-13 所示。A、B、C 三相动作电源经 RD1-RD3 进入保护器 DBQ，及 1DQJ、1DQJF、2DQJ 接点，由 X1、X3、X4 线向室外送电，电机开始转动，转辙机第三排接点断开，切断定位表示电路，接通第四排接点，其电路分别是：

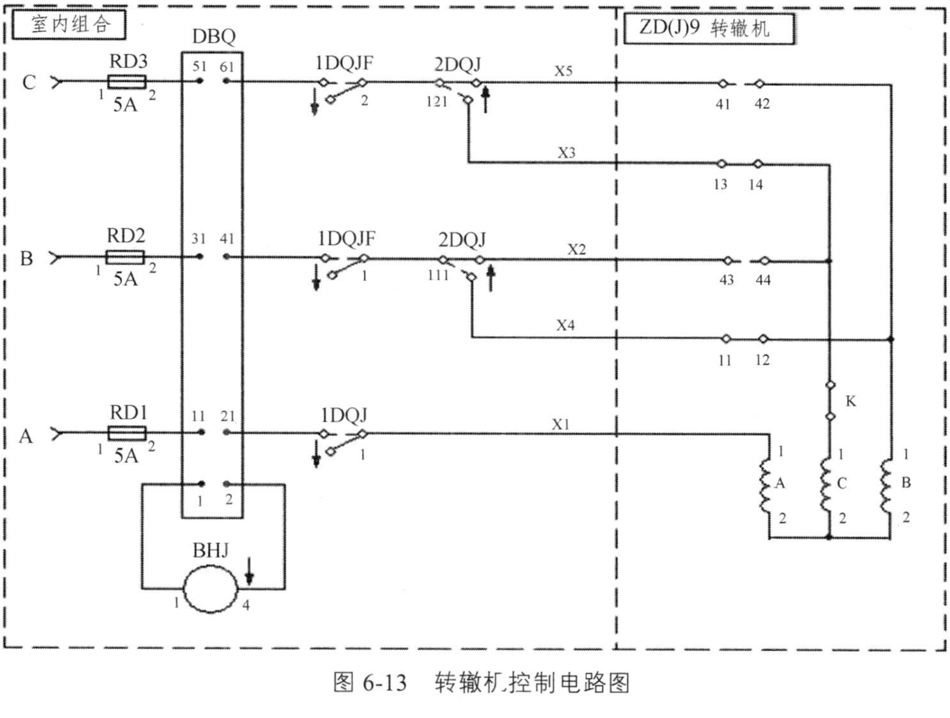

图 6-13　转辙机控制电路图

A 相→RD1→DBQ11-12→1DQJ11-12→X1→电动机 A 绕组；

B 相→RD2→DBQ31-41→1DQJF11-12→2DQJ111-113→X4→转辙机接点 11-12→电动机 B 绕组；

C 相→RD3→DBQ51-61→1DQJF21-22→2DQJ121-123→X3→转辙机接点 13-14→遮断开关 K→电动机 C 绕组；

三相交流电相序为 A、C、B，电动机反转。三相交流电流经 DBQ 使 BHJ 吸起，接通 1DQJ 自闭电路。

1DQJ 自闭电路为：

KZ24→1DQJ1-2 线圈→BHJ31-32→1DQJ31-32→KF24，电机转到反位。

由于电动转辙机表示杆的作用，道岔刚转换时，自动开闭器第二组动接点将 41-42、43-44 接通；待道岔转至反位时，自动开闭器第一组动接点将 11-12、13-14 断开，接通第二排接点，为接通反位表示做好准备。第一排接点断开后，切断了动作电路，无电流流经 DBQ，使 BHJ 落下，随后 1DQJ↓→1DQJF↓，用 1DQJ13 接点断开三相电源 A 相的输入端，1DQJF13 接点断开三相电源 B 相的输入端，1DQJF23 接点断开三相电源 C 相的输入端同时接通反位表示。

道岔反位向定位转换时原理同上，所不同的是使用 X1、X2、X5 线接通相序为 A、B、C 的电动机正转电路。

3）动作电路分析

（1）采用 DBQ 动作 BHJ，来保护三相电机。

（2）2DQJ 的两组接点的作用主要是区分定、反位动作方向；对 B、C 相电源进行换相，使三相电机正转或反转。

（3）道岔动作到位后，由 11－12 及 13－14 或 41－42 及 43－44 接点断开三相动作电源。

（4）为保护作业人员的人身安全，在电机的 U 相电路中串入了遮断开关 K。在需要时，可切断动作电路，使 BHJ 不能吸起或由原来的吸起转为落下，使道岔不能电动转换。

4. 道岔启动电路如何实现六项技术条件

（1）在第一启动继电器 1DQJ 励磁电路中检查 SJ11-12、GJ（GJF）31-32 的前接点，证明道岔既未被区段锁闭又未被进路锁闭，实现技术条件（1）和（2）。

（2）为了在道岔启动后不受区段和进路锁闭的控制，以保证道岔转换到底，增加了 1DQJ 的 1-2 线圈的自闭电路，使电动机转动时脱离 SJ 和 GJ 的控制。为保证道岔转换中不受车站值班员的控制回转，由 FCJ、DCJ 互切，同时只准许一个励磁。（联锁机实现：道岔转不到底时，通过 SJ 前接点自闭的 FCJ 或 DCJ 将不会落下，非得道岔转换到底 SJ 落下后，才能使道岔操纵继电器复原）。另外 2DQJ 转极向电动机送电后，其有极接点不会变动，以保持电流方向不变，使电动机向一个方向转到底，直到自动开闭器动作才切断电源。以上措施保证了第（3）项技术条件的实现。

（3）若电动机启动后，电动机回路中有某处接触不良，就会造成启动三相电源断相，由断相保护器 DBQ 电路中的保护断电器 BHJ 落下，三相负载断开，从而实现技术条件（4）。

（4）为了使道岔因故障不能转到底时，能在值班员操纵下转回原位，电路中采取了在电动机启动时，自动开闭器的另一组接点马上接通使电动机准备反转的回路。如由定位转向反位时，自动开闭器第二组动接点先动，接通 41-42、43-44 电动机准备反转的回路，当车站值班员进行回转操纵使 2DQJ 转极后，电动机回转电路就被接通，以保证第（5）项技术条件的实现。

（5）道岔转换完毕到位密贴后，自动开闭器 21-22 接点接通，使 11-12 接点断开，从而自动切断电动机电路使电动机停转；无电流流经 DBQ，使 BHJ 落下，随后 1DQJ↓→1DQJF↓接通道岔表示电路，从而实现第（6）项技术条件。

自动开闭器两组动接点不同时动作，是受表示杆密贴检查缺口的控制，启动时准备接通反转电路；道岔转到底后切断电动机电路，是道岔电路的一个重要环节。

为保护维修人员的安全，凡是打开电动转辙机机盖后，遮断器接点随即切断电动机动作电路，以防维修时电动转辙机被操纵。但要注意，此时仍能建立不改变该道岔的进路，仍须注意来往车辆。

由于 1DQJ 从励磁转为自闭的过程中将因接点转换而瞬间断电，为保证 1DQJ 可靠自闭，采用缓放型继电器。

（二）道岔表示电路的技术条件和构成原理

由电动转辙机自动开闭器的定位表示接点或反位表示接点接通道岔表示电路，将道岔的位置反映到信号楼内，用自动开闭器的定位接点接通道岔定位表示继电器 DBJ，用反位表示接点接通道岔反位表示继电器 FBJ。

在电路中，用 DBJ、FBJ 的前接点表示道岔的位置，以区分进路的形状，参与各种重要的联锁关系，在控制台上构成进路表示光带表示道岔的位置等。因此，道岔表示电路必须是安全电路，它的工作是否正常将直接关系到行车安全，须满足故障—安全要求。

1. 道岔表示电路的技术条件

（1）只能用道岔表示继电器的吸起来反映道岔的位置，不准用一个继电器的吸起和落下来表示道岔的两种位置。即只能用定位表示继电器 DBJ 的吸起表示道岔在定位；用反位表示继电器 FBJ 的吸起表示道岔在反位。

（2）当外线发生混线或混入其他电源时，必须保证不致使 DBJ 和 FBJ 错误励磁。

（3）当道岔转换过程中，或发生挤岔、停电、断线等故障时，应保证 DBJ 和 FBJ 落下。

2. 表示电路特点

表示电路用道岔表示继电器线圈与半波整流二极管并联的方式构成。电路如图 6-14 所示。

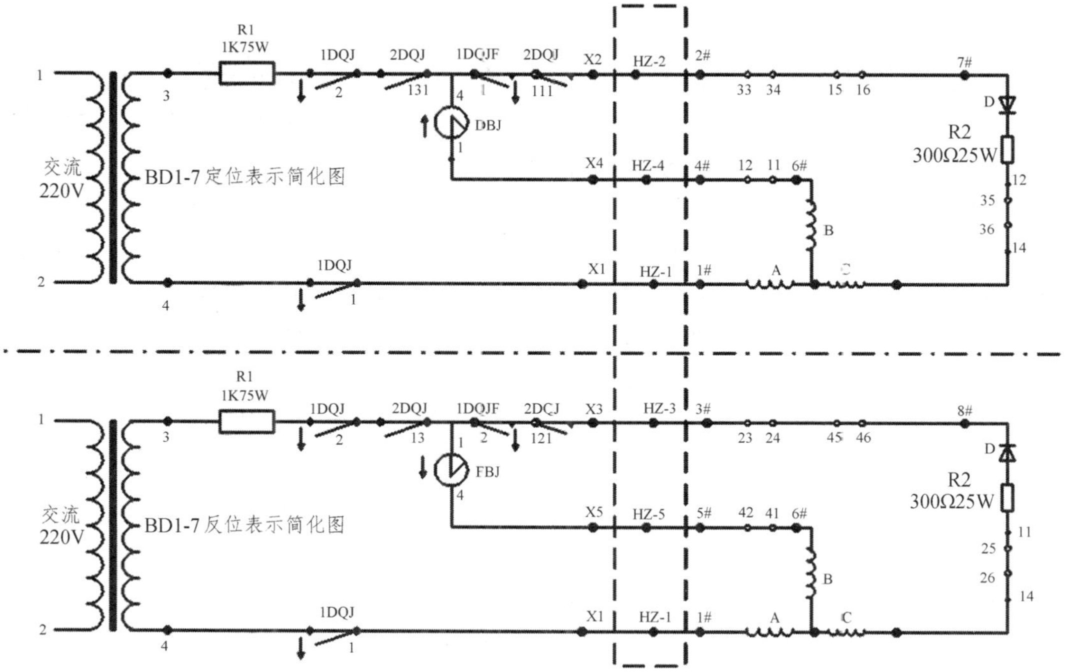

图 6-14　表示电路简化图

ZDJ9 道岔的表示电路与三线制、四线制道岔表示电路有较大区别：

（1）表示电路由两条支路构成；

（2）表示继电器与整流堆属并联关系，改变了以前的串联结构，并取消了电容，提高了可靠性；

（3）电路中串入了电机线圈，接通表示电路的同时也检查了电机线圈，可及时发现电机问题。

3. 表示电路工作原理

因采用 BD1 型表示变压器，输出为 110 V 交流电源，故须按交流电正、负半波进行电路分析。

1）定位表示电路

正半周：BDII-3→R1→1DQJ23-21→2DQJ131-132→1DQJF13-11→2DQJ111-112→X2→电动转辙机接点 33-34→15-16→二极管 Z2-1→R2→电动转辙机接点 36-35→电动转辙机绕组 C→电动转辙机绕组 A→X1→1DQJ11-13→BDII-4。

负半周：BDII-4→1DQJ11-13→X1→电动机绕组 A→电动机绕组 B→电动转辙机接点 11-12→X4→DBJ4-1→2DQJ131-132→1DQJ23-21→R1→BDII-3。

其中：X1 为共用线，X1、X4、X2 接通表示回路；自动开闭器 11-12 为启动、表示共用接点。

在电源正半周时，经整流二极管 Z 构成回路，电能消耗在 R_2 上。在电源负半周时，二极管 Z 不导通，使 DBJ 吸起。DBJ 励磁吸起检查了电动转辙机的定位表示接点接通。

2）反位表示电路

反位表示电路与定位表示电路的工作原理相同，但使用的是 X1、X3、X5 线接通。

正半周：BDII-3→R1→1DQJ23-21→2DQJ131-133→FBJ1-4→X5→电动转辙机接点 41-42→电动机绕组 B→电动机绕组 A→X1→1DQJ11-13→BDII-4。

负半周：BDII-4→1DQJ11-13→电动机绕组 A→X1→电动机绕组 C→电动转辙机接点 26-25→二极管 Z1-2→R2→45-46→电动转辙机接点 23-24→X3→2DQJ121-123→1DQJF23-21→2DQJ131-133→1DQJ23-21→R1→BDII-3。

其中：XI 为共用线，X1、X3、X5 接通表示回路；自动开闭器 41-42 为启动、表示共用接点。

在电源正半周时，二极管 Z 不导通，使 FBJ 吸起。FBJ 励磁吸起检查了电动转辙机的反位接点接通。在电源负半周时，经二极管 Z 构成回路，电能消耗在 R_2 上。

交流转辙机道岔表示电路与直流电动转辙机表示电路比较，其特点在于：

（1）道岔表示继电器 DBJ 和 FBJ 与二极管整流电路并联。当二极管截止时，半波电流经表示继电器线圈，使 DBJ 或 FBJ 吸起。当二极管导通时，表示继电器线圈两端电压接近于零，但线圈产生的自感电流经二极管使继电器保持吸起。所以取消了在直流电动转辙机电路中表示继电器并联的电容器，提高了表示电路的可靠性。

（2）道岔表示继电器励磁电路经电机绕组，起到监督电动机的作用，同时应检查转辙机接点动作一致性。

4. 表示电路元件分析

1）R_1 的作用

R_1 主要是防止室外负载短路时保护电源不被损坏。

2）R_2 的作用

（1）由于 1DQJ 具有缓放作用，在道岔转换到位时，转辙机接点接通瞬间，380 V 电源将会送至整流堆上（反位→定位 X1、X2 线；定位→反位 X1、X3 线），接入 R_2 可保护二极管不被击穿。

（2）如 X4、X5 线发生短路，当道岔转换到位后电机会发生反转（1DQJ 缓放时间内），易使道岔解锁，串入 R_2 后，使电机 U 绕组电流减小，即三相不平衡，使电机不能转动，也使 BHJ 失磁落下，起到保护作用。

3）2DQJ 接点的作用

在电路中 DBJ 检查了 2DQJ 的前接点，FBJ 则检查了 2DQJ 的后接点，这样是为了检查启动电路与表示电路动作的一致性。

5. 道岔表示电路如何实现技术条件

（1）道岔表示电路由 DBJ 和 FBJ 两个偏极继电器（JPXC—1000 型）组成，由道岔表示变压器 BB 供电，经 CJQ 与电动转辙机的自动开闭器接点联结起来，道岔转到定位或反位后，1DQJ 失磁落下，用其后接点接通道岔表示电路。实现技术条件第（1）条。

（2）当外线混线时，可防止 DBJ 或 FBJ 的错误励磁，因为此时整流二极管失去作用，偏极继电器中流过交流电不会吸起。

（3）当外线上混入外界电源时，由于采用 BB 变压器隔离，混入的电源不能构成闭合回路，可防止道岔表示继电器误动。

（4）当道岔尖轨有障碍物使电动机空转时，1DQJ 不能落下，使表示电路不能接通；或道岔被挤，自动开闭器两组接点被表示杆移位将检查柱抬起处于中间状态而断开表示电路，使 DBJ 或 FBJ 均处于落下状态，表示道岔发生故障，挤岔报警电路被接通发出挤岔报警。实现技术条件第（3）条。

（三）ZDJ9 转辙机电路分析

常见的表示电路故障数据如表 6-6 所示。

表 6-6　常见表示电路故障

测试项目	X1～X2（X1～X3）		X1～X4（X1～X5）		X2～X4（X3～X5）		室内外	说明
	交流/V	直流/V	交流/V	直流/V	交流/V	直流/V		
正常情况	60	20.5	1.8	0	57	20.5	—	—
断表示电源	0	0	0	0	0	0	室内	检查断路器变压器
单纯二极管短路（击穿）	40	0	40	0	40	0	室外	无交流，需带二极管电阻去处理
二极管支路开路	110	指针抖动	0	0	110	指针抖动	室外	MF14 测试
继电器支路开路	70	36	56	36	0	0	室内	交直流电压偏高
继电器支路短路	0	0	0	0	0	0	室内	
道岔四开（挤岔）	0	0	0	0	0	0	室外	注意所在区段有无红光带来初步判断挤岔
注：	二极管支路电压		电机线圈压降		继电器端电压			

当二极管截止时，半波电流经表示继电器线圈，使 DBJ/FBJ 吸起。当二极管导通时，表示继电器两端电压接近于零，但线圈产生的自感电流经二极管续流使继电器保持吸起。所以取消了在直流电动转辙机电路中表示继电器线圈并联的电容，提高了表示电路的可靠性（见表 6-7）。

表 6-7　启动电路故障处理

道岔动作情况	室内测量端子	端子电压正常	端子电压不正常	检查范围	室外检查接点	备注
道岔正常操动情况	定—反：X1、X3、X4 反—定：X1、X2、X5	各端子间有 AC 380 V，断相保护器吸起	—	—	—	启动回路电阻：在断开表示电源后，一个回路为两相线圈绕组再加上电缆回路电阻，一般为 50 Ω 左右
道岔操动不正常	定—反：X1、X3、X4 反—定：X1、X2、X5	—	无电压或各端子间个别无电压	对应组合断路器、断相保护器、继电器接点及至电源屏	—	
道岔操动不正常	定—反：X1、X3、X4 反—定：X1、X2、X5	各端子间有 AC380 V	—	—	电缆盒、机内各端子，重点检查接点定位接点组 11～12、13～14，反位接点组 41～42、43～44	电缆盒内对应的，定—反：X1、X3、X4 反—定：X1、X2、X5 的电压不正常则应往相应方向盒查找

注：因为控制台的电流表只接入启动电源当中的一相，如果正好是此相断开，则启动瞬间道岔可能稍微动作，但电流表无指示，这种情况在室内可以发现 BHJ 未吸起。

三、采用电子模块的道岔控制电路

计算机联锁采用的电子模块接口时，由电子模块直接控制道岔控制电路。

图 6-15 所示为 S700K 转辙机接口电路的示例。道岔元件接口模块 DEWEMO 送出三相电源，当道岔由定位转至反位时，U 线圈与 V 线圈相连，W 线圈与 N 相连，使三相电动机逆时针方向转动，带动尖轨向反位移动。当道岔由反位转至定位时，U 线圈与 W 线圈相连，V 线圈与 N 相连，使三相电动机顺时针方向转动，带动尖轨向定位移动。

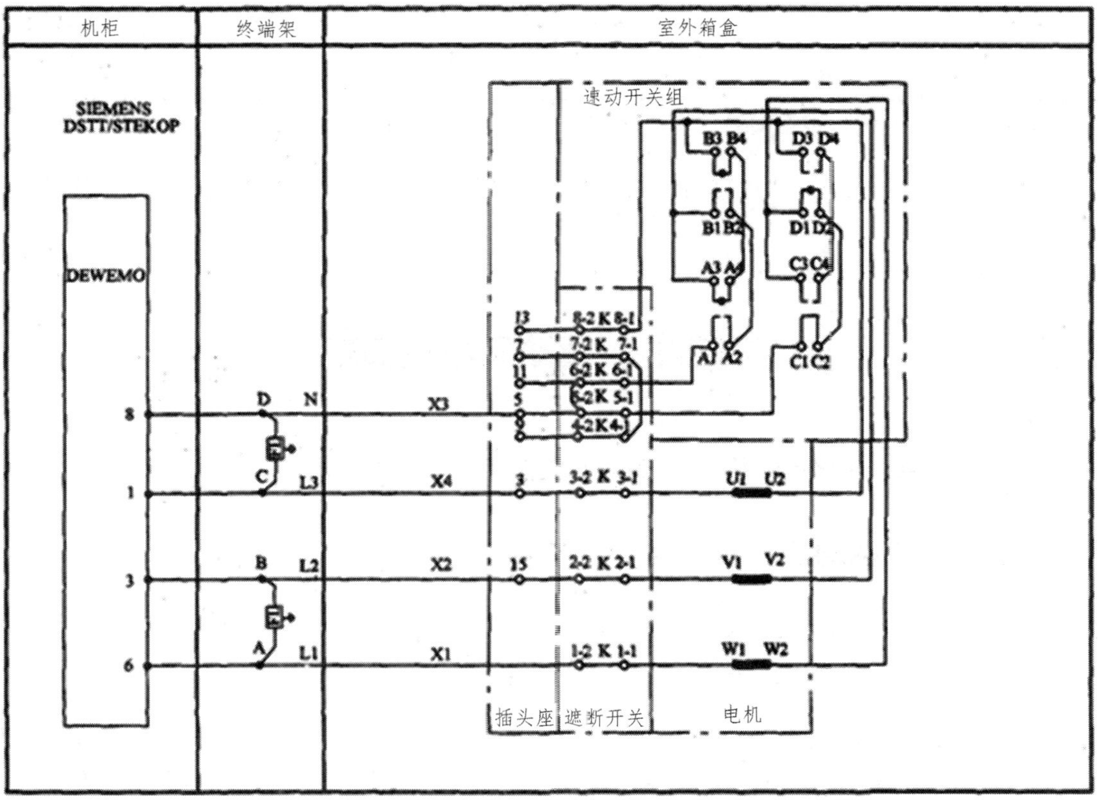

图 6-15 S700K 电子模块图

DEWEMO 通过转辙机自动开闭器接点监督道岔的位置。定位时，X1→X3，X2→X4；反位时，X1→X4，X2→X3。

第三节 和轨道电路的接口

ATP 系统正常时，联锁从 ATP 获取轨道电路的状态，当 ATP 故障时，联锁从轨道电路复示继电器得到轨道状态（见表 6-8）。

表 6-8　和轨道电路的接口

CI 输入	
GJ	轨道状态
1	空闲
0	占用

注：其他未列入表 6-8 中的各种组合都为非正常态，CI 都应给出相应故障指示。

ATP 系统正常时，CI 从 ATP 获取逻辑区段的信息，在降级模式下通过计轴的占用和出清获取列出位置信息。

第四节　驱动采集接口电路

CI 驱动采集接口电路包括驱动电路和采集电路，可以将它们设计在一张图纸上，也可以分开。

一、信号机驱动及采集电路

以城轨 5 号站 S0506 具体说明（见图 6-16）。

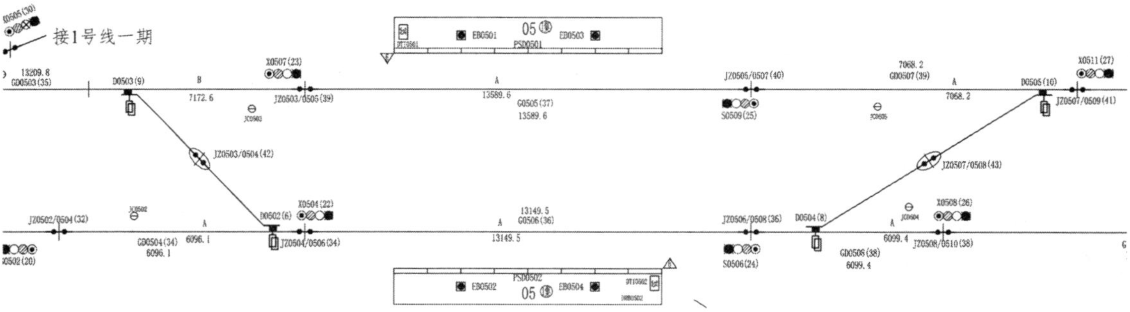

图 6-16　城轨 5 站平面图

由图 6-17 可以看出，对于四显示信号机 S0506 来说，联锁通过输出板 DO→连接器 HT01→连接器 JT01→接口柜驱动了 S0506AJ、S0506UJ、S0506LJ 和 S0506YXJ 四个继电器，每个继电器的两个线圈都同时被使用，四显示信号机采用 XH3 组合，位置在 R3-7。

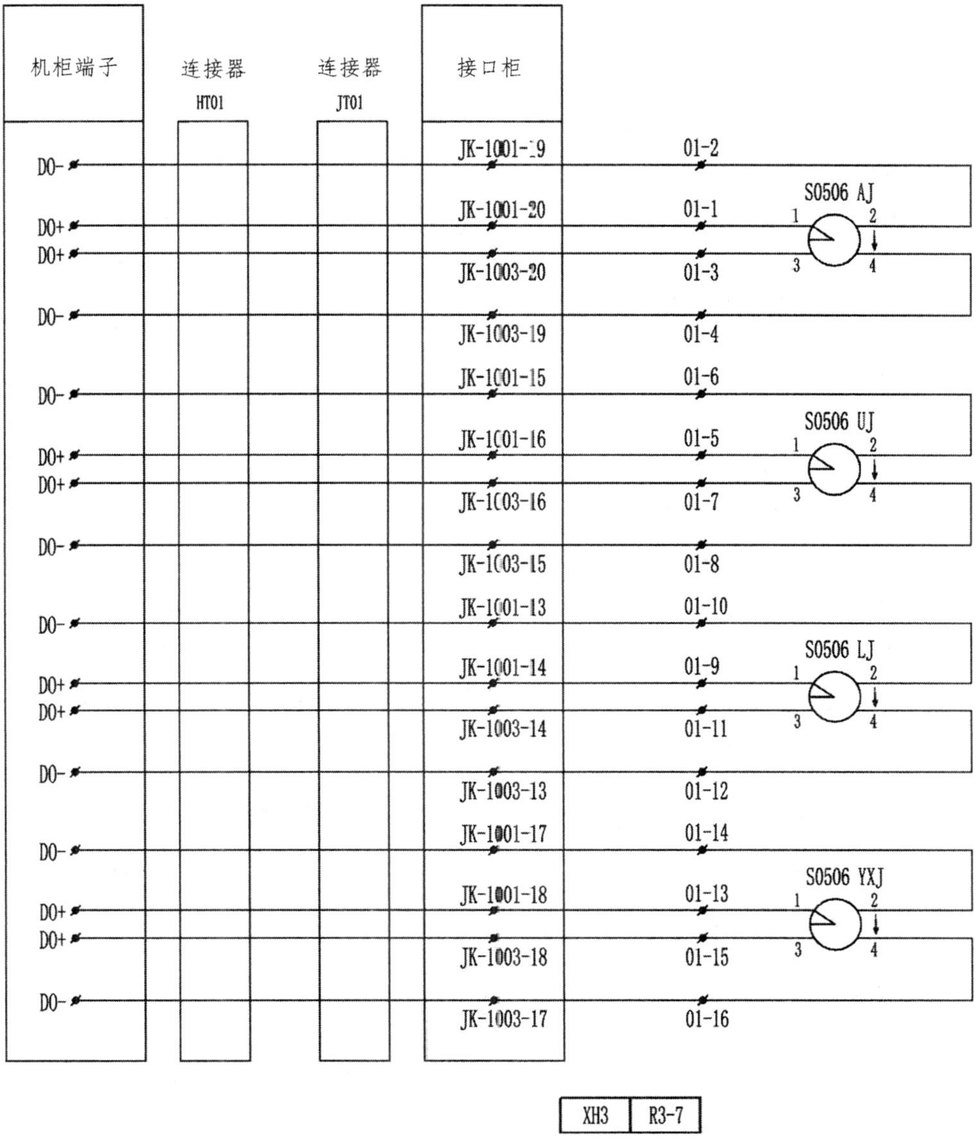

图 6-17　S0506 信号机驱动图

表 6-9 所示为城轨 5 站的联锁组合类型。

表 6-9　城轨 5 站联锁组合类型

层次	机柜名称			
	Rl	R2	R3	R4
	DO501-A	DO504-B	S0402	PSD 0401/0402
10	DQ1	DQ2	XH3	PSD
	DO501-B	DO502/DO504	SO502	PSD 0501/0502
9	DQ2	DK	XH3	PSD
	DO503-A	X0401	X0504	ESBO402/ESBO401 ESBO502/ESB0501
8	DQ1	XH3	XH3	JT
	DO503-B	X0501	SO506	电源报警
7	DQ2	XH3	XH3	BJ
	DO505-A	S0503	X0508	灯丝断丝、断路器熔丝报警
6	DQ1	XH3	XH3	LS1
	D0505-B	X0505	SO510	与 1 号线接口
5	DQ2	XH2	XH3	LS2
	DO501/D0503/D0505	X0507	Go401 G0403 G0405 G0501 GDO503 G0505 GD0507G0509 G0511	计轴倒切组合
4	DK	XH3	GJ	QH
	DO502-A	SO509	G0402G0404 G0406 G0502 GD0504 G0506 GDO508 G0510	
3	DQ1	XH3	GJ	
	DO502-B	X0511	G0401 G0403 G0405 G0501 GD0503 G0505 GDO507G0509 G0511	
2	DQ2	XH3	FW	
	D0504-A	S0513	G0402 G0404 G0406 G0502 GD0504 G0506 GD0508 G0510	
1	DQ1	XH3	FW	
零层				

从图 6-18 中可以看出，对于四显示信号机 S0506 来说，联锁通过输入板 DI→连接器→接口柜采集了组合柜里的 S0506 1DJ、S0506 2DJ、S0506AJ、S0506LJ、S0506UJ 和 S0506LXJ 六个接点，其中 1DJ 和 2DJ 是各家联锁必须采集的，其余 AJ、LJ、UJ 和 YXJ 四个接点可以根据需要决定是否采集，四显示信号机采集采用 XH3 组合，位置在 R3-7。

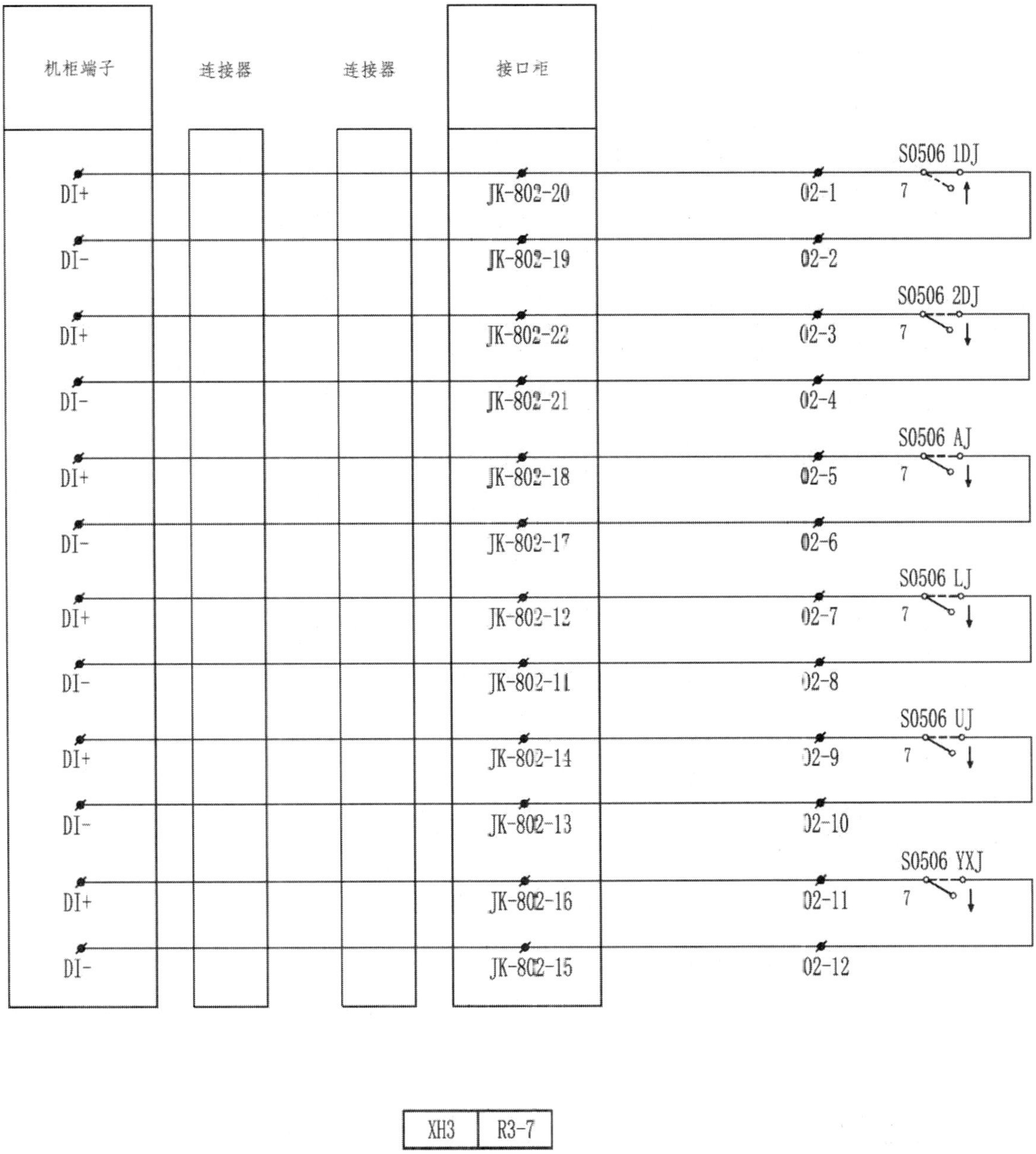

图 6-18　S0506 采集电路图

二、道岔驱动和采集

以城轨 5 站 D0503 为例，道岔的驱动电路图如图 6-19 所示。

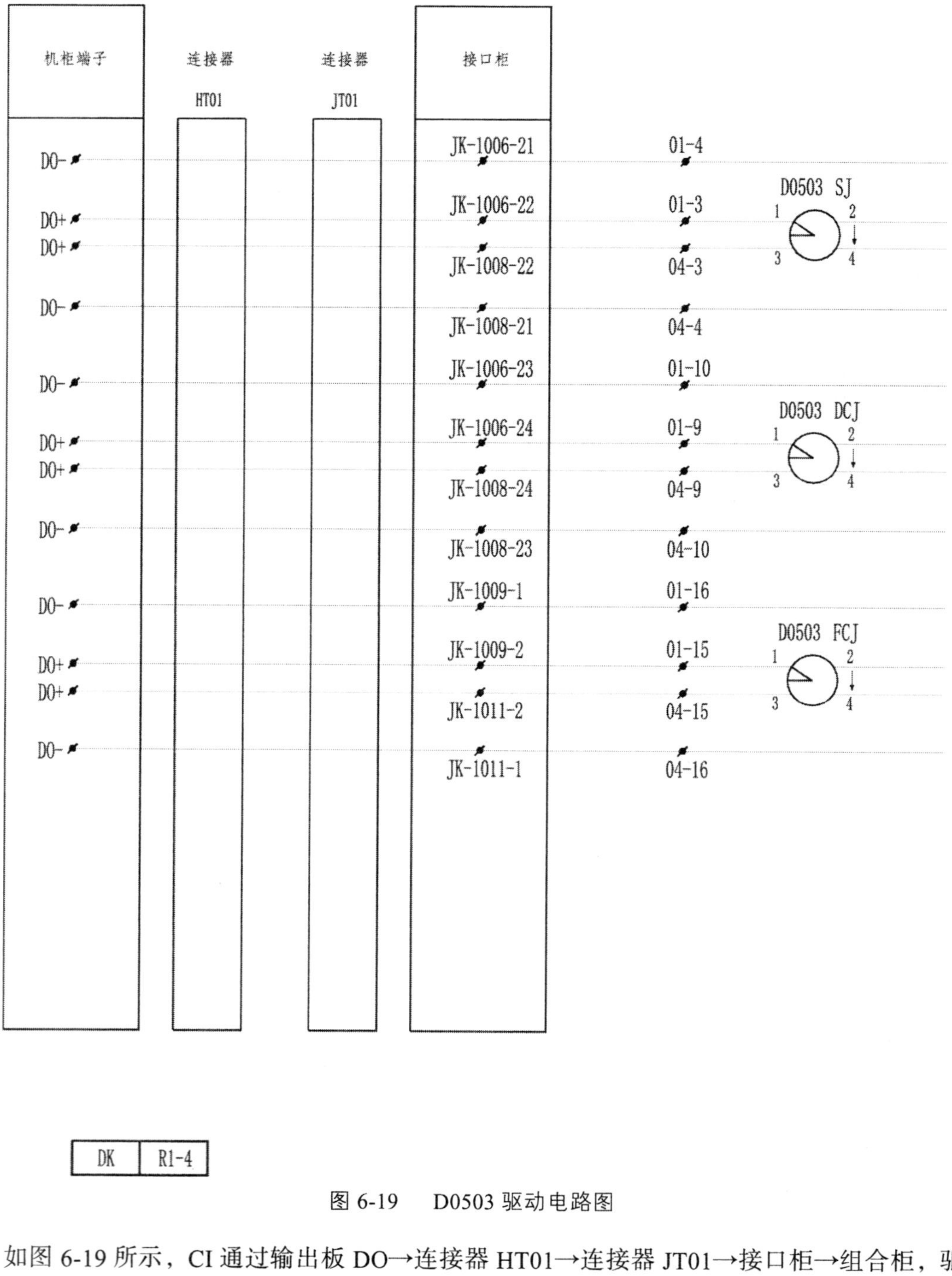

图 6-19　D0503 驱动电路图

如图 6-19 所示，CI 通过输出板 DO→连接器 HT01→连接器 JT01→接口柜→组合柜，驱动组合柜里的 D0503SJ、D0503DCJ 和 D0503FCJ。D0503 采用 DK 组合，在组合架 R1-4 位置。

如图 6-20 所示，CI 通过输入板 DI→连接器 HT01→连接器 JK01→接口柜→组合柜，采集组合柜里的 D0503ZDBJ 和 D0503ZFBJ 接点，并且采集了 ZDBJ 和 ZFBJ 的第七组和第五组两组接点。D0503 采用 DQ2 组合，在组合架 R1-7 位置。

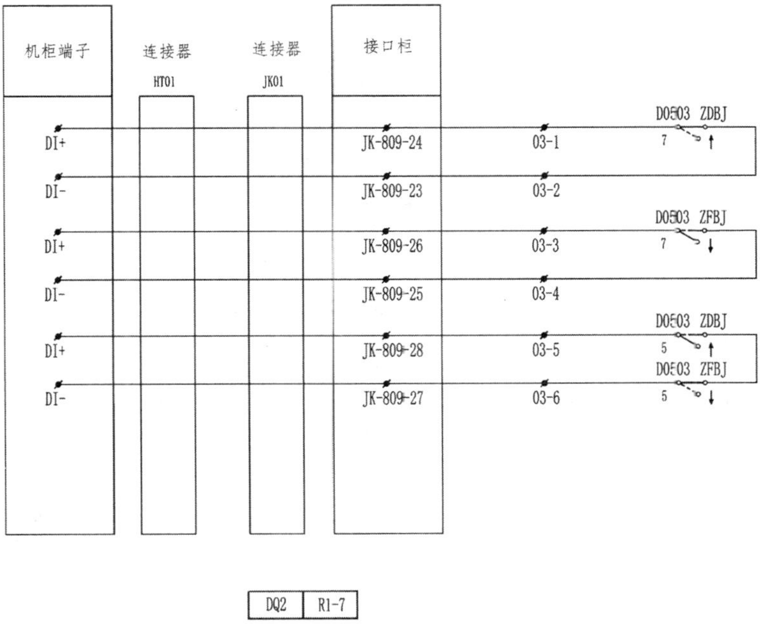

图 6-20　D0503 采集电路图

三、计轴设备的驱动和采集电路

从图 6-21 的计轴设备原理图上可以看出，计轴设备输出 GJ，GJ 的接点给 CI 采集，用来判断当前区段的空闲和占用，同时采集 CI 的 YFWJ 接点，用来完成对当前计轴的复位。

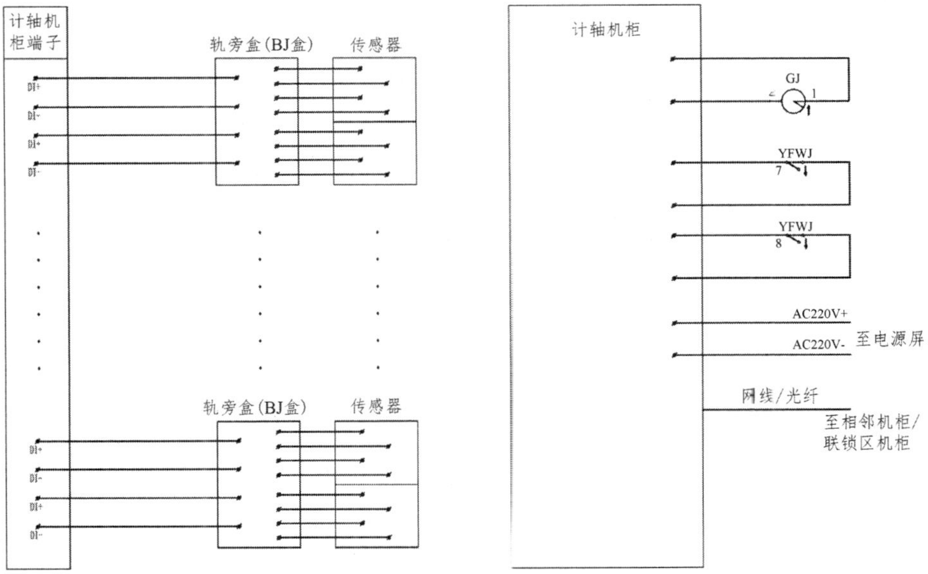

图 6-21　计轴设备电原理图

从上图还可以看出，计轴机柜从电源屏输入 AC220，和相邻机柜通过网线/光纤进行连接。图 6-22 为城轨 5 站 CI 的输出，从图上可以看出，CI 输出驱动预复位继电器给计轴采集。

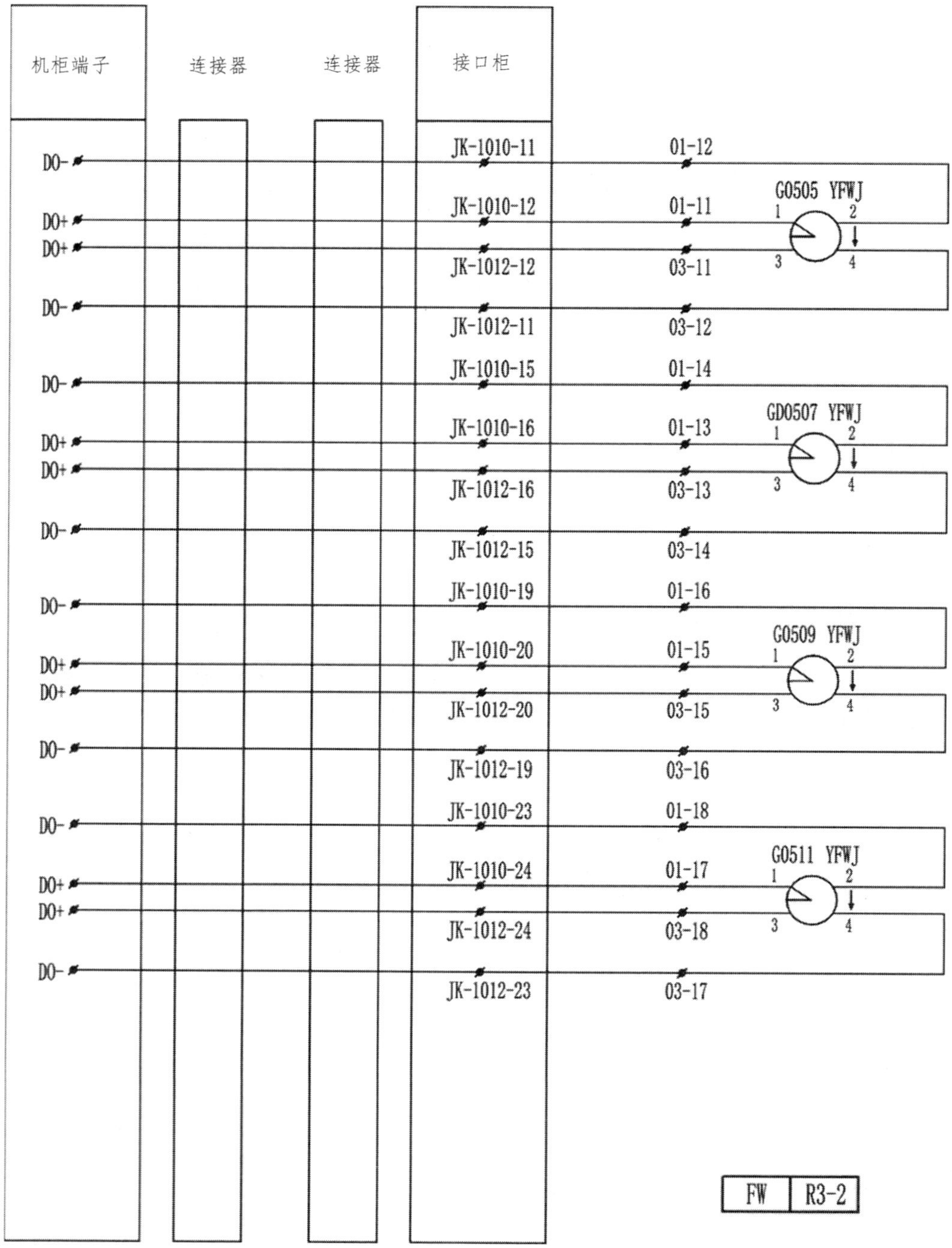

图 6-22　CI 的输出图

图 6-23 为城轨 5 站的 CI 的输入。从图上可以看出，CI 采集计轴的 GJ 的接点，用来判断 GJ 的出清和占用。

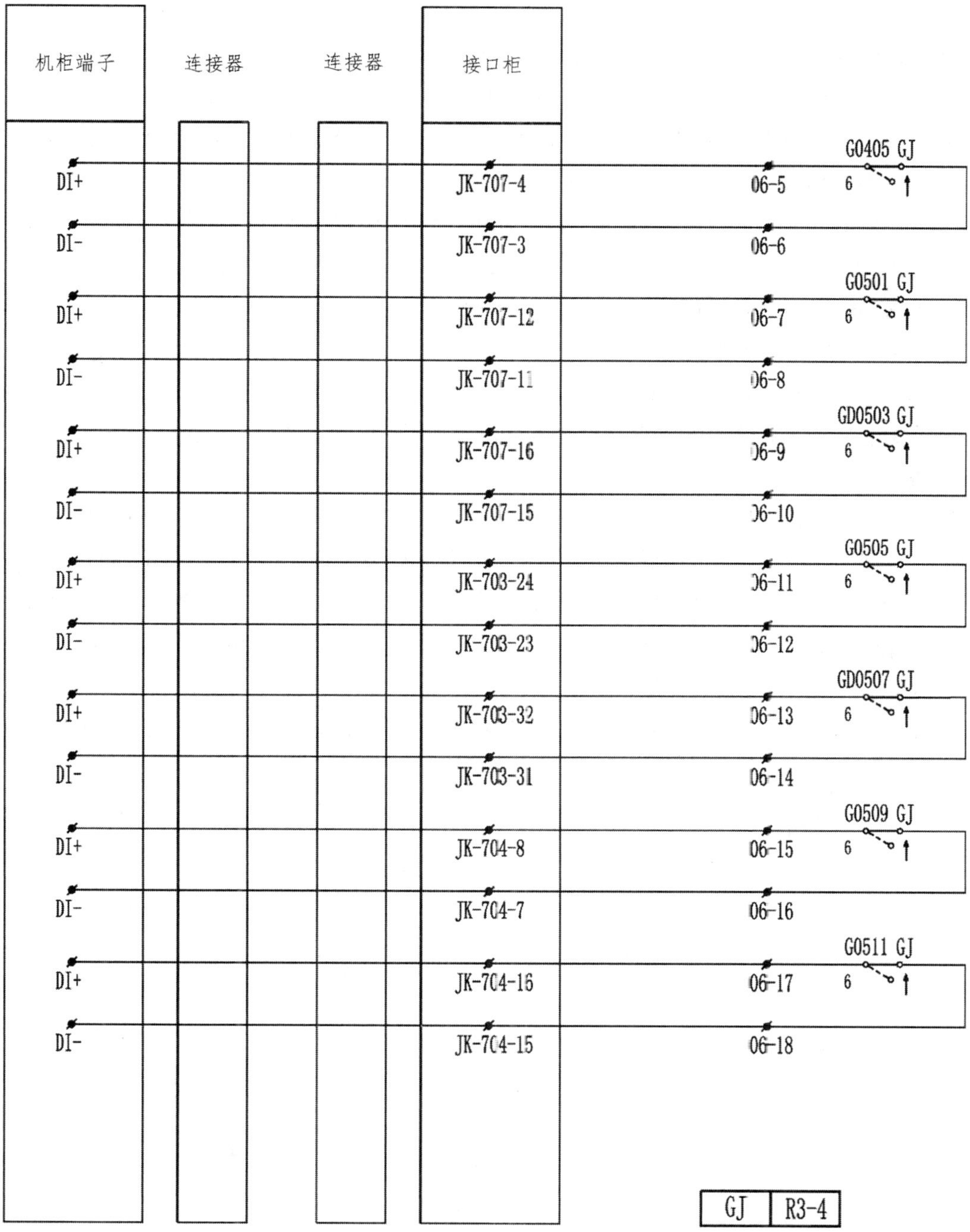
机柜端子
连接器
连接器
接口柜
DI+
DI-
JK-707-4
JK-707-3
06-5
06-6
G0405 GJ
G0501 GJ
GD0503 GJ
G0505 GJ
GD0507 GJ
G0509 GJ
G0511 GJ
JK-707-12
JK-707-11
JK-707-16
JK-707-15
JK-703-24
JK-703-23
JK-703-32
JK-703-31
JK-704-8
JK-704-7
JK-704-16
JK-704-15
06-7
06-8
06-9
06-10
06-11
06-12
06-13
06-14
06-15
06-16
06-17
06-18
GJ
R3-4

图 6-23 CI 的输入图

四、紧急关闭（ESB）采集电路

图 6-24 为 ESB 的电路图，在车站组合柜里有 5XJTJ 和 5SJTJ 两个 ESB 继电器，常态是吸起状态，我们以 5XJTJ 为例，它的励磁电路如下：

5XJTJ 常态励磁电路：LZ2→RD3→5XJTJ1-4→5XJTJ12-11→防雷柜 09-3→IBP 盘 XJTA→防雷分线柜 12-1→室外 EB0501 的 JTA→EB0503→防雷分线柜 12-2→IBP 盘→防雷分线柜 10-5→组合柜 RD4→LF2。

一旦室外 EB0501 的 JTA、EB0503 或者 IBP 盘上的 XJTA 按钮按下，继电器 5XJTJ 失磁落下。CI 采集到 5XJTJ 落下，一方面传送给 ATP，同时关闭城轨 5 站的进站信号机 X0511 和出站信号机 X0507，对站台轨进行封锁。

5XJTJ 失磁后，电铃 JTDL 的励磁电路为：LZ2→RD3→5XJTJ21-23→防雷分线柜 09-1→IBP 盘 XQDA→JTDL→防雷分线柜 10-5→组合柜 RD-3→LF2。

电铃响起后，维护人员赶到现场，需要先切断电铃，维护人员按下 XQDA 按钮，JTDL 的回路给切断。

维护人员进行故障处理，操作人员处理完成后，闭合 IBP 盘和站台上的 ESB 按钮，然后按压 IBP 盘上的 XJTFUA 按钮进行复位，5XJTJ 复位励磁电路为：LZ2→RD3→5XJTJ1-4→防雷柜 09-4→IBP 盘 XJTFUA→IBP 盘 XJTA→防雷分线柜 12-1→室外 EB0501 的 JTA→EB0503→防雷分线柜 12-2→IBP 盘→防雷分线柜 10-5→组合柜 RD4→LF2。5XJTJ 吸起后通过自闭电路保持常态吸起。

处理完成后，维护人员需要再次按压非自复式按钮 XQDA，为 5XJTJ 失磁后 JTDL 的响铃做准备。

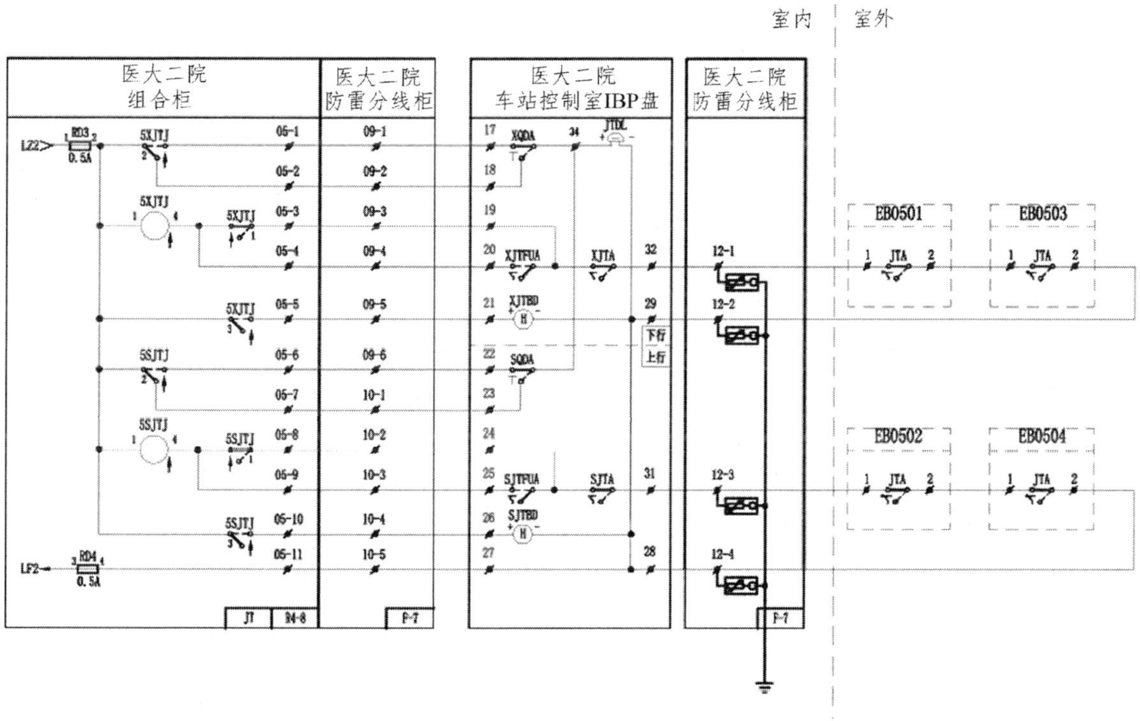

名称说明		
符号	名称	规格
XKCA	下行扣车按钮	黄
XKCFA	下行扣车复位按钮	绿
XQDA	下行警报切断按钮	白
XJTFUA	下行紧急停车复位按钮	绿
XJTA	下行紧急停车按钮	红
SKCA	上行扣车按钮	黄
SKCFA	上行扣车复位按钮	绿
SQDA	上行警报切断按钮	白
SJTFUA	上行紧急停车复位按钮	绿
SJTA	上行紧急停车按钮	红
XKC-U	下行扣车设定灯	黄
XYZ-U	下行越站设定灯	黄
XJTBD—H	下行紧停表示灯	红
JTDL	紧停电铃	
SKC-U	上行扣车设定灯	黄
SYZ-U	上行越站设定灯	黄
SJTBD—H	上行紧停表示灯	红
XYZA	下行越站按钮	黄
XYZFA	下行越站复位按钮	绿
SYZA	上行越站按钮	黄
SYZFA	上行越站复位按钮	绿

图 6-24 ESB 电路图

图 6-25 为 CI 采集城轨 5 站的电路图。

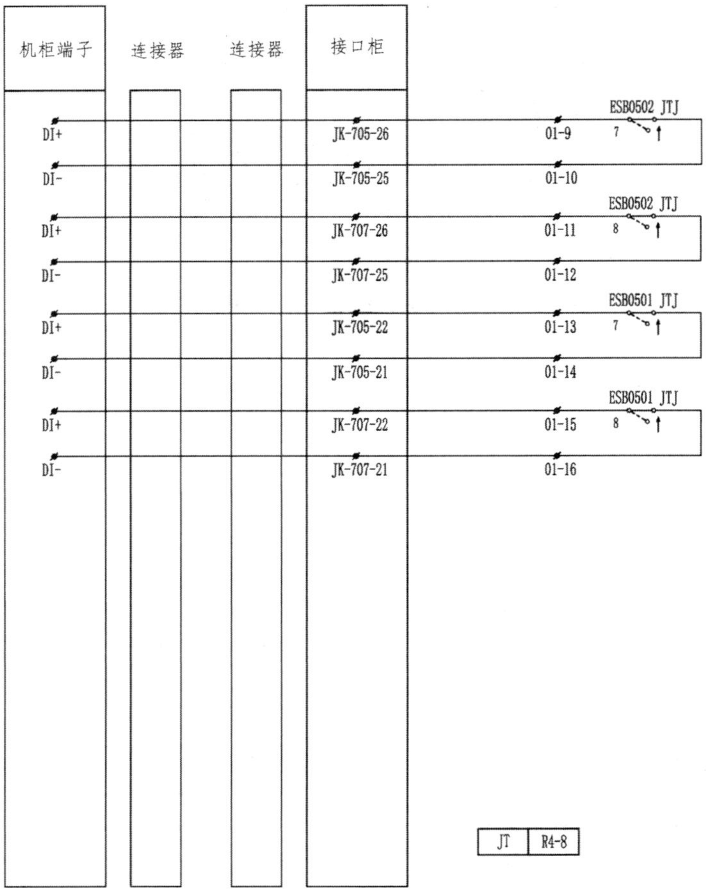

图 6-25　CI 采集图

五、安全门驱动和采集电路

安全门电路如图 6-26 所示。

MSJ：门锁闭继电器。

MSJF：门锁闭继电器复示。

PLJ：旁路继电器。

PLJF：旁路继电器的复示。

KMJ：开门继电器。

GMJ：关门继电器。

联锁输出：开门、关门。

联锁采集：关门且锁闭、旁路。

对于 PSD0502 来说，联锁输出 PSD0502KMJ 控制安全门的开门，联锁输出 PSD0502 GMJ 控制安全门的关闭，联锁通过 PSD0502 MSJF 采集 PSD1502 门状态是否是在关门且锁闭状态，PSD1502 MSJF 吸起表示 PSD1502 是关门且锁闭状态；联锁通过 PSD1502PLJF 采集 PSD 门是否被旁路。

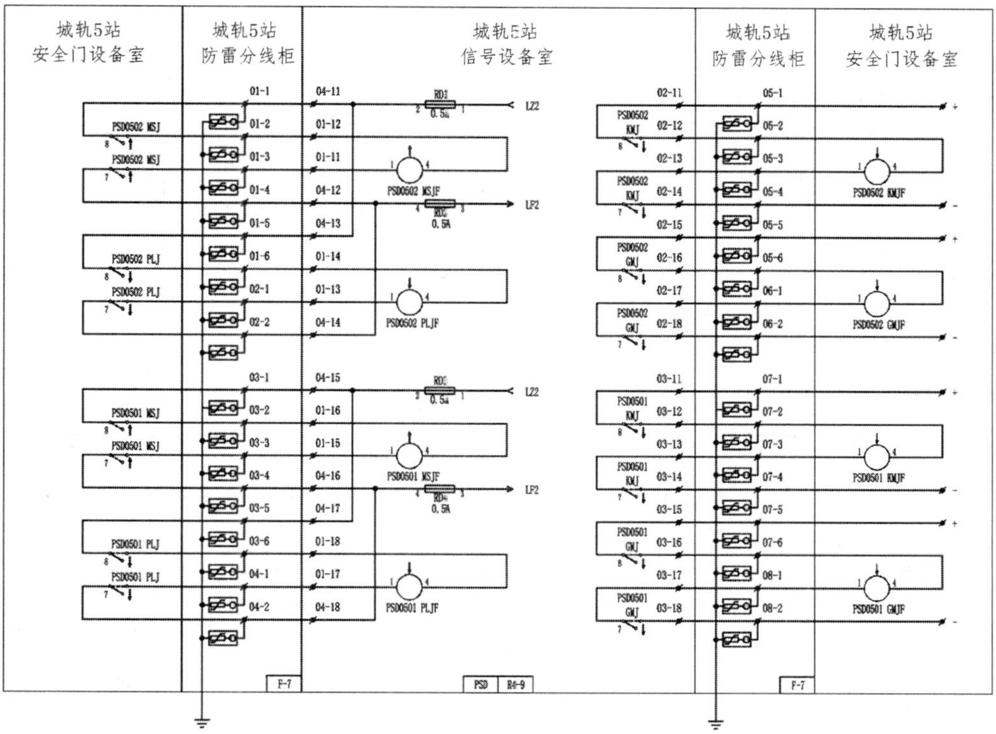

图 6-26 安全门电路图

图 6-27 为城轨 5 号站联锁控制安全门的输出图。

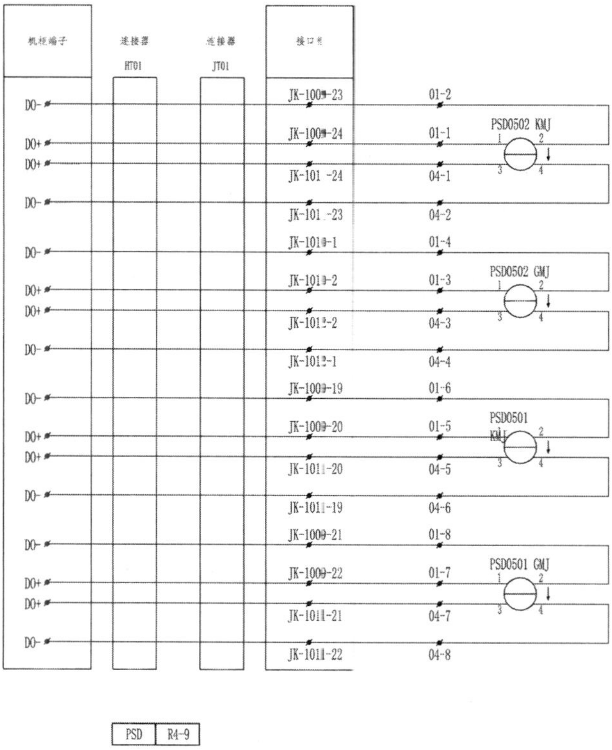

图 6-27 CI 输出图

图 6-28 为城轨 5 号站联锁采集安全门的输入图。

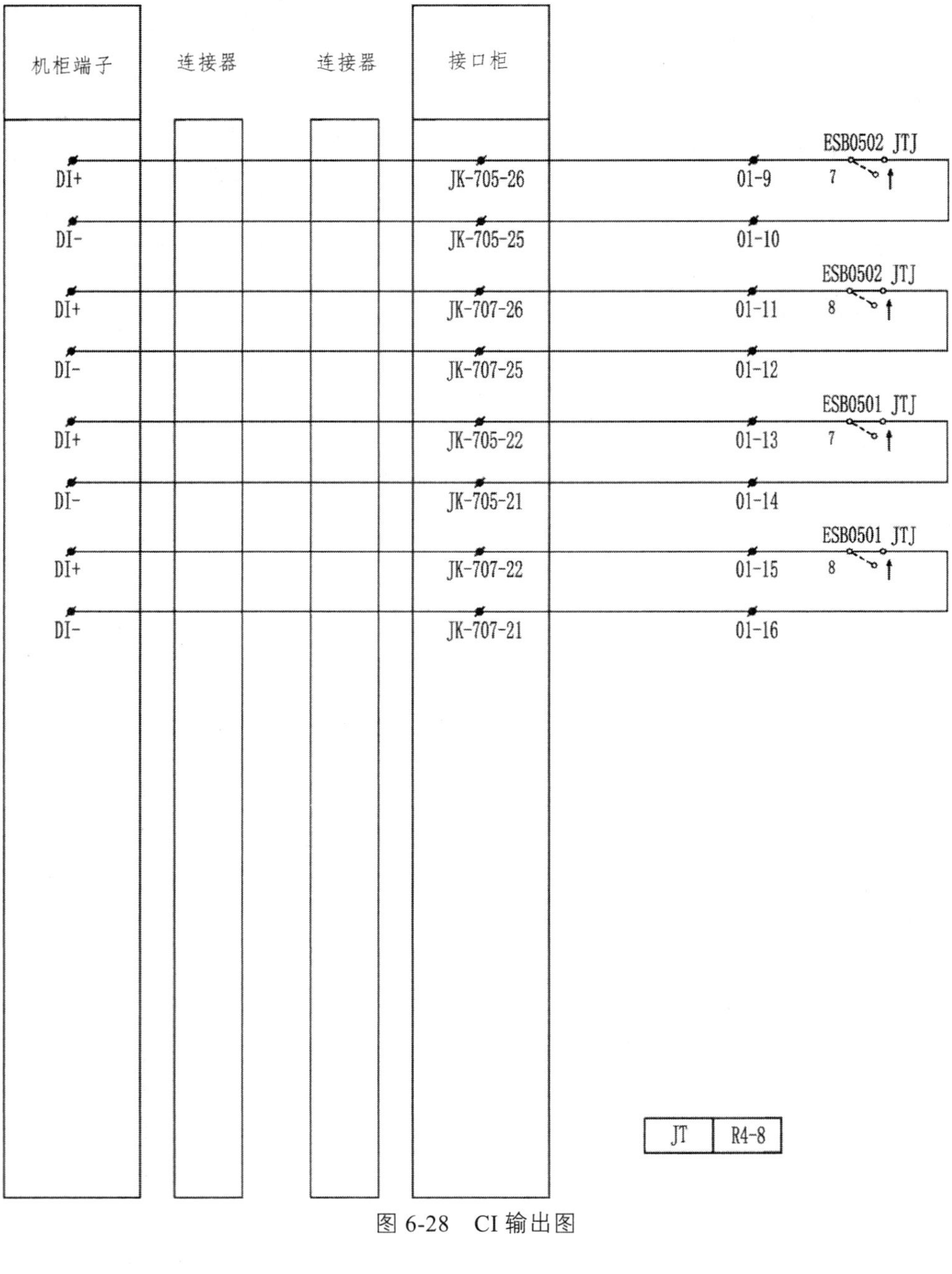

图 6-28　CI 输出图

复习思考题

简答题

（1）CI 和和单红信号机的接口中，输出是什么？输入是什么？
（2）CI 和和红绿黄三显示信号机的接口中，输出是什么？输入是什么？
（3）CI 和和红绿黄蓝四显示信号机的接口中输出是什么？输入是什么？
（4）CI 和转辙机接口电路中，输出是什么？采集什么信息？
（5）四线制道岔启动电路的工作原理是什么？
（6）道岔表示电路的技术条件是什么？
（7）五线制道岔启动电路的工作原理是什么？
（8）道岔启动电路的技术条件是什么？
（9）道岔控制电路中，DBQ 的工作原理是什么？
（10）CI 和轨道电路的接口是什么？
（11）画出 CI 驱动四显示信号机的驱动图。
（12）画出 CI 采集四显示信号机的采集图。
（13）画出 CI 驱动道岔的驱动图。
（14）画出 CI 采集道岔的采集图。
（15）紧急关闭（ESB）的工作原理是什么？
（16）CI 和安全门的接口有哪些？

微课　交流转辙机反操

微课　ZD-6 道岔故障处理

第七章 城轨联锁基础设备

【学习目标】

1. 掌握计轴的工作原理。
2. 了解计轴设备的组成。
3. 掌握计轴设备的功能。
4. 了解计轴的特点。
5. 了解 AzLM 计轴系统。
6. 了解 AzS（M）350 计轴系统。
7. 掌握计轴和联锁的接口。
8. 了解 IBP 盘的界面布局。
9. 了解 IBP 盘和 CI 和 ATS 的接口。

【学习方法和建议】

本章讲述了城轨联锁的基础设备的原理和工程设计，包括计轴和 IBP 盘，建议去现场勘查实物，把理论和实际更好地结合在一起。

城轨联锁的基础设备除了在信号基础里介绍过的信号机、轨道电路、道岔、信号继电器等以外，还有计轴、紧急控制盘（IBP）等，本章节是对联锁相关基础设备的补充。

第一节　计　轴

一、计轴工作原理

（一）轴脉冲的形成

计轴设备采用电磁式有源传感器，利用电磁感应原理，在有车轮通过时产生磁场变化而检测到轮轴信号。车轮传感器的每套磁头包括发送（T）和接收（R）两个磁头，发送磁头安装在钢轨外侧，接收磁头安装在钢轨内侧。发送磁头的线圈和接收磁头的线圈及钢轨的几何形状如图 7-1 所示，发送线圈 S 和接收线圈 E 产生的磁通环绕过钢轨后形成两个磁通 Φ_1、Φ_2，他们以不同的路径、相反的方向穿过接收线圈 E。在没有车轮经过车轮传感器时，此时磁通 Φ_1 远大于 Φ_2，在接收线圈内感应出一定的交流电压信号，其相位与发送电压相位相同。当有车轮经过车轮传感器时，由于车轮的屏蔽作用，整个磁通桥路发生变化，此时 Φ_1 减小、Φ_2 增大，在接收线圈内感应的交流电压相位与发送电压相位相反。该相位变化经车轮电子检测器电路处理后，即形成了轴脉冲信号。

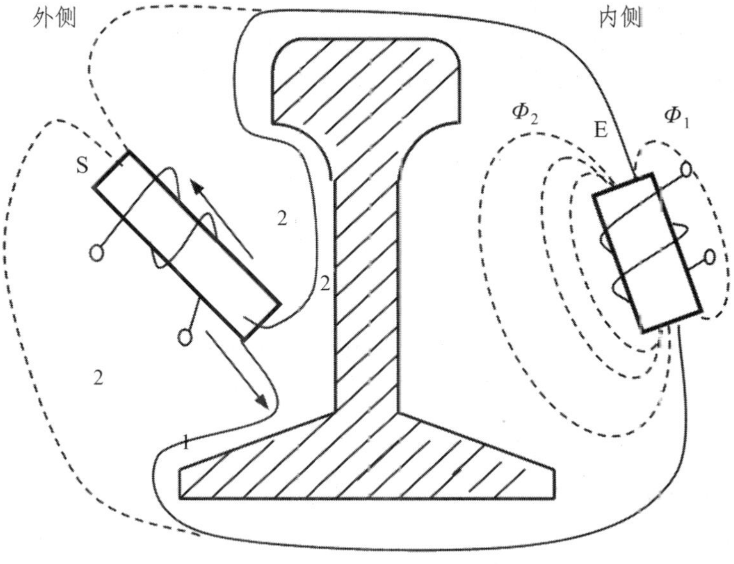

图 7-1　发送与接收磁头的磁路

车轮传感器由两套磁头构成，安装在枕木空的钢轨上。当车轮经过时产生轴脉冲如图 7-2 所示。当车轮经过时，两组磁头产生的轴脉冲在时间上先后不同，两脉冲组合后形成具有五种形态的脉冲对（即：00、10、11、01、00），根据两脉冲对的组合时序可确定列车的运行方向，从而进行相应的加轴、减轴运算。

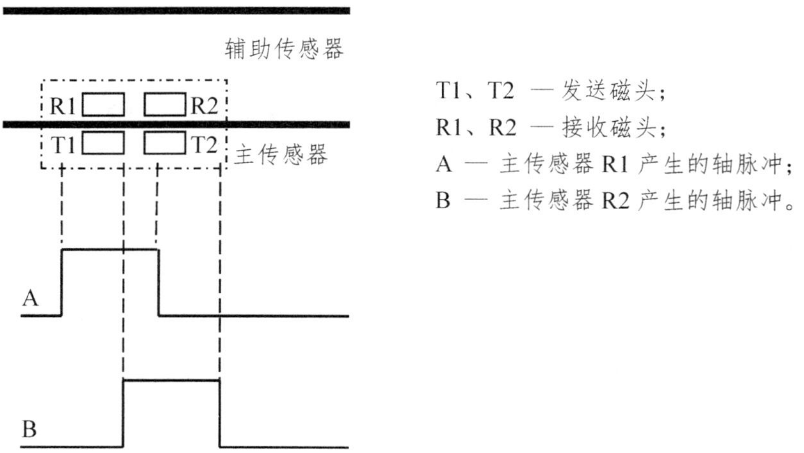

图 7-2　轴脉冲的形成

（二）计轴基本工作原理

1. 单个区段计轴点设置及工作原理

如图 7-3 所示。基于列车（车辆）驶入和驶出计轴点所监视的区段时所记录轴数的比较结果，以此确定该区段的占用或空闲状态。当列车从所检查区段的 *A* 端进入，车轮驶入车轮传感器（*A*）作用区域时，微机开始计数，并判别运行方向，确定对轴数是累加计数还是递减计数。这时 B 计数结果为零，微机根据轴数信息，经比较不一致后，发出区段占用信息，控制该区段轨道继电器落下。当列车完全通过 *A* 端，*A* 计数结果为 *N*（列车轴数）。当列车驶离区段时，经过车轮传感器（*B*）计数为 *N*，经微机比较结果一致，输出区段空闲信息，控制该区段轨道继电器吸起。

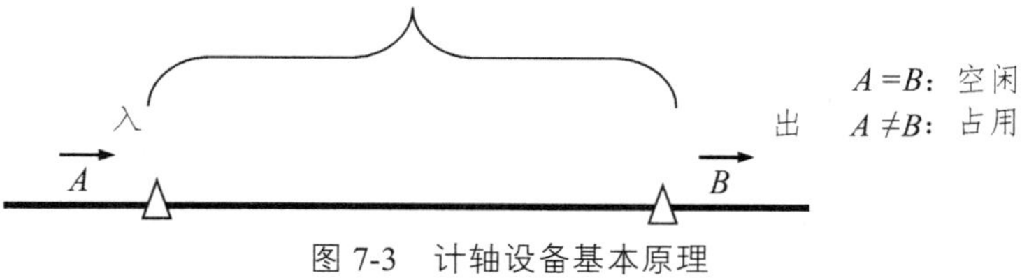

图 7-3　计轴设备基本原理

2. 两个连续区段计轴点设置及工作原理

两个连续区段计轴点设置如图 7-4 所示，共需要设置 *A*、*B*、*C* 三个计轴点来检查两个区段（例如 QG1 和 QG2）的空闲占用状态，其中 *B* 计轴点为两个区段共用计轴点。

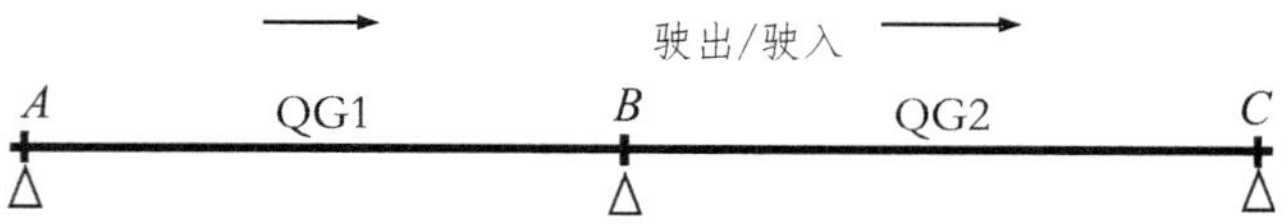

图 7-4　计轴点设置图

当列车运行经过计轴点的顺序为 *A*→*B*→*C* 时，由微机判断计轴点 *A* 为 QG1 的计入轴数，计轴点 *B* 为 QG1 的计出轴数，同时计轴点 *B* 又为 QG2 的计入轴数，计轴点 *C* 为 QG2 的计出轴数。

当 A 计入轴数≠B 计出轴数，则 QG1J↓；

当 A 计入轴数=B 计出轴数，则 QG1J↑；

当 B 计入轴数≠C 计出轴数，则 QG2J↓；

当 B 计入轴数=C 计出轴数，则 QG2J↑。

当列车运行经过计轴点的顺序为 C→B→A 或者多个连续区段时，也是同样的原理来判断区段的占用和空闲状态。

3. 一送多受区段计轴点设置及工作原理

一送多受区段计轴点设置如图 7-5 所示，由 A、B、C 三个计轴点来检查一送多受区段（例如 2DG）的空闲、占用状态。

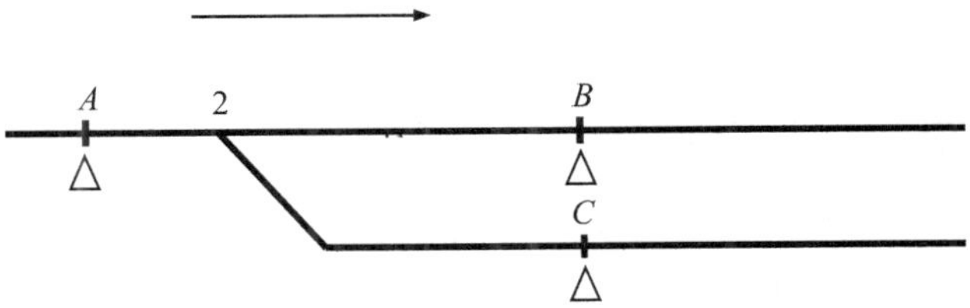

图 7-5　计轴点设置图

当列车运行经过计轴点顺序为 A→B 或 A→C 时，由微机判断 A 计轴点计入轴数、B 计轴点计出轴数、C 计轴点计出轴数。

当 A 计入轴数≠B 计出轴数+C 计出轴数，则 2DGJ↓；

当 A 计入轴数=B 计出轴数+C 计出轴数，则 2DGJ↑；

反之，当列车运行经过计轴点顺序为 B→A 或 C→A 时，微机也是使用同样的原理进行判断。

4. 双动道岔计轴点设置及工作原理

双动道岔区段计轴点设置如图 7-6 所示，由 A、B、C 三个计轴点来检查双动道岔区段（例如 3DG）的空闲、占用状态。

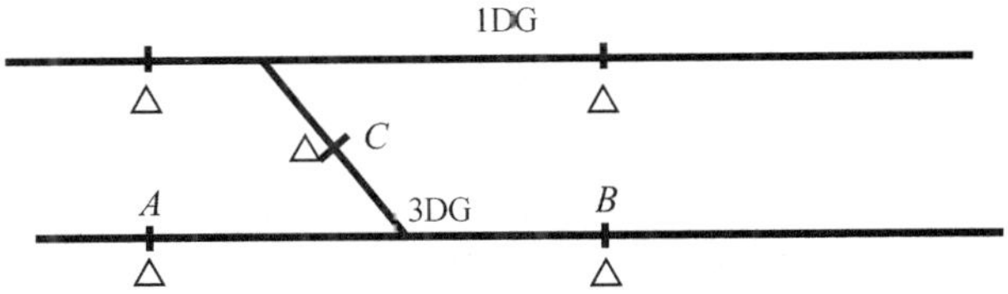

图 7-6　计轴点设置

当列车运行经过计轴点顺序为 A→B 或 C→B 时，由微机判断 A 计轴点计入轴数、B 计轴点计出轴数、C 计轴点计入轴数。

当 A 计入轴数+C 计入轴数≠B 计出轴数，则 3DGJ↓；

当 A 计入轴数+C 计入轴数=B 计出轴数，则 3DGJ↑；

反之，当列车运行经过计轴点顺序为 B→A 或 B→C 时，微机也是使用同样的原理进行判断。

5. 菱形道岔区段计轴点设置

菱形道岔区段计轴点设置如图 7-7 所示，由 A、B、C、D 四个计轴点来检查道岔区段（例如 3/5DG）的空闲、占用状态。

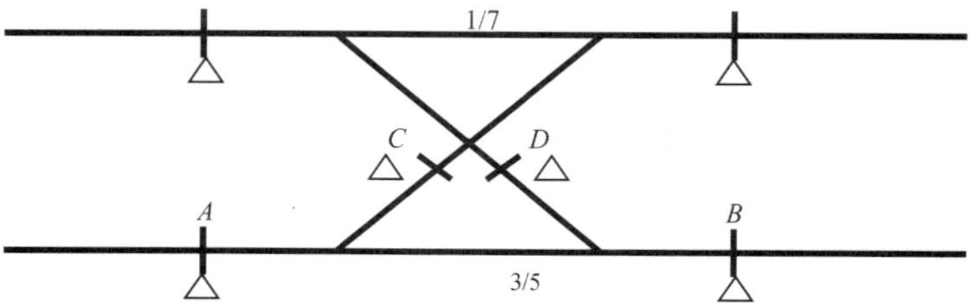

图 7-7　菱形道岔区段计轴点设置图

当列车运行经过计轴点顺序由 *A*→*B*、*A*→*C*、*D*→*B* 时，由微机判断 *A* 计轴点计入轴数、*B* 计轴点计出轴数、*C* 计轴点计出轴数、*D* 计轴点计入轴数

当列车由计轴点 *A*、*B*、*C*、*D* 任意一个计轴点进入 3/5DG 区段时，计算机通过 *A*、*B*、*C*、*D* 四个计轴点总的变化轴数是否相等来确定 3/5DG 区段的空闲和占用状态。其中计轴点 *C* 和 *D* 是判断 1/7DG 和 3/5DG 两个区段占用还是空闲共用计轴点。

当 *A* 计入轴数+*D* 计入轴数≠*B* 计出轴数+C 计出轴数，则 3/5DGJ↓；

当 *A* 计入轴数+*D* 计入轴数=*B* 计出轴数+C 计出轴数，则 3/5DGJ↑；

反之，当列车运行经过计轴点顺序由 *B*→*A*、*C*→*A*、*B*→*D* 时，计算机也是使用同样的原理进行判断。

二、计轴的组成

计轴型号不同，配置会有一定差别。

（一）室内设备

1. 主　机

计轴设备由计轴主机、车轮传感器、车轮电子检测器构成。其中计轴主机由运算器及防雷组匣组成，并安装在主机机柜中（见图 7-9）。

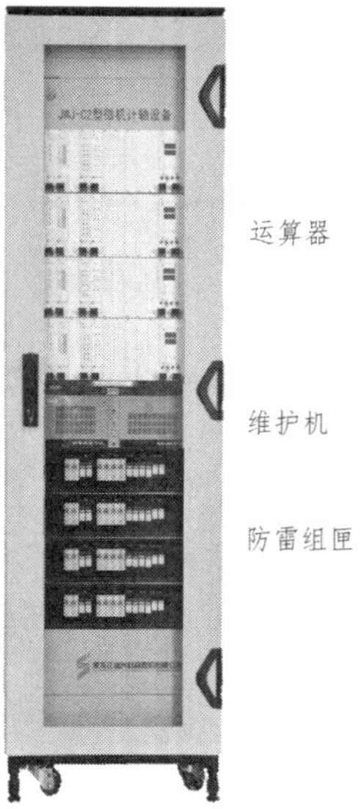

图 7-9　计轴室内设备布置图

（1）1 台运算器最多可以连接室外 8 个计轴点、控制 6 个轨道区段。

（2）1 台防雷组匣可以连接 1 台运算器。

（3）1 台计轴机柜最多可以安装 4 台运算器、4 台防雷组匣，最多可以连接 32 个计轴点、控制 24 个轨道区段。

（4）供电：交流 220 V，5 A，两路供电。

2. 运算器

运算器由运算器电源卡（PCU）、主控卡（MCU）、输入输出卡（IOU）、显示卡（DPU）及切换卡（SOU）5 种板卡构成（见图 7-10）。

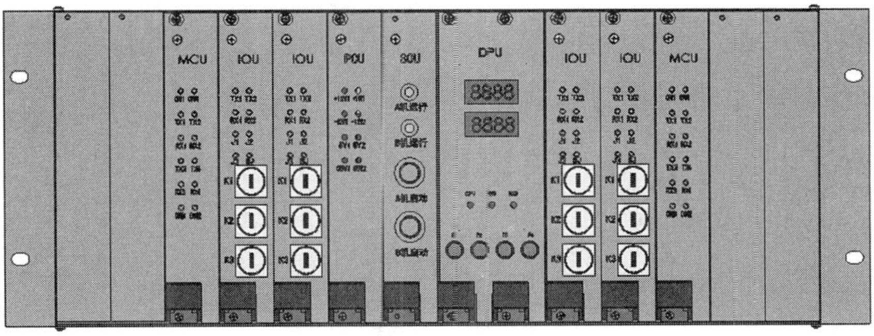

图 7-10　运算器前面板示意图

主要功能及原理：

运算器的主要功能包括实时接收所管辖多个计轴点上传的轴数信息，对接收到的轴数信息进行分析、运算，计算各个防护轨道区段计入和计出的轴数，从而确定计轴设备所防护轨道区段的占用或空闲状态，以及动作相应的执行继电器。

（二）室外设备

计轴室外设备主要包括车轮传感器和车轮电子检测器，如图 7-11 所示。

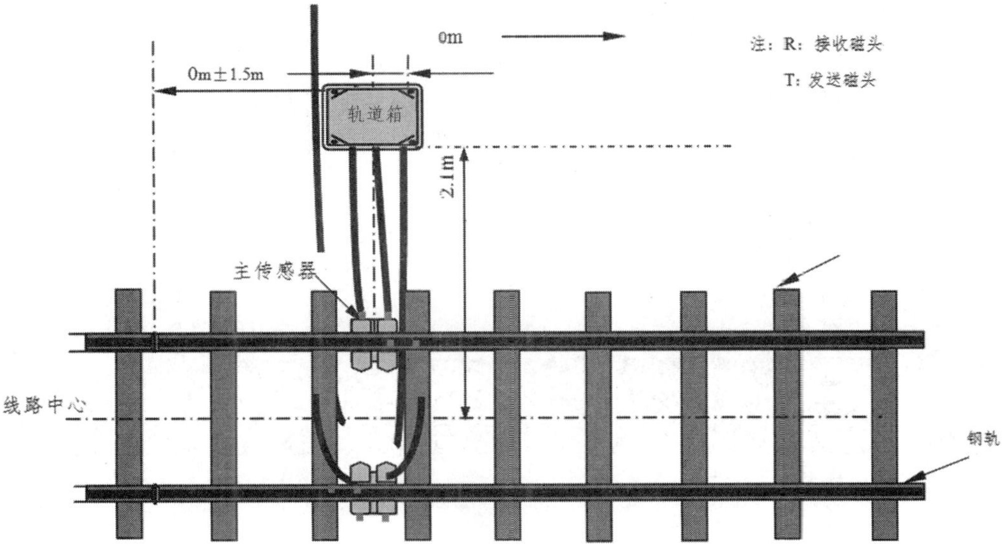

图 7-11　计轴室外设备布置示意图

1. 车轮传感器

车轮传感器由 2 个发送磁头、2 个接收磁头、1 个发送底座、1 个接收底座、2 根发送电缆、2 根接收电缆及 2 根电缆护套构成（见图 7-12）。每个磁头上带有一条 2 芯屏蔽电缆，磁头 T1/R1 的工作频率为 28 kHz，磁头 T2/R2 的工作频率为 24 kHz。

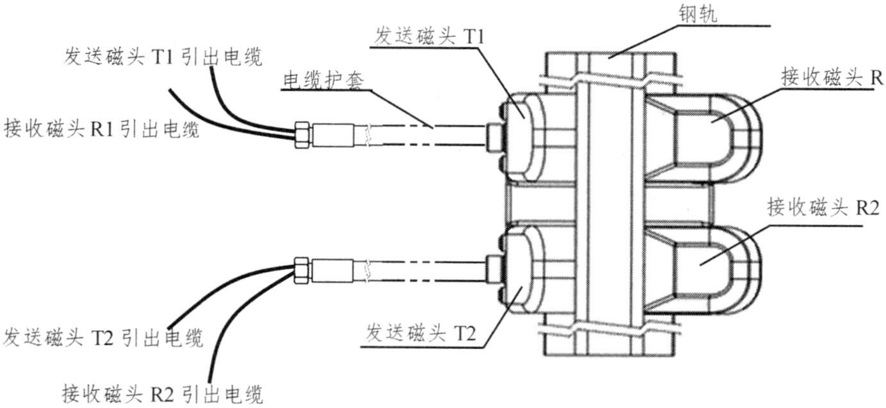

图 7-12　车轮传感器结构示意图

主要功能：

当有车轮经过时会产生轴脉冲。两组磁头产生的轴脉冲在时间上先后不同，根据两脉冲的时序可确定列车的运行方向。

2. 车轮电子检测器

车轮电子检测器结构示意图如图 7-13 所示，它由检测器、轨道箱及接线端子排组成。

轨道箱采用铝合金材质，包含轨道箱盖、轨道箱底、防雷及接线端子三部分。车轮电子检测器采用立式和壁挂式两种安装方式，符合地铁安装限界要求，如图 7-14 所示。

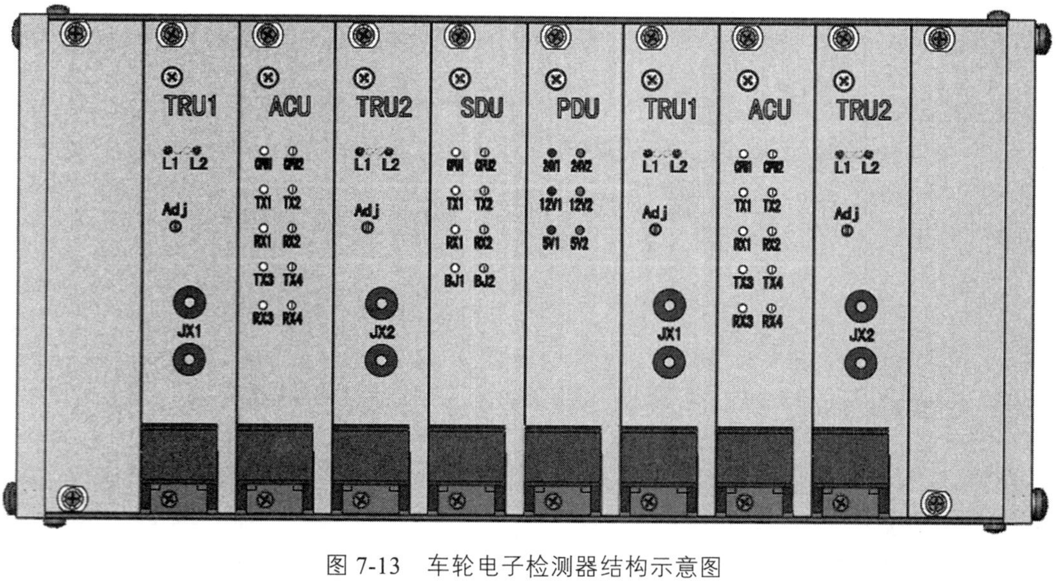

图 7-13　车轮电子检测器结构示意图

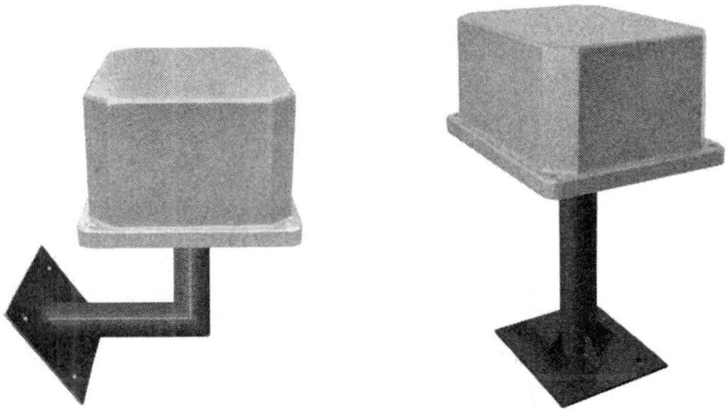

图 7-14　轨道箱结构示意图

车轮电子检测器的主要功能包括：

（1）产生车轮传感器发送磁头需要的信号源。

（2）对车轮传感器接收磁头的信号进行放大、滤波以及相位识别，形成轴脉冲。

（3）识别车轮方向，将轴数累加或累减并记忆结果。

（4）根据两脉冲的时序可确定列车的速度。

（5）通过传输通道实时将轴数及状态信息传至室内的运算器。

三、计轴的功能

（1）能对轮轴检测器传送的轴脉冲信息进行计数并识别列车运行方向。

（2）在对轨道区段的计入轴数和计出轴数相等时应能输出被检测轨道区段的空闲信息；否则给出占用信息。

（3）具备使计轴设备从轨道区段占用状态改变为空闲状态的操作条件，并按照需求具备直接复位或预复位功能。

（4）具备自诊断与辅助维护功能，能将设备工作状态信息及报警信息发送给监测设备，其监测内容应符合“信号微机监测系统技术条件（暂行）”的规定，与监测设备通信接口采用带光电隔离的 RS232 通信方式。

（5）可与计算机联锁之间采用继电器接口或者安全通信接口。

四、计轴的特点

与轨道电路相比，计轴设备具有以下特点：

（1）轨道区段的长度几乎没有限制。

（2）无须绝缘节。

（3）不受道床电阻影响。

（4）在钢轨表面生锈、污染条件下，仍能可靠安全地检测列车。

（5）对电气化区段牵引回流的连接及接地线无限制。

（6）不能检测断轨（现已采用超声波检测）。

（7）计轴站间自动闭塞时，需与机车信号发送设备配套使用。

五、AzLM 计轴系统

AzLM 计轴系统是阿尔卡特公司的产品，该系统由室内 ACE 主机和室外轨旁计轴点设备组成（见图 7-15）。轨旁计轴点设备包括 SK30H 轨道磁头传感器和 ZP30H 电子盒。室内主机与室外计轴点之间采用 ISDN 数据线进行通信，且电源与通信可以共线传输。每台主机最多可以检测 32 个计轴点、监控 32 个区段，适用于一般区段和复杂站场。

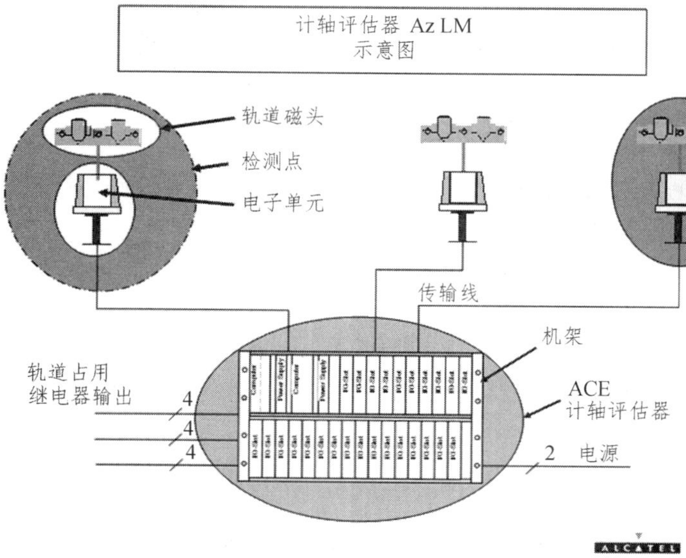

图 7-15　轨道箱结构示意图

（一）轨道磁头（车轮传感器）（见图 7-16）

轨道磁头由两个物理偏移线圈装置 Sk1 和 Sk2 组成，它们安装在同一根轨道上。轨道外侧是两个 Tx 线圈，轨道内侧为两个 Rx 线圈，产生约为 30 kHz 的不同频率的两种信号，在轨道附近形成电磁场。这些装置提供了两个时间偏移的感应电压，利用这些装置就可以在电子单元中确定是否通过轮轴以及轮轴的行驶方向。基于可靠性原因，磁头中除线圈外不存在其他电子部件。

图 7-16　磁头（SK30H）

（二）车轮电子检测盒（EAK）（见图 7-17）

电子单元 E-Es30H 为 Tx 磁头供电，检测并计算轮轴脉冲，监控磁头，进行自检并向 ACE 发送包含计数和监控信息的报文。计数、监控和报文生成功能由两个受计轴主机安全模块监控的独立微控制器执行。

图 7-17　电子检测盒（E-Es30H）

（三）室内计轴评估单元（见图 7-18）

室内计轴评估单元通过评估室外计轴区段计入及计出的轴数来判断次区段是否空闲。

图 7-18　计轴评估器（ACE）

（四）轨道配置

检测点位于轨道区段的两端。在轨道区段分界线上，需要有 1 个被两个区段共同使用的检测点。

轨道区段的布置可以很复杂，以下 7 种情况需要不同的轨道配置：

（1）单区段（无道口和道岔）。

（2）尽头线。

（3）道岔。

（4）复杂道岔布置。

（5）道口。

（6）一组区段。

（7）一组道岔、一个道口和闭塞线路。

1. 复零程序

复零的目的是在开通期间或在出现干扰时清除计轴区段，干扰是指区段内无列车，但计轴器由于干扰显示占用。

计轴区段复零是一个安全作业程序，它必须在调度和维护人员规章制度中加以明确定义。AzLM 系统提供四种复零方式，每个计轴区段可以采集复位接点任意配置两种方式进行复位，计轴主机并口板上复位钥匙也可配置复位方式。

本系统支持四种类型的复零方式，对于用串行口接至联锁的计轴，用来自联锁的不同命令进行复零，不要求 ACE 内部定义现场复零特殊数据；对于用并行接口接至联锁的计轴，复零方式在现场具体数据中定义。通过使用并行 I/O 板上的光耦输入和钥匙/按钮可以定义一个区段的不同复零方式；出于可靠性考虑，不允许对一个区段同时使用不同的复零程序。现场具体数据是否包括适当的登录条件，应该根据调度和维修规则来做规定。（例外情况：在进行预复零的过程中可以使用无条件复零。）

2. 无条件复零

执行复零前，调度员必须确保区段内无车。执行轨道区段复零前，一旦接收到复零命令，ACE 检查无禁止复零的技术条件，如持续故障等。用串行接口的计轴不提供无条件复零。

3. 有条件复零

执行复零前，调度员必须确保区段内无车。执行轨道区段复零前，一旦接收到复零命令，ACE 检查无禁止复零的技术条件，如持续故障等。

当区段确实处于被占用状态时，只有在最后一个计数动作为离开区段的计数时，才能执行复零（有条件复零）。当区段处于“受干扰”状态，不用考虑最后一个计数动作就可以执行复零。进行这种检查可以减少调度员犯错误的风险。

在并行 I/O 板上的光耦输入和钥匙/按钮可在现场具体数据里被定义，以消除某些限制。

选项 1：在现场具体数据内，可以确定在以下情况时限制是否应该一直被激活。

（1）ACE 启动（标准：编号）。

（2）区段受干扰（标准：编号）。

4. 预复零

执行轨道区段复零前，一旦接收到复零命令，ACE 检查有无禁止复零的技术条件，如持续故障等。随后列车通过区段，ACE 检查检测点是否正确运行，只有当进入和离开该区段的轴数相同时，ACE 才会清除区段。

选项 2：有条件预复零。当区段未受干扰但是被占用，仅当最后计数动作为出区段计数时，执行复零。

5. 带确认的预复零

执行轨道区段复零前，一旦接收到复零命令，ACE 检查有无禁止复零的技术条件，如持续故障等。随后列车通过区段，要求信号员确认列车正确通过区段。这意味着信号员必须确保列车已经完全出清该区段，随后向 ACE 发送一个确认命令。

ACE 检查检测点是否正确运行，如果能够正确计算进入和离开该区段的轴数，当接收到确认命令时，ACE 将清除该区段。

选项：带确认和条件的预复零。

当区段未受干扰但是被占用时，只有在最后一个计数动作为离开区段的计数时，才能执行复零（有条件复零）。

6. 关于与联锁设备的接口

与联锁设备接口采用继电器接口方式。每个区段设有一个区段轨道继电器。

计轴设备与联锁设备结合原理图如图 7-19 所示。

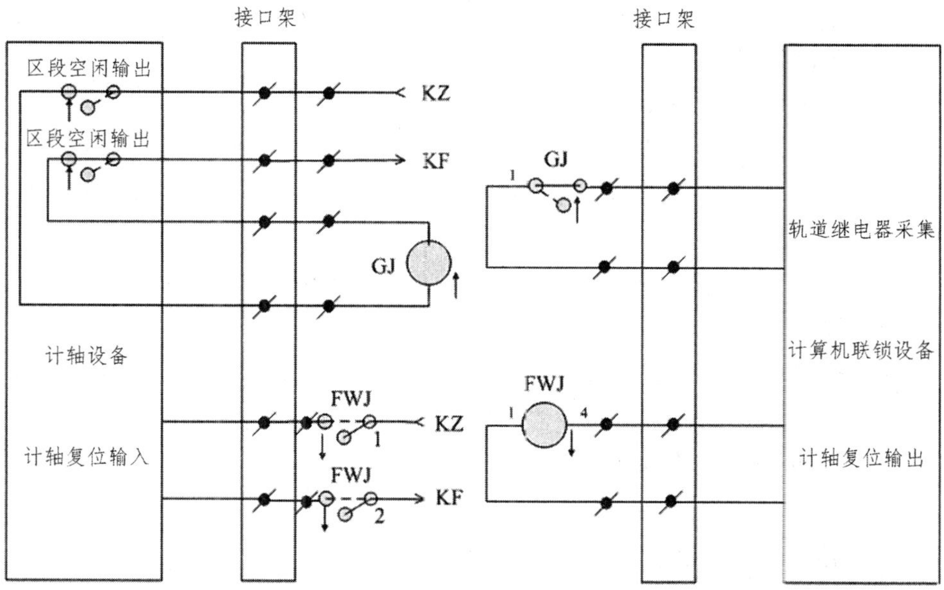

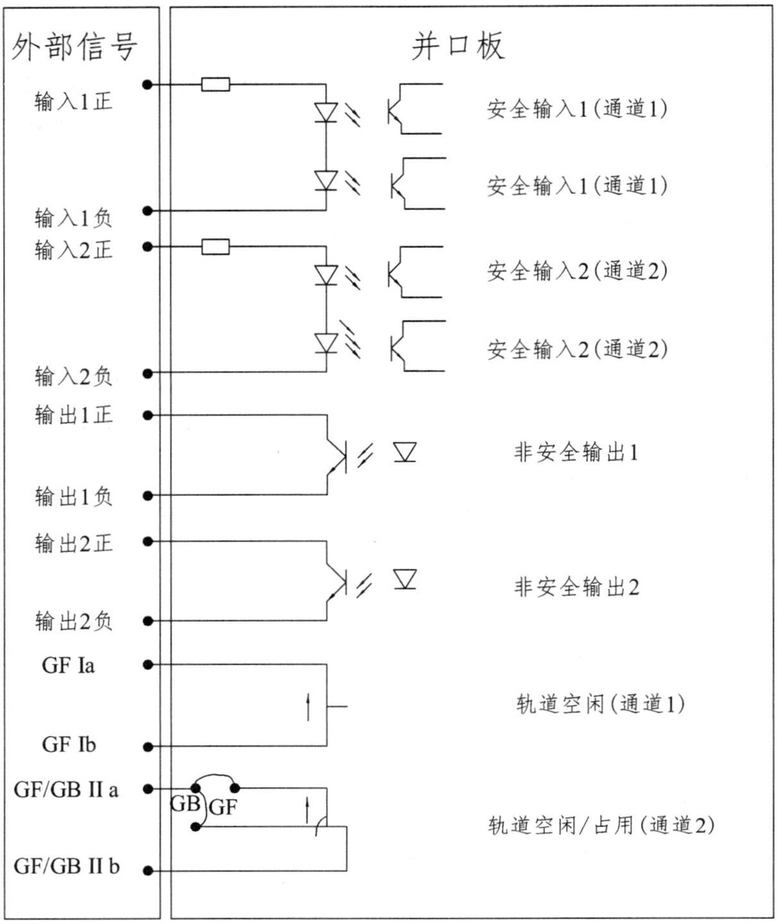

图 7-19　计轴设备与联锁设备接口示意图

关于电缆配置的说明：

（1）室内主机至室外各计轴点采用星型连接。

（2）当室外计轴点距室内主机小于 4.28 km 时，电源与通信通道合用，采用计轴电缆中通信四芯组（ϕ0.9）中的一组线对直线沟通。建议每个室外计轴点单用一根四芯ϕ0.9 通信计轴电缆至室内。

（3）当室外计轴点距离室内主机大于 4.28 km 时，可采用 2 个方案解决：

① 改变电缆线径。

采用计轴电缆通信四芯组线径为ϕ1.4 时，电源与通信通道合用，室外计轴点至室内主机的距离可达 10.43 km。

② 室外计轴点的电源及通信线分设。

6. 电源线

室外计轴点采用由室内的直流 120 V 供电，允许最大电缆电阻为 280 Ω。室外电子盒功耗为 9 W。以计轴电缆中信号四芯组（ϕ1.0）、环阻 47 Ω为例：

供电芯线单去单回，室外计轴点距室内主机的距离不大于 5.9 km；

供电芯线二去二回，室外计轴点距室内主机的距离不大于 11.9 km；

供电芯线三去三回，室外计轴点距室内主机的距离不大于 17.8 km；

7. 通信线

室外计轴点至室内主机采用计轴电缆中通信四芯组（ϕ0.9）中的一组线对直接沟通，其传输距离不大于 9.23 km。当传输距离大于 9.23 km，采用有源增音设备可延长一倍距离。中继处所可根据需要设置。

站间分界点处计轴点，电源可由一端站提供，但是其通道必须与二端站分别连接。

电缆要求：采用经铁道部鉴定的低烟无卤阻燃综合屏蔽铝护套计轴电缆 WDZ-GJZL23 型。

8. 可靠性指标

计轴设备应满足以下要求：

设备已达到 EN 50129 的最高的安全完整性水平（SIL4）。

计轴设备的可靠性指标：

平均无差错计轴数≥1×10^9轴；

平均无故障工作时间 MTBF≥14.6 年；

平均修复时间 MTTR≤0.5 h；

所提供的计轴设备应能满足本工程 25 年寿命周期要求；

列车进入区间时，设备表示占用，设备在任何故障状态下，均表示占用，满足“故障—安全”的原则；

设备能区分列车运行方向，适用列车各种正常作业；

设备能向维修子系统提供工作状态、故障信息等信息；

满足《计轴设备通用技术要求》（TB 2296—91）以及国铁集团针对计轴设备的有关技术标准和规定；

设备具有较强的抗雷电冲击能力，并符合《铁路信号设备雷电防护办法》的规定；

电磁兼容性能符合 TB/T 3073-2003《铁路信号电气设备电磁兼容性试验及其限值》的相关规定。

9. 关于反应时间要求

（1）占用反应时间：最小为 220 ms，最大为 1000 ms，平均为 400 ms。

（2）出清反应时间：最小为 420 ms，最大为 1200 ms，平均为 600 ms。

10. 关于电源屏供电要求

AzLM 系统需要三种电源，由电源屏直接供出：

（1）直流 120 V 电源 10A 给室外电子单元 EAK 供电。

（2）直流 60 V 电源 10A 给室内主机 ACE 供电。

（3）直流 24 V 电源 5A 给复零继电器，区间轨道继电器供电。

11. 接地要求

（1）室外每个计轴点的设备屏蔽地和防雷地可合用，接地电阻要求 < 1 Ω。

（2）室内设备地与防雷地的接地电阻要求 < 1 Ω。

12. 机柜要求

机柜尺寸为标准配置，2000（2200）mm × 600 mm × 600 mm，色号可根据具体要求进行定制。

六、AzS（M）350

西门子 AzS（M）350 微机计轴系统是一种新型微机计轴系统，它采用西门子 SIMIC 安全型微机为控制核心，配以完善的外围电路构成运算单元，每个运算单元可以直接连接多个（T 型 3 个、M 型 4 个、U 型 5 个）先进的西门子 ZP43E 计轴点设备，同时具备检查多个（T 型和 M 型 2 个、U 型 4 个）轨道区段的能力，并且通过多个运算单元之间的有机组合来构成一个整体系统，用以检查不同规模的站场和区间轨道空闲或占用状态。

经过基于验证的 SIMIS 原理，采用 2 取 2 配置的故障—安全型计算机西门子 AzS（M）350U 型微机计轴系统可用于检测轨道、道口和道岔区段的占用或空闲，适用于一或多轨道区段，该系统可处理列车速度达到 400 km/h 的信息，采用西门子 SIMIS 微机系统，以保证车辆的安全运行。

AzS 具有以下特点：

（1）运算单元之间的数据传输是通过 MODEM（调制解调器）和双芯电缆，或通过 MODEM 和光缆实现的。

（2）一个运算单元可直接连接 5 个计轴点。

（3）一个运算单元可给出 4 个区间的表示。

（4）一个运算单元最多可传输 24 个闭塞信息。闭塞信息通过光电耦合器件输入，通过安全型继电器输出。运算单元之间的闭塞信息以电讯码形式传输。

AzS 采用符合故障—安全的 SIMIS 微机系统，适用于 43 km/m、50 km/m、60 kg/m 等各种型号的钢轨，可在电气化或非电气化区段使用，不受轨枕、道床电阻、机车和车辆类型的限制。室外设备能在温度 – 40 °C ~ 80 °C、湿度不大于 95%（温度为 25 °C 时）的条件下工作；室内设备能在温度 – 25 °C ~ 70 °C、湿度不大于 95%（温度为 25 °C 时）的条件下工作。

西门子 AzS（M）350U 型微机计轴系统，分为室内和室外设备两部分：

（1）室内设备：运算单元、电源和轴数显示设备

（2）室外设备：计轴点设备（包括传感器和轨道箱）及宽带隔离变压器。

一个运算单元：可直接连接 5 个计轴点，检测 4 个区间。

一个计轴点设备可为相邻的区段共用。

检测区间多于 4 个时，运算单元可进行无限制的叠加；两个运算单元之间距离小于 30 m 时，可直接连接进行数据传输。

室外计轴点设备与室内运算单元之间的距离：6.5 km，每大于 6.5 km 增加一套宽带隔离变压器。

室外计轴点设备与室内运算单元之间的芯线数：一个计轴点设备 2 芯；距离大于 6.5 km 后，一个计轴点设备 4 芯。

计轴系统主要由以下几部分构成：

（1）运算单元。

（2）调制解调器（MODEM）。

（3）双置车轮传感器（磁头）。

（4）轨道箱（黄帽子）。

（5）宽带/隔离变压器（视情况选用）。

（6）计轴电源（含 UPS）。

（7）轴显示器。

1. 示　例

像 AzS600 一样使用（见图 7-20）。

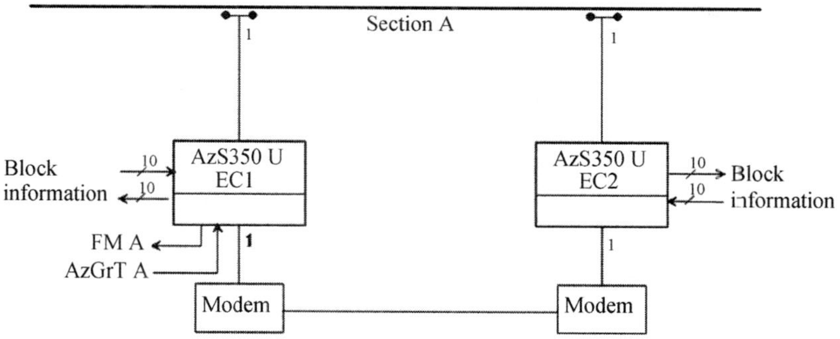

图 7-20　示例 1

2. 示例 2

像 AzS(M)350B 一样使用（见图 7.21）。

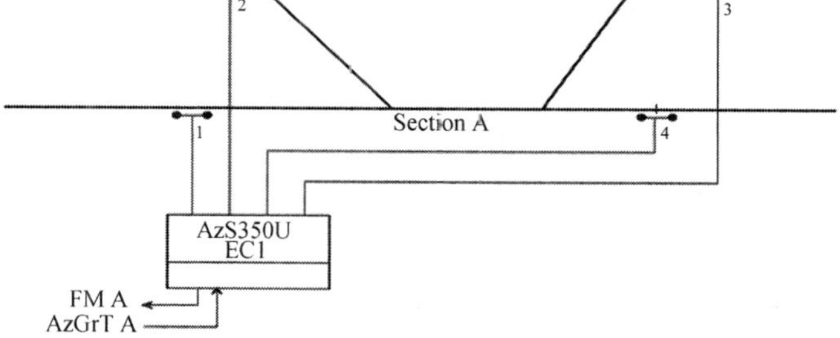

图 7-21　示例 2

3. 示例 3

像 AzS(M)350M 一样使用（见图 7-22）。

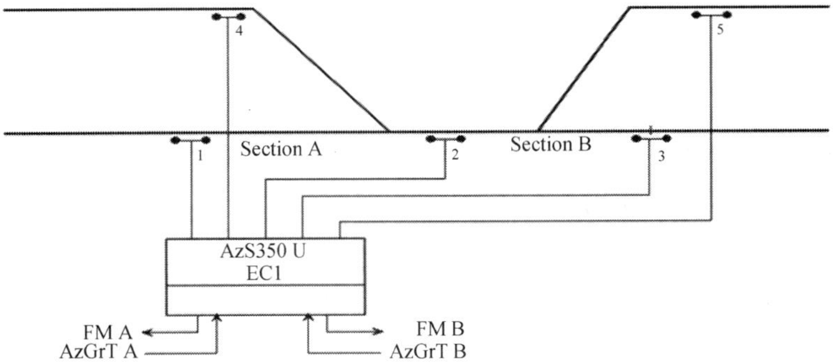

图 7-22　示例 3

4. 示例 4

复线区段如图 7-23 所示。

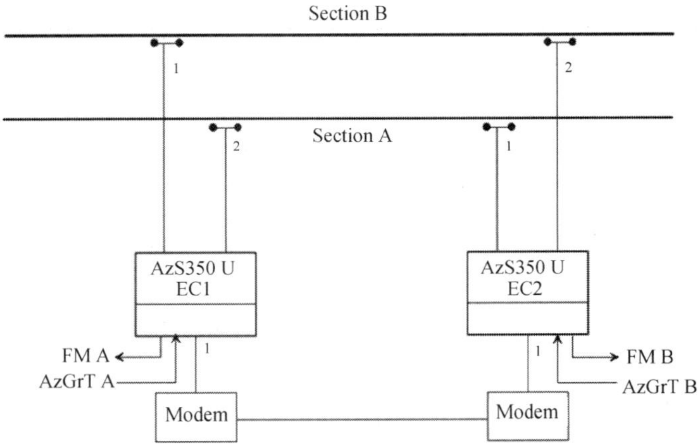

图 7-23　示例如 4

5. 示例 5

级联电路（3 个运算单元 2 个区段）如图 7-24 所示。

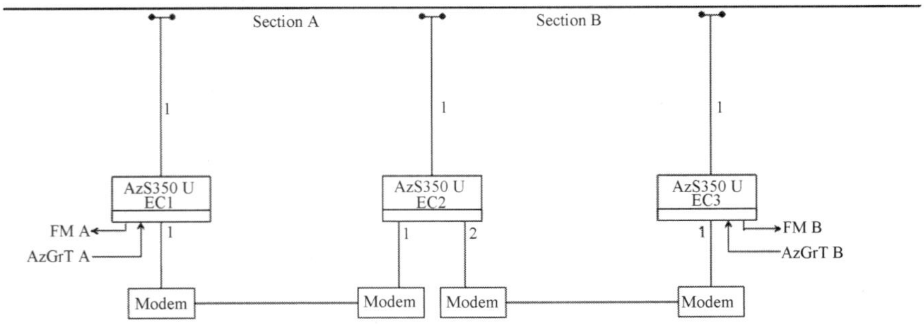

图 7-24　示例 5

6. 示例 6

级联电路（3 个运算单元 8 个磁头 6 个区段）如图 7-25 所示。

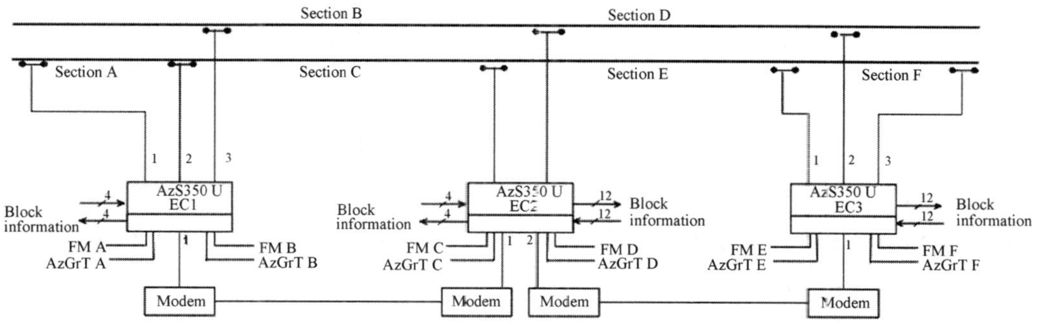

图 7-25 示例 6

1）上、下行设备必须分开独立配置

根据图 7-26，具体配置计轴设备时要考虑：上、下行的计轴设备要互相独立；在上、下行线路都涉及的室外计轴点应该在对应的上、下行设备中都予以考虑，同时在室内主机中都要预留一个对应的室外计轴点的位置。具体如图 7-26 所示。

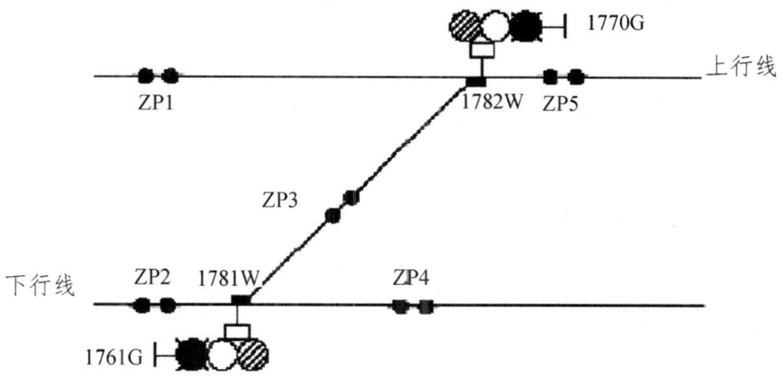

图 7-26 计轴设备与联锁设备接口示意图

根据图 7-27 所示的线路情况，室外计轴点（ZP3）就是一个涉及上、下行的公用点；上行线主机配置 ZP1，ZP3 和 ZP5，下行线主机配置 ZP2，ZP3 和 ZP4。ZP3 通过室内复用来实现。

2）各个设备联锁区的分割点在相邻的设备联锁区都要考虑

根据线路图，具体配置计轴设备时要考虑：不同联锁区的计轴设备要互相独立；在两个联锁区之间作为分割点的室外计轴点，应该在对应的两个联锁区的主机设备中都予以考虑，在室内主机的配置中都要预留一个对应的室外计轴点的位置。具体如图 7-27 所示。

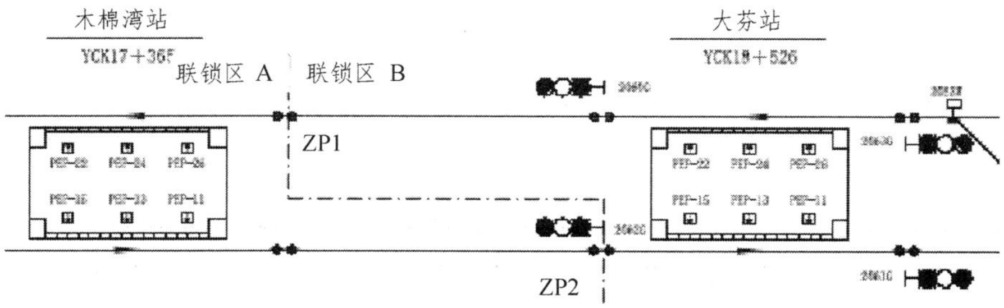

图 7-27　联锁区的分割点

根据图 7-28 所示的线路情况，室外计轴点（ZP1 和 ZP2）就是一个涉及两个联锁区的分割点；联锁区 A 的主机需要配置 ZP1 和 ZP2，联锁区主机 B 同样需要配置 ZP1 和 ZP2。ZP1 和 ZP2 通过室外复用来实现。

3）统计设备数量时必须同时考虑“一个主机最多带 5 个点，最多检测 4 个区间”的条件

在进行计轴设备数量的初步估计时要同时考虑：一个主机最多带 5 个室外计轴点，最多检测 4 个区间的条件。

在图 7-28 所示的线路条件下，上行线主机配置 ZP1，ZP3，ZP5，ZP7 和 ZP9 共计 5 个计轴点，需要检测 QG1，QG3，QG5，QG7 和 QG9 共计 5 个区间。

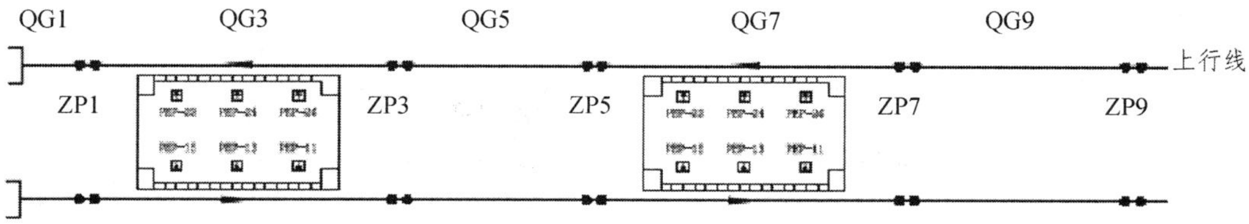

图 7-28　五个计轴点五个区间

4 个区间的检测要多于 5 个室外计轴点

在图 7-29 所示的线路条件下，上行主机线需要检测 QG1，QG3，QG5，和 QG7 共计 4 个区间。涉及配置 ZP1，ZP3，ZP5，ZP7，ZP9 和 ZP11 共计 6 个计轴点。

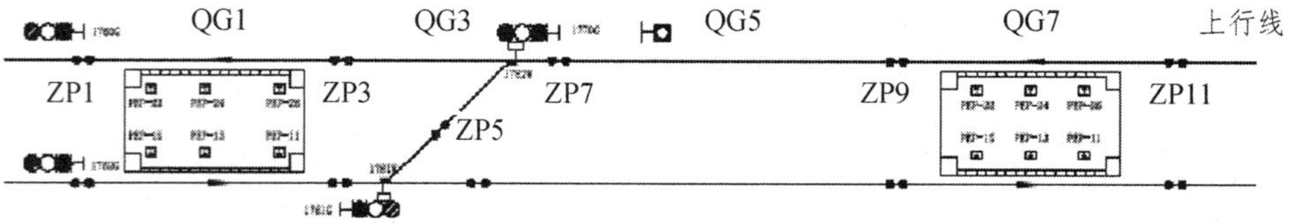

图 7-29　六个计轴点四个区间

4）统计设备检测区间数量的统计要考虑两个联锁区边界区段的归属

在图 7-30 所示的线路条件下，QG1 属于联锁区 B；而 QG2 属于联锁区 A；符合设备检测前方一个区间的要求。

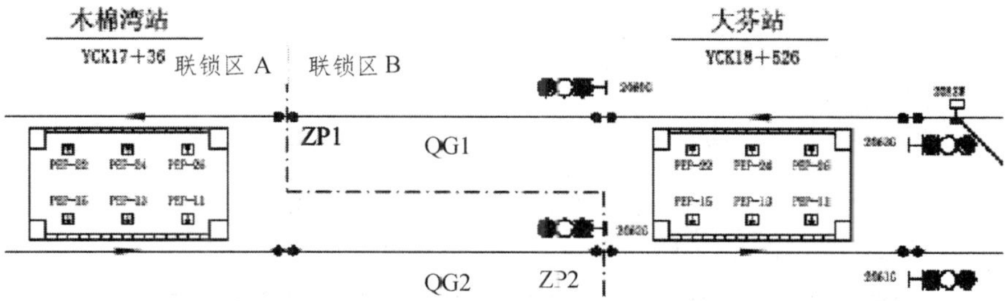

图 7-30　分界点的归属图

5）复用方式的说明

（1）室内复用。

室内复用通过主机插头或内部信息交换来实现计轴点的复用。

（2）室外复用。

室外复用通过室外设备复用板来实现，计轴点的信息通过两根不同的电缆将信息传输到不同的联锁区。

（3）串口复用。

同一个联锁区的机柜内的主机，可以通过串口通信的方式来实现计轴点的复用。

第二节　控制盘

一、概　述

在城市轨道交通监控系统中，车站监控室内的综合后备控制盘（Integrated Backup Panel，IBP）在越来越多线路中得到应用，包括火灾自动报警系统（FAS）、环境与设备监控系统（BAS）、供电系统（PSCADA）、安全门系统（PSD）、自动售检票系统（AFC）、信号系统（ATS）、广播系统（PA）、闭路电视监控系统（CCTV）等主要设备运行状态，并在紧急状态下对车站内相应的系统设备进行紧急操作。IBP 盘上涉及安全的操作按钮带有铅封。

二、构　成

IBP 盘一般由上下两部分组成，上层部分为 IBP 盘面，主要设置指示灯和按钮，用于显示设备运行状态和控制操作，下层部分为设备操作台，主要放置各专业系统的设备，如显示器、调度电话、监视器等以及相关的辅助设备。车站监控室 IBP 盘与各专业系统通过电缆采用硬节点方式进行连接，其构成主要有工作电源、盘面布置的各专业操作按钮。

IBP 盘面上设置的按钮有紧急停车按钮、取消紧停按钮、扣车按钮、终止扣车按钮、紧停报警蜂鸣器、报警切除按钮，这些在所有车站车控室都设置。计轴复位按钮、计轴总预复零按钮，以及 ATS/LOW 切换开关只在集中站设置。

1. 非设备集中站配置

非设备集中站基本设置如图 7-31 所示。

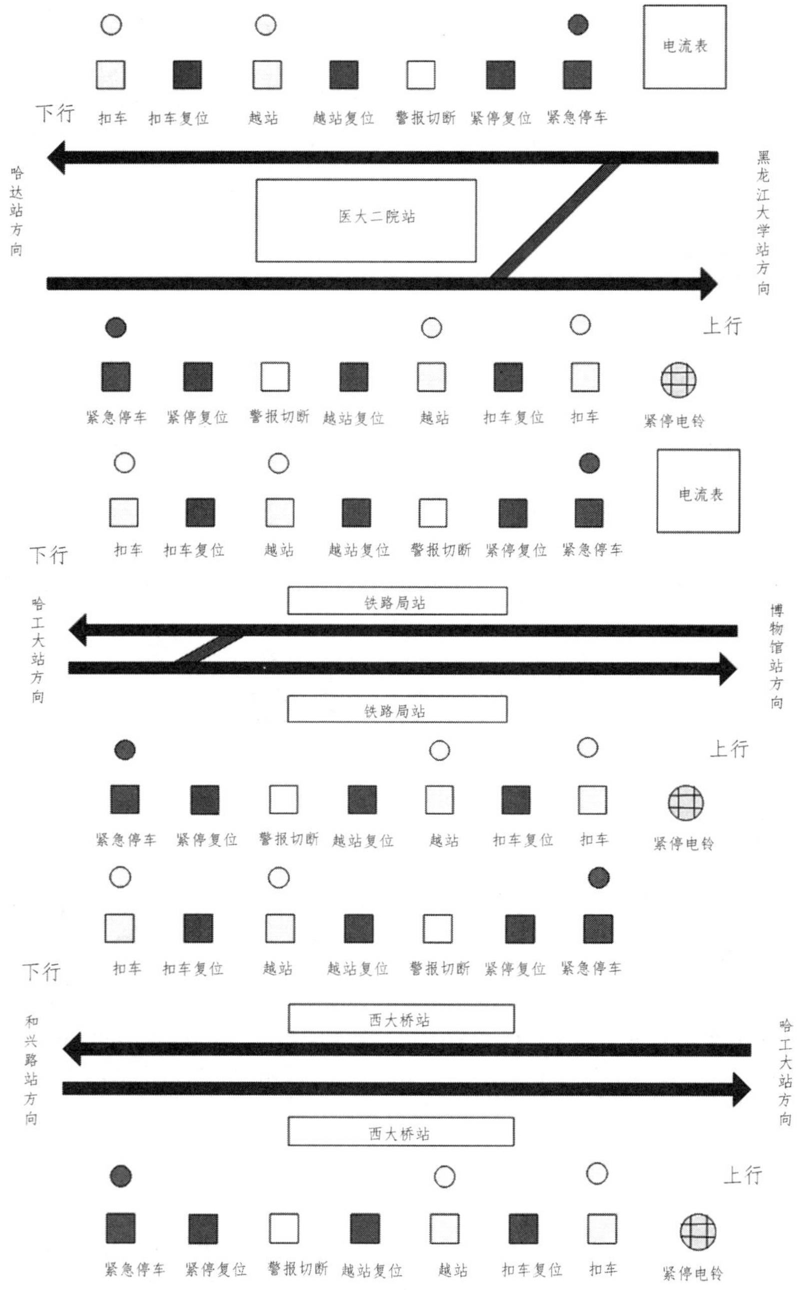

图 7-31　非设备集中站 IBP 盘

IBP 盘上设置有站台扣车、站台终止扣车、紧急停车、取消紧停采用带铅封的自复式按钮，声音报警切除采用非自复式按钮。

2. 集中站 IBP 盘面板及按钮设置

集中站 IBP 盘面板及按钮设置如图 7-32 所示。

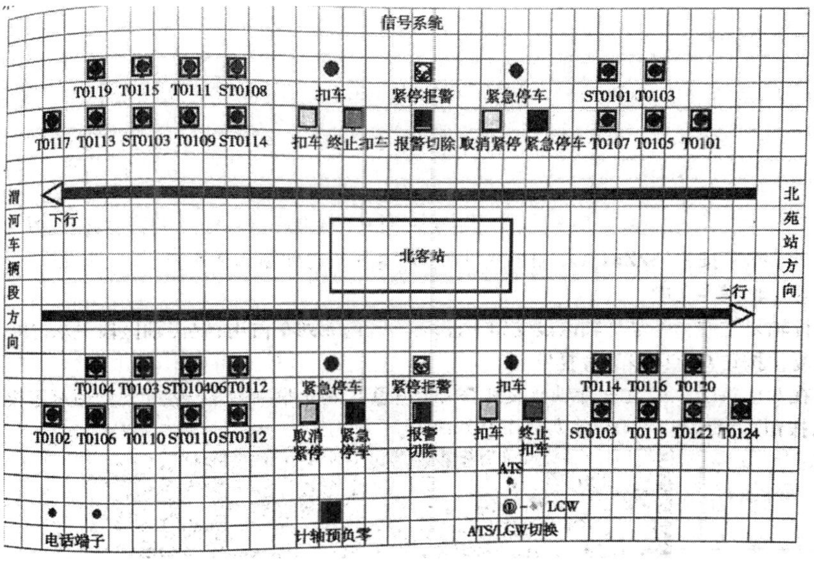

图 7-32　设备集中站 IBP 盘

三、输入/输出接口

（一）与 ATS 的接口

由于扣车相关的功能是非安全相关的功能，所以由 ATS 来完成，通过车站接口柜（SIC）实现控制（见图 7-33）。

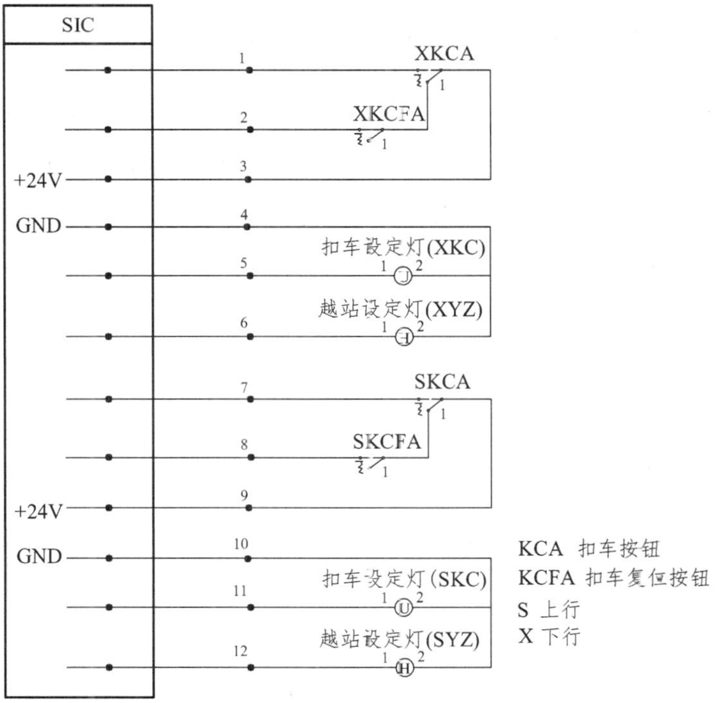

图 7-33　与 SIC 柜的连接电路图

（二）与 CI 的接口

和紧急停车按钮相关的功能都是安全相关的功能，工程设计上将独立地为每个站台轨道提供紧急停车按钮的状态信息。CI 根据闭环原则实现对紧急停车按钮的数据采集。

如果按下紧急停车按钮，这个信息将在联锁逻辑中产生一个报警信息，并设置站台轨封锁。联锁系统将通过 ATC 地-车通信向列车传送一个停车指示，这将会导致该区域范围列车的紧急制动。同时报警信息也将会送至中心控制工作站。此外，相关轨道区段的所有信号机将显示红灯。

在列车未装备 ATC 系统或运行在非 ATC 模式的情况下，将由司机负责启动紧急制动，这是因为在每个固定闭塞区间在信号的可视范围外没有信号通信。

CI 轨旁接口具备下列连接：紧急停车按钮激活的安全输入至 CI 的 I/O 系统。

此接口也作为 IBP 设备的一部分。图 7-34 和图 7-35 中显示了紧停按钮的基本电气连接图。所用继电器为重力式继电器。

紧急停车按钮的情况可用下列相关的继电器状态描述：

（1）正常状态（紧急停车按钮没有按下）继电器电路 JTJ 闭合，继电器励磁。因此 JTBD 灯位不亮，声音警报 JTDL 没有激活。

（2）当紧急停车按钮（自复式）被按下或 IBP 上的 JTA 按钮（自复式）被按下，电路断开，继电器 JTJ 落下。JTJ 的一个接点保证电路断开，因此即便 EB 不再按下，继电器也无法再次励磁。

一旦继电器 JTJ 落下，声音警报 JTDL 电路闭合，声音警报激活。

此外继电器 JTJ 的一个接点将闭合信号 JTBD（H）电路，可视指示（警报）将在 IBP 上显示。

（3）为了取消紧急停车，紧急停车按钮必须要恢复到常态（只要按钮被按下，这将无法实现），JTFUA 按钮（自复式）必须被按下，使得继电器 JTJ 再次励磁（保持在吸起状态）。一旦 继电器 JTJ 励磁，JTBD 灯位将会灭掉。

（4）可以按下 QDA 按钮（非自复式）从而关闭声音报警。当按钮按下，声音报警电路将会切断。

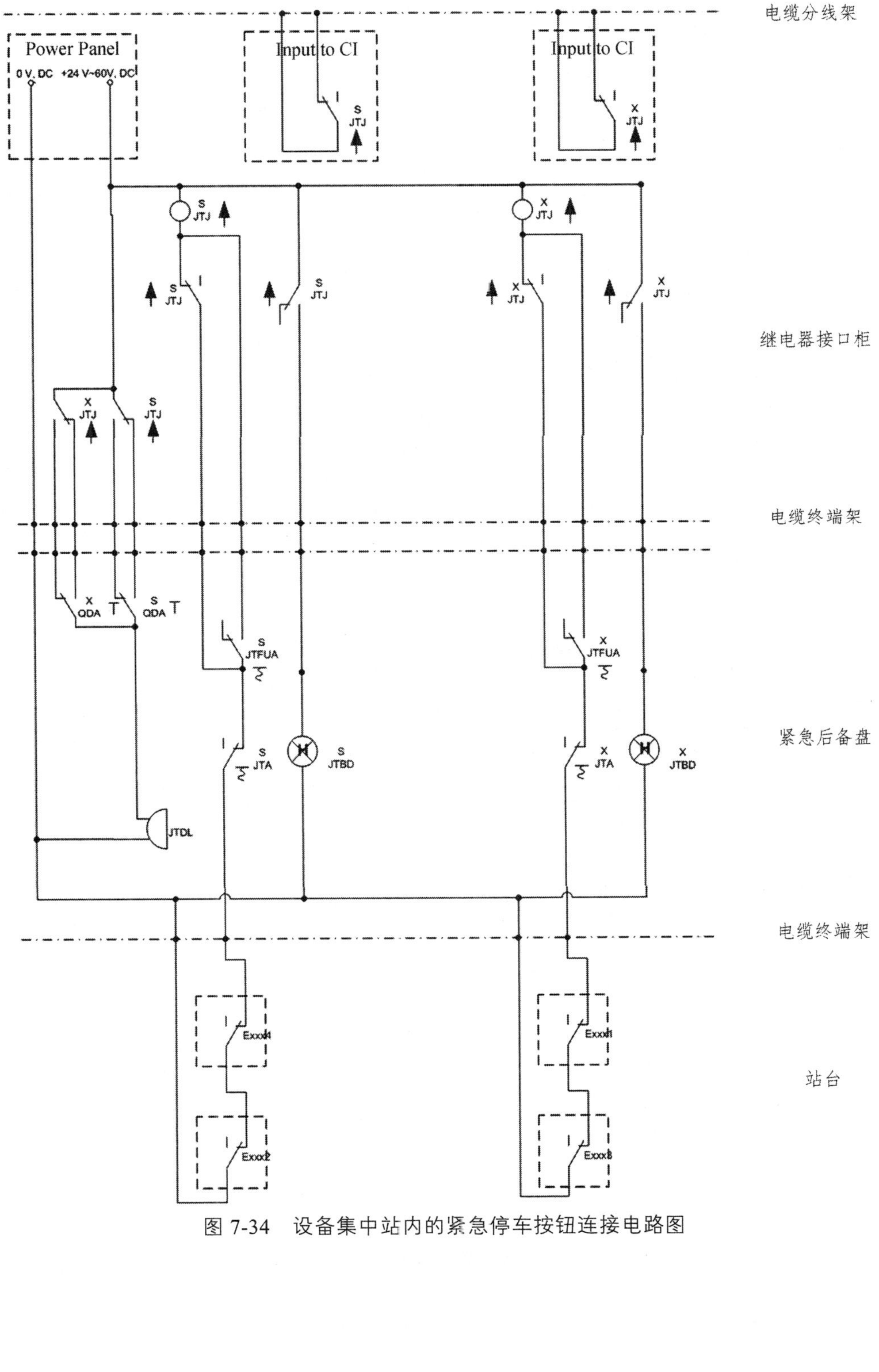

图 7-34 设备集中站内的紧急停车按钮连接电路图

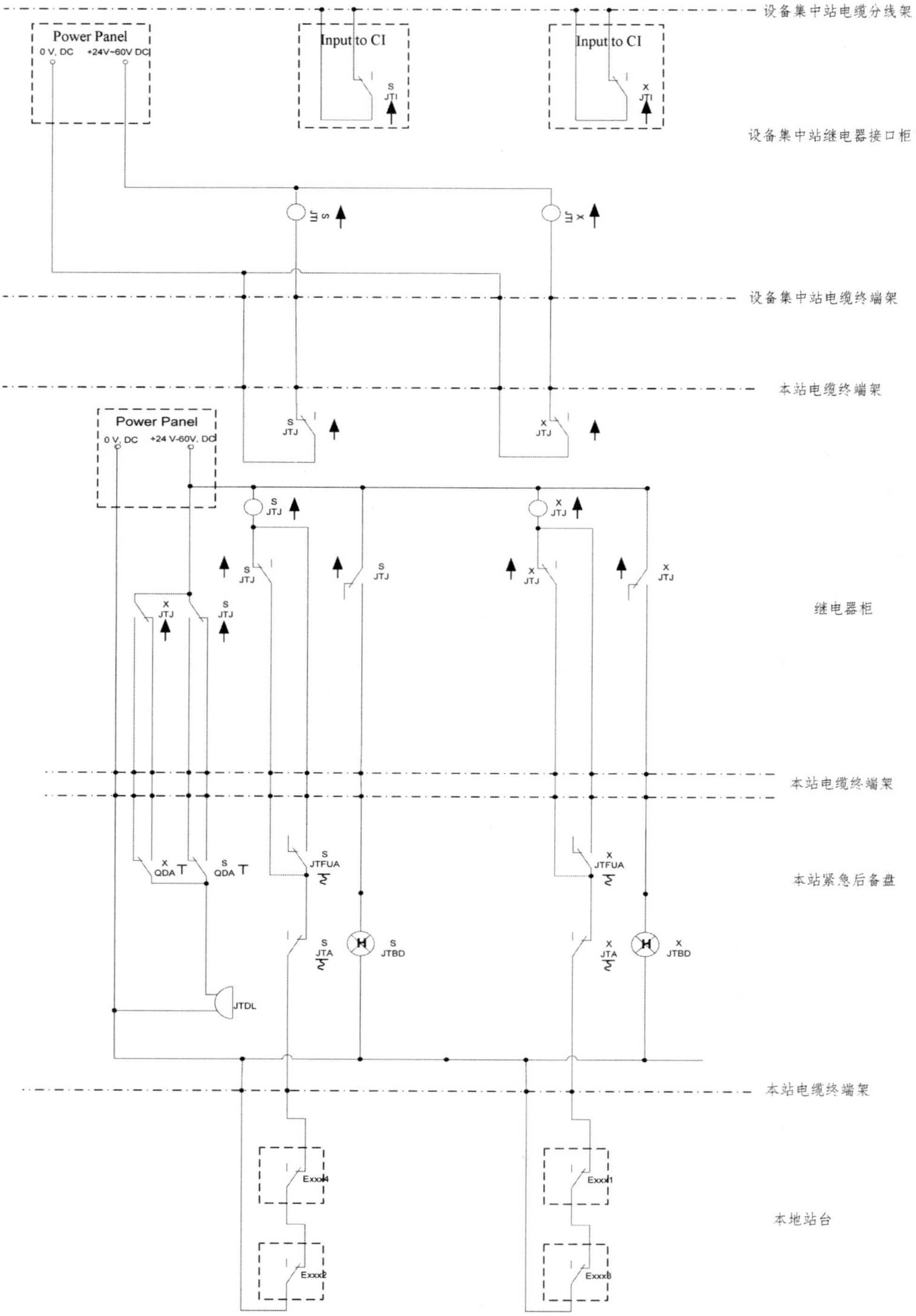

图 7-35　非设备站内的紧急停车按钮连接电路图

复习思考题

简答题

（1）计轴的工作原理是什么？

（2）计轴的室内设备包括哪些？各部件有什么作用？

（3）计轴的室外设备有哪些？各部件有什么作用？

（4）计轴的功能有哪些？

（5）计轴的特点是什么？

（6）AzLM 计轴的组成是什么？

（7）计轴的复零方式有几种？

（8）IBP 盘的功能是什么？

（9）IBP 盘和 ATS 的接口是什么？

（10）IBP 盘和 CI 的接口是什么？

微课　CI 和 IBP 盘的接口

微课　紧停故障处理

第八章 西门子联锁系统

【学习目标】

1. 了解西门子联锁 SICAS 的系统构成。
2. 了解信号系统与联锁之间的连接。
3. 掌握西门子联锁系统的功能。
4. 了解进路监督的原理。
5. 了解运行模式的功能。
6. 了解 SICAS 系统原理。
7. 了解 SICAS 的系统软件。
8. 了解 SICAS 的系统接口。
9. 了解西门子计轴 ACM100 的原理和特点。

【学习方法和建议】

熟悉本章教学内容，认真阅读教材，掌握西门子联锁 SICAS 的功能，了解西门子联锁和外部系统之间的接口，上网查阅西门子联锁的相关资料，阅读智慧职教中相关的资源。

第一节　系统构成

Sicas ECC 电子联锁系统采用模块化设计。Simis ECC 基础模块是与应用程序相互独立的硬件设备。Simis ECC 硬件核心以经过验证的 SIMIS 原理为工作基础，该硬件核心连接到 Simis PC。标准化的系统接口允许联锁系统连接到既有的操作控制设备和人机界面。

一个 Sicas ECC 联锁区域由一个 Simis PC 系统和 16 个（最多）元件控制计算机（ECCs）组成（见图 8-1）。

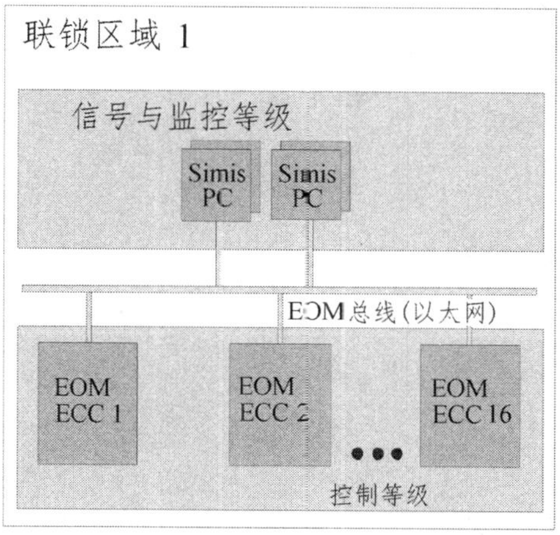

图 8-1　联锁区域

Simis PC 系统是一个高性能多样化设计的连续平台，用于计算机加强型信号应用。联锁功能通过联锁逻辑在 Simis PC 上运行。联锁逻辑由信号逻辑（运行规章制度）和控制监控逻辑组成。

Simis PC 系统通过冗余以太网（EOM 总线）连接到 ECC 内部的故障安全硬件核心。信息通过光传输媒介传送到机柜外部。

使用长距离交换机时，EOM 总线的最大长度为 86 km。

ECC 系统由硬件核心和集成 EOM 组成，硬件核心的运行已经过 Simis 原理验证，集成 EOM 用于控制和监控室外元件。ECC 系统可以封装在不同的建筑物内，也可以以分散模式安装在轨道沿线。

控制与显示接口（CDI）连接 Sicas ECC 联锁和操作控制系统上的控制和显示系统。

一、联锁区域与联锁连接

一条联锁总线最多可将 20 个联锁区域连接到一台联锁。冗余联锁总线为以太网方式（见图 8-2）。

如果使用长距离交换机，两个联锁区域最大距离可以达到 86 km。

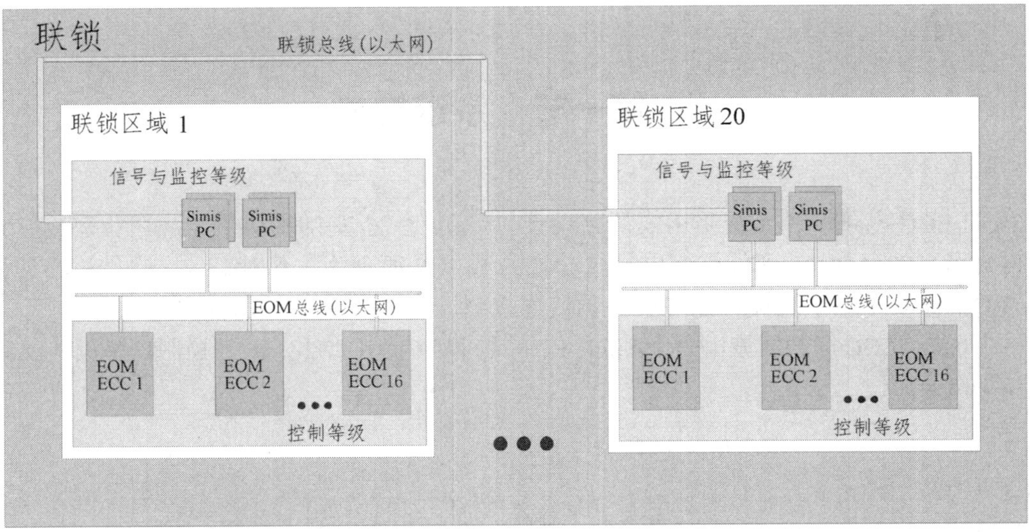

图 8-2　联锁区域之间的连接

二、信号系统与联锁之间的连接

（一）室外设备的连接

集成 EOM 封装在 ECC 内部，对室外元件进行控制和监控（见图 8-3）。

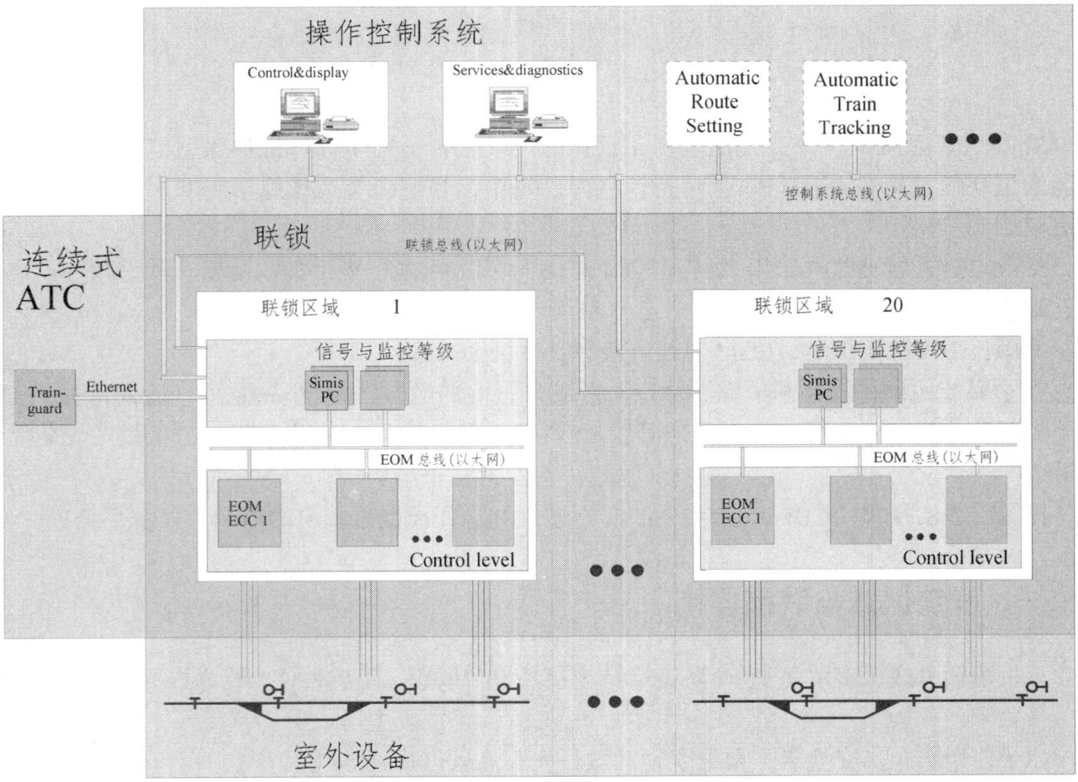

图 8-3　Sicas ECC 配置

一个 ECC 可控制多达 26 个集成 EOM 用于受控元件（道岔，信号机等）。每个联锁区域大概有 16 个 ECC，大约 300 个受控元件，每个 Sicas ECC 联锁控制 3000 个受控元件。

每个联锁区域也能连接大概 300 个轨道空闲检测单元。

最远控制距离（指 EOM ECC 和室外设备元件之间的距离）为 6.5 km（取决于电缆容量，干扰电压和其他室外设备的系统相关参数）。室外设备元件使用铜缆进行连接。

以下室外设备元件通过外围设备板连接。

1. 道　岔

（1）西门子 S700K 道岔转辙机由 Pom4 控制和监控。

（2）其他类型道岔转辙机的连接方式依需求而定。

道岔转辙机接口原理如图 8-4 所示。Pom4 电气特性如表 8-1 所示

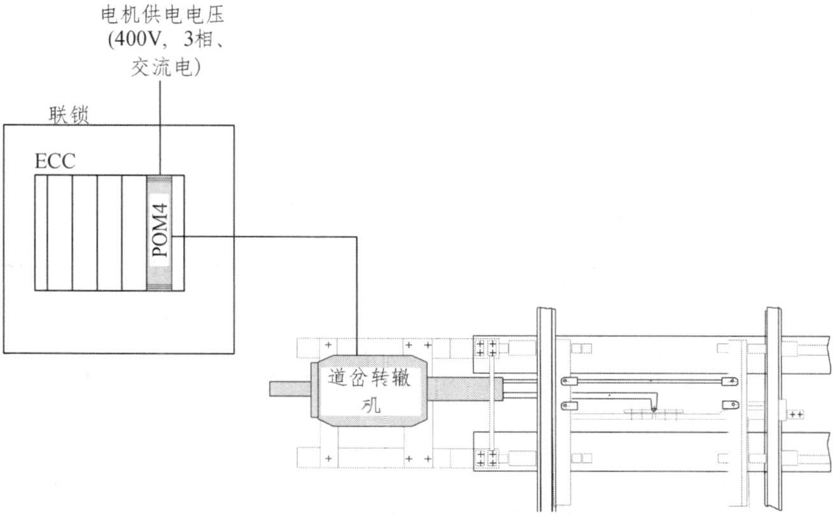

图 8-4　Pom4 与道岔转辙机接口原理

表 8-1　Pom4 电气特性（三相四线连接）

	最小值	典型值	最大值
道岔供电电压（三相交流电，非接地）	100 Vrms	400 Vrms	440 Vrms
频率	47 Hz		63 Hz
工作电流	1 A		5 A
启动/折返电流			14 A
允许干扰电压（连续，16 2/3 - 50 Hz）*			250 Vrms
允许干扰电压（瞬时<1 s，16 2/3 - 50 Hz）*			1500 Vrms

*在直流供电轨道，牵引产生的干扰电压可以忽略不计。但需考虑其他干扰量。

2. 信号机

信号机由 Som6 负责控制、监控，并提供西门子信号机 K140-LED 或 K400-LED 的供电。

其他类型信号机的连接方式依需求而定。

Som6 与信号机的接口原理如图 8-5 所示，Som 的电气特性如表 8-2 所示。

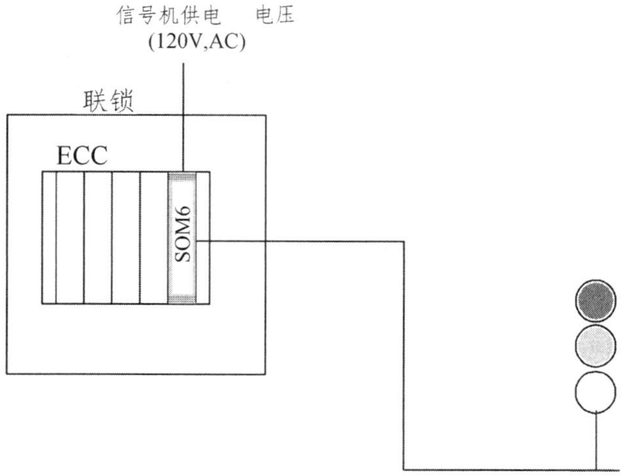

图 8-5 Som6 与 LED-信号机接口原理

表 8-2 Som 的电气特性

	最小值	典型值	最大值
信号机电源电压（非接地）	36 Vrms		250 Vrms
频率	47 Hz		130 Hz
单个电灯电路熔断保护		1.6 A	
允许干扰电压（连续，16 2⁄3 – 50 Hz）*			250 Vrms
允许干扰电压（瞬时<1 s，16 2⁄3 – 50 Hz）*			1500 Vrms

*直流供电的轨道上，牵引产生的干扰电压可以忽略不计。但仍需考虑其他干扰量。

3. 轨道空闲检测系统

轨道空闲检测使用独立的轨道空闲检测系统（计轴）。对于计轴系统（ACM100），可以通过故障—安全数字输出将定位/重置操作传送到计轴系统。系统间通过 Inom2 外围设备板互相连接。

4. 到非信号系统的数字 I/O 接口

根据用户的不同需要，可以通过故障—安全及 Unom/Inom2 的零电势输入和输出连接不同类型的附加非信号系统（例防淹门、站台紧急停车系统）。

（二）连接到操作控制系统

一套单独的以太网总线用于连接操作控制系统以及不同的操作显示系统。其通信协议为 PDI。

信息通过铜缆或光学传输媒介传输。为提高可用性采用冗余连接。

西门子 Vicos® 控制系统系列全部组件（服务和诊断、列车自动追踪、自动排列进路、车次号跟踪等）能连接到 Sicas ECC 联锁。其他制造商的系统如果支持过程数据接口（PDI）也能连接到 Sicas ECC 联锁。

联锁区域内的本地操作工作站（LOC）基本可以负责整个联锁区域。这意味着，属于同一联锁区域的本地操作工作站可以监视并且如果得到所需的访问权，控制所有属于该联锁区域的元件。

所有功能都能快速轻易地监视和控制过程。正常运行中的故障和偏离可以被快速识别，使操作员可以启动故障源检修。这样，联锁控制可为操作员提供很大帮助。

操作员可以直接使用鼠标直接操作监视器上所显示的元件，只有选中元件实际可执行的命令将提供给操作员，如设定道岔位置。这使得操作更加简易。为了能够检查哪些命令已被选中，命令以文字的方式显示。故障通过闪烁按钮表示，如果需要，也可以给出声音信号。

1. 控制和显示系统

控制&显示系统和 Sicas ECC 联锁通过控制系统总线相互间通信。通信协议采用程序保护 PDI 协议。

2. 自动化系统

自动化系统（如自动排列进路）实现自动列车追踪或乘客信息系统在故障—安全 Sicas ECC 联锁系统边界外执行。这些系统通过与控制和显示系统相同的接口连接到联锁。

3. 服务和诊断功能

服务和诊断控制单元（S&D PC）是 SICAS ECC 的一个专门工具，提供联锁系统的状态和故障或失效的记录，并对数据进行处理评估。

（三）连续列车自动控制系统的连接

连续自动列车控制（CATC）系统用于控制轨道列车。

用来连接连续式 ATC 系统和信号逻辑功能的接口功能是在控制显示接口（CDI）中实现的（见图 8-6）。

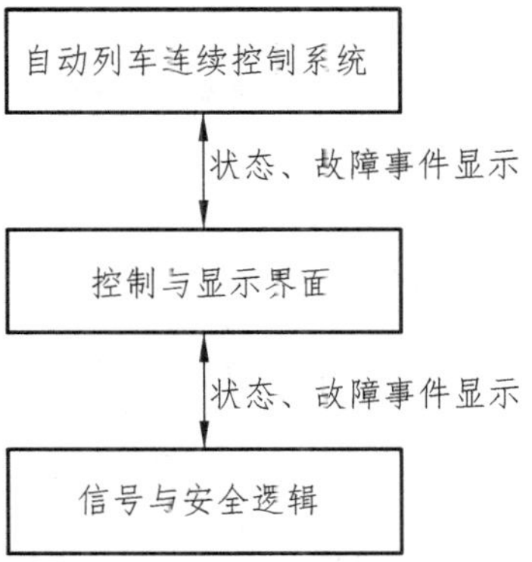

图 8-6　连续自动列车控制系统，控制显示接口以及信号安全逻辑之间的通信

操作显示接口功能是基于故障—安全原则的 SIMIS ECC 平台。

（四）连接到 Trainguard MT

Trainguard MT 通过以太网连接到 Sicas ECC 联锁，Trainguard MT 和 Sicas ECC 通过以太网连接，以太网实现了 Trainguard MT 中各个元件以及它与 Sicas ECC 之间的连接。对于每个联锁区域，均有一个 Trainguard MT 轨旁单元与之相连。

三、联锁互联

在逻辑层面，Sicas ECC 联锁通过以太网接口互联（联锁总线）。信息通过铜缆或光学传输媒介传输。为提高总线系统可用性，连接采用冗余配置。对于联锁互联，通过区间闭塞接口连接和通过进路接口连接是有区别的（见图 8-7）。

连接 Sicas ECC 联锁时，共有 20 个联锁区域能互联。互联多于 20 个联锁区域时，须按照项目具体解决方案实施。

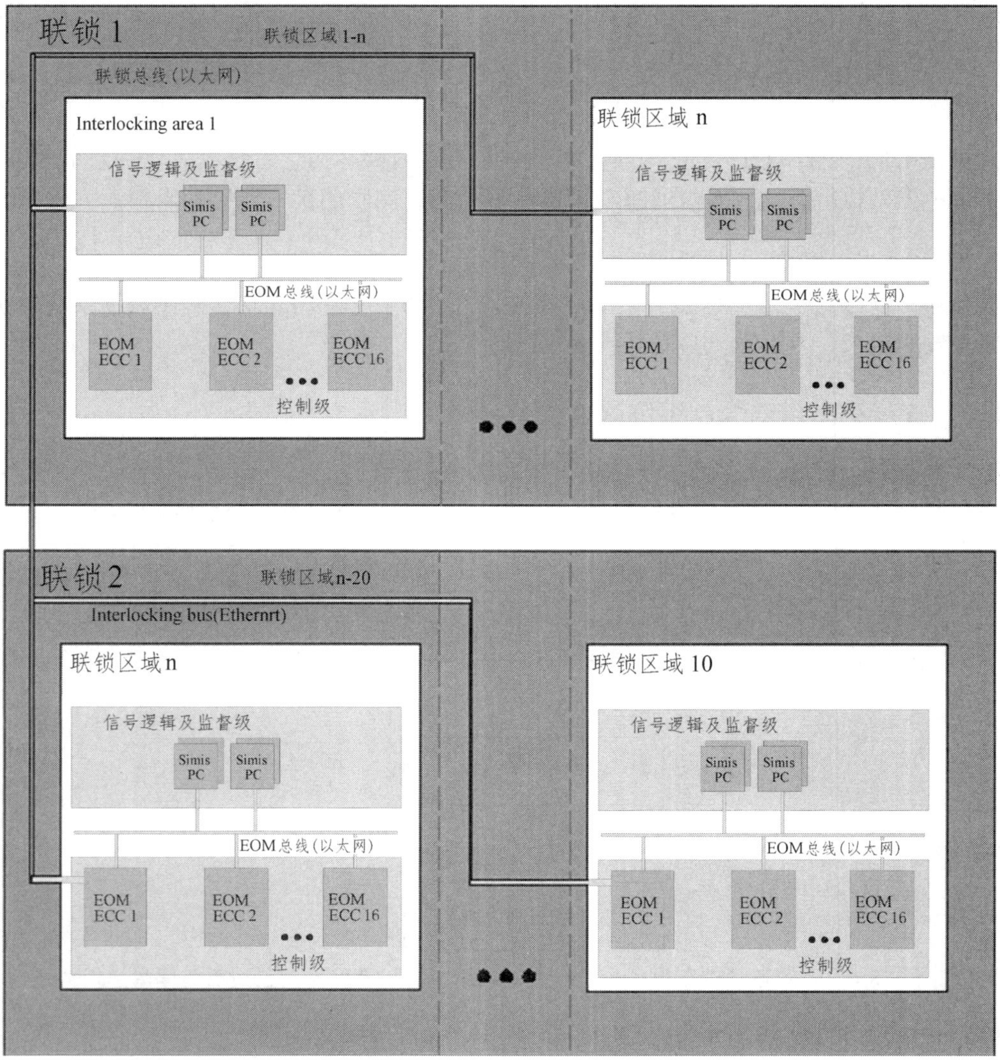

图 8-7 Sicas ECC 联锁互联通用原理

四、硬件接口定义

图 8-8 显示了联锁计算机与室内和室外设备元件接口的示例。总线连接（以太网）为冗余设计以提高可用性。

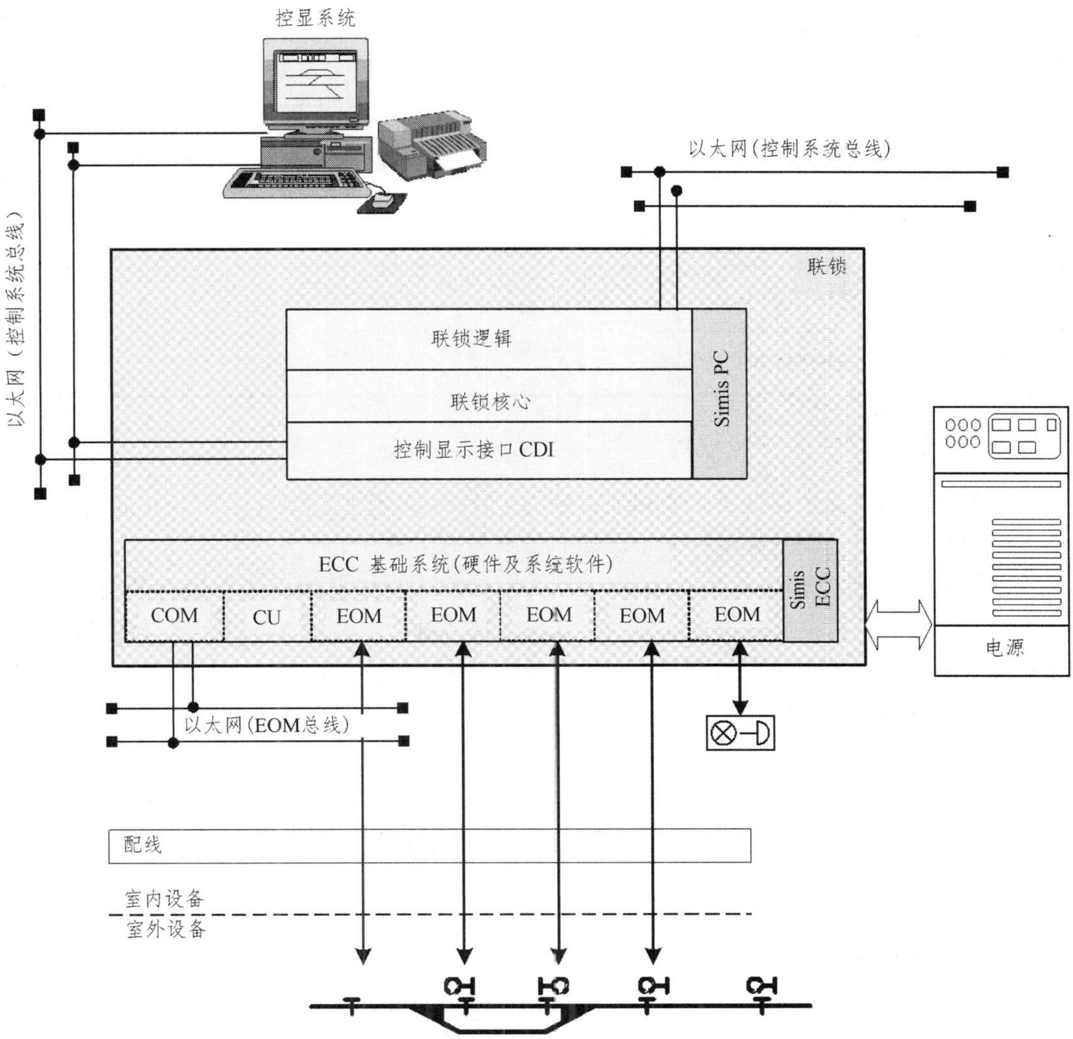

图 8-8　Sicas ECC 联锁计算机接口

五、数据通信

Sicas ECC 使用以太网连接作为不同计算机系统之间的标准通信接口（如 EOM 总线和联锁总线）。

通过电气或光学传输媒介进行连接。采用的网络组件和可行传输长度如下。

（一）以太网传输长度

表 8-3 所列为以太网的最大传输长度。

表 8-3 以太网传输长度

连接模块	FOC 玻璃纤维 9/125 μm	CAT5 电缆
3-1FXS2/3TX1 带有 MS20 平台	≥ 0 m ≤ 30，000 m	
MM3-1FXL2/3TX1 带有 MS20 平台	≥ 24.000 m ≤ 86，000 m （单模）	
RS2-5TX		≤ 10 m （在建筑物内）
RS2-5TX/FX	≥ 0 m ≤ 5，000 m （多模）	≤ 10 m（在建筑物内）
RS20-0400S2S2SDHEHH01.0	0 to 32.5 km （多模和单模）	
RS20-0400L2L2SDHEHH01.0	24 to 86 km （多模和单模）	

（二）数据通信中的安全程序

一个附加的程序保护保证了安全相关数据的传输。与操作控制系统采用 PDI 通信协议进行通信。联锁和计算机之间的故障—安全数据通过单通道传输。

以上所提及的程序用于保护按照 EN50159-1 标准在封闭通信网络中进行的数据传输。

为提高可用性，传输系统设计为双通道系统。通过其中一条通道传输，发生故障时，切换到冗余通道操作。因为内部处理时间和切换时间以毫秒计算，所以该冗余切换与系统相关联。从而在极端高负载条件下进行通道数据比较时，切换阶段可能导致短暂延迟。

第二节 系统功能

一、道岔控制功能

道岔控制功能负责道岔的解锁、转换、锁闭和监督。这些动作是对联锁系统通过接口模块输出的单操道岔命令或进路排列命令的响应，这些命令可能来自 ATS 系统（操作命令中心或本地操作员工作站）。因为道岔控制功能将直接影响列车行驶的安全，所以它将拒绝执行不符合安全标准的命令。道岔的不同状态将指示给 ATS 系统。

二、信号机控制功能

信号控制功能负责监视轨旁信号机状态，并根据进路、轨道区段、道岔和其他轨旁信号机的状态来控制信号机。它根据来自 ATS 的命令设置信号机为停车显示。它也产生命令输出，ATC 系统以此来授权列车从一个进路行驶到另一进路。

正线区段轨旁设置道岔防护信号机、出站信号机、出站兼道岔防护信号机等信号机。信号机的显示规定如下：

（1）红灯：不允许列车越过该架信号机。

（2）绿灯：允许通过，进路中所有的道岔开通直向；列车可在岔路上以最低限制速度运行；

（3）黄灯：允许通过，进路中至少有一组道岔开通侧向；列车应以限制速度通过道岔侧向。

（4）黄灯 + 红灯：引导信号，允许列车以不大于规定速度（Trainguard MT RM 模式下）的速度越过该信号机。司机负责列车运行。

（5）灭灯信号/信号机关闭：对于装备 ATP 设备的列车，此信号显示被用于移动闭塞运行（CTC 模式）。

三、进路控制

进路控制功能负责整条进路的排列、锁闭、保持和解锁。这些动作是对命令的响应，这些命令可能来自 ATS 系统。因为进路控制功能直接影响到列车行驶安全，所以它拒绝执行不符合安全标准的命令。进路自动解锁可以用不同的方法实现。

轨道区段必须组合才能形成进路，每条进路在路网的两点之间定义一条专门的路径，它可能包括道岔和/或交叉渡线。一条进路代表一条路径，在合适的条件下，可以分配给单趟列车或多趟连续列车行驶。进路控制基于轨道空闲检测功能的“逻辑出清”和“逻辑占用”信息。若轨道布置进行了相应的设计，Sicas 联锁在正常行驶方向提供一条进路，反向行驶方向提供另外一条进路。

进路排列由各种安全规定决定。典型情况是，在一条进路被排列之前，必须证明没有敌对进路已经排列，没有出现其他预设置的敌对条件，也没有道岔锁闭在与进路不一致的位置。

进路保持在进路未解锁期间一直有效。进路解锁由“接近锁闭”控制和保护。

当列车需要接近一条进路的末端时，要求提供一个安全距离，其防护点必须在进路末端之外。这时，进路控制功能必须设置一个保护区段，禁止其他列车进入该区段，以此满足要求的安全距离。

进路并非只能由一列车占用，两列或更多的列车也可以占用同一进路甚至同一轨道空闲区段，这取决于 ATP 系统的限定。对于完全在轨旁 ATP 控制下运行的列车，ATP 系统将控制列车的安全间隔。

四、进路功能

（一）单列车进路（可预设）（见图 8-9）

常规进路包含了列车防护区段的所有元件，这些元件正是防护列车运行所必需的。进路表中定义了相应的进路元件，保护区段和侧防的条件。

备选的进路也是常规进路。

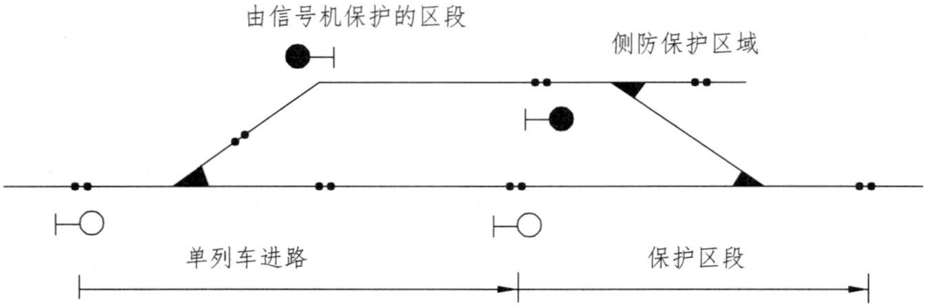

图 8-9　单列车进路

（二）多列车进路（可预设）（见图 8-10）

在多列车进路的情况下，只有始端信号机后方一个设定的轨道区段（道岔区段和一个附加轨道区段）是受监控轨道区段。如果必要，监控的区段数量可以为零。

进路包含了列车保护区段中的所有元件，这些是保护列车行驶所必需的元件。进路表中定义了进路的各种元件，保护区段和侧防的条件。

若先行列车解锁了被监控的轨道区段，则可以再次排列多列车进路。这些轨道区段通常设计为后续列车不须在道岔区域内制动，以便道岔不被锁闭。

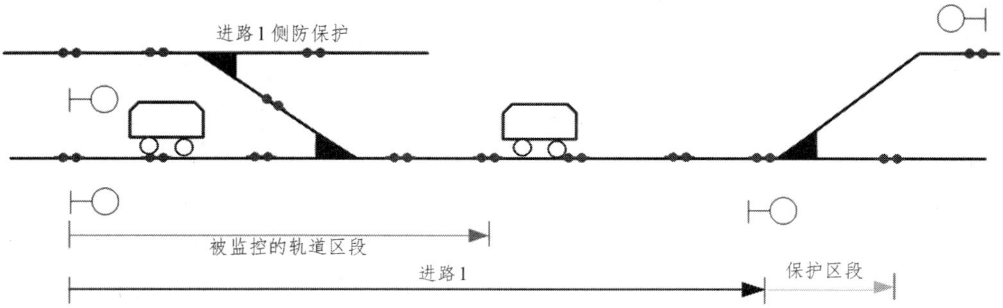

图 8-10　多列车进路

若进路 1 被监控的轨道区段通过列车解锁，则可以排列进路 2。

（三）通过 ATS 系统自动排列进路

自动排路的功能是 ATS 系统的一部分功能，它与联锁系统一起自动排出列车运行的进路。为此，该功能有一个自动操作单元，像调度员一样对联锁发出指令，而实际的安全进路排列则由联锁负责。

当一架信号机处于自动排路模式时，也可以通过人工操作排列进路。

当进路进入许可的检查结果不满足时，联锁系统向 ATS 系统发回相应的信息。接着，ATS 系统将重复传输该控制命令，直到达到设定的重复次数。在两次发送该控制命令之间 ATS 系统将等待一定的时间。联锁逻辑基于以下事实：只有当提供了自动排列列车进路功能（可预设），并启动相应信号机的该功能时，进路设置才有效。

（四）侧防（见图 8-11）

侧防是通过操作、锁闭和检测相邻道岔，使所有通往已排列进路的路径无法通行。通过主信号机显示停车信号并将该信号机设置在进路要求侧防方向上来实现侧面防护。应在进路表内为每条进路设计提供侧防的元件和侧防区域元件。

当使用道岔侧防，道岔的实际位置不在要求位置时，将发出要求改变位置的命令。如果不能执行该命令（如道岔被锁定，无法操作），这个操作命令会被储存，直到道岔到达指定密贴位置或操作命令通过取消和解锁进路而被取消。

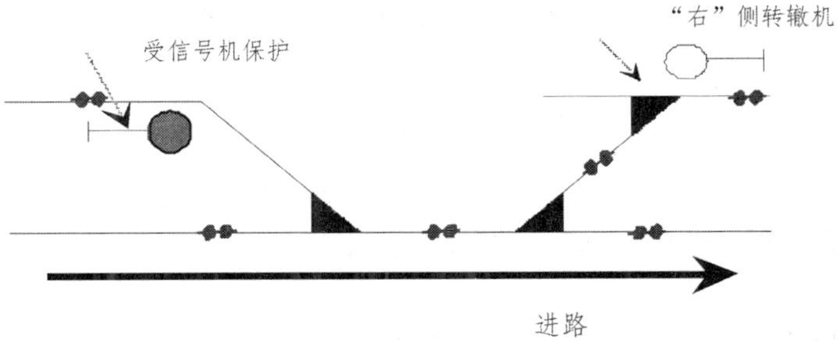

图 8-11 侧防

（五）主进路排列

主进路的排列分为进入许可条件检查和开放两个阶段。进入许可条件检查是指进路进入许可条件的一般检查（特别联锁，如敌对进路）以及所设计进路元件的进入许可检查。

当进路进入许可结果不满足时，将拒绝执行该命令，并向操作级发出相应的表示；只有当满足进入条件时，这些元件才能被征用，才可能要求操作可控元件。对城市轨道交通而言，保护区段元件进入许可检查结果满足并不是整个进路进入许可条件检查的必要内容，例如，进路元件仍然可以被征用。

（六）保护区段

对于未装备的列车（未发送强制命令"没有未装备的列车接近"），如果整条进路上的所有元素都显示为出清，可能通过排列进路直接征用保护区段。

进入许可检查：

（1）保护区段所有的元素都不能在不允许的位置被征用。

（2）保护区段所有的元素不能被其他保护区段征用。

（3）保护区段的所有元素表示为出清。

（4）保护区段的所有元素不能因为运行锁定在不允许的位置。

（5）不能为防止通过，为设置为保护区段设计的元素锁闭。

（6）不能设置临时限速。

其中，保护区段距离应该在设计阶段基于最坏的列车参数计算（如制车特性、列车长度）。如果自动列车接近，联锁保护区段无须考虑。

五、进路监督

（一）引导信号控制级（见图 8-12）

引导信号控制级是运行进路联锁的最低监督等级，它允许列车依靠信号机显示运行。进路已经排好并锁闭，进路可能没有完全出清，不考虑侧防条件和保护区段的设置。

引导信号显示也可用于救援驾驶。

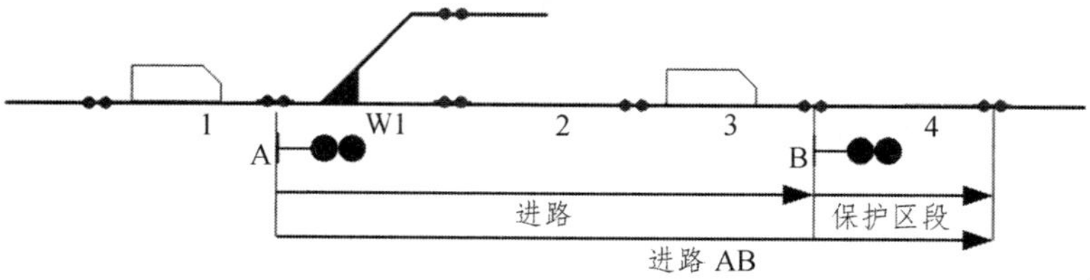

图 8-12 引导信号举例

如果轨道区段 3 被占用（如故障列车）要求的进路 AB 只能达到“引导信号等级”并且起始信号机 A 只能显示允许列车司机在限速下驶入进路（RM 速度）。列车司机只能选择最低的 RM 模式。

操作员发起对故障列车的机车联挂。Sicas ECC 联锁为机车提供信号显示保护。

（二）移动闭塞（ATP）信号控制级

移动闭塞信号控制级用于信号化列车的移动（仅限于 Trainguard MT）。进路本身被设定和锁闭，并考虑侧防，但进路有可能没有完全出清，且未考虑保护区段。

如果有强制命令“自动列车接近”，信号机开放给 ATP。如果没有给出强制命令，列车仅从主信号控制级得到信号机开放信息。

（三）主信号控制级

未装备列车必须满足主信号控制级的所有指定的进路条件，信号机才能开放通过信号。所有进路条件，包括保护区段条件和进路轨道空闲区段出清，都要接受检查以实现该控制等级。

该级需要为未装配的列车检查信号机开放的所有条件，按要求提供信号机的信号功能。如果如信号机自动出清功能中描述的没有其他故障，信号将被出清。

以下的进路条件需要检查：

（1）监督运行进路中设计道岔的末端正确位置以及锁闭进路中所有的元素。

（2）监督该进路中用于侧防的道岔末端正确位置以及设置和锁闭所有的侧防元素。

（3）所有的元素永久的出清。

（4）设计侧防区域的所有元素永久出清。

（5）终端信号机显示有效的信号。

（6）根据设计，主信号机控制级的条件可以在没有保护区段的情况下实现。

（四）信号机自动开放

即使在满足进路表中所有 ATP 信号机控制级的条件之后，信号机仍不会自动设置为 ATP-信号机显示；除此之外，还必须从轨旁 ATP 获得“列车接近”条件。如果两方面的条件都满足，信号机将自动开放通过信号显示，由轨旁 ATP 控制的列车可以通过该信号机。

如果满足信号机控制级的条件，信号机将自动设置为通过显示，不需要另外操作开放信号机。

（五）整条运行进路的取消

无须登记，即可通过人工操作取消运行进路。通过以下步骤实现进路取消。

（1）起始信号机立刻变换为停止信号显示。

（2）只要接近区段没有占用，将会立即执行进路取消。

（3）如果接近区段被列车占用，进路取消在延时时间后执行，以确保列车能够在信号机前方停车。

（4）如果在规定的时间内，没有列车进入进路，该进路将会执行解锁。

（5）如果列车已进入进路，由于在起始信号机前方停车不可能，所以进路取消被拒绝。

如果多辆列车在进路中（例如，由于多列车进路），仅最后一辆列车之后的元件执行解锁。因此取消进路的执行时刻（在由反应时间产生的一段时延之后）的列车位置才具有决定性，而不是取消进路的操作时刻的列车位置。

运行进路保护区段的状态对运行进路解锁是不重要的；但是如果满足相同条件，运行进路解锁后保护区段也要被解锁。

六、临时限速（TSR）

Trainguard MT 根据 ATS 发出的相关指令设置和取消限速。

TG MT 基于逻辑轨道原理提供“临时限速-工作区域设置”状态指示。一旦施加了临时限速，TG MT 发送“临时限速或工作区域设置”为“是”到 Sicas ECC（基于临时限速施加原理）。如果没有设置临时限速，TG MT 发送“临时限速或工作区域设置”为“否”到 Sicas ECC。

对于 ITC 级别下的列车或未装备列车只有一个间接区域保护是可用的。在 Sicas ECC 联锁内部，禁止主信号机显示“通过”，以保护相关区域。如果可用，操作员能够激活引导信号显示来允许列车以默认限制速度和司机负责驾驶进入临时限速区域。

七、运行模式的功能

（一）打开/关闭自动排路功能

在所有信号机上由一个综合指令打开或关闭自动进路排列功能，这些信号机已经设计了自动排列进路功能。来自自动排列进路级的指令只在该信号机自动排列进路功能打开时起作用。

（二）打开/关闭单个信号机的列车自动排路功能

如果信号机已经设计了自动排列进路功能，那么可以在这架信号机上开放或关闭自动进路排列功能。来自自动排列进路级的指令只在该信号机自动排列进路功能打开时起作用。

（三）打开本地操作

只有在控制中心（ATS）发出了相应的释放命令之后，本地操作（站控）才能被打开。因此，所有的操作指令只能从本地操作员工作站实现。

运行模式切换时无须考虑联锁条件检查的特性。自动运行的功能（自动操作）将不受影响。

甚至在本地操作打开时，联锁显示也应被传输到控制中心（ATS）。显示和指令状态变化、故障和命令的记录保存至少两天并且只能由位于本地操作员位置的打印机完成。

（四）强制打开/关闭本地操作功能

在没有收到控制中心（ATS）的释放指令的情况下，本地操作（站控）也可以被打开。通过一个登记操作处理打开本地操作,所有联锁系统的操作处理只能从本地操作员的工作站执行。

通常在控制权的正常转换无法发生时使用此命令，如由于失去通信的情况。

第三节　系统原理

一、联锁表原理

Sicas ECC 的操作基于联锁表原理。联锁表原理基于表格形式显示联锁的进路逻辑。该表显示每条进路的所有控制和监视部件，尤其是道岔、信号机和轨道空闲检测单元。在联锁表中，矩阵中的每行代表一个进路。矩阵中的每列代表进路元件。矩阵区域提供某条进路中元件应处的位置和其他须满足的条件等信息，例如，锁闭一条进路（侧防元件，保护区段元件，等）。

Sicas ECC 对进路元件、保护区段和侧防采用不同表格的标准进路表。该表列出了所有与进路相关的元件及其调用类型。采用这种调用机制，单个元件均可提供被调用进路定义的功能，并排除没有轨道出清指示的进路。这种相互排除的调用机制可防止产生敌对进路，只要引起冲突的元件不被更高级的进路解锁，则该元件仍在使用中。通常，进路的独立性表示在一个简单表格中，不直接与某些其他特定进路相关。

每个进路表均定义了信号机的开放条件以及各自相应的始端信号机通过显示（见图 8-13）。

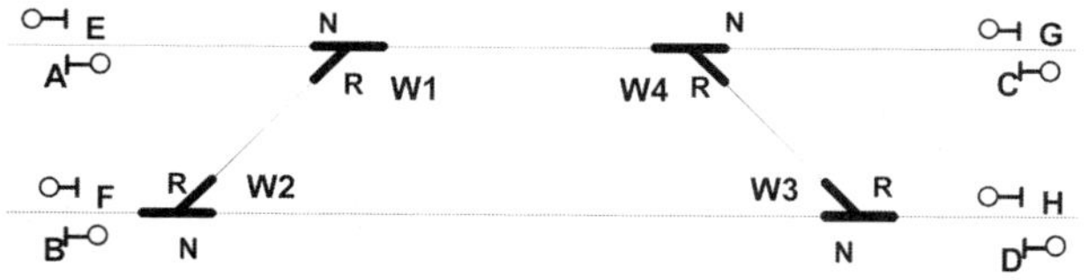

Route No.	Start	Dest.	Points				Signals							
			W1	W2	W3	W4	A	B	C	D	E	F	G	H
1	A	C	N	N	N	N	HP1							
2	A	D	N	N	R	R	HP2							
3	B	D	N	N	N	N		HP1						
4	B	C	R	R	N	N		HP2						
5	H	F	N	N	N	N								

HP1，HP2—不同的通过显示；N—道岔定位；R—道岔反位。

图 8-13　进路联锁表

二、Simis ECC 原理

SICAS ECC 系统是一个具有故障—安全信息处理的电子联锁系统。故障—安全信息处理基于经过充分证明的 SIMIS 原理（SIMIS：西门子故障—安全计算机系统）。

根据 SIMIS 原则构建的计算机系统至少应包括两台独立的、具有相同结构和程序的计算机，它们的指令和时钟需同步；以数据并行读入每个通道的数据并同步处理。同时对处理过程的状态，以及对在处理过程中生成的测试和输出数据进行检查，以确保它们一致。

定期执行的例行测试对每条联锁计算机通道进行持续检查，不受处理状态的影响，从而确保正确的功能。这样可保证快速的故障检测以及必要的安全响应。

采用 3 取 2 配置可提供高可用性。该系统配有 3 台结构相同、指令同步的计算机。SIMIS ECC 配有两台不同的计算机，提供了安全保障，而第 3 台计算机则作为冗余设备，即使在一条通道发生故障时，也不会影响安全性。

三、Simis PC 原理

Simis PC 系统是一个 2 乘 2 取 2 的计算机系统，联锁系统的异构性通过使用不同的操作系统来实现 LINUX®（Windows®）。为提高可用性，系统设计成 2 乘 2 取 2 系统。一个 2 乘 2 取 2 的系统由两组相同的计算机组成，每组由两个异构性设计的 PC 组成。

ECC 监控各个计算机以及来往于室外设备的输入/输出，Simis PC 与 ECC 之间的数据传输通过一个以太网连接建立。只有满足某些标准时，输出才会传送到相关的外围设备，比如，在规定的期限内从两台不同的计算机得到相同的输出（见图 8-14）。

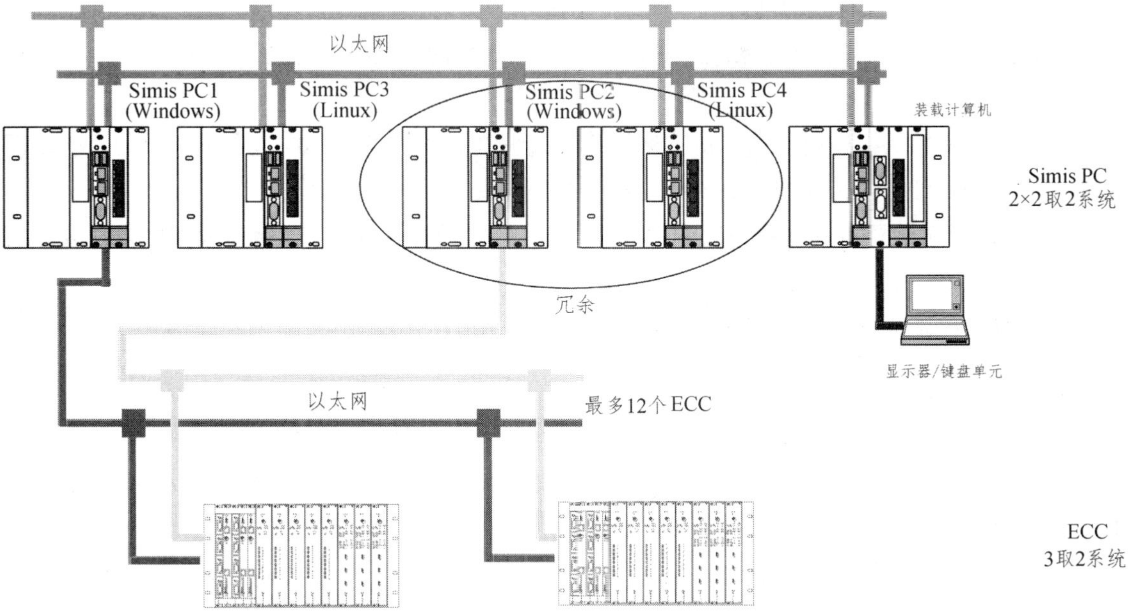

图 8-14　Simis PC 和 ECC 的连接

联锁计算机的异构性以及 ECC 的故障—安全比较，允许装有未经验证软硬件的计算机运行故障 – 安全和经测试的软件。

联锁逻辑在计算机上处理，并可以在复杂的联锁系统中以充分的高性能执行。

四、操作原理

SICAS ECC 的核心功能是通过控制和显示系统与联锁逻辑层来实现的（见图 8-15）。

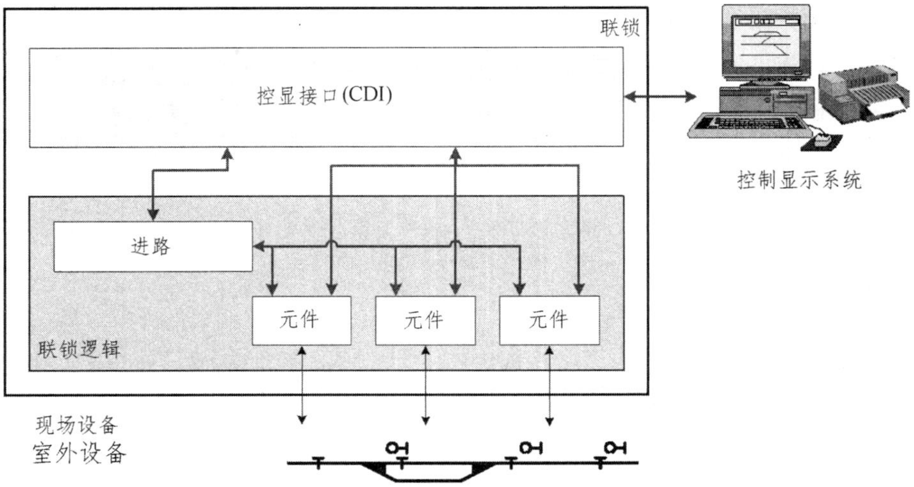

图 8-15　SICAS ECC 工作原理

SICAS ECC 软件分为两大主要功能单元：控制和显示接口（CDI）以及联锁逻辑。

1. 控制和显示接口（CDI）

CDI 提供 SICAS ECC 联锁系统与操作控制系统的控制和显示系统之间的连接。CDI 可提供以下功能：

（1）控制和显示接口提供一个单独区域用于过程显示的管理，其中包含了所有的当前最新联锁状态数据。可为更新控制和显示系统提供最新数据。

（2）控制和显示接口管理和协调专门的操作区域（本地控制区域、本地和远程操作区域等），只将专门的授权分配给各个操作员控制台或操作员控制台组。

（3）控制和显示接口可协调联锁中的所有操作员行为。

2. 联锁功能

联锁功能通过联锁逻辑来实现。元件和进路功能的差别具有如下特性：

（1）进路功能基于联锁表原理。为了进行进路处理，将元件通过进路表联系起来，即：这里的元件并非一定和其室外设备的物理位置一致。

（2）元件提供和高级别进路相关的功能以及实现操作员对元件的控制。另外，它们还对室外设备分配的现场元件进行控制和监督。

（3）Sicas ECC 联锁不需要专用工具或专用测试设备操作。

第四节　系统性能

SICAS ECC 系统的主要部件为 ECC 与 Simis PC 系统。ECC 由控制室外部件的外设电路板（EOMS）组成。一套在 Simis 计算机上运行的软件用来保护、监视和控制室外部件。

ECC 和 Simis PC 系统封装在 19″模块化系统计算机机柜内。机柜底面积为 600 × 600 mm，高 2200 mm（不算基座）。所有的过程接口和电源缆线由底部接入机柜，且与端子排连接 。数据和供电电压通过机柜内部的电缆进行传输。

请注意：电源、轨道空闲检测系统以及其他系统安装在单独的机柜内，因此，不作为联锁基本配置的一部分进行描述。

一、Simis 计算机（CPCI）/ECC 计算机机柜

SICAS ECC 联锁的中心元件是 Simis PC（CPCI）/ECC 计算机机柜。控制和显示系统通过此计算机机柜与其连接。此外，还可连接附加的计算机机柜。封装在 Simis PC（CPCI）/ECC 计算机机柜内的 Simis 计算机系统含有控制单元、底部机架、扩展机架、电源机架和一套连接机柜间电缆的安装轨。Simis PC（CPCI）/ECC 机柜与 ECC 机柜的尺寸一致。

二、Simis ECC 计算机机柜

可连接到中央 Simis PC 系统的 ECC 最多为 16 台。ECC 计算机机柜最多可集成两台 ECC，包含底部机架，扩展机架和一个电源机架。机柜连接电缆还装有安装轨道。交换机等通信设备安装于机柜中较低的位置（见图 8-16）。

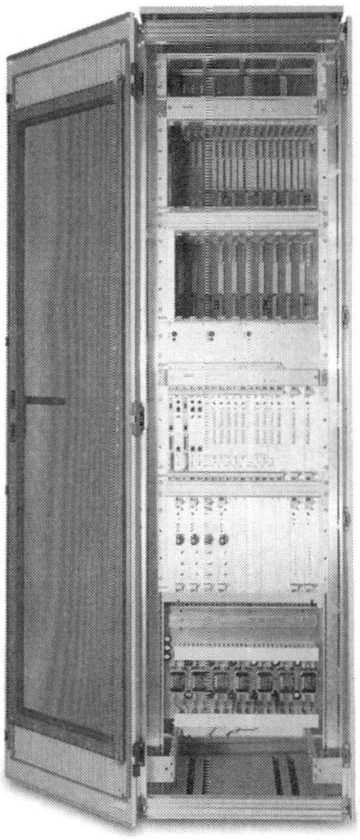

图 8-16　Simis ECC 计算机机柜

三、Simis PC 系统

Simis 计算机系统由 4 台紧凑型计算机（CPCI）组成。由于使用的操作系统（LINUX®或Windows®）不同，这 4 台计算机组成两对异构设计的计算机（2 乘 2 取 2 配置）（见图 8-17）。

图 8-17　Simis 计算机系统

除 4 台计算机外，还安装了一台装有控制单元（见图 8-18）的加载计算机。这台加载计算机负责联锁软件到 SimisPC 与 ECC 上的中心加载。

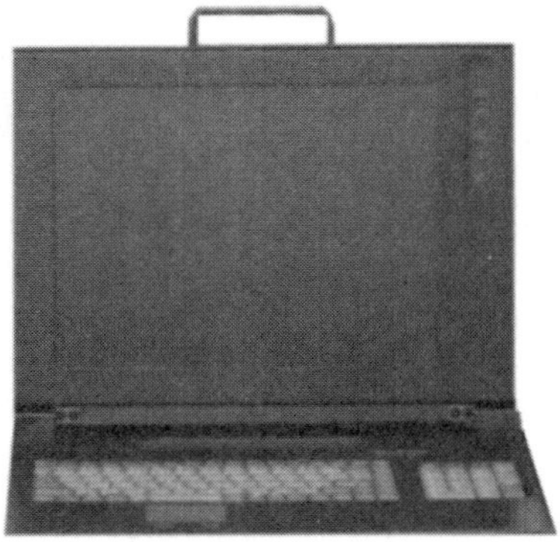

图 8-18　控制单元

Simis PC 含有对联锁的保护逻辑、控制逻辑和监督联锁。Simis 计算机软件需经过故障—安全测试。Simis 计算机的输出经过 ECC 硬件核心的故障—安全比较器的校核，确保对室外部件的故障—安全控制。

Simis PC（CPCI）采用 19″的模块化标准产品。

四、ECC 基本机架与扩展机架

基本机架（见图 8-19）包含硬件核心、通信设备和外围设备板。硬件核心由两个 2 取 2 配置的硬件核心电路板（故障—安全）组成，或三个 3 取 2 配置的硬件核心电路板（高可用性）组成。

图 8-19　ECC 基本机架

硬件核心的插槽位于基本机架的左边。核心由两个或三个中央电路板（ECC CU）和两个用于通信的硬件核心扩展板组成。除了硬件核心，还给宽度为 8WU（宽度单位）的宽外设模块（最多 8 个），或者宽度为 4WU 的窄外设板（最多 16 个）留有空间。这些板子可按需求进行组合（见图 8-20。

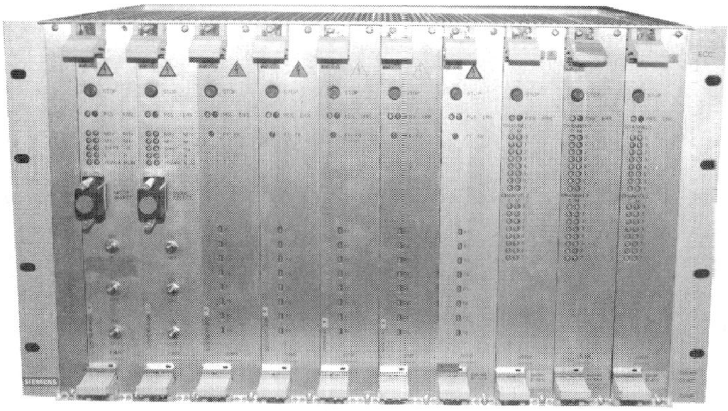

图 8-20　ECC 扩展机架

一个扩展机架最多可以容纳 10 个外围设备板。扩展机架里的插槽宽度仅为 8 WU。如果其中一个插槽安装了一个 Inom2（4WU 宽），剩余空间将被前面板占据。

底座和扩展机架分别为 19″的机架，共 84 个宽度单位。要求底座和扩展机架的数量取决于所要安装的外围设备板的类型和数量。

底座与扩展机架通过背面板的连接电缆相互连接。机柜内部，其中一个安装机架直接安装于另一个安装机架的顶部。ECC 控制单元通过安装在 ECC 背面的三通道总线与外围设备板进行通信。外围设备板和读取过程信号通过 ECC 安装机架后方供电。因此，安装机架易于从前面接入电路板。

五、外围设备板

外围设备板用于联锁计算机与室外元件之间的连接（见图 8-21）。

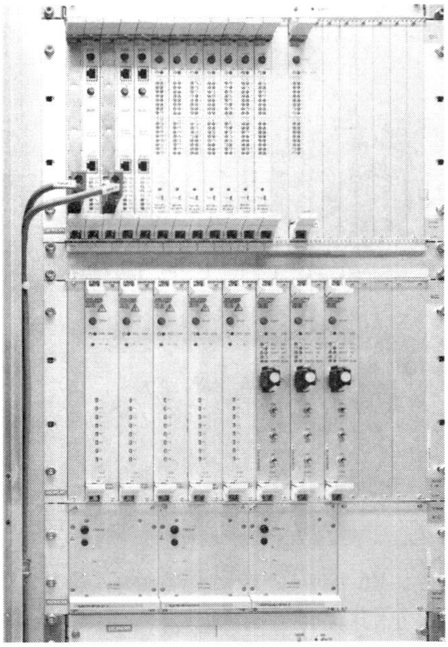

图 8-21　外围板

（一）ECC CU 中央板（见图 8-22）

（1）组成 Simis ECC 计算机的核心。

（2）采用 2 取 2 配置或者符合故障—安全要求、具备高可用性、3 取 2 的配置运行。

（3）RS422 串行接口与 Unilink 接口以连接制造商的诊断设备。

（4）根据 Simis 原理运行，由过程通道（处理器和存储器）及监督通道（硬件比较器）组成。

（5）LED 用来显示工作状态。

图 8-22　ECC CU 中央板

（二）M 模块基板的硬件核心扩展板（见图 8-23）

（1）Subrack 模块可使 M 模块通过不同的传输通道与 Simis ECC 进行灵活连接。

（2）M 模块有 4 个插槽。

（3）可任意选择 M 模块进行组合。

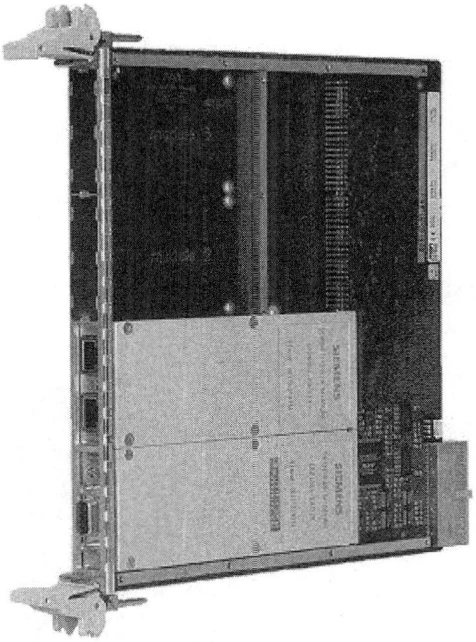

图 8-23　硬件核心扩展板

（三）以太网 M 模块（见图 8-24）

（1）将联锁计算机（顶部）连接到操作员控制台或控制系统。

（2）最高比特率：100 Mb/s。

（3）接口：8 口 RJ45 插座。

（4）LED 显示工作状态。

图 8-24　以太网 M 模块

（四）Inom2（数字输入/输出模块）（见图 8-25）

（1）用于室内设备系统间连接。
（2）监控和电源指示（单通道或双通道）。
（3）向 Simis ECC 输出指令。
（4）最多 8 个故障—安全输入/输出或 16 个非故障—安全输入/输出。
（5）一个外围设备接口连接两套外围设备，该接口可断开，可由数字输入/输出模块供电。
（6）用于联锁房间内的室内设备。
（7）仅由继电器控制室外设备。
（8）支持运行期间插入/拔出。
（9）LED 显示工作状态。

图 8-25　Inom2 板

（五）Unom（通用数字输入/输出操作模块）（见图 8-26）

（1）连接室外元件，如将关键解锁单元连接到联锁计算机。
（2）实现相邻联锁间连接（如 Simis ECC 连接到非西门子系统，继电器联锁）。
（3）实现其他非西门子系统之间的连接（如防淹门、闭塞系统）。
（4）电源指示。
（5）可读入 8 个符合故障—安全的室外设备指示（可选 16 个非故障—安全指示）。

（6）可输出 8 个单通道指令或 4 个故障—安全指令（双通道）到室外设备。

（7）直接连接到现有的 60 V 装置，无须中间电路。

（8）支持运行期间插入/拔出。

（9）LED 显示工作状态。

图 8-26　Unom 板

（六）Pom4（道岔操作模块）（见图 8-27）

（1）连接转辙机。

（2）实现折返。

（3）在搬动道岔过程中，检测道岔末端位置、挤岔并到达相关末端位置。

（4）控制并监督单相交流转辙机和三相转辙机。

（5）多种外接配线：控制与检测电路的共用或单独配线。

（6）检查短路内核到转辙机之间的核心。

（7）允许运行期间插拔。

（8）通过模式选择连接器选择不同的运行模式（正常运行、临时道岔、模拟器）。

（9）通过连接器适应不同的转辙机。

（10）LED 显示工作状态。

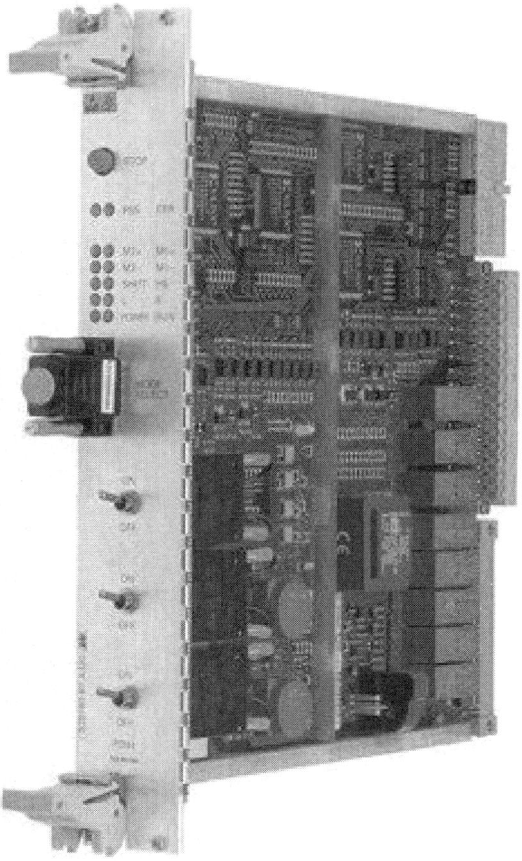

图 8-27　Pom4 板

（七）Som6（信号操作模块）（见图 8-28）

（1）连接稳定发光信号与闪光信号显示。

（2）通过信号机变压器给信号机供电。

（3）通过故障—安全计算机对信号机发光单元进行双通道或多通道控制。

（4）使用双灯丝显示灯时，信号机需要一个信号机仪器来实现从主灯丝切换到副灯丝。主灯出现故障时会以组显示的方式指示给 Som6。

（5）最多能实现多达 8 个光点的控制。

（6）包括一个硬连接的和一个自主配置的最严格显示灯。

（7）允许各自独立的光点排列。

（8）一个或两个信号机内部的任一照明电路分配。

（9）允许运行期间插拔。

（10）通过电源单元进行白天/夜晚的电压转换。

（11）通过连接器适应不同的信号机电压。

（12）LED 显示工作状态。

图 8-28　Som6 板

六、SV 230/5 电源板（见图 8-29）

（1）给基于 Simis ECC 系统的计算机供电。
（2）从 230 V 交流输入电压中生成可控 5 V 直流电压。

图 8-29　SV 230/5 板

七、通信组件（以太网组件）

（一）以太网交换机（见图 8-30）

（1）该交换机作为连接以太网组件（ECC， PC）的接口元件。

（2）Sicas ECC 中使用了以下交换机：

① 带有 MS20 平台的 MM3-1FXS2/3TX1

② 带有 MS20 平台的 MM3-1FXL2/3TX1

③ RS2-5TX

④ RS2-5TX/FX

⑤ RS20-0400S2S2SDHEHH01.0

⑥ RS20-0400L2L2SDHEHH01.0

以上所列交换机仅为示例，项目中可能采用其他交换机。

（3）根据客户的不同需要，使用可控或免维护的两种交换机类型。

（4）所使用的交换机可为模块化或非模块化设计。

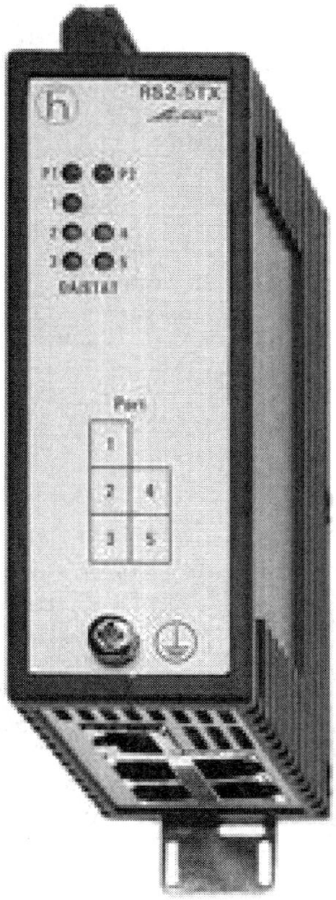

图 8-30　以太网交换机

（二）光缆（见图 8-31）

光缆的类型有两种：玻璃光缆与塑料光缆。塑料光缆相对便宜，但适用的距离较短。光缆有以下特性：

（1）覆盖的距离可近可远。
（2）不受电磁干扰影响。
（3）发货时即为现成品
（4）根据传输距离，玻璃光缆可用作单模光缆或多模光缆。

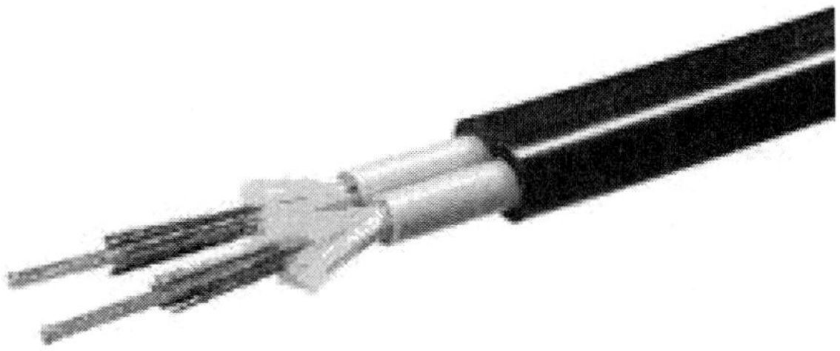

图 8-31　光缆 C

八、电　源

（一）系统电源

1. 系统电源规格

为增强电磁兼容性和浪涌防护，SICAS ECC 联锁的电源应按 TN-S 网络的方式实现。

原则上，联锁系统的供电要求为 3 × 400 V / 230 V AC。详细设计根据客户需求进行（信号机电压、道岔电压等）

表 8-4 表明了 SICAS ECC 电子联锁中所要求的输入电压以及各自的公差和其他特性。该系统的电源必须完全满足这些特性。

表 8-4　电源的电气特性

供电电压	参考值	公差	谐波失真	余波	接地	监控
硬件核心	AC 230 V	− 10 %～+20 %	无关		接地	无
中间电流	DC 24 V	− 10 % ～+30 %		3%	非接地	上限安全，在一条通道中监控下限
信号机	AC 12～230 V	+10 %	30 %		非接地	无
转辙机	AC 230 / 400 V（三相 ）	− 10 %～+10 %	40 %		非接地	无
Unom 指示灯输入	DC 24 to 60 V	− 10 %～+20 %		3%	非接地	上限安全，在一条通道中监控下限
Unom 命令输出	AC / DC 24 至 230 V	− 10 %～+10 %	根据负载情况而定	根据负载情况而定	非接地	无
Inom2 指示输入	DC 24 V	− 10 %～+30 %		3%	接地	上限安全，在一条通道中监控下限

2. 系统电源构造

图 8-32 为 Sicas ECC 电子联锁系统供电电源的简化构造图。它详细描述了所需的供电电压。系统电源必须提供带有各自公差所需输入电压并标出尺寸。硬件核心的供电电源应不被中断。

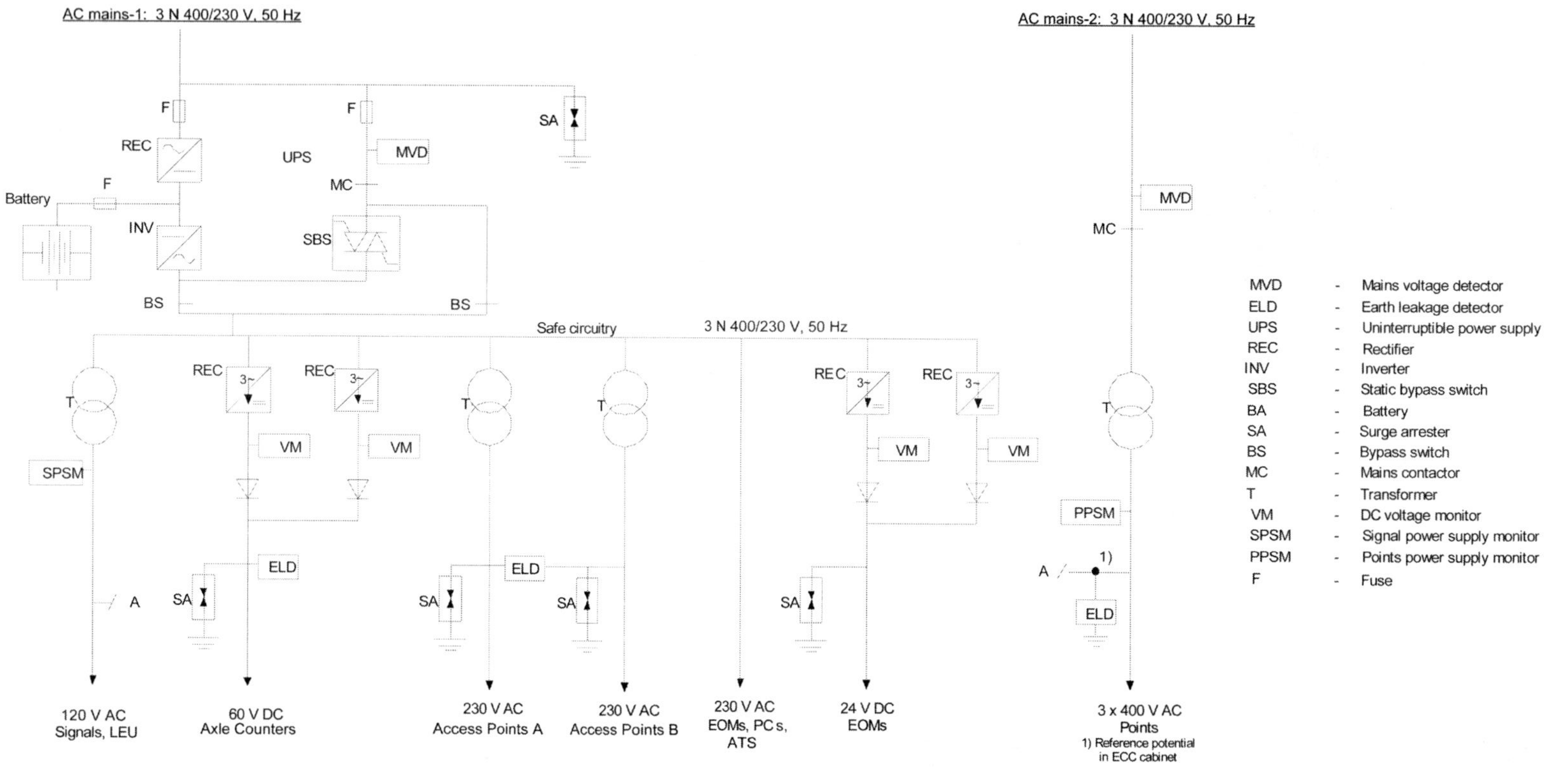

图 8-32 Sicas ECC 电源系统的简化原理图

为了预防计算机与联锁故障，系统电源还配备了与备用 UPS 的连接。

（二）计算机机柜电源

计算机机柜的电源机架（见图 8-33）内含三个电源板，每个板子负责向一个计算机通道供电（微型计算机）。该计算机机柜的电源单元从输入电压生成板子所需要的电压。本电源机架没有用到的安装插槽由护板遮盖。电源机架的单个高度为 19″。

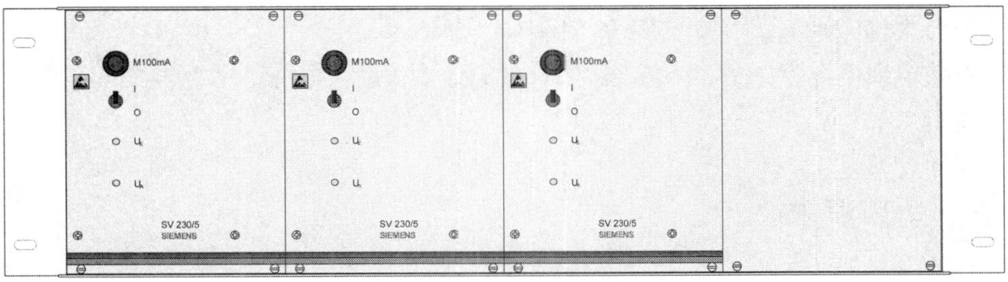

图 8-33　Simis ECC 计算机电源机架

九、电缆配电箱

电缆配电箱是连接室内外组件的安装接口，连接室外元件的信号电缆与电源电缆，还有电缆与室内元件连接。电缆终端架（见图 8-34）作为电缆配电箱使用。

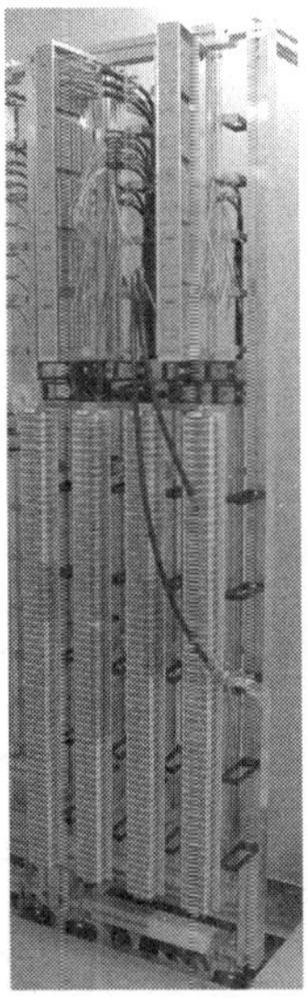

图 8-34　正在进行电缆装配的电缆终端架

所有电路板均设计有相应的过载保护。例如，电气隔离高达 2000 V 或通过内部保险丝进行过流保护。

防雷保护、过压保护和浪涌保护集成在 CTR-电缆终端架上。

防雷保护模块位于电缆终端架的底部。4 个端子排每个装有 192 个端子。每三个端子用于一个防雷保护模块。每个端子排最多有 64 个防雷保护模块。每个电缆终端架最多有 256 个防雷保护模块。防雷保护模块为插件类型。

十、接　线

ECC 机柜的 EOM 和电缆终端架之间的连接电缆必须进行屏蔽。至少在一端附上电缆屏蔽。

室外设备中，信号电缆采用符合 VDB 0816 第二部分的信号电缆。电缆中的干扰感应电压不能超过以下值：

（1）连续干扰电压 V_{rms} = 250 V 在 162/3 ~ 50 Hz

（2）瞬时干扰电压 V_{rms} = 1500 V 在 162/3 ~ 50 Hz

给定有效电缆电容为 120 nF/km，例如，根据计算，最大电缆长度为 6.5 km（取决于电缆电容和干扰电压）。

十一、功率要求

Simis ECC 计算机机柜的功率要求

放置两台 ECC 的 Simis ECC 机柜（两个底部机架带一个扩展机架），要求功率的典型补充如表 8-5 所示。

表 8-5　装有两台 Simis ECC 的计算机机柜的功率损耗

模块	3 取 2		
	数量	5 V*	24 V*
Simis ECC CU	6	66 W	
M-模块基板	4	5.6 W	
以太网 M-模块	4	5 W	
Pom4	12	4.5 W	48 W
Som6	12	4.5 W	72 W
Unom	4	12 W	52 W
Inom2	8	24 W	176 W
总计		121.6 W	348 W
5 V 供电的效率假定为 80%。 24 V 供电并不置于计算机机柜中，因此在决定效率时不作考虑。			
5 V 时的总功率损耗包括效率*		~ 150 W	
24 V 时的总功率损耗			~ 350 W
总功率损耗***	3 取 2 系统		~ 500 W

注：1. *—ECC 有两个电源：总线接口供电为 5 V。光耦合器和电源开关之间的中间电路供电为 24 V。电流/功率在 5 V 和 24 V 两部分都有功耗。因此，当考虑总功耗时，需要将每一个都叠加。

2. **—与 230 V 时的功耗相对应。

3. ***—给定的功率损耗适用于 25 °C 的典型室温。

Simis PC（CPCI）/ECC 计算机机柜功率要求。

Simis PC（CPCI）/ECC 计算机机柜功率大概为 600 W。包含通信设备的 Simis PC 系统的功率大概为 350 W，带有扩展机架的 ECC 基础机架典型值大概为 250 W。

十二、环境条件

Simis PC/ECC 计算机机柜的环境条件如表 8-6 所示。

表 8-6　Simis PC/ECC 计算机机柜环境条件

气候类型	温度范围	3K3 符合 EN60721，第 3-3 部分
	机柜环境	0 °C 至+40 °C
湿度	相对	5 %～85 %
	绝对	1～25 g/m³
温度变化率		0.5 °C/分钟
气压		70～106 kPa
太阳辐射		700 W/m²
空气流动		1 m/s

Simis ECC 计算机机柜的环境条件如表 8-7 所示。

表 8-7　SimisECC 计算机机柜环境条件

气候类型	温度范围	3K5 符合 EN 60721，第 3-3 部分
	机柜环境	－5 °C 至+55 °C
湿度	相对	5 %～95 %
	绝对	1～25 g/m³
温度变化率		0.5 °C/min
气压		70～106 kPa
太阳辐射		700 W/m²
空气流动		1 m/s

最严格限制环境条件组成（如电池/UPS 等）通常取最大室内温度。

第五节　系统软件

SICAS ECC的开发是按照欧洲CENELEC标准中对铁路应用规定的最高安全性级别的要求完成的。坚持伴随产品整个生命周期的有系统的、完全归档的安全过程。

软件的模块化设计方法使得按照不同的用户需求和运营规则进行系统调整变得更为方便，同时也简化了配置。新的软件可以通过系统接口进行加载，而无须花费时间刻录EPROM。

SICAS ECC软件结构包括通用部分和用户专用部分（见图8-35）：

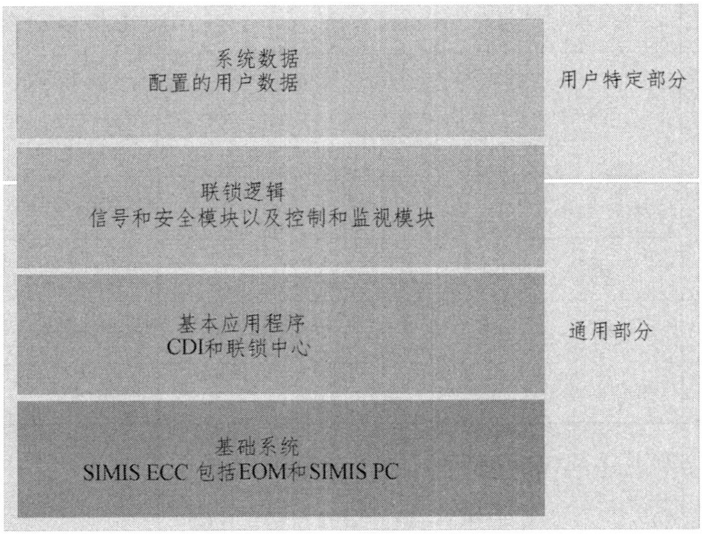

图8-35　Sicas 软件

通用部分由基础系统（SIMIS ECC，包括EOM和Simis PC）、基础应用程序以及联锁逻辑的通用部分（控制和监视逻辑）组成。这些软件构件是独立于线路需求的。

客户专用部分由信号和安全逻辑以及用户配置数据构成。这些数据根据各个联锁分别生成和检查。

在功能层面，Sicas ECC软件由两个关键部件组成。

（1）控制和显示接口（CDI）提供联锁与操作控制系统的控制和显示系统之间的连接。

（2）联锁功能在联锁逻辑中执行。联锁逻辑由信号逻辑（运行规章制度）和控制与监控逻辑组成。

提供的Sicas ECC联锁带有信号功能和安全逻辑。

一、控制和监督逻辑

“控制和监督逻辑”（CM逻辑）是电子EIM系统的一部分，其中控制命令被转换为动力传输给现场元件。该层监视道岔、信号机和轨道空闲指示等现场元件，并把状态传给联锁逻辑单元。

二、信号逻辑

Sicas ECC 联锁计算机的“信号逻辑”（SI 逻辑）层面包括 2 乘 2 取 2 系统热备配置中得到良好验证的信号功能和安全逻辑。

第六节　系统接口

Sicas ECC 联锁系统提供到其他系统的安全和非安全接口。

与其他系统接口完整清单如下：

（1）相邻的联锁系统（非 Sicas 联锁，例如：车辆段）。

（2）站台安全门（PSD）系统。

（3）站台紧急停车（PES）系统。

（4）防淹门控制系统。

（5）电源系统。

一、与相邻联锁的接口原理

相邻联锁（非 Sicas 联锁）通过继电器接口连接。信息通过继电接口传输。

SICAS 联锁系统与其他联锁系统的接口初步设计为按照以下原则实现。

与其他联锁系统的接口示意图如图 8-36 所示。

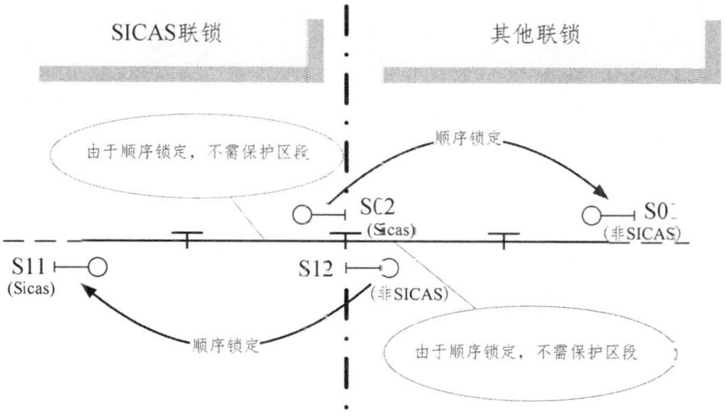

图 8-33　与其他联锁系统的接口示意图

双方向的主信号机（S01 和 S02）位于联锁的边界。这两个信号机分别是以其为起点的进路的始端信号机。在两个联锁系统中，分别存在着起始于联锁区内的信号机（S11 或 S12）并终止于联锁边界的进路。虽然图 8-36 中没有标出，但是在本设计中，存在着多个起始于联锁区内的信号机并终止于联锁边界的进路。

信号机 S11 和 S12 和对应的进路终端信号机（S01 或 S02）之间存在着顺序的依赖关系，也就是说，由于相关的轨道区段已经被运行方向上的后续进路保护起来，所以不需要在边界外方再增设保护区段。

注意：对于信号机而言，“顺序依赖关系”意味着一个必须在另一个信号机被设置成“通过”之前首先给出通过显示。

在联锁边界，两个联锁系统的轨道空闲检测系统之间是相互断开的。SICAS 联锁系统的连续式 ATC 也要在转换轨上终止。

对于穿过联锁边界的列车作业，需要为其设置两条进路：第一条进路从始端信号机到边界点；第二条进路从边界点信号机到非 Sicas 联锁区域内。第一条进路的始端信号机顺序地依赖于边界点处的信号机，即该始端信号机只有当在边界点处的信号机给出通过显示后才能显示通过。

为了实现这一顺序依赖关系，只将边界点信号机的通过显示安全地传送给相邻的联锁。

必须保证一旦防护从联锁区到边界点的进路的始端信号机给出“通过”显示，则边界点处的信号机不得被随便设置为“停车”显示。可以通过取消两个联锁的接近区段的方式实现。当然，需要设置紧急停车功能。

接口设计需要如下的限制措施：

（1）所有穿过联锁边界的列车作业均为普通的列车作业，不允许穿越边界的调车作业。

（2）在联锁边界处，列车不得改变其运行方向。

（3）在联锁边界处没有预告信号机。

（4）在联锁边界处既不会要求侧防也不会提供侧防。

（一）Sicas 联锁至其他联锁方向

1. 请　求

通过在 Sicas 联锁内设置进路，进路设置请求会在进路校对后被发送到相邻联锁系统。每个接口和方向只允许存在一个进路设置请求。

2. 进路设置

Sicas 联锁将重复自动排列进路，直到始端信号机完全开放。如果边界信号机已经在这时被设置为绿灯，始端信号机将自动被设置为绿灯。

3. 由列车激活的进路取消

在 Sicas 联锁内，列车激活的进路取消遵循正常进路使用的原则进行，但边界前的最后一个区段除外。对于这一区段，联锁边界后第一个区段的轨道空闲信息需要被另外评估。在列车激活的进路取消时，相邻联锁间没有附加的依赖关系。

4. 进路取消

进路取消包括未使用的特殊进路的取消。通过正常未注册操作员动作完成。

当列车接近始端信号机或者它的起始信号机，必须确保相关进路在它到达前不能取消。（任何危险事件发生的时候，信号机必须总能保证可以设置成“红灯”。）为此，一旦信号机前的接近区段被定义为占用，就建立接近区段来防止进路被取消。

5. Sicas 进路到边界的进路取消

Sicas 进路到边界的进路取消遵循全部联锁的规则。没有涉及联锁边界的专门条件。在进路取消发生时，请求被删除。

6. 取消联锁边界后方更远的进路取消

这个进路包含相邻联锁的进路。Sicas 联锁只能提供接近区段的轨道空闲信息。

（二）其他联锁至 Sicas 联锁方向

1. 请　求

非西门子联锁向 Sicas 联锁发送请求。该请求只在操作员工作台上显示。每个接口和方向只有一个请求。

2. 排列进路

配置和排列从联锁边界处的始端信号机到 Sicas 区域内的进路与 Sicas 联锁内部的其他进路没有区别。

3. 由列车激活的进路取消

由列车激活的进路取消和 Sicas 联锁系统内的其他进路相同。但是，为了取消边界处的轨道空闲检测区段，必须要得到边界后方第一个区段的轨道空闲信息。

4. 进路取消

1）Sicas 系统内的进路取消

非西门子联锁系统向 Sicas 联锁系统发送接近区段的轨道空闲信息。相邻联锁必须先设置接近区段的各组成区段。只有当非西门子联锁系统显示此 Sicas 进路为空闲时才可取消该进路。

2）非西门子联锁系统内的进路取消

非西门子联锁的进路取消只在非西门子联锁上执行，并且要符合它的规则。

5. 非进路相关的信息交换

1）轨道空闲检测

Sicas 联锁需要得到相邻联锁边界后方第一个区段的轨道空闲信息。假设非西门子联锁也需要从 Sicas 联锁得到该信息。

在 Sicas 逻辑中，“空闲”不会自动作为“占用”的相反状态。这两种指示被认为是彼此相互独立的。“空闲”信息作为故障—安全信息在双通道模式下传输。而“占用”信息通过另外两条通道传输。因为没有可用的相反信息，假定非西门子联锁也按同样的情况执行。

2）信号机

传输相邻联锁（边界信号机）始端信号机的设置是必需的，原因如下：

（1）顺序依赖（通过信号）。

（2）进路取消（停车信号）。

（3）调度（通过信号）。

越过联锁边界的信息如表 8-8 所示。

表 8-8 越过联锁边界的信息

序号	含义	方向
列车运行 Sicas →其他联锁		
1	从边界到其他联锁区段的进路设置请求	→
2	Sicas 联锁内至边界处有关接近区段的空闲显示	→
3	边界处非 Sicas 信号机指示“停车”显示	←
4	边界处非 Sicas 信号机给出“通过”显示	←
5	相邻联锁的第一段轨道空闲检测区段为空闲	←
6	相邻联锁的第一段轨道空闲检测区段为占用	←
列车运行 Sicas ← 其他联锁		
7	其他联锁区段请求设置从边界到 Sicas 的进路	←
8	其他联锁内关于接近区域的空闲指示	←
9	边界处信号机给出“停车”显示	→
10	边界处信号机给出“通过”显示	→
11	Sicas 联锁内最后一个轨道空闲检测区段为空闲	→
12	Sicas 联锁内最后一个轨道空闲检测区段为占用	→

6. 与站台紧急停车系统之间的接口

紧急停车按钮通常安装在站台区域，同时该区域在轨道数据库中也被定义。

紧急停车按钮通过 Sicas ECC 接口模块为 Trainguard MT 轨旁计算机单元提供安全输入。ATP 轨旁计算机单元将该输入考虑到列车移动授权的计算中。

紧急停车按钮状态信息将被分别提供给每个站台轨道。

Sicas ECC 在信号设备房电缆终端架处为 PES 系统提供的接口是零电势继电接口（非对等，安全输入）。通过闭环原理实现从紧急制动按钮获得数据。

如果紧急停车按钮被按下，该信息将在联锁逻辑内生成一条警报信息。在 CTC 等级下，联锁向 ATC 发送一条停车指示，之后 ATC 将使用 ATC 地-车通信来初始化在该区域内运行列车的紧急制动模式 。警报信息也将被提供给中心操作员控制台和本地操作员控制台。另外，该轨道区段包含的所有信号机（发车信号机和站台前面最后一个信号机）将给出停车显示。对于无车-地通信列车、未装备列车或无 ATC 运行列车的紧急制动触发由司机负责。在 ITC 等级下，主信号机应答器将停车显示传送给列车，如果该列车越过停车显示信号机，则触发紧急制动。

如果 ITC 等级列车或未装备列车在 PES 触发前已经越过了相关信号机，该列车不能再被影响并且不触发紧急制动。

7. 与防淹门控制系统的接口

防淹门控制系统由防淹门控制系统供应商提供的控制系统来操作。

Sicas ECC 设备需得到防淹门的状态信息以及防淹门控制系统是否需要关闭，并向防淹门控制系统提供允许信号。

为实现这一功能，防淹门控制系统上的零电势触点继电器接口必须包含以下信息：

（1）防淹门开启和锁闭信息（输入、非对等）。

（2）防淹门关闭请求（输入、非对等）。

（3）防淹门关闭允许（输出、非对等）。

只有防淹门在正确位置锁闭时才能通过该防淹门设置进路。其他情况下（例如，防淹门未锁闭），相邻信号机给出停车显示并且接近列车将停车。

Sicas ECC 与防淹门的接口受限于读取防淹门锁闭状态和发送解锁防淹门的激活信号的限制。

如果排列了经过防淹门的进路，联锁系统可防止防淹门控制系统通过禁止指令来移动防淹门（继电器触点）

接口电路与 SICAS 联锁系统根据故障安全原则设计，也就是说，一旦发生故障、 电源切断或配线中断，防淹门都指示为“关闭状态”，不可设置任何进路。

二、与电源的接口

供电网络可为不同的设备提供所需的电流。一旦供电网络出现故障，必须通知 Sicas ECC 联锁。状态信息将会传送到控制中心做进一步的处理。因此传感器用来采集供电网络的状态。与电源系统之间的接口是零电势继电器接口。

Sicas ECC 联锁系统将处理以下信息：

（1）信号机工作电压。

（2）通地漏泄。

（3）UPS 电池操作。

（4）UPS 电池低压。

（5）交流主电源供电。

（6）道岔操作电源。

（7）Sicas ECC 机柜风扇。

请注意：一旦转辙机供电电源故障，联锁系统将拒绝接收任何来自道岔的控制指令。

第七节　计轴系统

一、介　绍

Clearguard ACM 100 计轴系统作为轨道空闲检测系统，提供了轨道区段空闲或者占用的可靠信息。系统结构分为室内设备及室外设备。本文介绍功能及特性，而不是具体的应用说明。

Clearguard ACM 100 计轴系统是西门子 Clearguard 产品线（轨道空闲检测系统）的一部分。下文 Clearguard ACM 100 计轴系统将简称为 ACM 100。

二、系统概述

ACM100 系统框图如图 8-37 所示。

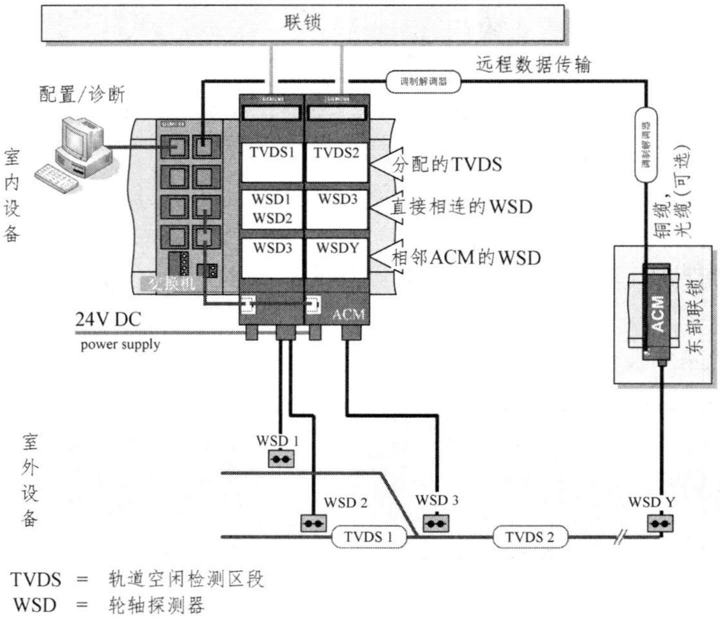

图 8-37　ACM100 系统

三、ACM 100

ACM 100 是西门子计轴系统的一种产品，是模块化设计的自动计轴系统。该计轴系统提供了轨道区段空闲或占用的可靠信息并因此为铁路系统的无扰运营做出了重要贡献。ACM 100 结合了轮对检测类型为 WSD 的轮对检测组件。

ACM100 的应用包括：

（1）正线及侧线，车站。

（2）单线及复线线路。

（3）闭塞和非闭塞线路。

（4）各种牵引类型。

（5）所有常规列车。

（6）任何长度的轨道区段。

（7）速度达 450 km/h 的列车。

（一）效率原则

1. 经验证且故障—安全的计轴系统

1）安全技术

ACM100 根据经验证并且故障—安全的 Simis 原理对轨道空闲检测区段进行防护。采用 Simis 原理的计轴运算计算机已经多年实践检验。

2）最高安全级别

ACM100 是根据欧洲 CENELEC 标准的安全要求开发的，用于铁路系统无扰运营。

独立公认的安全认证官已根据 CENELEC 标准 EN 50126，EN 50128 和 EN 50129 确认，ACM 100 满足最高安全完整性水平要求，即 SIL 4。

该安全级别满足德国联邦铁路关于安全相关系统的批准要求。

3）故障—安全计算机系统

Simis 原理：故障—安全及高可靠性。

（1）ACM 100 中的计轴模块（ACM）采用高可靠性的硬件。

（2）ACM 包括一个根据 Simis 原理设计的计算机单元。该计算机单元包含两个独立的微处理器，这两个微处理器采用相同的设计，相同的程序并且同步工作。

（3）进程数据同时读入两个通道并同步处理。进程和测试序列的状态以及进程中处理数据的输出都需经过检查是否一致。

（4）独立于进程状态，每个计算机通道功能的正确性受到连续不断的检查，该功能由周期性执行的测试程序实现。

2.2 取 2 配置的功能原理

（1）基于 Simis 原理的故障—安全且高可靠性的 ACM，具有冗余的 2 取 2 硬件核心配置。在该配置下，两个完全相同的微处理器同步工作。

（2）Simis 计算机包含两个微处理器，为 ACM 100 提供了高可用性。

3. 高成本效益的轨道空闲检测

（1）一个单模块类型用于节省成本的应用。

（2）具有高性价比的特点。

（3）模块化结构以一个标准化的平台为基础，通过该平台，使用一个模块类型即可用于各种应用。ACM 具有工业应用的坚固金属外壳，且可进行快速安装。一个单模块类型的通用用途可实现较好的成本效益和长期的硬件采购，并可降低维持备件的成本和减少可能的故障源。

（4）为了能将大量的 ACM 与商用以太网进行连接，采用了交换机。

4. 灵活满足各种客户需求

（1）模块化结构满足了各种不同的客户需求

（2）计轴系统包含一个或多个 ACM。ACM 100 的模块化结构允许对系统进行个性化设计，以满足不同的客户需求。所需的 ACM 数量可与功能导向基础有关的拓扑结构相匹配。因此，ACM 100 为各种苛刻要求的轨道空闲中央与本地检测应用提供了理想解决方案。

（3）ACM 100 方案允许进行无障碍的强化与改造措施，这样可确保投资具有前瞻性。同时，可十分迅速地实施硬件替换与强化，或者进行配置的更新。为此可采用短暂的停工期，且不影响正常的轨道运营。

（4）为了与任何所需的联锁技术或子系统进行连接，ACM 100 设有一个零电势继电器接口，可灵活适应各种工作条件。因此，采用 ACM 100 可以经济的方式对现有系统进行更新或改进。

5. 减少维护费用

1）具有高可靠性且免维护的硬件

ACM 硬件组件具有高可靠性的特点，确保了较低的维护费用。使用免维护 ACM 意味着较低的寿命周期成本。由于仅使用一个模块类型即可实现所有轨道空闲检测应用，因此，备件的维持费用可降到最低。

2）运营过程中的维护

ACM 可在带电状态下进行更换。只要将插入式可编程插头（ID 插头）交换插入到替换的 ACM，即可顺利地进行 ACM 的配置数据传输。这种便捷的解决方案可将停机时间降到最低。

ACM 上的 LED 显示器允许进行简单的现场诊断。

（二）性能特点

1. 对轨道空闲检测区段的灵活防护

1）故障—安全的轨道空闲/占用指示

ACM 100 最重要的一个性能特点是，它可以对单个轨道空闲检测区段进行监测，并通过计算车辆检测信号来提供故障-安全的空闲/占用指示。这些状态信息可通过 ACM 的零电势继电器接口传送到任何所需的联锁或子系统。

2）采用 WSD 计轴探头保护轨道空闲检测区段

ACM 100 将结合 WSD 型计轴探头一同使用。WSD 计轴探头产生一个电磁场，且该电磁场受车轮的轮缘影响（轮缘检测）。WSD 计轴探头将记录电磁场的变化，并将此变化传递给 ACM 100。轮对检测原则已经过多年的实践验证，且不受磁轨制动和涡流制动的影响。

3）控制距离

标准情况下，ACM 和相连的 WSD 计轴探头间状态数据的传送可在 6.5 km 范围内实施。

2. 可变组合满足各种要求

1）一个 ACM 可连接两个 WSD 计轴探头

一个 ACM 可直接与两个 WSD 计轴探头相连，并可监测两个轨道空闲检测区段。在 ACM 面板的下部，有一个以太网接口，用于连接附加的 ACM，以及配置数据的诊断和加载。

2）结合 ACM 的可变计轴系统（见图 8-38）

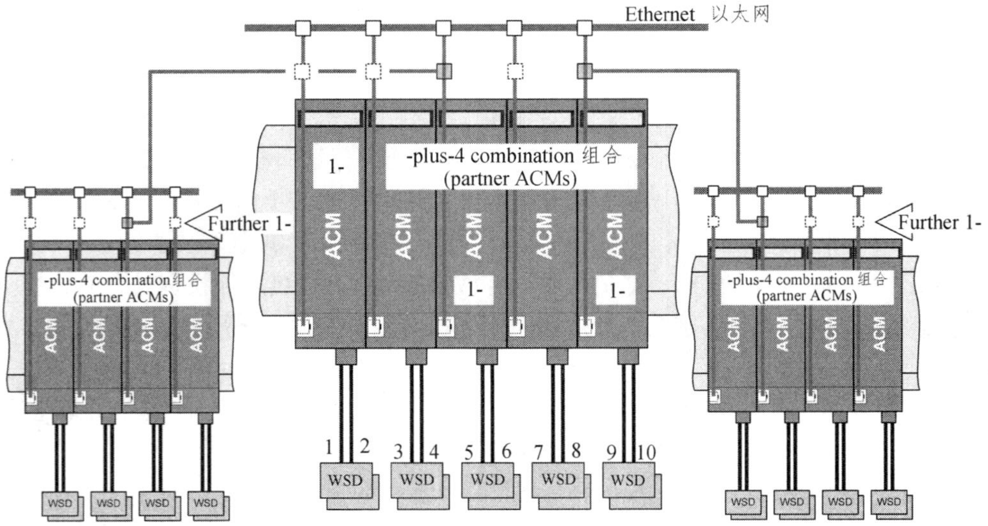

图 8-35　结合多个 ACM 构成计轴系统

一个 ACM 的以太网接口允许进一步连接附加的 ACM，以建立一个 ACM 网络。

3. 受保护程序的 ACM 连接

1）各个 ACM 间的程序保护连接

为了安全传输轨道空闲/占用指示信息和来自 WSD 计轴探头状态信息的故障-安全信号，采用了 SLC（安全层周期）。所有通过以太网接口相互连接的 ACM 将通过 SLC 安全数据传输程序交换其状态数据。

使用 ACM 100 可监测任何所需长度的检测区段。

2）通过开放式传输系统进行数据传输

通过一个开放的传输系统可实现所连接的 ACM 之间的数据交换。通过 SLC 数据传输程序可实现数据的安全传输。

4. 至联锁的连接

零电势继电器接口允许将有关空闲和占用的轨道空闲检测区段的数据传输至联锁系统。

5. 适用各种需求的可变电源

ACM 100 的电源允许进行变化以适应现有的供电网。若电网供电在 DC 24 V 不可用作 ACM 的电源，可使用不同的配电板进行最佳匹配。

（三）结构和功能

1. 轨道空闲检测系统综述

铁路安全操作要求各系统工作稳定。作为最重要的设备之一，轨道空闲监测系统能防止列车连续运动（在轨道不确定安全下），保护入站口和出站口，并且可靠地向其他系统指示轨道空闲区段的空闲和占用情况。

计轴系统用于指示轨道的空闲和占用情况。

计轴系统是每段被监控的轨道空闲区段的起点和终点处的车轮检测元件（车轮传感器）。将进入轨道空闲区段的列车车轴和离开轨道空闲区段的车轴数进行计数比较，最终提供这段轨道空闲区段是否占用的信息（见图 8-39）。

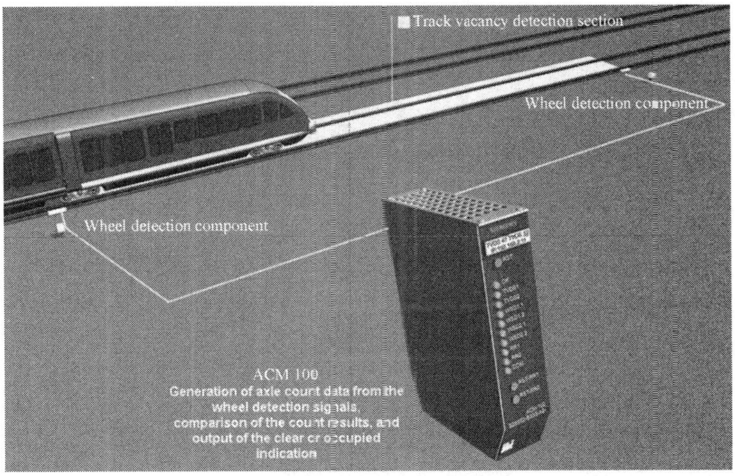

图 8-39　计轴系统图解

ACM 100 被用于自动监督开放股道和站内轨道，向联锁和子系统提供轨道区段及转辙机的空闲或占用指示。

图 8-40 所示为 ACM 100 的标准结构。

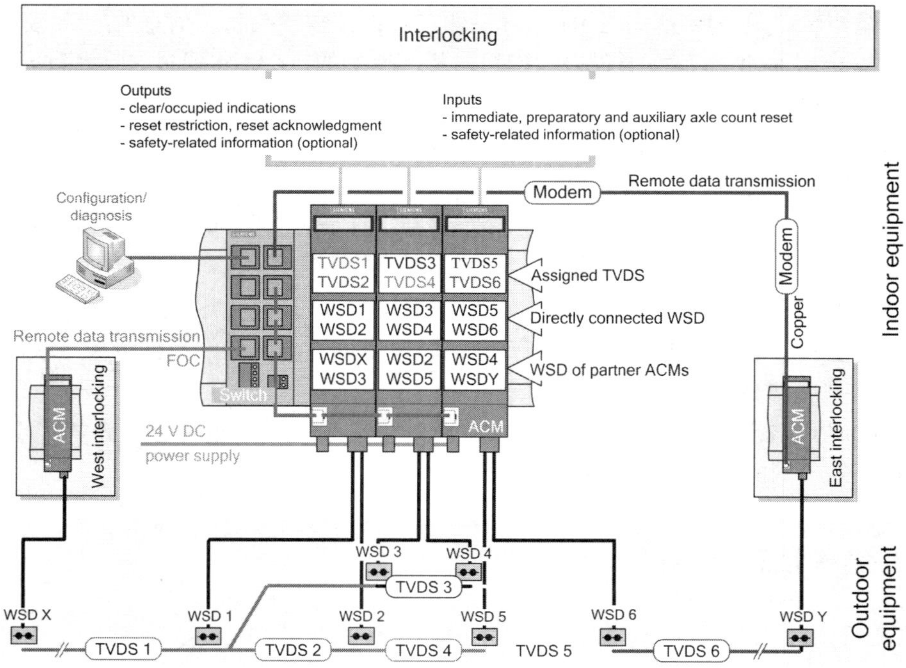

ACM: axle counter module 计轴计数模块；

FOC: Fiber-optic cable 光纤模块；

TVDS: = track vacancy detection section 轨通占用检测；

WSD: wheel detector 车辆检测。

图 8-40　ACM100 系统配置图

ACM 100 由两部分组成：

（1）室外设备。

（2）室内设备。

室外设备由车轮传感器构成，它们探测通过的车轮数，产生的车轮脉冲通过一根 4 芯轨旁电缆由 ACM 100 计轴系统传送给联锁。

室内设备由计轴系统的标准模块组构成。

ACM 100 具有以下功能：

（1）评估由车轮检测元件产生的车轮脉冲。

（2）比较进入和离开轨道空闲检测区段的车轴数。

（3）监控轨道空闲检测区段并且输出空闲和占用的指示。

ACM 100 具备基于 Simis 故障-安全原理的 2 取 2 计算机配置

过程数据（1 个车轮通过）由 WSD 车轮传感器检测到，然后处理并传输到以分配的 ACM。ACM 处理和评估车轮探测信号并指示探测结果给联锁。

可以实现由联锁输入的双通道预备计轴复位指令。

2. 室外设备的结构和功能

1）WSD 车轮传感器（见图 8-41）

图 8-41 WSD 车轮传感器

WSD（车轮双传感器）车轮探测器通过当前循环接口被应用到 ACM 100。WSD 车轮传感器通过对轮缘区域电磁场（轮缘探测）的影响监测车轮数。

WSD 车轮传感器为无故障铁路运行提供可靠的车轮检测信号，WSD 车轮传感器被安装到轨道空闲检测区段的边界上。WSD 车轮传感器具备以下特性：

（1）机械稳定性高

（2）环境温度为 – 40 °C ~ 80 °C，在冰、雪、潮湿和短时间浸水的情况下无故障。

（3）灵活应用在列车时速 450 km/h 以内

（4）检测所有符合德国铁路建造尺寸和操作规程的车轮

（5）能用于大多数在最大容许磨损平面以上的普通钢轨断面

（6）不受返回电流，架空接触网的阶跃变化电流，电磁干扰，磁力轨道制动装置，涡流制动器和车辆天线（例如应答器天线）的影响

（7）可以安装到枕木上

2）车轮传感器的组件

WSD 车轮传感器被安装到轨道空闲检测区段的边界上，由位于加筋玻璃塑料外壳内的两个独立的探测器子系统（双探测器）组成。车轮传感器被安放在铁路轨道内边上，探测器通过一根 4 芯电缆（每个探测器子系统用 2 芯）被连接到一个轨旁连接盒（电缆分线盒），电缆为 5 m（或 10 m）。WSD 车轮传感器通过轨腰的孔洞或者夹在轨基上安装。

3）车轮传感器的运行方式

WSD 车轮传感器根据感应接近开关原则工作，每个探测器子系统产生一个交变磁场，车轮边缘翻转进入这个交变磁场，车轮边缘里的涡流削弱了车轮传感器的磁场，从车轮传感器的磁场抽出相关的动力，并且被习惯用于一个车轮，车轮探测通过一个探测器子系统相关的电流消耗改变通信到 ACM 100。

3. 室内设备的结构和功能

1）计轴模块

制造工艺特点：

（1）计轴系统主要组成部件是计轴模块（ACM），整个电子设备包括连接，操作和显示元件，被整合到 ACM 中。功能单元直接连接，省去了耗时的接线方式。

（2）铝制外壳。

（3）所有接口在 ACM 下侧。

（4）电气连接位于 ACM 下侧，大部分连接通过一个可以被永久固定的紧凑的过程连接器实现。

（5）以下接口集成在过程连接器中：

① 两个故障—安全（双通道）继电器输出（TVDS1，TVDS2）：空闲和占用指示通过中继式继电器被发出。继电器输出可能在一个反相和正相配置之间选择。

② 两个故障—安全（双通道）光耦合器输入：用于双通道评估预备计轴复位指令。

③ 单通道继电器输出，用于复位确认和 ACM 操作准备（模块正常）。

④ 两个故障—安全（双通道）接口用于 WSD 车轮传感器。

⑤ 外部电源连接也位于 ACM 下侧，一个单独的插头提供 DC 24 V 电源。

2）ACM 的前面板

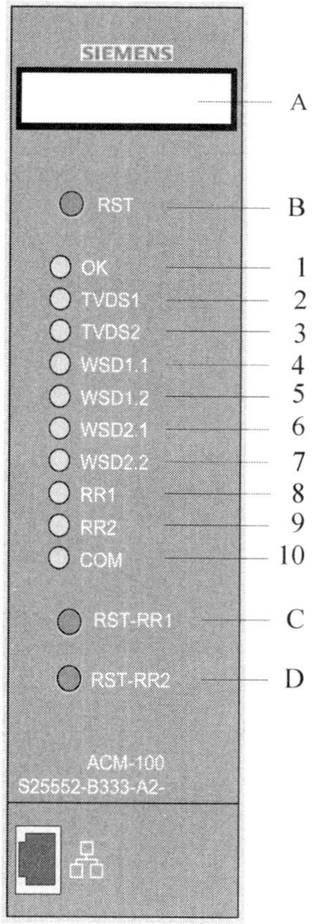

图 8-42　ACM 前面板

指示说明如表 8-9 所示。

表 8-9　指示说明

	元件	含义
A	ID plug	
B	RST	
1	“OK” LED	绿灯亮：ACM OK 红色闪烁：ACM 还没准备好 红灯亮：安全开关
2	“TVDS1” LED	轨道空闲检测区域 1 绿灯亮：出清 绿灯闪烁：出清和 CHMF 黄灯亮：占用 黄灯闪烁：占用和 CHMF 红灯亮：占用（重启，试运营）计轴重置是必要的 红灯闪烁：占用（故障，减少计轴）计轴重置是必须的
	闭塞信息	绿灯亮：闭塞正常 黄灯亮：闭塞非正常 红灯闪烁：连接失败。
3	“TVDS2” LED	轨道空闲检测区域 2 灯 2 同上
5	“WSD1.2” LED	轮轴检测器 1（通道 2 ）
6	“WSD2.1” LED	轮轴检测器 2（通道 1）
7	“WSD2.2” LED	轮轴检测器 2（通道 2）
8	“RR1” LED	未使用
	闭塞信息	绿灯亮：无按钮故障 红灯亮：按钮故障
9	“RR2” LED	同 LED 8
10	“COM” LED	绿灯亮：全部的故障—安全连接已 OK 黄灯亮：最少一个故障—安全连接被接收 红灯亮：计算机单元出现错误 红灯闪烁：无物理连接
C	RST-RR1	未使用
D	RST-RR2	未使用

在 ACM 前面板的上部分，有一个叫作 ID plug 的可编程配置连接器，它有固定的内存，通过完整的网络节点，这些分配到每个 ACM 配置的数据项目被下载到 ID plug 里。通过被指定的空闲检测区域的详细资料，ID plug 能被标注到它的前面。

当一个 ACM 被替换时，在 ID plug 里的数据配置能被传递到替代的 ACM 中。为了实现这个设置，ID plug 被交换到替代的 ACM 中。然后被替代的 ACM 能立刻被再次按照相同的设置使用，而不会出现设置错误。

在 ACM 前面板上的完整的操作和显示元件允许直接输入 ACM（重置按钮），总共有 10 个 LED 在前面板上，绿色黄色或者红色，一直亮着或者闪烁，这些 LED 灯实时指示出操作状态。

3）硬件综述

计轴模块如图 8-43 所示。

其特点如下：

（1）铝质的构架。

（2）面板上的 9 脚接口。

（3）操作和显示元件在面板的前面。

（4）3 个按钮。

（5）10 色的 LED。

（6）为连接 CAT5 网络电缆而用的工业以太网接口。

（7）背面：96 脚 C 型刀片式插脚，（DIN 41612/IEC60603-2）。

4 脚针式接口，用于连接 24 V 直流电源。

固定安装在 122 mm 的轨旁设备上。

规格（宽 × 高 × 长）：40 mm × 175 mm × 240 mm。

（8）质量：900 g。

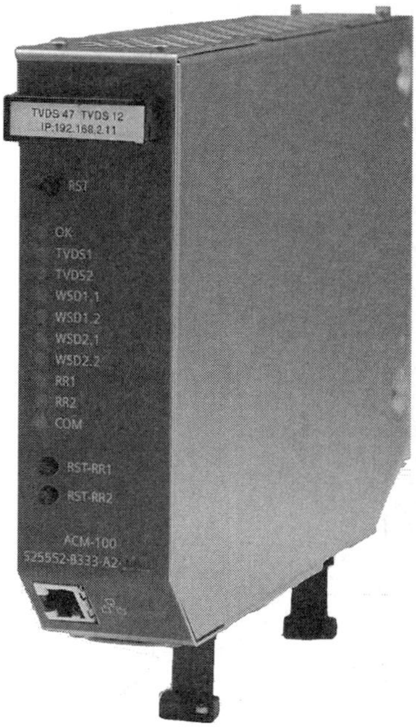

图 8-43　计轴模块

四、技术数据（见表 8-10）

表 8-10　技术数据

牵引车辆类型		电车/非电		
车轮	材料	钢，锻造		
	法兰深度	25 ~ 38 mm，从轨道顶部到底部		
	法兰宽度	>20 mm，在 10 mm 高的地方测量圆形水平面/运转板		
	旅行速度	车轮直径	速度	轮距
		≥ 300 mm	≤ 80 km/h	≥ 0.7 m
		≥ 360 mm	≤ 160 km/h	≥ 0.7 m
		≥ 600 mm	≤ 250 km/h*	≥ 1.4 m
		≥ 800 mm	≤ 400 km/h*	≥ 2.2 m
		≥ 900 mm	≤ 450 km/h*	≥ 2.5 m
		*在线直流电源牵引：≤160 km/h		
轨道	轨枕	木头，混凝土，钢，非轨		
	道碴电阻			
	钢轨断面	R 65，R 75，S 41，S 45，S 49，S 54，S 64，UIC 60（其他要求）		
	周围环境的温度范围			

续表

牵引车辆类型		电车/非电
轨道	ACM	－40～+70 °C
	WSD	－40～+85 °C
	连接车轮检测	
	WSD	通过 5 mA 的电流连接（4 芯电缆） 每个检测子系统 2 条
	最大控制距离	6.5 km
计算系统	信号电缆的最大电容总合	≤400 nF
	信号电缆的最大电抗总合	≤362
	安装轨	底座，地基
	高度调整	依照轨道磨损的程度进行再调整
	往返周期	每年
	风险比率	SIL4 与 EN50129 保持一致
	诊断	LED 指示本地诊断和远程诊断
计轴系统	容量	每个轨道空闲检测单元可检测 2000 个轮轴
	每个 ACM 包含车轮检测器的最大数	2 个 WSD 车轮检测器
	每个 ACM 监视 TVDS 的最大数	2 个轨道空闲检测单元
	以 1 拖 4 级联的方法可以连接更多的	总计 10 个 WSD 轮轴检测器： 2 个 WSD 连接到 ACM 8 个 WSD 到其他 ACM 组件
	输出数据（中继式继电器）	2 个故障—安全 出清/占用指示（反向或部正向） 重置确认操作，信号通道输出； ACM 已确认，信号通道输出
	系统启动时间	<30 s（全部功能）
模块系统		模块锁闭于安装轨侧面：安装轨可以安装在墙上、支架及机柜中
电源功率	WSD	0.4 W
	ACM	7.8 W
	电源（ACM）	24 V 直流（21.6～31.2 V）约 0.5 A 最大残余：100 mA
	输出 道岔，继电器	直流继电器电压： 道岔电压：24 V 直流（－10%）～60 V 直流（+20%） 道岔电流：2 mA～0.25 A 道岔功率：15 W 交流继电器电压： 道岔电压：24 V 交流（－10%）～60 V 交流（+20%） 道岔电流：2 mA～1A
	输入 道岔，继电器 Inputs	输入电压范围：21.6～35 V 直流（3.5～6 mA）； 电流范围：在 21.6～72 V 直流情况下，最大达 6 mA（通过串联电阻限制到 6 mA）

复习思考题

简答题

（1）西门子联锁 SICAS 是怎么配置的？

（2）SICAS 有哪些系统功能？

（3）SICAS 的进路监督分为哪三个级别，分别表示什么意思？

（4）SICAS 对临时限速是怎么处理的？

（5）怎么打开和关闭自排进路功能？

（6）如何强制打开和关闭本地操作功能？

（7）SICAS 联锁表原理是什么？

（8）Simis PC 和 ECC 是怎么冗余连接的？

（9）SICAS ECC 的工作原理是什么？

（10）SICAS 有哪些外围设置板？

（11）SICAS 软件是怎么构成的？

（12）SICAS 的系统接口有哪些？

（13）SICAS 和其他联锁是如何接口的？

（14）ACM 100 的组成是什么？

（15）ACM 100 的工作原理是什么？

（16）ACM 100 有什么特点？

微课　西门子联锁的构成

微课　SICAS 故障处理

第九章 卡斯柯联锁系统

【学习目标】

1. 了解卡斯柯联锁的系统构成。
2. 掌握卡斯柯联锁系统的功能。
3. 了解卡斯柯试车线联锁功能。
4. 了解卡斯柯联锁子系统原理。
5. 了解卡斯柯联锁系统性能。
6. 掌握卡斯柯联锁的接口。

【学习方法和建议】

熟悉本章教学内容，认真阅读教材，掌握卡斯柯联锁的功能，了解卡斯柯联锁和外部系统之间的接口，上网查阅卡斯柯联锁的相关资料，阅读智慧职教中相关的资源。

本章对 CI 子系统进行总体描述。

本章参考了 CI 产品的使用条件，并将 CI 系统细分为更小的功能模块，对每个模块的功能进行了叙述。

CI 子系统的主要安全功能是：以安全方式确保轨旁控制的安全，如“控制信号处于正确的显示”。

CI 子系统能保证在故障的情况下不会引发危险，CI 子系统必须是故障导向安全的。其故障导向安全的主导思想是：在故障情况下，CI 子系统要确保信号机处于关闭状态，道岔不能转动。除部分维护和操作功能外，CI 子系统的其他功能都符合 SIL4 级的安全标准。

图描 9-1 述了行为者（可以是人或其他子系统）和 CI 子系统在 Urbalis 系统中的接口关系。

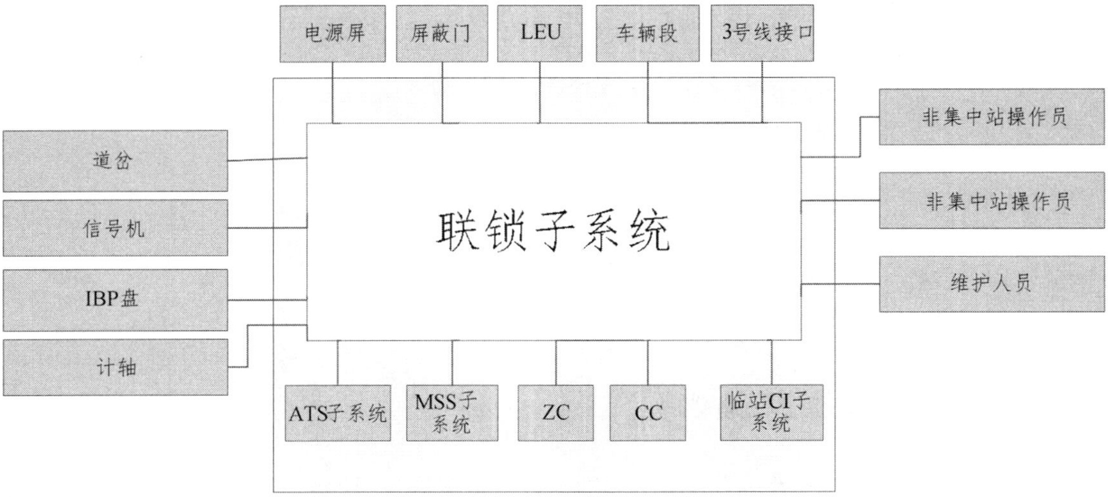

图 9-1　CI 子系统与其他（子）系统的接口关系

应用及参考文档如下：

（1）Urbalis 冗余管理原则（URBALIS-0071）。

（2）中国联锁标准 TB/3027-2002 基于计算机联锁系统的技术规范。

部分术语的缩写及定义如表 9-1、表 9-2 所示。

表 9-1　术语缩写

ATC	ATO+ATP
ATO	列车自动驾驶
ATP	列车自动防护
ATS	列车自动监控
CI	计算机联锁
CBTC	基于通信的列车运行控制
DCC	停车场控制中心
DCS	数据通信系统

续表

EOA	授权终端
ESP	紧急关闭按钮
FSFB	故障安全现场总线
HMI	人机接口
IBP	综合后备盘
LC	线路控制器
LEU	线路编码单元（欧标）
MSS	维护支持系统
OCC	控制中心
PSD	屏蔽门
SDM	系统维护台
SER	信号设备室
SIG	信号
SIL	安全等级
TC	轨道电路
TORR	随列车运行自动解锁
TSR	临时限速
UPS	不间断供电电源
URBALIS888	URBALIS 信号解决系统
ZC	区域控制器
ZLC	区域计算机联锁
OVERLAP	保护进路
TD	运行方向

表 9-2　术语定义

术语	定义
接近锁闭区间	接近锁闭区间是信号前的轨道区间。接近锁闭区间的长度为最坏情况下确保列车可在信号机前停下所需要的距离
ATP 闭塞	区域控制器发出的首要列车位置检测信息
锁闭/解锁	锁闭是为了约束 CI 子系统功能的一种操作员的外部行为。解锁是恢复先前锁闭的 CI 子系统

续表

术语	定义
计算机联锁闭塞	结合ATP闭塞和次级列车位置检测的联锁闭塞分区。用作轨道监测的计算机联锁闭塞需要完成计算机联锁子系统要求的所有相关锁闭和释放
敌对进路	在交叉或汇合处，如果两条或更多条进路发生敌对，则这些敌对进路不能同时办理
通过进路	在一条进路下有多趟列车在运行，且在此连续运行中没有必要取消或重办进路，此时可适当锁闭进路
联锁	用于设定、解除信号和道岔的通用术语，以防止不安全的情况发生。联锁这个词通常也被用作指派命令给设备使其执行其所有功能
锁闭	计算机联锁中为信号、道岔、进路及其他自动功能设定的一种状态。除特定的预先设置的情况下，这种状态不允许随意更改
防护	由于列车的滑行距离，当接近车站的信号显示禁止信号时，列车不能在车站的停车点停车。但在可确保安全的情况下，通过防护区间可使列车接近信号并停靠在车站的停车点
道岔	铁路名词，根据列车运行的不同方向，有定位、反位两种位置
解锁	解除功能上的锁闭，如进路解锁
进路	进路是批准的从始端信号机到终端信号机的列车运行
进路锁闭	联锁的一种形式，保持已办进路的锁闭直至列车通过，相应区段出清，道岔锁闭，敌对进路未办理
排路	进路控制的一种状态，此时进路所需的所有道岔都被检查空闲并设为正确位置
进路办理及锁闭	进路控制的一种状态，此时进路所需的所有道岔都按要求设置，进路中所有的子进路都被锁闭
道岔控制	控制道岔正确位置的联锁功能
信号机	传递指示或预警命令的可视信号设备，在非CBTC模式下指导司机的操作
运行方向	在每个双向轨道区段中，列车都需要运行方向这个安全信息，以确保其是按排列进路方向正确运行的

第一节　联锁子系统构成

一、联锁子系统构成

以某工程信号系统为例，提供的正线CI子系统的系统结构如图9-2所示。

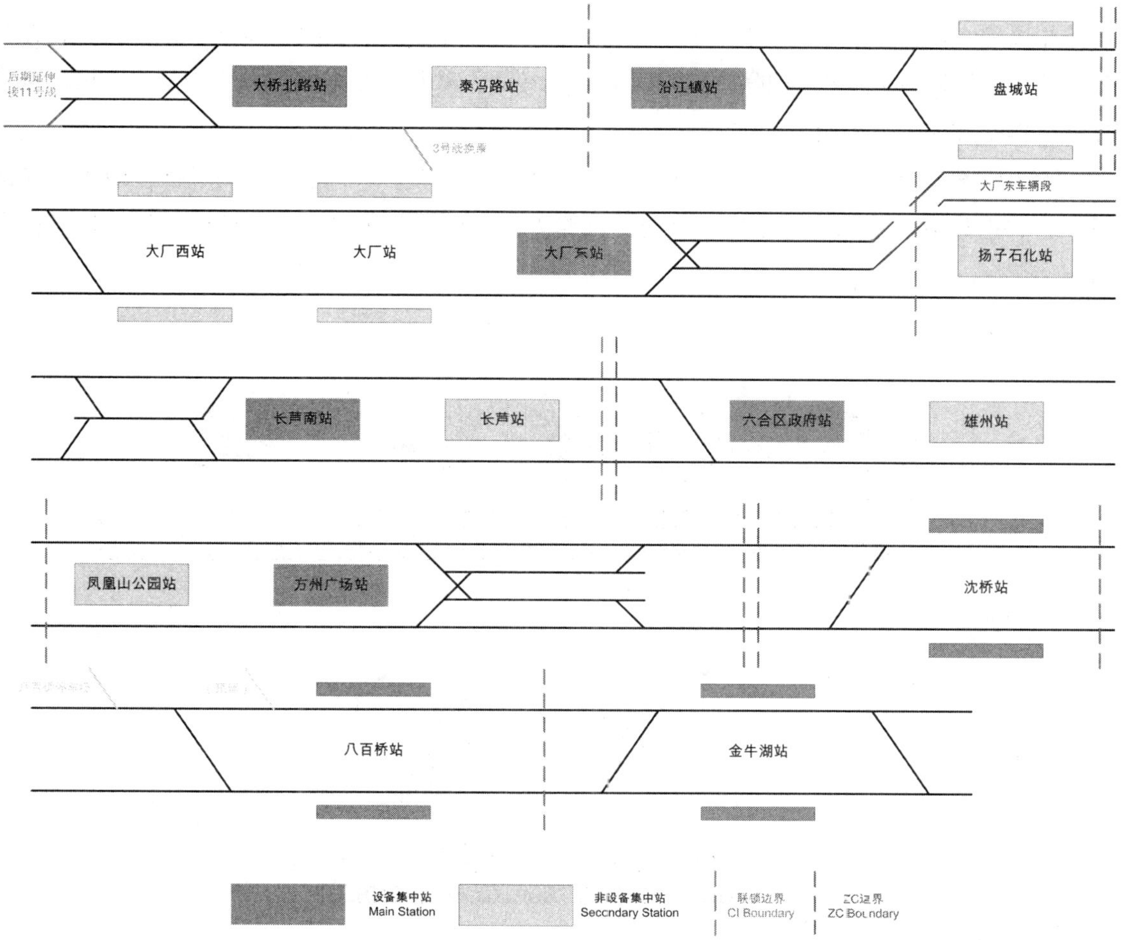

图 9-2 正线 CI 子系统结构

二、设备集中站

某工程信号系统正线共设置有 9 个设备集中站，分别是大桥北路站、沿江镇站、大厂东站、长芦南站、六合区政府站、方州广场站、沈桥站站、八百桥站及金牛湖站。每个设备集中站的配置如下：

（1）设置一套双系热冗余的 2 乘 2 取 2 联锁系统（简称 ZLC），负责完成管辖区域内的所有联锁功能及与中心 ZC 和车载 CC 之间的接口和数据传输，该设备布置在设备集中站的信号机房内。

（2）配置 2 层通信传输结构，一层为 ZLC 系统与 ATS 子系统、系统维护台及现地控制工作站之间的信息交换提供网络传输通道；一层为 ZLC 与车载和 ATP 计算机之间的信息交换提供网络传输通道。上述传输设备均安装在信号机房的网络机架内。

（3）设置一套热备冗余的现地控制工作站（HMI）。车站值班员的操作命令（例如：进路办理、单操道岔、开放引导信号等所有的联锁操作）经 HMI 处理后送给 ZLC，ZLC 把联锁运算后的相关表示信息（信号机状态、道岔位置、区段状态等）送至 HMI 上显示。该设备布置在车控室的综合控制台上。宁天城际一期工程信号系统设备集中站的 ATS 监控工作站与联锁设备的操纵工作站称为现地控制工作站。

（4）设置一个系统维护台（SDM），负责完成本设备集中站所辖车站的联锁诊断和故障记录等，并把相应的信息内容通过网络送至维修中心。该设备布置在信号机房内的维护操作台面上。

如图 9-3 所示，CI 子系统的设备主要分布在设备集中站。

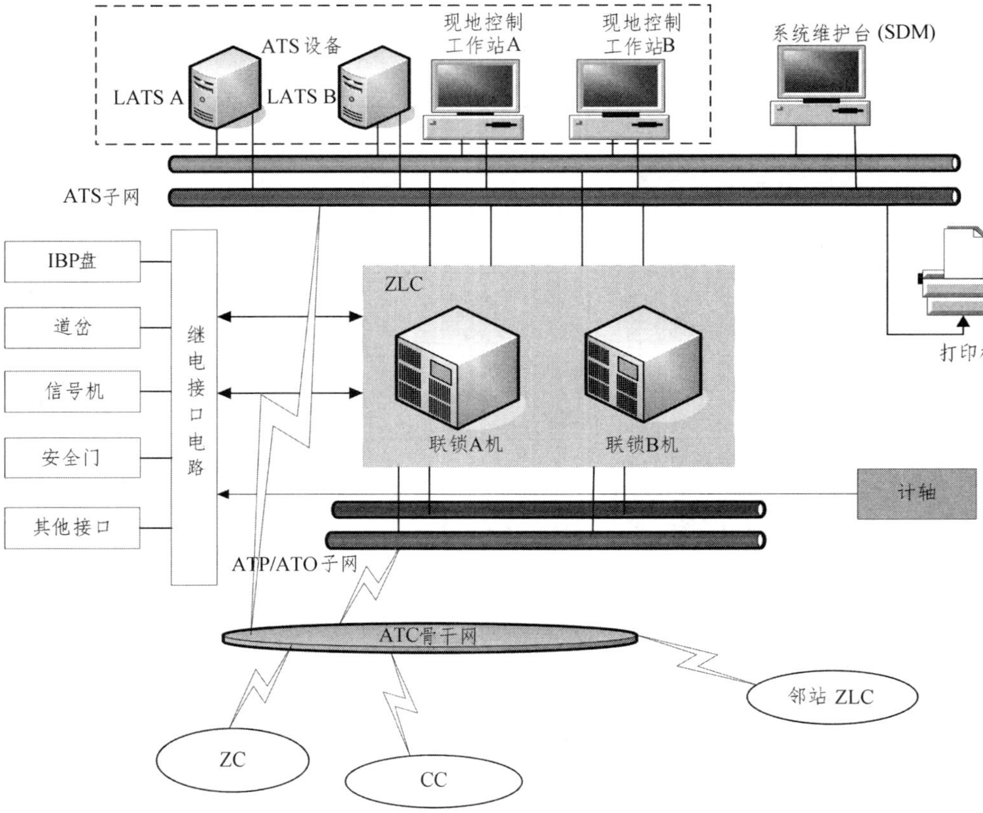

图 9-3　设备集中站 CI 系统构成

三、非设备集中站

宁天城际一期工程信号系统共设置有 8 个非设备集中站。

分别是泰冯路站、盘城站、大厂西站、大厂站、扬子石化站、长芦站、雄州站、凤凰山公园站。相应的每个非设备集中站都与其所属的设备集中站相连。

非设备集中站设置 1 套车站 ATS 工作站，提供本站以及相邻集中站的监督，同时提供和发车表示器的接口。该设备布置在综控员室的综合控制台上。

有岔非集中站设置一套冗余的 ATS 控制工作站，提供所辖区域内的进路和联锁设备进行操作的功能和本站以及相邻集中站的监督功能（见图 9-4）。

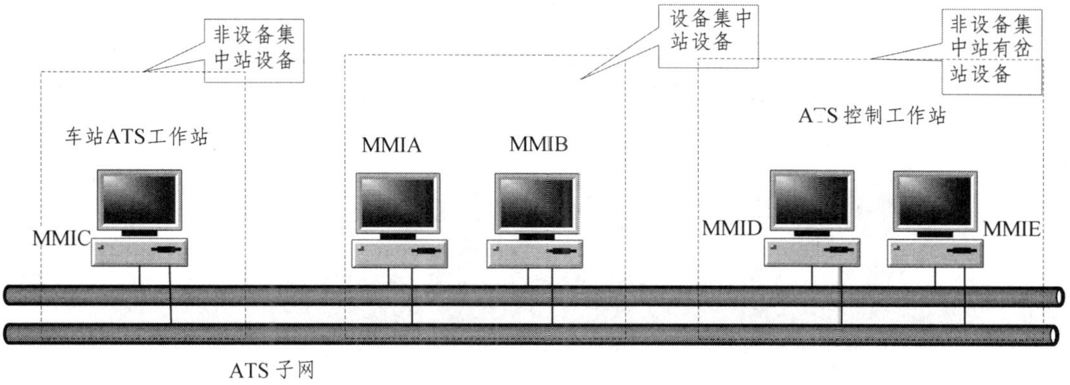

图 9-4　非设备集中站 CI 系统构成

四、中央联锁操作员工作站

控制中心设置一套中央联锁操作员工作站，用于在联锁级控制情况下，对全线在联锁级进行进路和联锁设备的相关操作。

五、培训中心

宁天城际一期工程信号系统培训中心提供的 CI 子系统的系统结构如下：

（1）设置一套双系热冗余的 2 乘 2 取 2 联锁系统（简称 ZLC），负责完成管辖区域内的所有联锁功能。

（2）配置 2 层通信传输结构，一层为 ZLC 系统与 ATS 子系统、系统维护台及车站现地控制工作站之间的信息交换提供网络传输通道；一层为 ZLC 与 ZC 之间的信息交换提供网络传输通道。

（3）设置一套冗余的车站现地控制工作站（HMI），HMI 直接接入 ATS 子网。值班员通过 HMI 办理操作，操作命令（例如进路办理、单操道岔、开放引导信号等）发送给 ZLC，同时接收 ZLC 发送来的站场表示信息，送给 HMI 显示。

（4）设置一个系统维护台负责完成联锁诊断、信号监测和故障记录等。

培训中心的设备具体构成如图 9-5 所示。

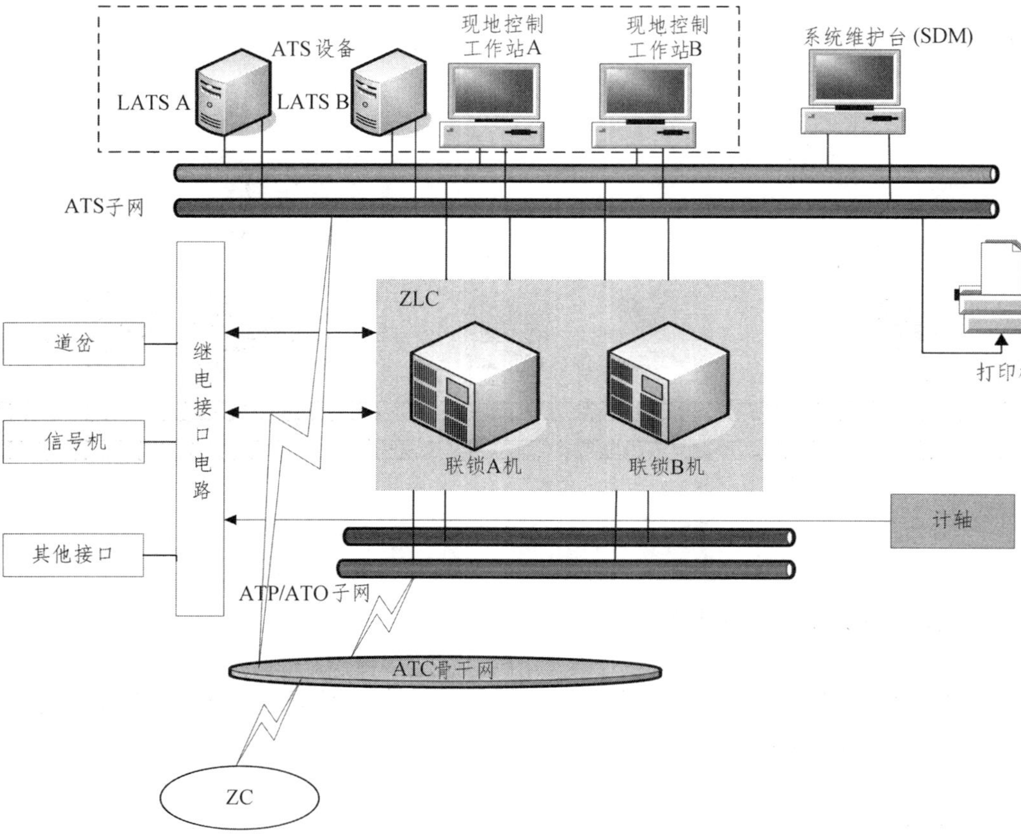

图 9-5　培训中心 CI 系统构成

六、试车线

宁天城际一期工程信号系统大厂东车辆段设有一条试车线提供试车功能。具体设置如下：

（1）设置一套 2 乘 2 取 2 联锁系统（简称 ZLC），负责完成管辖区域内的所有联锁功能，与试车线 ZC、车载 CC 以及车辆段 CI 之间的接口和数据传输；该设备布置在试车线的信号机房内。

（2）设置一台现地控制工作站（简称 WS），为试车线值班员提供友好的界面和操作，用于申请或取消授权，并为试车办理进路等。值班员通过 WS 办理操作操作命令（例如进路办理、单操道岔、开放引导进路等）发送给 ZLC，同时接收 ZLC 发送来的站场表示信息（信号机状态、道岔位置、区段状态等）用于显示，该设备布置在试车线综控室的操作控制台上。

（3）设置一个系统维护台（SDM），负责完成本设备集中站所辖车站的联锁诊断和故障记录等；并把相应的信息内容通过网络送至维修中心。该设备布置在信号机械室的维护操作台面上。配置一台 A3 彩色激光打印机，可以打印一些记录的数据和报警信息。

试车线结构框图如图 9-6 所示。

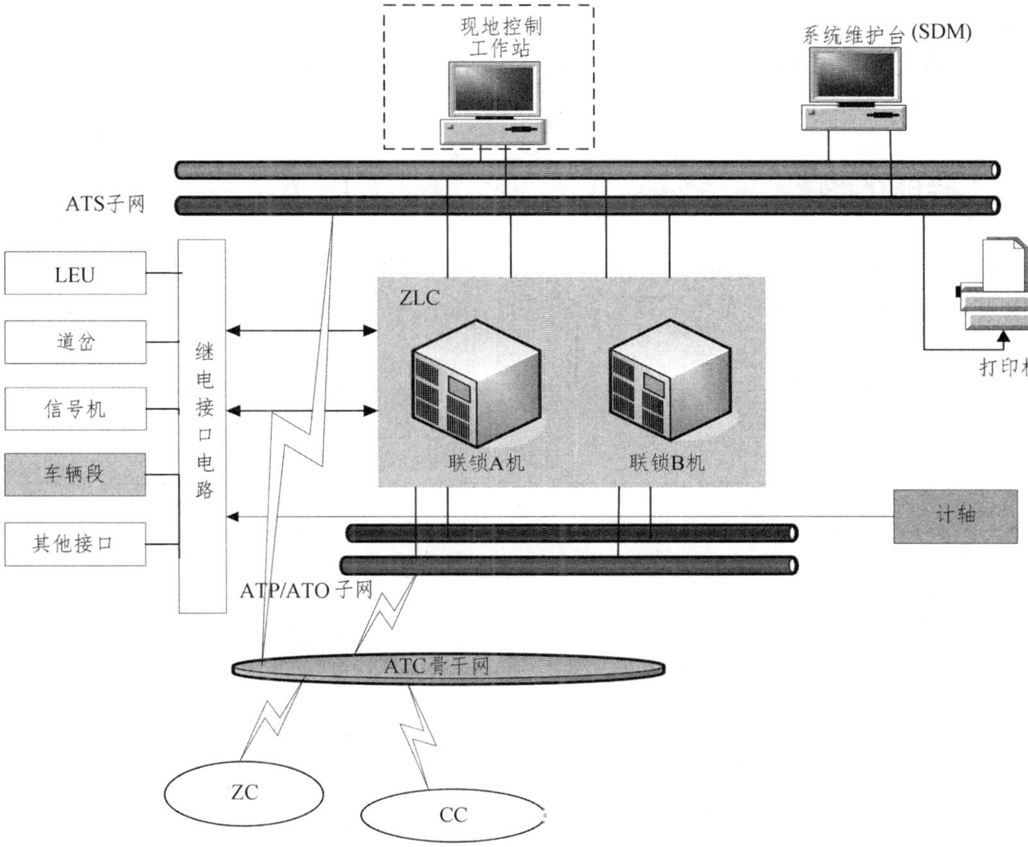

图 9-6　试车线 CI 系统构成

第二节　联锁子系统的功能

CI 子系统设置在各设备集中站，其完成的主要功能如下：

（1）负责本设备集中站所辖区域内的联锁逻辑处理。

（2）负责与相邻 ZLC 之间的信息交换。

（3）负责采集和驱动现场相关轨旁信号设备，通过安全型继电器实现和道岔转辙机、信号机、计轴、紧急停车按钮/复原按钮、IBP 盘、屏蔽门/安全门等设备的安全接口。

（4）实现与 ZC 接口，负责把本区域内的信号机和道岔状态、列车进路设置情况、保护区段的建立、区间运行方向、联锁处理结果等信息发送给相应的 ZC，并接收 ZC 发送的列车位置等相关信息。

（5）实现与车载 CC 的接口，接收车载系统发送的屏蔽门/安全门动作信息，通过安全型继电器实现与屏蔽门/安全门系统的接口。

（6）实现与 ATS 的接口，接收车站 ATS 分机的控制命令，并把站场显示信息传送给车站 ATS 分机和 OCC ATS；同时接收并显示 ATS 分机发送的列车识别号。

（7）负责和 LEU 接口，在后备模式下向车载系统提供轨旁信号和道岔的相关信息。

（8）提供直观的维护和诊断功能。
（9）具有现场脱机测试功能，便于站场改造时的现场联锁试验。
（10）实现与其他系统的接口功能。

一、联锁功能

计算机联锁系统满足国铁集团颁布的《计算机联锁技术条件》和《继电式电气集中技术条件》。根据宁天城际一期工程信号系统的功能需求，正线联锁系统具有表 9-3 所列功能。

表 9-3　功能表

序号	功能
F1	列车防护
F1.1	区段空闲检测及子进路锁闭
F1.2	进路锁闭
F1.3	道岔锁闭
F1.4	开放信号
F1.5	保护进路
F1.6	方向设置
F2	列车运营管理
F2.1	自动折返
F2.2	自动通过进路
F3	管理轨旁设备
F3.1	管理道岔
F3.2	管理信号机
F3.3	计轴复位
F4	维护功能
F4.1	道岔单锁/解锁
F4.2	封锁/解锁
F5	站遥切换功能
F6	提供列车运营命令
F6.1	扣车
F6.2	取消扣车
F7	与旅客安全系统的信息交换
F7.1	屏蔽门开放/关闭/状态检测及锁闭
F8	管理 ESP
F9	故障诊断、信号设备监督和报警功能

（一）F1 列车防护

1. F1.1：区段空闲检测及子进路锁闭

1）区段空闲检测

ATC 系统是基于 CBTC 的移动闭塞系统，联锁子系统所需的轨道信息由轨旁 ZC 通过骨干网传来，辅助计轴系统的轨道信息则由 ZLC 通过安全型采集板采集。因此在联锁机中有两种轨道信息，ZC 传递的列车位置信息和 ZLC 采集的计轴信息两种，他们之间的关系可由图 9-7 体现。

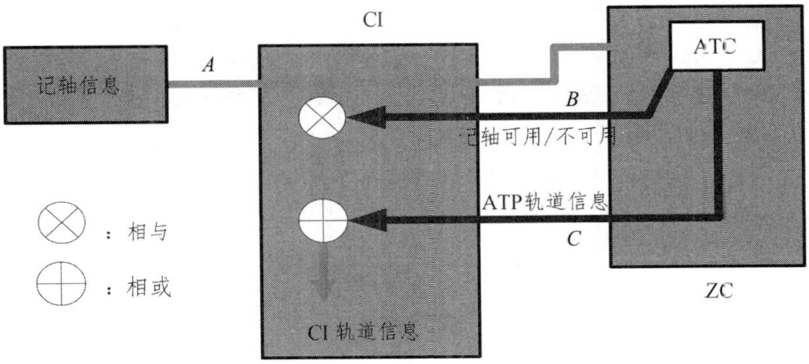

图 9-7　CI 轨道区段计算原理

如图 9-7 所示，ZLC 轨道信息由计轴信息、ATP 闭塞信息和计轴可用/不可用三个因素有关。ATP 闭塞信息及计轴可用/不可用的信息由 ZC 提供给联锁子系统，计轴信息由联锁机通过安全型采集板采集。联锁机将依照这些信息及其他相关的条件（见表 9-4）编写布尔代数，得出 CI 轨道信息。计算公式 $D=（A*.N.B+C）$，其中，$.N.$为取反。

表 9-4　状态列表

	计轴区段 A 1=出清 0=占用	计轴状态 B 1=不可用 0=可用	ATP 区段 C 1=出清 0=占用	CI 区段 D 1=出清 0=占用
情况 1	0	0	0	0
情况 2	0	0	1	1
情况 3	0	1	1	1
情况 4	0	1	0	0
情况 5	1	1	1	1
情况 6	1	0	0	1
情况 7	1	1	0	0
情况 8	1	0	1	1

当 ZC 与 CI 间的通信中断时联锁将按照次级检测设备的检测结果来反映区段的状态，CI

通过采集中国标准安全继电器接点来获取计轴区段的信息。联锁设备与 ZC 的接口以及联锁设备与轨道占用/空闲设备的接口符合故障 – 安全原则。

2）子进路锁闭

（1）初始化时，所有的子进路都锁闭。当区段空闲时，需要人工办理解锁手续后才能解锁。或者在 8 min 之内按下“上电解锁”按钮可对全站子进路进行解锁。

（2）一条子进路对应一个 CI 区段。

（3）双向运行区段应防止迎面子进路的建立。

（4）进路建立并锁闭后，子进路应能防止道岔未锁闭。

（5）在进路建立以后，一条进路的所有子进路和道岔应被锁闭。

（6）CI 子系统不允许解锁列车前方的子进路，即防止迎面解锁。

（7）当防护进路的信号机被跨压后，在检查本区段空闲下一区段占用后，进路上的第一个区段立即解锁。

（8）非第一区段的正常解锁必须完成三点检查：

① 前一区段解锁，本区段占用。

② 检查下一区段占用，本区段出清。

三点检查的顺序是：

① 前一区段占用、本区段空闲。

② 本区段占用、前一区段出清。

③ 下一区段占用、本区段出清。

如图 9-8 所示，待解锁区段是 b，则三个条件分别是：

① a 占用、b 空闲。

② b 占用、a 出清。

③ c 占用、b 清。

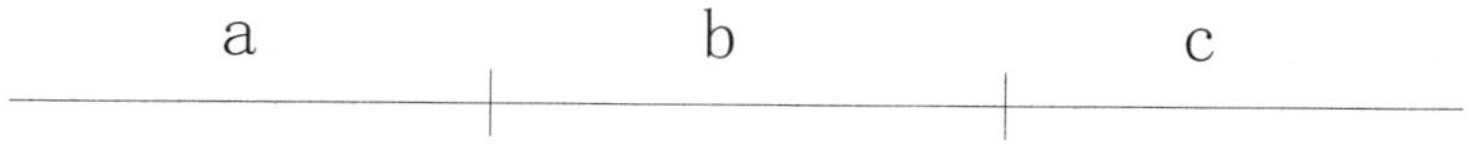

图 9-8　三点检查示意

（9）在轨道区段瞬间（如 3 s 内）失去分路的情况子进路不允许解锁（如前一区段已解锁，本区段空闲，下一区段空闲的情况下，子进路不能解锁）。

（10）区段在非空闲的状态下不能被区故解。

2. F1.2：进路锁闭

1）进路建立条件

（1）道岔位置不对，进路不能建立。

（2）有敌对进路时，进路不能建立。

（3）敌对的防护进路锁闭时，进路不能建立。

（4）如果转辙机故障而不能转动，但转辙机可以被检测到在定位或是反位且可以被锁闭时，联锁子系统应允许办理经过该道岔位置的进路并走行列车。

（5）有敌对子进路，进路不能建立.

（6）进路正处于取消过程时，该进路建立的操作不能被执行。

（7）信号机被封锁后，以该信号机为始端的进路不能建立。

（8）进路内的无岔区段或道岔区段封锁后，经过该区段的进路不能建立。

2）进路在下列情况下办理并锁闭

（1）给定的进路已经建立。

（2）进路上的道岔、防护道岔锁在规定位置。

（3）进路上的区段均锁闭。

（4）敌对条件（敌对的自动通过进路、敌对的自动折返、敌对的延续防护进路、敌对的区段锁闭）未建立。

（5）进路的锁闭按时机分为预先锁闭和接近锁闭。预先锁闭须在进路选通，有关联锁条件具备时构成；接近锁闭须在信号开放后接近区段有车占用时构成，当无接近区段时，须于信号开放后立即构成。

进路随列车运行而自动解锁，或在操作员办理解锁手续后可以解锁。“进路随列车运行而自动解锁”的模式叫作“TORR 模式”。

3）进路在下列情况下解锁

（1）在自动通过进路模式下，进路不能随列车运行而自动解锁（此时 TORR 模式不起作用）。

（2）在操作员办理取消进路手续时，TORR 模式无效。

（3）在列车跨压信号之前，信号已经关闭的话，TORR 模式无效。

（4）在计轴器不可用时，联锁系统没有收到 ZC 发来的“列车头部跨压信号机”的信息时，TORR 模式无效。

（5）进路一旦建立并锁闭，列车接近进路时，如果信号开放，则人工解锁进路时需要延时，这叫进路延时解锁。

（6）列车未接近进路、操作员办理进路解锁手续时，进路立即解锁。

（7）轨道区段在开机、停电恢复和因故障锁闭时，在检查该区段未排列在进路中且空闲后，能采取“区故解”操作实现故障解锁。

（8）在人工确认列车通过引导进路后，办理“总人解”操作可使引导进路解锁。

（9）人工解锁基本进路、引导进路、引导总锁进路、区故解时有请求应答的机制。

3. F1.3：道岔锁闭

（1）当办理进路并且道岔可操作时，进路中的道岔（包括防护道岔）应操纵至规定位置。

（2）道岔可动时，车站的 CI 可直接发单操命令。

（3）防护进路上的道岔可以转动时，道岔应随防护进路的建立而转动到规定位置。

（4）道岔区段封锁后，其他条件具备时可转至相应的位置。

（5）处于死锁状态的道岔不能自由转动。

（6）如果子进路将道岔锁闭于某个位置，则该道岔不能再转动。

（7）如果防护进路将道岔锁于它的规定位置，则该道岔不能再转动。

（8）如果道岔单锁在某个位置，则该道岔不能再转动。

（9）联锁应该对请求单锁的道岔实施单锁并保持单锁直至收到该道岔的解除单锁命令。

（10）联锁机重启时，所有的道岔均处于引导总锁状态。

（11）道岔区段被占用，道岔将不能自由转动。

（12）处于引导总锁状态的道岔不能自由转动。

（13）处于非进路锁闭下的道岔不能自由转动。

（14）当以下任一条件满足时可以认为道岔处于锁闭状态：

① 包含该道岔的区段被占用。

② 包含该道岔的任一区段锁闭。

③ 与该道岔相关的 OVERLAP 锁闭。

④ 该道岔死锁。

⑤ 该道岔被引导总锁锁闭。

⑥ 该道岔被单锁。

4. F1.4：开放信号

1）引导总锁和引导

（1）引导信号允许列车在进路内区段故障或允许信号灯丝断丝的情况下运行。

（2）当按进路控制和单独操纵道岔方式建立引导进路时，确认与进路有关的道岔位置正确后，锁闭进路中的道岔和敌对进路。

（3）当道岔失去表示时，应能采用引导总锁闭方式锁闭全站道岔。

2）引导信号在下列情况下应及时关闭：

（1）进路上的道岔失去表示或引导的灯丝断丝时。

（2）列车压入引导信号。

（3）在信号机内方第一轨道区段发生故障的情况下，开放引导信号的按钮接点断开或 20 s（暂定）内未采取维持信号开放的操作时或在采取了维持信号开放的操作后 20 s（暂定）内未再次采取维持信号开放的操作时。

（4）办理引导进路解锁时。

（5）引导信号机封锁后。

（6）引导进路内的无岔区段或道岔区段封锁后。

（7）人工关闭信号时：

① 引导进路接近锁闭后，总人解引导进路，引导进路立即解锁。

② 在人工确认列车通过引导进路后，办理“总人解”操作可使引导进路解锁。

③ 信号重开。

（8）如果信号机由于某种原因关闭（如在后备模式下的区段故障或灯丝断丝），当故障恢复后信号需要人工重开。

（9）信号机在以下情况下会关闭：

① 区段故障或灯丝断丝。

② 列车压入允许信号。

③ 办理区段故障解锁。

④ 封锁信号机。

⑤ 封锁进路内的无岔区段、道岔区段或进路的防护区段。

⑥ 屏蔽门/安全门打开。

⑦ 紧急关闭被激活。

⑧ 后备下进路内方任一区段办理了临时限速。

对于后备模式下站台轨有车占用且出站信号机已开放的情况，当相关的屏蔽门/安全门被打开时，该信号应变为禁止状态；当该屏蔽门/安全门再次关闭时，如果其他条件都具备，出站信号应能自动重新开放。

在后备模式下，若前方区间没有区间间隔信号机，则出站信号机的开放条件应考虑本站及下一站 ESP 状态；若前方有区间间隔信号机时，则出站信号机的开放条件须考虑本站的 ESP 状态，不考虑下一站 ESP 状态，而区间间隔信号机的开放条件须考虑下一站 ESP 状态；当 ESP 激活时，相应出站信号机关闭；ESP 恢复后，需人工办理相应出站信号机信号的重新开放手续后才能再次开放信号。

在后备模式下，所有的出站信号机的开放条件都只检查本站本侧站台的 PSD 状态，不检查本站另一侧站台的 PSD 状态及其他车站的 PSD 状态。当相应的 PSD 关闭且锁闭条件未满足时，本站本侧站台的出站信号机应关闭。

5. F1.5：保护进路

（1）为了使列车能在一条进路的末端接近一架不可越过的信号机，联锁需要管理 2 种防护进路：

① 优先的防护进路：如果道岔可动就将防护进路上的道岔锁在较佳的位置，否则，道岔就在相反位置（意思是如果已经锁在另一位置了，则在这个基础上再叠加一个反位的 overlap）。

② 关键的防护进路：道岔必须锁定在规定的位置。

（2）防护进路由列车占用触发区段来触发。

（3）防护进路只能在列车指向防护进路的方向运行时建立。

（4）如果敌对的进路或子进路已建立时，防护进路将不能建立。

（5）如果列车进入了防护进路内方，防护进路应不予解锁。

（6）列车在停车区段停稳以后，防护进路应解锁。列车停稳信息由计时器或 ZC 信息确定。

（7）如果列车尾部已经通过防护进路，防护进路将被解锁。

（8）在防护进路解锁期间，另一列车又要求办理防护进路时，防护进路的解锁过程应继续进行而不被中断。

（9）CI 分别设置“ATC 解锁防护进路计时器”和“联锁解锁防护进路计时器”，计时器倒计时结束、防护进路解锁后，第二列车占用触发区段触发防护进路时，只有在首列车出清停车区段后才能触发有效、建立防护进路。

6. F1.6：方向设置

（1）对应每条子进路应设置相应的 TD。

（2）对应于双向运行的区段和单向运行的区段，每个区段均会设置两个 TD。对于单向运行的区段，禁止列车运行的那个方向的 TD 将会一直保持在未建立状态。

（3）在系统启动阶段，联锁子系统应将 TD 设置为未建立状态。

（4）在进路建立并锁闭后，就完成了进路中所有 TD 的设置。

（5）不论引导进路是否建立并锁闭，均不会为引导进路中的各区段建立 TD。

（6）不论调车进路是否建立并锁闭，均不会为调车进路中的各区段建立 TD。

（7）不应为延续防护进路中的区段建立 TD。

（8）正方向 TD 和反方向 TD 不能同时建立。

（9）所有 TD 随区段的锁闭而保持。当区段解锁时，TD 随之复位。

（10）列车在折返区段，TD 随反向进路的建立而转换方向。这些折返区段是联锁设计中用于列车停车的区段。

（11）如果反方向折返进路没有建立并锁闭，正方向 TD 将不会解锁。

（12）折返时，在反向进路建立并锁闭、并收到列车停在折返区段的停稳信息后，折返区段的 TD 被复位。

（二）F2：列车运营管理

1. F2.1：自动折返

（1）车站处于站控时，车站值班员可设置自动折返进路。

（2）车站处于遥控时，中心可设置自动折返进路。

（3）站控下车站值班员可以为已经建立的折返进路设置自动折返模式。

（4）遥控下中心可以为已经建立的折返进路设置自动折返模式。

（5）敌对进路建立后，则不应建立自动折返。

（6）敌对自动折返建立后，则不应建立自动折返。

（7）敌对自动通过进路建立后，则不应建立自动折返。

（8）自动折返包括的进路的始端信号封锁后，则不应建立自动折返。

（9）自动折返包括的进路的无岔区段或道岔区段封锁后，则不应建立自动折返。

（10）办理引导总锁后，则不应建立自动折返。

（11）办理自动折返的命令设置以后，则联锁子系统应根据折返进路命令、根据联锁区段的状态，顺序控制折返命令包含的折返进路的办理。

（12）取消自动折返模式，已办理的进路不会被取消。

（13）取消折返进路将取消自动折返模式。

（14）当 ATP 功能丧失时，联锁设备也支持后备运营模式下折返站列车进路的自动设置。

2. F2.2：自动通过进路

（1）车站处于站控时，值班员可设置自动通过进路。

（2）车站处于遥控时，中心可设置自动通过进路。

（3）站控下车站值班员可以为已经建立的进路设置自动通过进路模式。

（4）遥控下中心可以为已经建立的进路设置自动通过进路模式。

（5）敌对进路建立后，则不应建立自动通过进路。

（6）敌对自动折返建立后，则不应建立自动通过进路。

（7）进路的始端信号被封锁后，则不应建立自动通过进路。

（8）进路内的无岔区段或道岔区段封锁后，则不应建立自动通过进路。

（9）办理引导总锁后，则不应建立自动通过进路。

（10）取消自动通过进路模式后，进路性质转为基本进路，但不会取消已经办理的进路。

（11）取消进路，将同时取消自动通过进路模式。

（12）当列车进入进路后，始端信号关闭，进路保持锁闭，当信号开放的条件再次满足后，信号自动开放。

（13）办理进路后，进路锁闭但由于某种原因不能开放信号时，进路应能人工取消。

（三）F3：管理轨旁设备

1. F3.1：管理道岔

（1）在车站处于站控状态时，中心值班员无法对道岔进行单独操作。

（2）车站处于任何模式下（遥控/站控/紧急站控），车站值班员均可对道岔进行单独锁闭和单独解锁。

（3）操作人员可通过办理引导总锁，锁闭此联锁区所有道岔。引导总锁只有在站控和紧急站控模式下有效，其安全由人为保障。

（4）道岔能够单独操纵或随进路的排列而自动选动，单独操纵优先于进路自动选动。

（5）开通安全线的道岔在道岔解锁后自动恢复到开通安全线的防护位置。

（6）联锁设备能对道岔实现：

① 进路锁闭。

② 区段锁闭。

③ 人工锁闭。

④ 引导总锁。

⑤ 非进路锁闭。

（7）转辙机的控制和表示电路符合转辙机控制的技术条件要求：

① 联锁道岔能人工单独操纵，也能随进路的排列而自动选动，单独操纵优先于进路选动。

② 当以进路控制方式操纵道岔时，进路上的道岔能顺序选出，动作电流能够错开启动峰值。

③ 联锁道岔受进路锁闭、区段锁闭、人工单独锁闭或其他锁闭方式控制，一经锁闭的道岔不能启动。

④ 联锁道岔一经启动能转换到规定的位置。当因故被阻，在规定时间（如 15 s）内不能转换到规定位置时，有声光报警，道岔经操纵后能转换到原来位置。

⑤ 道岔转换完毕后，自动切断道岔动作电源。

⑥ 道岔转辙机的电机电路发生故障时，自动切断道岔启动电路。

（8）道岔位置表示：

① 只有当道岔实际位置与操作要求一致，并经检查自动开闭器的两组接点排的相应接点位置正确，才能构成道岔位置的正确表示。

② 只有当联动道岔中各组道岔均在规定位置时，才能构成位置表示。

③ 启动道岔时先切断位置表示。

④ 发生挤岔时有挤岔表示。

⑤ 人工单独锁闭时，不影响道岔的位置表示。

⑥ 当道岔失去表示时，联锁设备不会自动解锁进路。

2. F3.2：管理信号机

正常情况下，正线区段列车以车载设备显示作为行车凭证。ATP 故障车、工程车等无车载信号列车及地面 ATP 故障情况下降级运行的列车按地面信号机的指示人工驾驶运行。

非 CBTC 模式下，正线室外信号机点灯。CBTC 模式下，正线信号机灭灯。当列车由 CBTC 运行模式转到非 CBTC 模式时，该列车的前方第一架信号机自动由灭灯切换到点其他灯；当列车从非 CBTC 模式转到 CBTC 模式时，列车前方的第一架信号机自动切换为灭灯状态。当系统运行在连续通信级别，信号机灭灯情况下，系统在现地控制工作站上具备信号机灯丝手动启动测试检测功能。

正线信号机根据信号系统的制式和特点设置如下：

（1）信号机原则上设置于列车运行方向的右侧，特殊情况经用户批准后可设于列车运行方向的左侧或其他位置。

（2）车站正向出站方向列车停车位置前方适当地点设出站信号机，出站信号机外方若有道岔，则出站信号机兼做道岔防护信号机。

（3）根据道岔设置和进路需要设置道岔折返信号机。

（4）反向道岔折返进路终端设置阻挡信号机。

（5）线路尽头、折返进路终端设阻挡信号机。

（6）正线、辅助线及出入段线均采用黄、绿、红三机构信号机。

（7）信号机（区间、出站、道岔防护信号机）设置引导信号。

信号显示描述如下。

1）正　线

均采用黄、绿、红三显示机构信号机，信号机的显示及含义如下：

（1）绿色灯光：进路开通至下一架信号机，进路中的道岔均开通直向位置，准许列车按规定的速度越过该架信号机。

（2）黄色灯光：进路开通至下一架信号机，进路中至少有一组道岔开通侧向位置，准许列车按规定的限制速度越过该架信号机。

（3）红色灯光：不允许所有列车越过该架信号机。

（4）红色灯光 + 黄色灯光：开放引导信号，准许列车以不大于 25 km/h 速度越过该架信号机继续运行，并随时准备停车。

2）车辆段

出段信号机采用三显示机构信号机，其显示定义如下：

（1）绿色灯光：入正线的进路已经准备好，允许列车进入正线运行。

（2）红色灯光：禁止越过该信号机。

（3）红色灯光 + 黄色灯光：开放引导信号，准许列车以不大于 25 km/h（暂定）速度越过该架信号机继续运行，并随时准备停车。

3）显示方案

（1）CBTC 模式下信号机的显示方案。

① CBTC 模式下，轨旁信号机采用灭灯方案。当列车不能运行在 CBTC 的 ATP 和 ATO 模

式下时，该信号机前方的信号机能自动点亮，该车通过该信号机后，轨旁信号机将会再次自动灭灯。

② CBTC 模式下，信号机已不代表区段空闲的含义。只表示进路已经锁闭，该信息通过安全通信传给 ZC。此时列车按照 ZC 给出的移动授权运行，轨旁信号机不作为主体信号，司机无须观察轨旁信号机的状态，ATC 系统将会保证列车的安全。

（2）后备模式下信号机的显示方案。

① 后备模式下，轨旁信号机为主体信号。当轨旁信号机显示允许信号时，如允许信号的信号机因故灭灯，此时该信号机的显示由允许信号降级为禁止信号；当轨旁信号机显示禁止信号时，如禁止信号的信号机因故灭灯，此时该信号机须视为禁止信号。详细设计方案在设计联络阶段确定。

② 点式 ATP/ATO 的后备模式下，ATP 系统将会保证列车的安全，防止列车冒进红灯，一旦收到前方为禁止信号的信息时，ATP 立即触发紧急制动。

（3）混合运营模式下信号机的显示方案。

① 在混合运营模式下，信号机的显示方案为灭灯和点灯相结合的方式。

② 对于降级模式，系统具备室外自动点灯功能。如果某个区域轨旁 ATC 设备（ZC/LC）故障，那么该区域内信号机将被点亮，信号机作为主体信号，运行在该区域的列车根据信号机的显示行车。

③ 如果某列车故障，当运行在后备模式下的该列车进入某个信号机的接近范围时，信号机将自动点亮，故障列车根据信号机的显示行车。

④ 运行在 CBTC 模式下列车与其追踪前方的降级模式下列车之间的所有地面信号机的显示为灭灯状态。

如果信号灯丝故障，对于收到“信号取消”的信号机将不影响信号的状态。

如果信号灯丝故障，在后备模式下该信号改点红灯，如果红灯灯丝故障，室外信号机灭灯，室内界面给出红闪报警灯提示。

在“信号取消”模式下，自动通过进路的信号在车通过该进路时将保持开放。

在后备模式下自动通过进路的信号在车占用该进路时将会关闭，而当车出清该进路后又将自动开放。

引导信号仅在 RM 模式下有效。

3. F3.3：计轴复位

在每个设备集中站现地控制工作站界面上和控制中心中央联锁工作站上设置计轴复位按钮，提供在计轴设备故障情况下人工复位计轴设备的功能。

（1）该功能要求值班员在人工确认某区段故障且空闲后，方能执行计轴预复位操作。

（2）CI 输出相关的计轴复位继电器。

（3）该操作的安全性完全由人工保证。

（4）具体的操作方法见《现地控制工作站操作手册》计轴复位部分

（四）F4：维护功能

1. F4.1：道岔单锁/解锁

（1）单锁道岔操作无须输入密码。

（2）解锁道岔时操作时需要输入密码。

2. F4.2：信号机封锁解锁

对于被封锁的信号机，将不允许办理以该信号机为始端的进路。如果在被封锁前信号机已经开放，封锁后信号都将立即被关闭，并且在解除信号封锁前将不能开放，封锁的信号机在界面上显示粉红闪。

封锁信号时不需要确认，解锁信号封锁时需要二次确认。

3. F4.3：区段封锁解锁

如果进路内区段被封锁，通过该区段的进路将被禁止建立。已开放的信号都将立即被关闭，并且在解除区段封锁前将不能开放。

封锁区段时不需要确认，解锁区段封锁时需要二次确认。

4. F4.4：道岔封锁解锁

对于封锁的道岔，经过该封锁道岔设备的所有进路均不允许建立。已开放的信号都将立即被关闭，并且在解除道岔封锁前将不能开放。

封锁道岔时不需要确认，解锁道岔封锁时需要二次确认。

（五）F5：站遥切换功能

（1）控制权可由控制中心转到车站，也可由车站转到控制中心。正常情况下由控制中心控制。授权后，控制权可转到车站。

（2）遥控转为站控，由车站值班员根据中心调度员命令，向中心发出请求，得到中心允许后，完成操作。

（3）站控转为遥控，由中心调度员向车站发出请求，得到车站允许后，完成操作。

（4）站级具有较高的优先级，特殊情况下可通过特殊手段启动紧急站控，车站可强行获得控制权。

（5）当处于中心控制状态时，正常运营的各种进路均由 ATS 系统根据列车运行自动触发办理；车站值班员只是利用现地控制工作站监督列车运行和 ATS 系统办理进路的情况。

（6）无论站控还是遥控，控制中心调度员都可以对全线任何一个站台扣车及取消扣车，或者设置全部上行线站台扣车及取消扣车，或者设置全部下行线站台扣车及取消扣车，但只能取消此前中心设置的扣车。车站值班员设置的扣车不能被控制中心调度员取消。当中心办理扣车后，中心与车站通信中断，中心无法取消该扣车命令时，车站可取消故障前已发出的扣车命令。

（六）F6：提供列车运营命令

1. F6.1：扣车

（1）后备模式下，如果办理了扣车，相应的本站出站信号机将不能显示允许信号；

（2）车站值班员可通过 IBP 盘扣车，与车站控制状态无关。控制中心在中心 ATS 设备上均可进行扣车操作。

2. F6.2：取消扣车

（1）终止扣车作业后，检查有关联锁条件满足时，在后备模式下，相应的出站（或出站兼道岔防护）信号机自动开放。

（2）在每个车站的操作员可通过 IBP 盘的取消扣车按钮取消扣车，IBP 盘可取消本站办理的扣车，中心办理的扣车由中心取消。中心办理的扣车在中心与车站通信中断时，中心无法取消该扣车命令，车站可取消故障前已发出的扣车命令。

（七）F7：与旅客安全系统的信息交换

F7.1：屏蔽门开放/关闭/状态检测及锁闭。

（八）F8：管理 ESP

实现车站站台的紧急关闭，各车站对应每一侧站台轨道均可通过设于站台上的紧急关闭按钮或车控室的 IBP 盘上的紧急关闭按钮实施此功能。紧急关闭办理及解除的操作在综合后备盘上实现，不受站控/遥控状态限制。

（1）一旦检测到紧急关闭按钮被按下，立即关闭相应的列车信号，同时 ATP 子系统通过车-地通信设备向列车发送相应的列车控制命令信息，禁止列车自区间进入车站，实现车站股道封锁的功能。

（2）禁止已停在车站的列车出发，或其他列车进入区间，对于已启动而尚未完全离开车站的列车实施紧急制动。

（3）紧急关闭按钮须经人工确认后才通过按压在 IBP 盘上设置的“紧急关闭取消按钮”来实现恢复信号的功能。

（九）F9：故障诊断、信号设备监督和报警功能

（1）CI 系统具有自检、自诊断和对信号机、转辙机等基础信号设备的检测报警功能，并在 SDM 上显示及报警，软硬件设计符合故障—安全原则。

（2）在 SDM 上提供相应的报警信息显示，联锁机的报警信息定位到板级。

（3）监测诊断功能的实现不影响被监测设备的正常工作。

（4）系统操作命令、所有信息的状态变化及故障记录能够保存 30 天，并能打印输出。

（5）CI 系统能监视和记录自身的工作状态和轨旁设备的状态，主要内容包括：

① 进路状态。

② 轨道的占用/空闲。

③ 信号机显示。

④ 道岔位置。

⑤ 信号机主灯丝状态监测及断丝报警。

⑥ 转辙机动作状态等。

（6）LED 信号机的开放检查红灯灯丝完好。LED 信号机发光二极管（20% ~ 30%）故障时发出维修报警，超过 30%故障时发出灯丝断丝故障报警，并自动关闭该信号机。

（7）在现地控制工作站上设置电源屏故障报警灯（一路、二路电源），在 SDM 上显示具体报警信息。

二、操作防护功能

对于由人工确保安全的操作命令，具有相应的安全操作手段。

在车站 ATS 操作员工作站上，具备操作员身份认证及记录功能，对不同的操作人员赋予相应的职责、权利，以确保对设备的正确控制，防止非法操作。合法操作具有防止误操作措施。对于操作命令、运行过程及故障记录，可以调看并打印输出。

第三节　试车线功能

一、试车线试车管理功能

大厂东车辆段设有试车线，安装有一套和正线一致的 CI 设备，其主要功能如下。

1. 完成与车辆段联锁设备的授受权

试车线 CI 与车辆段联锁设备之间通过中国标准安全型继电器接口连接。试车线轨旁设备受车辆段信号楼内联锁和试车线联锁的双重控制。正常情况下，试车线轨旁设备受车辆段信号楼内联锁系统控制。当需要对列车进行动态试验时，经试车线控制室请求，车辆段信号楼在对试车线完成必要的联锁控制（调车信号机开放、道岔锁于定位）后将控制权交由试车线控制室（车辆段此时失去对试车线轨旁设备的控制权），试车线上的调车信号机保持点灯。试车线才可对试车线上列车信号机、计轴区段进行相应的联锁控制。试车结束后，试车线控制室发出取消试车请求，车辆段联锁系统收到该请求，并检查相关条件满足后办理取消试车操作，收回对试车线的控制权。

2. 与 ATP、ATO 设备一起完成试车功能

试车线上的虚拟车站数为 3 个，每个虚拟车站设有相应的信号机、站台、仿真的紧急关闭按钮和安全门等轨旁设备。可以为列车模拟站间运行提供条件。

通过试车线联锁设备与 ATC 设备的接口，ATC 设备向联锁设备发送对应的安全门开关

门命令，联锁设备将模拟安全门的开关动作或通过现地控制工作站上设置的安全门模拟控制按钮，可以将安全门开关门状态通过该车地通信发送给 ATC 系统，完成对车门、安全门的模拟控制。

通过试车线联锁设备与 ATC 设备的接口，联锁设备通过现地控制工作站上设置的紧急关闭模拟控制按钮，可以将紧急关闭状态通过该车地通信发送给 ATC 系统，完成对列车的模拟控制。

在试车线的两端虚拟车站设置有对应的无人自动折返按钮和自动折返进路，联锁设备可以根据收到的命令办理相应的折返进路，完成自动折返的功能。试车线上的虚拟车站的联锁功能与正线一致，可以通过试车线的轨旁设备或模拟条件完成正线联锁具有的绝大部分功能，如自动进路、自动折返、计轴复位、紧急关闭控制、安全门控制等功能。也可以根据 ATC 系统的状态进行主控系统和备用系统的自动切换、自动点灭灯。

第四节　CI 子系统原理

一、联锁计算机

CI 子系统的联锁机采用欧洲标准机箱，硬件结构可以按照站场规模进行组合，具有灵活性及可扩展性。

联锁机由系统机箱和 I/O 机箱组成。系统所能处理的 I/O 机箱的最大数值取决于有多少安全型输入/输出口及联锁逻辑布尔方程式数量。系统的扩展是通过增设另一个 I/O 机箱，将接口电路板和所增加的输入/输出板插入该扩展的机箱，并用电缆把它与系统机箱相连接来实现的。印制电路板的数量取决于车站的规模。

联锁子系统的输入输出对外连接是采用接触部分镀金的进口接插件，确保各部件（即每个插针）动态连接的安全性和可靠性。在所有的安全型线路中的各导体间及导体与地之间都能承受 3000 V（有效值）的冲击。

系统机箱（SYS 机箱）高度为 9U，可放置 VLE 板、VPS 板、I/OBUS2 板。I/O 机箱高度为 6U，可放置 I/OBE2 板、VIIB 和 VOOB 板。每个 I/O 机箱有 14 个槽道，第一个槽道放置 I/OBE2 板，其余槽道放置 VIIB 和 VOOB 板。每块 I/OBUS2 板可以带 1 个输入输出机箱，一个 CI 子系统最多能配置 12 块 I/OBUS2 板。

CI 子系统的硬件结构可以按照站场规模进行灵活的组合。

二、联锁机的硬件原理

图 9-9 所示为联锁机系统硬件方框图。

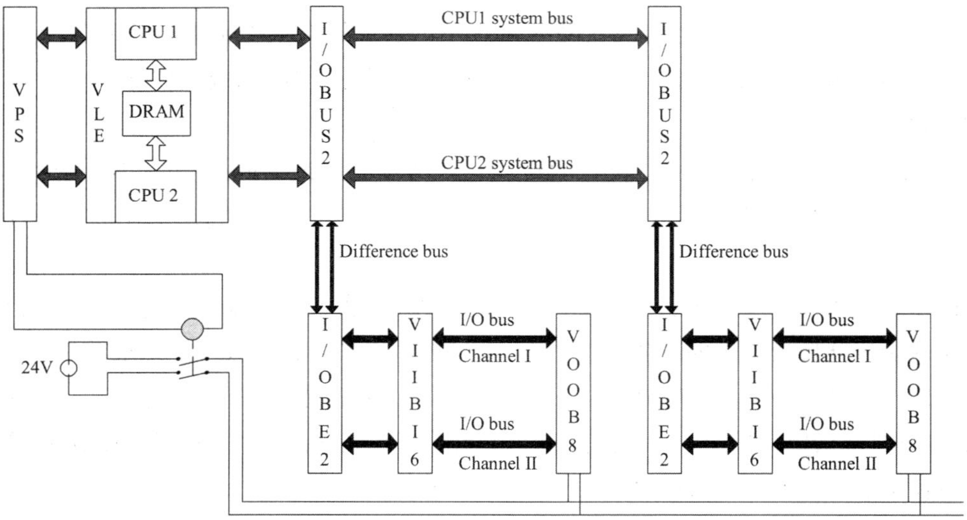

图 9-9　CI 硬件方框图

表 9-5 列出了 CI 子系统的硬件及功能描述。

表 9-5　CI 子系统的硬件及功能描述

类别	设备名称	功能描述	设置位置
ZLC	VLE 安全逻辑处理板	执行各种与联锁相关的逻辑处理和负责所有的通信	联锁机架
	VPS 安全校验板	对 CI 系统的动态安全监控	联锁机架
	I/OBUS2 输入输出总线接口板	为 VLE 板和输入输出板交换信息的通道，一块 I/OBUS2 板可以带一块 IOBE2 板	联锁机架
	I/OBE2 输入输出总线扩展板	配合 I/OBUS2 共同完成系统对输入输出的控制，一块 I/OBE2 可带 13 块输入/输出板	联锁机架
	VIIB-C 安全型双采输入板	执行对现场信号设备的采集，1 块 VIIB 板可采集 16 个安全信息。本项目中采用双断采集方案，增强了防混电和断线能力	联锁机架
	VOOB 安全型双断驱动板	输出驱动普通安全型继电器，1 块 VOOB 板可驱动 8 个码位	联锁机架
	系统机箱	放置 VLE、VPS、I/OBUS2，一个系统机箱高度为 9U	联锁机架
	I/O 机箱	放置 I/OBE2、VIIB、VOOB 板，一个 I/O 机箱高度为 6U	联锁机架
	DC12 V/DC24 V	用于 VRD 继电器驱动。系统内部继电器工作电源（工作继电器和同步继电器）和系统采集板采集电源	联锁机架
	DC5 V	用于 ZLC 系统工作	联锁机架
	VRD 继电器	通过 VPS 驱动控制该继电器，监督系统的安全运行	联锁机架
	工作继电器和同步继电器	完成双机切换和同步功能	联锁机架

三、中央联锁操作员工作站

中央联锁操作员工作站用于在联锁级控制情况下，对全线运营列车进行监控。对话窗主要由联锁、线路、道岔、信号机、进路、车站以及故障报警等部分组成。在相应的对话框中可以对相应的控制对象进行监控。

中央联锁操作员工作站采用液晶显示器作为计算机联锁系统的人机交互界面，中央联锁操作员工作站工作于 Windows XP 或更高版本的 Windows 多任务操作系统，供控制中心调度员通过鼠标办理各种作业，显示站场信号设备的状态。

四、冗余网络子系统

联锁子系统配置 2 层通信传输通道，一层用于冗余 ATS 子网，一层用于冗余信号子网（ATP/ATO 子网）（见图 9-10）。

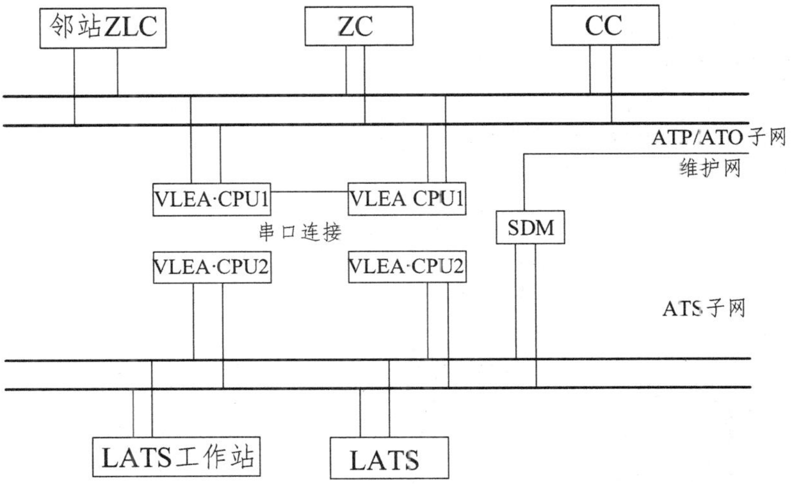

图 9-10　CI 网络子系统

各子网功能如表 9-6 所示。

表 9-6　子网功能

子网	功能	协议	备注
ATS 子网	实现 ZLC 和 ATS 之间的信息交换	TCP/IP	冗余
	实现 ZLC 和 SDM 之间的信息交换		
	实现 ATS 和 SDM 之间的信息交换		
	实现设备集中站 ZLC 和非设备集中站 ATS 之间的信息交换		
ATP/ATO 子网	实现相邻设备集中站 ZLC 之间的信息交换	FSFB2	冗余
	实现和中心 ZC 之间的安全信息交换		
	实现和车载 CC 之间的安全信息交换		
维护网	实现设备集中站 SDM 和维修中心 MSS 之间的信息交换	SNMP	单网

1. ATS 子网完成的功能

（1）实现 ZLC 和 ATS 之间的信息交换。

（2）实现 ZLC 和 SDM 之间的信息交换。

（3）实现 ATS 和 SDM 之间的信息交换。

（4）实现设备集中站 ZLC 和非设备集中站 ATS 之间的信息交换。

2. ATP/ATO 子网完成的功能

（1）实现和相邻设备集中站 ZLC 之间的信息交换。

（2）实现和中心 ZC 之间的安全信息交换。

（3）实现和车载 CC 之间的安全信息交换。

3. 维护子网完成的功能

实现设备集中站 SDM 和维修中心 MSS 之间的信息交换。

五、系统维护台

系统维护后的接口如图 9-11 所示，其功能如表 9-7 所示。

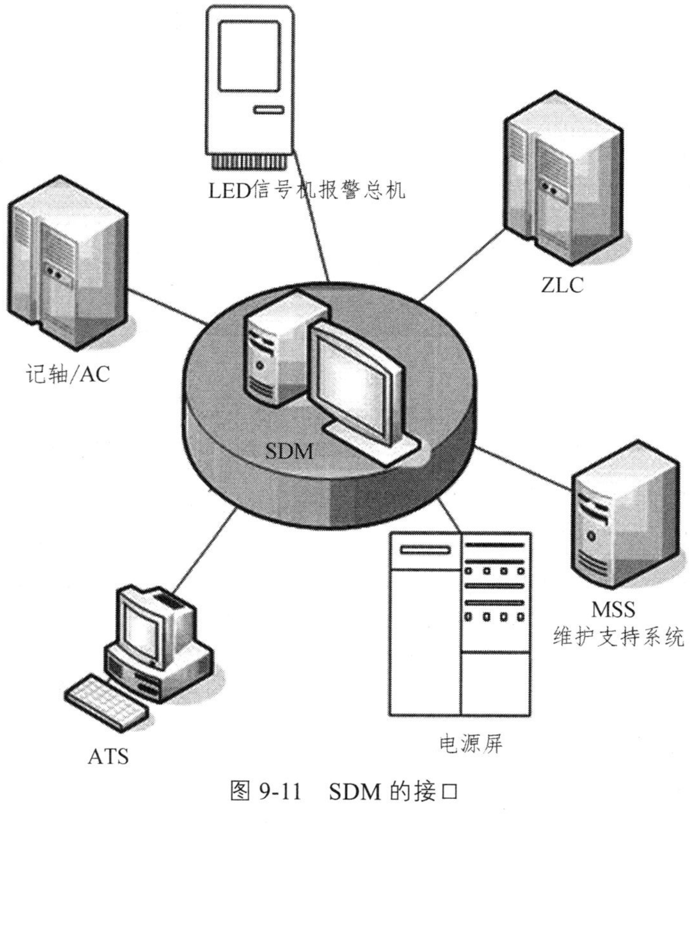

图 9-11　SDM 的接口

表 9-7 SDM 功能表

功能分类 function type	功能描述 function description
联锁处理子系统的系统诊断与维护	通过高速网口接收 iLOCK 的诊断结果信息、输入/输出信息、站场表示信息、全站简化参数信息、指定参数详细信息等，对这些信息提供记录与分析诊断功能
	读取联锁处理子系统 CPU 启动过程中的自检关键点信息
	提供机架显示图，通过层层击入查询详细信息:例如机架布置情况、输入/输出信息、主备机采集输出信息比较等
记录 ATS 的操作表示信息	通过状态表视图和事件表视图可以查询 ATS 的操作信息
	通过状态表视图和事件表视图可以查询 ATS 的表示信息
站场显示、历史回放	对站场表示，网络状态信息提供实时显示及回放功能
联锁子系统内部的网络管理	网络图显示 CI 子系统各个模块之间的网络逻辑通道状态
联锁调试功能	布尔代数图可为信号调试人员提供布尔参数跟踪功能
与外部子系统的接口	与智能电源屏接口（见 CI 子系统的接口）
	与计轴接口（见 CI 子系统的接口）
	与 LED 灯丝报警仪接口（见 CI 子系统的接口）
	与维护支持系统 MSS 接口（见 CI 子系统的接口）

第五节 CI 子系统性能

一、系统可靠性和可用性

CI 子系统中所有的有源元器件加罩与外界隔离屏蔽，设备能永远通电。印制电路板上的器件符合军用标准关于大规模集成电路器件的强制条款的规定（MIL-HDBK-217，REV.D-1.）。

安全型输入/输出板采用了浪涌保护电路和泄流保护电路，防止外线对系统造成危害。同时，该电路可以消除外部输出线上感应的交流电被整流或失真产生直流电，从而错误地励磁连在输出端作为负载的继电器的潜在可能性。另外，供电电源采用滤波器，防止电源噪声和外部电源干扰（EMI）进入 CI 子系统。

联锁子系统的单机系统或通信通道的 MTBF $\geq 2.5\times10^5$。

平均无故障运行时间（MTBFS）≥1 000 000 h。

平均故障维护时间（MTTR）≤0.35 h

系统可用度 A≥99.999 94%。

系统安全性：CI 子系统的安全等级为 SIL4 级，除部分维护功能和人机界面外，其所有功能和设备都要符合 CENELEC 50126， 50128， 50129 标准中定义的 SIL4 级的要求。

二、系统配置（见表 9-8）

表 9-8　系统配置

机柜	外形尺寸： 2250 mm（高）×600 mm（宽）× 800 mm（厚）	颜色：RAL 色系 9002 灰白色	工作环境温度： −25 °C～+85 °C
SDM	采用工控机 P4 以上	22″液晶显示器 Windows XP 或其以上版本操作系统	工作环境温度： −5 °C～+50 °C

三、环境条件

在下面的环境条件下，系统能按规定的技术性能可靠工作。

（1）环境温度：

① 联锁处理子系统：−25 °C～85 °C。

② 工业控制计算机：−5 °C～50 °C。

（2）相对湿度：≤95%（无凝结）（25 °C）。

（3）大气压力：70～106 kPa，海拔高度不超过 3000 m。

（4）按照铁路信号机械室要求保持室内整洁即可，本系统无特殊防尘需要。

（5）系统的包装工艺使系统能防止外界电磁干扰。

第六节　CI 子系统的接口

CI 子系统接口说明如表 9-9 所示。

表 9-9　CI 子系统接口

序号	接口描述	功能说明
1	与邻站的 ZLC 的接口	CI 与邻站的 CI 之间通过基于 FSFB2 协议的安全通信交换数据。 相邻联锁站之间的 ZLC 通过信号子网相互传递信息
2	与道岔转辙机、信号机的接口	CI 与信号机之间接口的实现方式如下： CI 通过中国标准安全型继电器控制信号机的每个灯位，这些继电器由 CI 的安全型输出板控制；通过一个中国标准安全型继电器监测信号机的工作情况，CI 通过安全型输入板采集该信息； LED 信号机报警总机通过串口向 SDM 传送信号机每个灯位的灯丝断丝信息。 CI 与转辙机之间接口的实现方式如下： 通过中国标准安全型继电器控制转辙机，继电器由 CI 的安全型输出板控制。通过中国标准安全型继电器来监测转辙机的位置，CI 通过安全型输入板采集转辙机位置信息。 与道岔转辙机，信号机的接口分界点在室外电缆终端架外线端
3	与 IBP 盘上站台紧急停车的接口	CI 与 IBP 盘的接口是通过中国标准安全型继电器来实现的。CI 通过安全采集板采集紧急停车状态信息。 参见《B513040_NJNT_CASCO_ 3304_CI-IBP 盘接口规格书》，详细的接口方式和内容将在设计联络阶段详细讨论

续表

序号	接口描述	功能说明
4	与IBP盘上扣车/取消扣车按钮的接口	CI与IBP盘扣车/取消扣车按钮之间通过中国标准安全型继电器接口。 参见《B513040_NJNT_CASCO_ 3304_CI-IBP盘接口规格书》，详细的接口方式和内容将在设计联络阶段详细讨论
5	与计轴设备的接口	CI通过安全型继电器接口采集计轴轨道信息； SDM通过串口采集计轴系统诊断信息。
6	与电源设备接口	CI与电源设备之间通过串口交换数据。 CI子系统的工作电源为经过防雷稳压的交流220 V，与接口架的接口电源为直流24 V。在设备集中站，电源屏通过串口连接SDM。由设备集中站的系统维护台统一显示所辖区域的电源报警。其接口信息主要包括：实时电压值，各个电源对地漏流，瞬间断电报警，断相、错序报警等
7	与ZC的接口	CI与ZC之间通过基于FSFB2协议的安全通信交换数据。CI向ZC发送进路办理、信号机状态、紧急停车按钮/恢复按钮的状态、道岔位置、列车运行方向等信息；ZC向CI发送列车位置信息、列车停稳信息、计轴工作状态、零速信息等信息
8	与车载CC之间的接口	CI与CC之间通过基于FSFB2的安全型通信交换数据。CI向CC发送屏蔽门/安全门“关闭且锁紧”“互锁解除”信息，CC向CI发送屏蔽门/安全门开/关的信息
9	与ATS之间的接口	CI与ATS通过TCP/IP协议实现信息交换。CI向ATS发送站场显示信息，ATS向CI发送中心ATS的操作命令和列车识别号
10	CI与LEU的接口	CI与LEU的接口通过中国标准安全型继电器电路来实现，LEU通过采集继电器接点来获取位于进路位置上的道岔状态信息和信号机状态信息
11	与车辆段的接口	排列出、入车辆段的进路，满足正线与车辆段的相互敌对照查条件。 正线联锁系统和车辆段联锁系统之间的接口采用安全型数字接口。正线和车辆段之间传递的条件主要为：敌对照查、信号机状态、区段状态等安全信息。 参见《B513040_NJNT_CASCO_3303 _正线与车辆段、试车线与车辆段接口规格书》，详细的接口方式和内容将在设计联络阶段详细讨论
12	与轨道交通3号线联络线的接口	在大桥北路站联锁系统预留好与3号线的接口条件。 参见《B513040_NJNT_CASCO_ 3310_与3号线接口规格书》，详细的接口方式和内容将在设计联络阶段详细讨论
13	与维护支持系统MSS之间的接口	CI的SDM模块与维护支持系统MSS之间通过基于SNMP的安全型通信交换数据。 CI的SDM模块负责完成本设备集中站所辖车站的联锁诊断和故障记录等，并把相应的信息内容通过维护子网送至维修中心

复习思考题

简答题

（1）卡斯柯联锁是怎么配置的？

（2）卡斯柯联锁有哪些系统功能？

（3）卡斯柯联锁试车线有哪些功能？

（4）卡斯柯联锁的系统原理是什么？

（5）卡斯柯联锁的接口有哪些？

第十章 CI 和车辆段接口

【学习目标】

1. 掌握与车辆段接口的硬件要求。
2. 掌握到车辆段的接口。
3. 掌握从正线到车辆段和车辆段到正线的信息交换。

【学习方法和建议】

熟悉本章教学内容，认真阅读教材，查阅网络上不同信号商的车辆段和正线的接口文件，学习相关标准和资料，拓宽知识面，加深对本章内容的理解。

本章将对一个通用性接口的功能要求和硬件要求做出界定，以此设计某市轨道交通 1 号线正线到车辆段联锁的接口。

接口安装在正线联锁继电器接口柜内，该设备安装在正线太平桥车站的设备室里。

一、定义和缩写

：常态落下，中前接点断开。

：常态吸起，中前接点接通。

：常态吸起，中后接点断开。

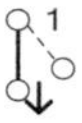：常态落下，中后接点接通。

上述中前接点对应电磁继电器常开接点，中后接点对应电磁继电器常闭接点。

：正线继电器。

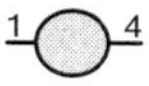：车辆段继电器。

二、与车辆段的继电器接口

轨道交通正线与车辆段的总体接口的配置如图 10-1 所示。

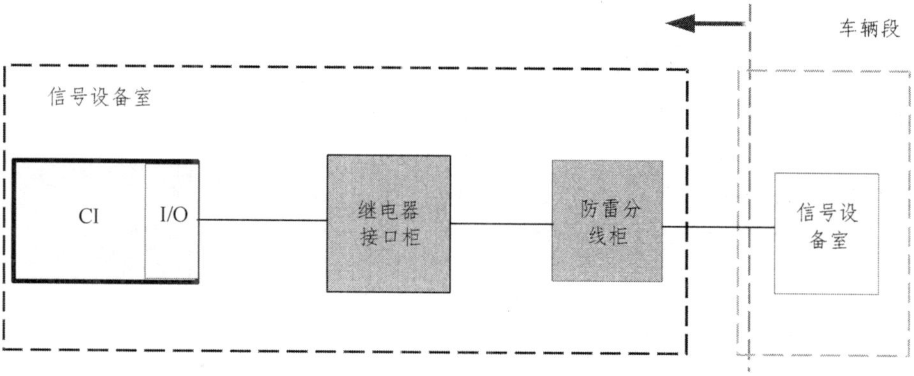

图 10-1　正线与车辆段的接口配置

车辆段与正线联锁接口采用双断电路，通过安全型继电器实现，接口采取谁采集谁供电的原则进行设计。接口分界位于车辆段防雷分线架外线进线侧。

继电器接口柜中的继电器由 I/O 模块控制，通过采集继电器接点对其进行检查。如果采集信息出错，I/O 接口将会发现并将其关闭。

三、硬件要求

继电器接口柜的硬件接口为干式继电器接点。此继电器机柜安装在正线联锁设备室以提供联锁一侧的接点。

车辆段联锁需提供接口所需的干式继电器接点，并且它必须与正线接口柜连接。

1. 从车辆段联锁到正线联锁的信号

每个从车辆段联锁转换到正线联锁的信号都由两个单独的前接点建立。这两个单独的接点由一个车辆段联锁的安全继电器控制。这两个前接点将使一个单独的正线继电器（JWXC-1700）吸起。

图 10-2 显示的是一个吸起信号 A1 的例子，该信号被传送至 N1 继电器。

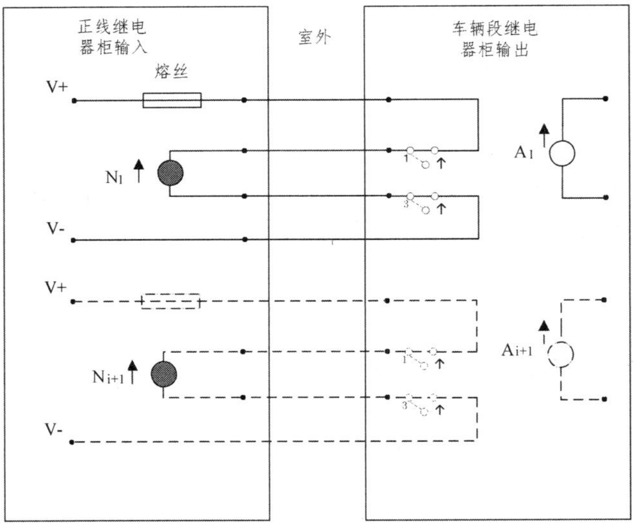

图 10-2　正线输入车辆段输出

2. 从正线联锁到车辆段联锁的信号

从正线联锁到车辆段联锁的每个信号都由一个正线继电器（JPXC-1000）控制，并使车辆段联锁的一个继电器吸起。

如图 10-3 所示，各接收方联锁接收信号用的电压需由本地提供。

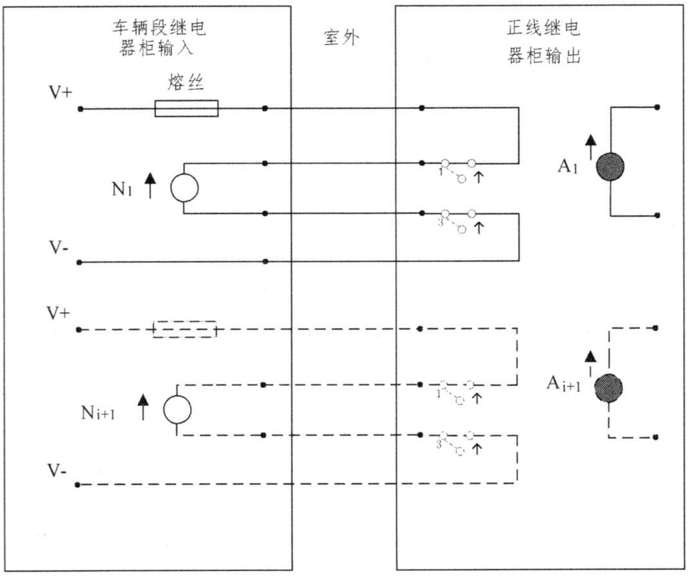

图 10-3　正线输出车辆段输入

为保护 ETI/O 和所有与之相连接的部件免于超负荷，转换电流必须受限。使用的车辆段联锁继电器必须为适合双断原则的安全型继电器。

四、至车辆段的接口描述

以某城市轨道交通工程的车辆段为太平桥车辆段，正线分别与太平桥和交通学院站相接，有两条轨道 G1525 和 G1619 作为出、入段线（见图 10-4）。

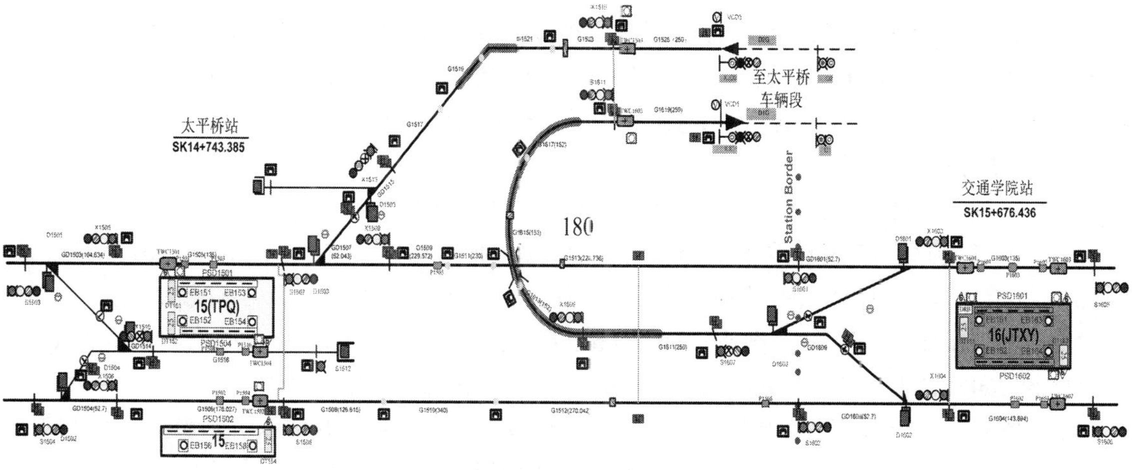

图 10-4 正线和太平桥车辆段轨道平面布置图

图 10-4 给出了太平桥和交通学院站与车辆段接口的轨道布置图。正线由京三 联锁来监视和控制，车辆段区域则由车辆段联锁来控制，分界在 XJD1 和 XJD2 信号机。

（一）转换轨的设置

为了列车进入/离开车辆段，将轨道区段 G1515 和 G1629 定义为转换轨，用于驾驶模式转换。

（二）到车辆段的接口

1. 从正线到车辆段方向

1）建立进路

从 S1507 到 XJD2 的进路：

（1）给正线联锁传送建立进路 S1507_XJD2 的命令。

（2）正线联锁检查目的信号机为 VCD3 的对向进路是否已建立（继电器 XJD2 ZCJ），如果对向进路已经被建立（继电器 XJD2 ZCJ 落下），在正线联锁无法建立进路 S1507_XJD2。

（3）如果对向进路没有建立（继电器 XJD2 ZCJ 吸起），检查 D2 G 的空闲/占用状态，若占用，则无法建立进路 S1507_XJD2。

（4）如果 D2 G 未占用，检查 XJD2 的红灯灯丝完好，若红灯断丝（XJD2 1DJ 落下），则无法建立进路 S1507_XJD2；若红灯灯丝完好（XJD2 1DJ 吸起），联锁相应内部条件满足后，进路 S1507_XJD2 锁闭，继电器 VCD3 ZCJ 落下，开放 S1507 信号。

从 X1609 到 XJD1 的进路：

（1）给正线联锁传送建立进 路 X1609_XJD1 的命令。

（2）正线联锁检查目的信号机为 VCD1 的对向进路是否已建立（继电器 XJD1 ZCJ），如果对向进路已经建立（继电器 XJD1 ZCJ 落下），在正线联锁无法建立进路 X1609_XJD1。

（3）如果对向进路没有被建立（继电器 XJD1 ZCJ 吸起），检查 D1 G 的空闲/占用状态，若占用，无法建立进路 X1609_XJD1。

（4）如果 D1G 未占用，检查 XJD1 的红灯灯丝完好，若红灯断丝（XJD1 1DJ 落下），则无法建立进路 X1609_XJD1；若红灯灯丝完好（XJD1 1DJ 吸起），联锁相应内部条件满足后，进路 X1609_XJD1 锁闭，继电器 VCD1 ZCJ 落下，开放 X1609 信号。

2）进路解锁

S1507 到 XJD2、X1609 到 XJD1 的进路可通过以下方式解锁：

（1）当接近区段空闲时取消进路 S1507_XJD2 或 X1609_XJD1，进路 S1507_XJD2 或 X1609_XJD1 不延时进路解锁，解锁后进路对应的 ZCJ（VCD3 ZCJ 或 VCD1 ZCJ）吸起。

（2）当接近区段占用时取消进路 S1507_XJD2 或 X1609_XJD1，延时 40 秒结束后 S1507_XJD2 或 X1609_XJD1 进路解锁，解锁后进路对应的 ZCJ（VCD3 ZCJ 或 VCD1 ZCJ）吸起。

（3）所有在正线联锁内的轨道区段将在列车通过后通过三点检查后依次解锁。联锁边界正线内的轨道区段（G1525 和 G1619）将只有在实际出清时，并且相应车辆段内的相邻轨道区段（D1 G 和 D2 G）被占用时解锁。此时进路 S1507_XJD2 或 X1609_XJD1 解锁，解锁后进路对应的 ZCJ（VCD3 ZCJ 或 VCD1 ZCJ）吸起。

（4）当列车出清 S1507_XJD2 或 X1609_XJD1 进路后，区段因故不能解锁，可通过“区段故障解锁”解锁未解锁区段，当进路内区段均解锁后，解锁后进路对应的 ZCJ（VCD3 ZCJ 或 VCD1 ZCJ）吸起。

从正线到转换轨的列车，进入转换轨后在 ATP 防护下（未转换到 RM 模式或 NRM 模式前）的列车在最不利条件下不能越过 XJD1 和 XJD2 信号机。如果在转换轨上切换到 RM 模式或 NRM 模式，司机按照地面信号行车，安全由司机保证。

2. 从车辆段到正线方向

1）建立进路

从车辆段到 VCD1 的进路：

（1）给一个建立在车辆段联锁内到 VCD1 的进路命令。

（2）车辆段联锁检查目的信号机为 XJD1 的对向进路是否已建立（继电器 VCD1 ZCJ），如果建立（继电器 VCD1 ZCJ 落下），车辆段无法锁闭到 S1611 的进路；

（3）如果以 XJD1 为终端的入段进路没有建立（继电器 VCD1 ZCJ 吸起），车辆段联锁锁闭车辆段至 S1611 的进路，但进路始端信号不开放。同时车辆段联锁会连续的向正线联锁发送到 S1611 的进路已建立（继电器 XJD1 ZCJ 落下），请求正线建立进路 VCD1_S1611。

（4）收到建立进路请求（继电器 XJD1 ZCJF 落下），正线联锁将会自动建立进路

VCD1_S1611 ，正线检查 G1619 空闲/占用状态和 G1617（作为保护区段）空闲/占用状态，若 G1619 和 G1617 空闲，进路内轨道区段 G1619 和保护区段 G1617 将被锁闭，信号机 VCD1 将会开放（VCD1 XJ 吸起）。

（5）正线联锁会连续地传送关于信号机 VCD1 的工作状态以及轨道区段 G1619 和 G1617 的占用/空闲状态的信息给车辆段联锁。

（6）车辆段联锁检测信号机 VCD1 和轨道区段 G1619 的状态。如果信号机 VCD1 状态为开放（继电器 VCD1 XJ 吸起）和轨道区段 G1619 空闲（继电器 G1619 吸起），车辆段联锁方可开放到 S1611 进路的起始信号机。

（7）当进路开放后，如果车辆段取消从车辆段到 S1611 的进路后，进路解锁后，XJD1 ZCJ 吸起，正线联锁检查到 XJD1 ZCJ 吸起后，则正线自动取消进路 VCD1_S1611。

（8）当车辆段列车进入 G1619 后，VCD1 XJ 落下。

（9）保护区段将在 G1619 占用后延时解锁，列车由车辆段运行至 G1619 后，列车进入正线，G1617 占用且 G1619 出清，此时 VCD1_S1611 解锁，XJD1　ZCJ 吸起。

从车辆段到 VCD3 的进路：

（1）给一个建立在车辆段联锁内到 VCD3 的进路命令。

（2）车辆段联锁检查目的信号机为 XJD2 的对向进路是否已建立（继电器 VCD3 ZCJ），如果建立（继电器 VCD3 ZCJ 落下），车辆段无法锁闭到 X1515 的进路；

（3）如果以 XJD2 为终端的入段进路没有建立（继电器 VCD3 ZCJ 吸起），车辆段联锁锁闭车辆段至 X1515 的进路，但进路始端信号不开放。同时车辆段联锁会连续的向正线联锁发送到 X1515 的进路已建立（继电器 XJD2 ZCJ 落下），请求正线建立进路 VCD3_X1515。

（4）收到建立进路请求（继电器 XJD2 ZCJF 落下），正线联锁将会自动建立进路 VCD3_X1515 ，正线检查 G1525 空闲/占用状态和 G1523（作为保护区段）空闲/占用状态，若 G1525 和 G1523 空闲，进路内轨道区段 G1525 和保护区段 G1523 将被锁闭，信号机 VCD3 将会开放（VCD3 XJ 吸起）。

（5）正线联锁会连续地传送关于信号机 VCD3 的工作状态以及轨道区段 G1525 和 G1523 的占用/空闲状态的信息给车辆段联锁。

（6）车辆段联锁检测信号机 VCD3 和轨道区段 G1523 的状态。如果信号机 VCD3 状态为开放（继电器 VCD3 XJ 吸起）和轨道区段 G1523 空闲（继电器 G1523 吸起），车辆段联锁方可开放到 X1515 进路的起始信号机。

（7）当进路开放后，如果车辆段取消从车辆段到 X1515 的进路后，进路解锁后，XJD2 ZCJ 吸起，正线联锁检查到 XJD2 ZCJ 吸起后，则正线自动取消进路 VCD3_X1515。

（8）当车辆段列车进入 G1525 后，VCD3 XJ 落下。

（9）保护区段将在 G1525 占用后延时解锁，列车由车辆段运行至 G1525 后，列车进入正线，G1523 占用且 G1525 出清，此时 VCD3_X1515 解锁，XJD2　ZCJ 吸起。

（10）从车辆段进正线的进路，以终端信号机 X1515 为终端的进路，通过 G1523 设置保护区段，以终端信号机 S1611 为终端的进路，通过 G1617 设置保护区段，保护区段的设置将在从车辆段到转换轨的进路设置时完成，保护区段的解锁将在转换轨占用后延时 25 秒解锁。

（三）车辆段联锁和正线联锁间交换的信息（见表 10-1）

表 10-1　交换信息列表

序号	传输的继电器接口信息	正线联锁输出继电器	车辆段联锁输出继电器	意义	备注
1	进路 X1609_XJD1 是否已建立并锁闭？	VCD1 ZCJ（交通学院站输出）		常态吸起。当 VCD1 ZCJ 落下，则进路 X1609_XJD1 已建立并锁闭，不允许在车辆段联锁中办到 VCD1 的进路	
2	进路 S1507_XJD2 是否已建立并锁闭？	VCD3 ZCJ（太平桥站输出）		常态吸起。当 VCD3 ZCJ 落下，则进路 S1507_XJD2 已建立并锁闭，不允许在车辆段联锁中办到 VCD3 的进路	
3	信号 VCD1 状态	VCD1 XJ（交通学院站输出）		常态落下。当 VCD1XJ 吸起，信号 VCD1 开放	
4	信号 VCD3 状态	VCD3 XJ（太平桥站输出）		常态落下。当 VCD3XJ 吸起，信号 VCD3 开放	
5	信号机 X1515 状态	X1515 LJ（太平桥站输出）		常态落下。当 X1515 LJ 吸起，信号机 X1515 开放绿灯	仅用于车辆段显示
6	信号机 X1515 状态	X1515 YXJ（太平桥站输出）		常态落下。当 X1515 YXJ 吸起，信号机 X1515 开放红、黄灯	仅用于车辆段显示
7	信号机 X1515 状态	X1515 UJ（太平桥站输出）		常态落下。当 X1515 UJ 吸起，信号机 X1515 开放黄灯	仅用于车辆段显示
8	信号机 X1515 状态	X1515 AJ（太平桥站输出）		常态落下。当 X1515 YXJ 吸起，信号机 X1515 开放蓝灯	仅用于车辆段显示
9	信号机 S1611 状态	S1611 LJ（交通学院站输出）		常态落下。当 S1611LJ 吸起，信号机 S1611 开放绿灯	仅用于车辆段显示
10	信号 S1611 状态	S1611 YXJ（交通学院站输出）		常态落下。当 S1611YXJ 吸起，信号机 S1611 开放红、黄灯	仅用于车辆段显示
11	信号 S1611 状态	S1611 UJ（交通学院站输出）		常态落下。当 S1611UJ 吸起，信号机 S1611 开放黄灯	仅用于车辆段显示
12	信号 S1611 状态	S1611 AJ（交通学院站输出）		常态落下。当 S1611AJ 吸起，信号机 S1611 开放蓝灯	仅用于车辆段显示
13	轨道 G1523 状态	G1523 GJ（太平桥站输出）		常态吸起，占用或故障，后落下	
14	轨道 G1617 状态	G1617 GJ（交通学院站输出）		常态吸起，占用或故障，后落下	
15	轨道 G1525 状态	G1525 GJ（太平桥站输出）		常态吸起，占用或故障，后落下	
16	轨道 G1619 状态	G1619 GJ（交通学院站输出）		常态吸起，占用或故障，后落下	
17	信号 XJD2 状态		XJD2 LXJ（至太平桥站）	常态落下。当 XJD2 LXJ 吸起，信号 XJD2 开放黄灯	仅用于正线显示

续表

序号	传输的继电器接口信息	正线联锁输出继电器	车辆段联锁输出继电器	意义	备注
18	信号 XJD2 状态		XJD2 YXJ（至太平桥站）	常态落下。当 XJD2 YXJ 吸起，信号 XJD2 开放红、黄灯	仅用于正线显示
19	信号 XJD2 状态		XJD2 DXJ（至太平桥站）	常态落下。当 XJD2 DXJ 吸起，信号 XJD2 开放白灯	仅用于正线显示
20	XJD2 红灯灯丝状态		XJD2 1DJ（至太平桥站）	常态吸起。当 XJD2 红灯灯丝断开，则 XJD2 1DJ 落下	
21	信号 XJD1 状态		XJD1 LXJ（至交通学院站）	常态落下。当 XJD1 LXJ 吸起，信号 XJD1 开放黄灯	仅用于正线显示
22	信号 XJD1 状态		XJD1 YXJ（至交通学院站）	常态落下。当 XJD1 YXJ 吸起，信号 XJD1 开放红、黄灯	仅用于正线显示
23	信号 XJD1 状态		XJD1 DXJ（至交通学院站）	常态落下。当 XJD1 DXJ 吸起，信号 XJD1 开放白灯	仅用于正线显示
24	XJD1 红灯灯丝状态		XJD1 1DJ（至交通学院站）	常态吸起。当 XJD1 红灯灯丝断开，则 XJD1 1DJ 落下	
25	轨道 D1 G 状态		D1 G GJ（至交通学院站）	常态吸起，表示轨道区段空闲。当轨道 D1 G GJ 占用或故障，D1 G GJ 落下	
26	轨道 D2 G 状态		D2 G GJ（至太平桥站）	常态吸起，表示轨道区段空闲。当轨道 D2 G GJ 占用或故障，D2 G GJ 落下	
27	复示 XJD1 ZCJ 状态		XJD1 ZCJ（至交通学院站）	常态吸起。当 XJD1 ZCJ 落下，则表示到 VCD1 的进路已建立并锁闭，不允许在正线联锁中办到 XJD1 的进路；在正线联锁中自动排列进路 VCD1_S1611	
28	复示 XJD2 ZCJ 状态		XJD2 ZCJ（至太平桥站）	常态吸起。当 XJD2 ZCJ 落下，则到 VCD3 的进路已建立并锁闭，不允许在正线联锁中办到 XJD2 的进路；正线联锁中自动排列进路 VCD3_X1515	

第十一章 CI 和 PSD/APG 接口

【学习目标】

掌握 CI 和 PSD 之间的接口信息

【学习方法和建议】

熟悉本章教学内容，认真阅读教材，查阅网络上 CI 和 PSD 之间的接口文件，学习相关标准和资料，拓宽知识面，加深对本章内容的理解。

一、CTC 模式下 ATC 系统关于屏蔽门的接口功能

出于完整性，ATC 的主要功能包括：

（1）当屏蔽门没有关闭时，防止列车在站台发车

（2）当屏蔽门没有关闭时，防止列车进入站台

（3）当列车停在正确位置时，屏蔽门打开

（4）请求关闭屏蔽门

二、联锁系统关于 PSD 的接口功能

对于屏蔽门接口，联锁系统有两个主要的功能：

（1）向 ATC 系统发送屏蔽门开、关指示和命令。

（2）在 ITC 模式下，当屏蔽门没有关闭或没有检测到解锁状态时，位于站台前、后的信号灯显示红灯。

只有 ATC 系统才能允许打开和关闭屏蔽门，因为只有 ATC 能够检测到列车是否停在正确位置。

因此，当屏蔽门故障时，系统必须具有人工越行门“关闭和锁闭”信号功能。这个越行功能是通过一个安全的越行开关提供的（符合故障-安全原理）（屏蔽门供应商提供）。即使在激活了越行开关致使门不能关闭的时候，两个安全性触点也将提供安全-故障原理的“门关闭和锁闭信号”。当越行开关故障时，触点将会打开。这个越行设备必须通过在每个车站设置的授权人员实行。屏蔽门系统输出的“门关闭和锁闭信号”是一个连续的信号。

三、屏蔽门系统的电气接口

为了满足这些要求，轨旁接口必须具有以下功能：

（1）门关闭和锁闭状态的安全指示。

（2）允许开门的安全命令输出。

（3）请求门关闭的安全命令输出。

图 11-1 显示了西门子系统在站台上单一屏蔽们的线路接口。当一个站台装配了一个以上的屏蔽门，此线路接口将会增加。

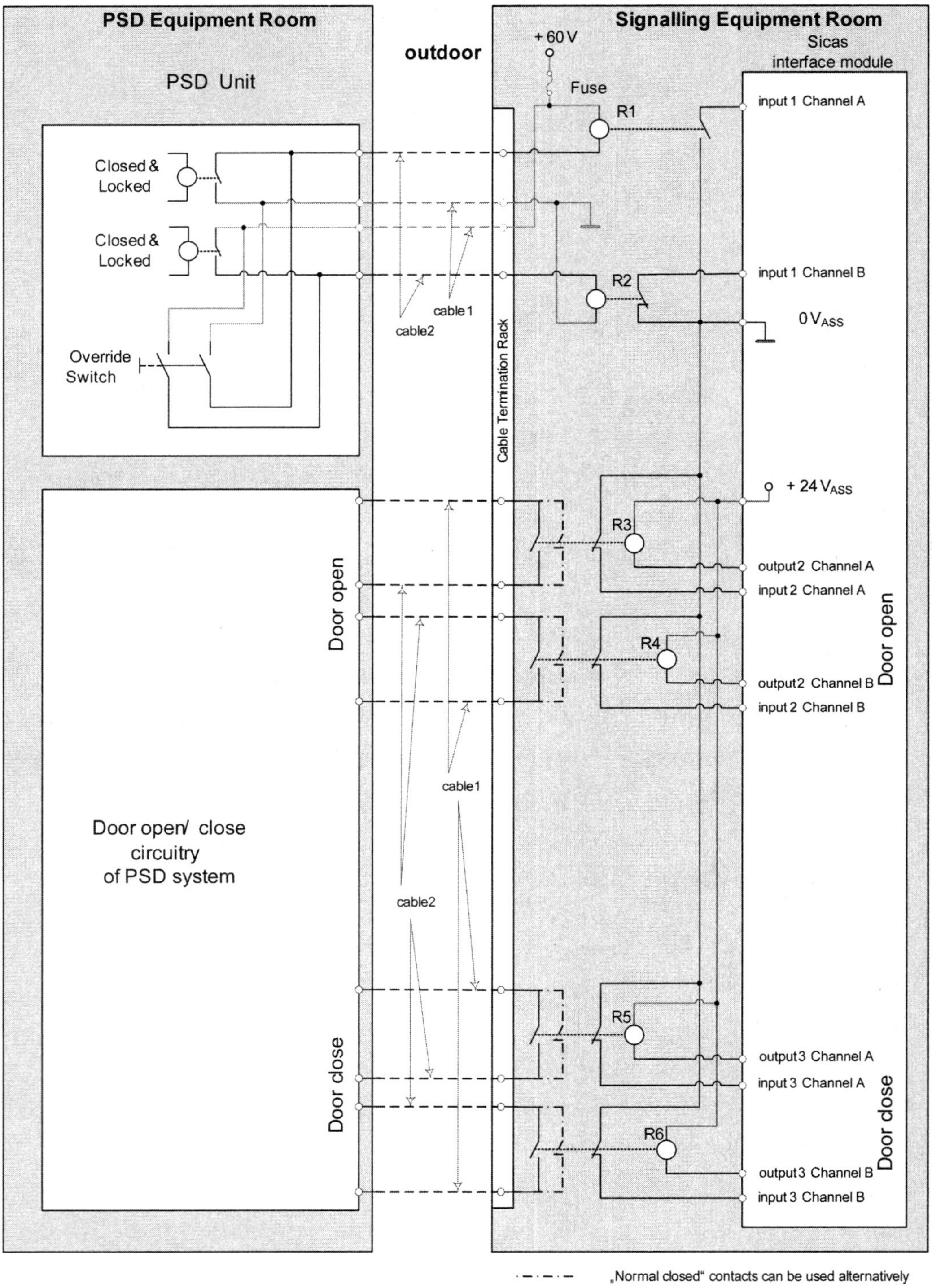

图 11-1　单个屏蔽门系统的线路接口

在图 11-1 中标注的电缆 1 和电缆 2 必须使用不同的电缆。但是，同一站台上的两个屏蔽门可以通过电缆 1 连接，相应的电缆 2 也可以用于两个屏蔽门的连接。

正线上所有装备了联锁系统和没有装备联锁系统的站台均可使用如图 11-1 所示的屏蔽门线路接口，只要屏蔽门系统满足以下要求：

继电器 R3、R4、R5、R6 和屏蔽门开/关电路具有最大为 250 Ω的阻抗（阻抗大小取决于电缆长度）。如果检测到继电器接点与屏蔽门系统断开，它必须能通过最大为 500 Ω的阻抗接收开门和关门指令。如果屏蔽们系统使用了一个双断电路，它必须能通过最大为 1000 Ω的阻抗（整个电路长度）接收开门和关门命令。以上功能可以通过电压转换节点实现，推荐 60 V。最小和最大电压受继电器 R3、R4、R5、R6、R7 和 R8 的限制。他们可以在 24 ~ 230 V 转换。

信号系统的电源为+60 V，电源由上图右侧的信号设备室提供。这要求给屏蔽门系统的供电电路不再给其他电路供电。

“关闭和锁闭”继电节点和越行开关节点将遵循：继电节点必须为干节点并且不能和其他电路连接。

四、屏蔽门系统状态

屏蔽门系统提供一套节点用以显示“门关闭和锁闭”状态。如果此节点处于激活状态，屏蔽门系统将关闭。此时给继电器 R1 和 R2 加压，并且在非等价模式下接口模块读取安全指示。

如果发生故障（门不能关闭），将会使用越行开关，因此给继电器 R1 和 R2 加压。即使门不能关闭，接口模块也读取安全指示。

如果屏蔽门系统、“门关闭和锁闭”继电器或越行开关故障，屏蔽门系统的节点将会打开。两个安全继电器的节点和越行开关的安全节点将提供具有安全—故障原理的“门关闭和锁闭”信号。

五、发送给屏蔽门的指令

当门允许打开时，继电器 R3 和 R4 发出开门指令（安全指令）。当门允许打开时，将会给继电器 R3 和 R4 加压。如果要求关闭车门，继电器将落下。门释放节点装置允许双断或二选一的非等价接口电路。

如果要求门关闭，继电器 R5 和 R6 发出安全指令。当门要求关闭时，将会给继电器 R5 和 R6 加压。当门允许打开时，这两个继电器落下。门释放节点装置允许双断或二选一的非等价接口电路。

六、屏蔽门系统的接口运行

屏蔽门的性能将在以下章节中做出描述。

1. 正常运行周期

正常的开关门周期将会有以下动作（见图 11-2）：

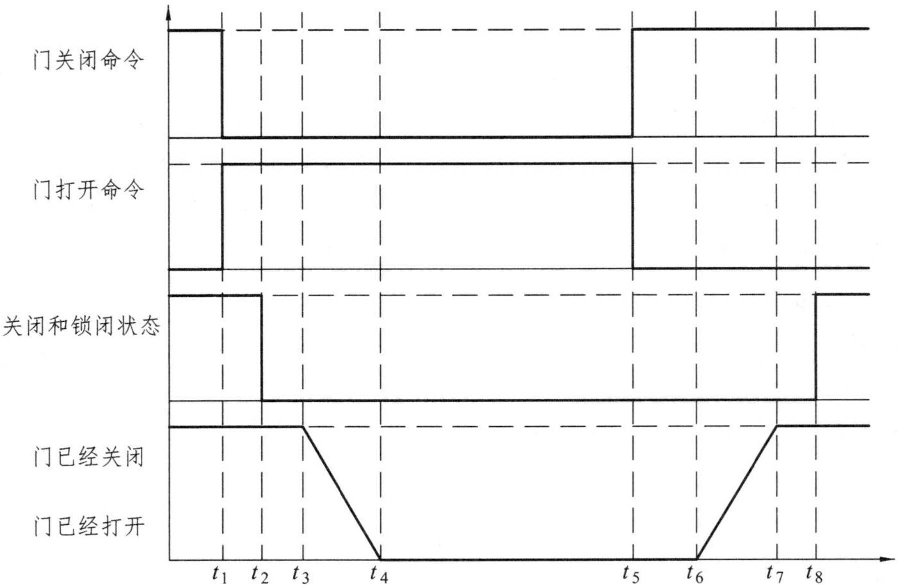

图 11-2 正常打开/关闭门同期

t_1：门关闭继电器释放门关闭命令和门打开继电器吸起门打开命令

t_2："关闭和锁闭"节点打开表示门没有关闭和锁闭。

t_3：门开始打开。

t_4：门已打开。

t_5：门关闭继电器吸起门关闭命令和门打开继电器释放门打开命令

t_6：门开始关闭。

t_7：门已经关闭。

t_8："关闭和锁闭"节点关闭表示门已关闭和锁闭。

2. 门打开/关闭命令逻辑运算表（见表 11-1）

表 11-1 逻辑运算表

门打开指令	门关闭指令	注释
0	0	故障条件，门不会移动（二选一的：如果已打开，门将关闭；如果已关闭，门将不会移动）
0	1	如果已打开所有门将会关闭，如果已关闭所有门将不会移动
1	0	如果已关闭所有门将打开，如果已打开所有门将不会移动
1	1	故障条件，门将不会移动（二选一的：如果已打开，门将关闭；如果已关闭，门将不会移动）

如果任意一个故障条件（0，0 或 1，1）发生，当门已关闭和锁闭时，将会停在此状态并且不会移动。

如果任意一个故障条件（0，0 或 1，1）发生，当门已完全打开时，会停在此状态且不会移动（二选一的：他们将立即关闭）。

如果任意一个故障条件（0，0 或 1，1）发生，当门正在关闭，他们会立即停止（二选一的：他们将继续关闭）。

如果任意一个故障条件（0，0 或 1，1）发生，当门正在打开，他们会立即停止（二选一的：他们会立即停止并在 300 ms 内开始关闭）。

门将会保持在这个状态直至接收到有效的命令。当以上任意一个故障条件发生超过一秒时，屏蔽门系统内将会发出一个故障警报。

七、屏蔽门系统的响应时间

门打开/关闭指令的时间响应：

发出们打开/关闭指令 300 ms 内，屏蔽门系统开始工作。

$t_1 \cdots t_3 < 300$ ms and $t_5 \cdots t_6 < 300$ ms。

门打开/关闭命令注意事项：

（1）当门仍然在打开阶段时，收到区间内的门关闭命令：屏蔽门系统将停止区间内的门移动，并且在门关闭命令发出后的 300 ms 内开始关门。

（2）当门仍然关闭时，收到区间内的门打开命令：屏蔽门系统将停止区间内的门移动，并且在门打开命令发出后的 300 ms 内开始开门。

（3）“关闭和锁闭”和“越行开关”节点的响应时间：

节点稳定/防反跳时间< 100 ms。

附 录

附录一　常用术语缩写及中英对照表

缩写	中 文	英 文
1DJ	1 灯丝继电器	汉语拼音
2DJ	2 灯丝继电器	汉语拼音
AM	ATO 自动驾驶模式	ATO Mode
AP	DCS 轨旁无线接入点	Access Point
APM	自动驾驶	Automated People Movers
APG	站台安全门	Automatic Platform Gate
ARB	始终占用的分区即非正常占用分区	Always Report Block
ATC	列车自动控制系统	Automatic Train Control
ATO	列车自动驾驶子系统	Automatic Train Operation
ATP	列车自动防护子系统	Automatic Train Protection
ATS	列车自动监督子系统	Automatic Train Supervision
AUGT	自动城市引导交通	Automated Urban Guided Transport
BAS	环境与设备监控系统	Building Automation System
BLZ	运行授权区域	Block Zone
BTM	车载应答器接收单元	Balise Transmission Module
CAM	蠕动驾驶模式	Creep Auto Mode
CAN	控制系统局域网络	Controller Area Network
CBTC	基于通信的列车控制	Communication Based Train Control
CDI	命令显示接口	Command & Display Interface
CG	DCS 轨旁通信服务单元	Communication Gateway
CI	计算机联锁	Computer Interlocking
CL	空闲	Clear

缩写	中 文	英 文
CLOW	中央操作工作站	Center Local Operation Workstation
CM	列车自动防护下的人工驾驶模式	Code Mode
COM	安全计算机通信板	Communication Module
CPU	中央处理单元	Central Processing Unit
CRC	循环冗余校验码	Cyclic Redundancy Check
CTC	连续式列车控制级	Continuous Train Control
CTO	联锁后备列车运行模式	CI Train Operation
DCS	数据通信系统	Data Communication System
DI/O	数字输入、输出板的简称	Digital Input/Output Module
DMI	车载设备人机界面	Driver Machine Interface
DRB	无人驾驶自动折返按钮	Driverless Return Button
DRI	无人驾驶自动折返指示	Driverless Return Indicate
DSP	数字信号处理器	Digital Signal Processor
DSU	轨旁数据服务单元	Date Service Unit
DTI	发车计时器	Departure Terminal Indicator
DTO	无人驾驶的自动化列车运行模式	Driverless Train Operation
EB	紧急制动	Emergency Brake
ECC	元件控制计算机	Element Control Computer
EN	欧洲标准	European Norm
ESB	紧急停车按钮	Emergency Stop Button
EUM	非限制人工驾驶模式	Emergency Unlimit Mode
FAM	全自动驾驶模式	Full Auto Drive Mode
FAS	火灾自动报警系统	Fire Alarm System
FLD	防淹门	Flood Door
GoA	自动化水平	Grade of Automation
IBP	综合后备盘	Integrated Backup Panel
IPC	工控机	Industrial Personal Computer

续表

缩写	中 文	英 文
ISCS	综合监控系统	Integrated Supervisory Control System
ITC	点式列车控制级	Intermittent Train Control
ITO	点式后备列车	ITC Train Mode
IXLC	联锁控制级	Interlocking Level Train Control
LEU	轨旁电子单元	Line side Electron Unit
LJ	列车信号继电器	汉语拼音
LOW	本地操作工作站	Local Operation Workstation
LTE	长期演进系统	Long Term Evolution
MA	移动授权	Move Authority
MAL	移动授权限制点	Move Authority Limit
MPU	主处理模块	Main Process Unit Module
MSS	维护支持子系统	Maintain Support System
MVU	测速测距板	Measure Velocity Unit
MTBCF	严重故障平均时间间隔	Mean Time between Critical Failures
MTBF	平均故障间隔时间	Mean Time Between Failure
MTTR	平均故障修复时间	Mean Time to Restoration
N	道岔定位	Normal
NRM	非限制人工驾驶模式	No Restricted Mode
OAT	自动列车占用	Occupancy by Automatic Train
OPG	编码里程计	Odometer Pulse Generator
ONAT	被非自动车占用	Occupancy by Not Automatic Train
PIS	旅客信息系统	Passenger Information System
PSD	站台屏蔽门	Platform Screen Doors
R	道岔反位	Reverse
RAMS	可靠性，可用性，可维护性和安全性	Reliability， Availability， Maintainability and Safety
RM	受限制人工驾驶模式	Restricted Manual（train operation mode）

续表

缩写	中　文	英　文
SCADA	电力监控系统	Supervisory Control And Data Acquisition
SIC	车站接口柜	Station Interface Cabinet
SICAS	西门子计算机联锁	Siemens Interlocking Alied Computer
SIL	安全完整性等级	Safety Integrated Level
Simis PC	西门子安全计算机	Simis Personal Computer
STO	有人驾驶的自动化列车运行模式	Semi- automatic Train Operation
SM	ATP 监督下的人工驾驶模式	Supervised Manual train operating mode
SPI	串行外围接口	Serial Peripheral Interface
TCMS	车辆控制系统	Train Control Management System
TCC	轨道交通线网指挥中心	Train Control Center
TCMS	列车信息管理系统	Train Control Manger System
TDB	轨道数据库	Track Database
TD-LTE	时分长期演进	Time Division Long Term Evolution
TETRA	泛欧集群无线电	Trans European Trunked Radio
TIAS	列车综合信息自动化控制系统	Train Integration Automatic System
TSR	临时限速	Temporary Speed Restriction
TVS	计轴区段（空闲检测区段）	Track Vacancy Section
UGTMS	城市交通管理和指令控制系统导引	Urban Guided Transport Management and command/control System
UITP	国际公共交通协会	International Union of Public Transport
UTO	全自动无人驾驶列车运行模式	Unattended Train Operation
YXJ	引导信号继电器	汉语拼音
VOBC	车载 ATP/ATO 子系统	Vehicle On-Board Controller
VOPR	位置报告报文	vehicle Position Report
VSC	故障安全控制板	Vital Safety Control Board
VME	欧洲通用模块	Versa Module Eurocard
ZCMA	移动授权报文	Zone Control Move Authority
ZCOD	运营数据报文	Zone Control Operational Data
ZC	轨旁区域控制器	Zone Control Unit

附录二　城轨 5 站联锁表

(一)	(二)	(三)	(四)	(五)	(六)	(七)	(八)	(十八)		(九)	(十)	(十一)		(十二)		(十三)		(十四)	(十五)
进路编号	进路名称	始端信号机	终端信号机	主信号级进路始端信号机显示	进路方向	自动追踪进路	自排进路	轨道区段		道岔	侧防	侵限区段		ARC 接近区段		保护区段		保护区段锁闭道岔	保护区段的侧防
								降级模式	CBTC 模式			降级模式	CBTC 模式	降级模式	CBTC 模式	降级模式	CBTC 模式		
1	X0401_X0301	X0401	X0301	L	下行	Y	Y	G0401,G0305,G0303	G0401A,G0305E,G0305D,G0305C,G0305B,G0305A,G0303A					G0403	G0403A	G0301	G0301A		
2	S0402_S0502	S0402	S0502	L	上行	Y	Y	G0406,G0502	G0406A,G0502A,G0502B,G0502C,G0502D,G0502E,G0502F,G0502G					G0404	G0404A	GD0504	GD0504A	D0502:定位	D0503:定位
3	X0501_X0401	X0501	X0401	L	下行	Y	Y	G0405,G0403	G0405F,G0405E,G0405D,G0405C,G0405B,G0405A,G0403A					G0505,GD0503,G0501	G0505A,GD0503B,GD0503A,G0501A	G0401	G0401A		
4	S0502_S0506_1	S0502	S0506	L	上行	Y	Y	GD0504,G0506	GD0504A,G0506A	D0502:定位	D0503:定位	<(D0503)> GD0503	<(D0503)> GD0503A	G0502	G0502A,G0502B,G0502C,G0502D,G0502E,G0502F,G0502G	GD0508	GD0508A	D0504:定位	D0505:定位
5	S0502_S0506_2	S0502	S0506	L	上行	N	Y	GD0504,G0506	GD0504A,G0506A	D0502:定位	D0503:定位	<(D0503)> GD0503	<(D0503)> GD0503A			GD0508,GD0507	GD0508A,GD0507A	D0504:反位 D0505:反位	
6	S0503_X0505	S0503		U	上行	N	N	GD0503,G0511	GD0503A,G0511A	D0501:反位									
7	S0503_S0506_1	S0503	S0506	U	上行	N	N	GD0503,GD0504,G0506	GD0503A,GD0503B,GD0504A,G0506A	D0501:定位 D0503:反位 D0502:反位						GD0508	GD0508A	D0504:定位	D0505:定位
8	S0503_S0506_2	S0503	S0506	U	上行	N	N	GD0503,GD0504,G0506	GD0503A,GD0503B,GD0504A,G0506A	D0501:定位 D0503:反位 D0502:反位						GD0508,GD0507	GD0508A,GD0507A	D0504:反位 D0505:反位	
9	S0503_S0509	S0503	S0509	L	上行	N	N	GD0503,G0505	GD0503A,GD0503B,G0505A	D0501:定位 D0503:定位	D0502:定位	<(D0502)> GD0504	<(D0502)> GD0504A			GD0507	GD0507A	D0505:定位	D0504:定位
10	X0504_X0501	X0504	X0501	U	下行	N	Y	GD0504,GD0503,G0501	GD0504A,GD0503B,GD0503A,G0501A	D0502:反位 D0503:反位 D0501:定位						G0405	G0405F		

续表

（一）	（二）	（三）	（四）	（五）	（六）	（七）	（八）	（十八）		（九）	（十）	（十一）		（十二）		（十三）		（十四）	（十五）
进路编号	进路名称	始端信号机	终端信号机	主信号级进路始端信号机显示	进路方向	自动追踪进路	自排进路	轨道区段		道岔	侧防	侵限区段		ARC 接近区段		保护区段		保护区段锁闭道岔	保护区段的侧防
								降级模式	CBTC 模式			降级模式	CBTC 模式	降级模式	CBTC 模式	降级模式	CBTC 模式		
11	X0504_X0110_1	X0504	X0110	L	下行	N	Y	GD0504,G0502,G0406,G0404,G0402,G0306,G0304,G0302,G0206,G0204,G0202,G0112,G0110	GD0504A,G0502G,G0502F,G0502E,G0502D,G0502C,G0502B,G0502A,G0406A,G0404A,G0402E,G0402D,G0402C,G0402B,G0402A,G0306A,G0304A,G0302C,G0302B,G0302A,G0206A,G0204A,G0202E,G0202D,G0202C,G0202B,G0202A,G0112A,G0110A	D0502:定位	D0503:定位	<(D0503)> GD0503	<(D0503)> GD0503A			GD0108	GD0108A	D0104:定位	D0105:定位
12	X0504_X0110_2	X0504	X0110	L	下行	N	Y	GD0504,G0502,G0406,G0404,G0402,G0306,G0304,G0302,G0206,G0204,G0202,G0112,G0110	GD0504A,G0502G,G0502F,G0502E,G0502D,G0502C,G0502B,G0502A,G0406A,G0404A,G0402E,G0402D,G0402C,G0402B,G0402A,G0306A,G0304A,G0302C,G0302B,G0302A,G0206A,G0204A,G0202E,G0202D,G0202C,G0202B,G0202A,G0112A,G0110A	D0502:定位	D0503:定位	<(D0503)> GD0503	<(D0503)> GD0503A			GD0108,GD0113	GD0108A,GD0113A	D0104:反位 D0105:反位	
13	X0505_X0501	X0505	X0501	U	下行	N	N	GD0503,G0501	GD0503A,G0501A	D0501:反位						G0405	G0405F		
14	S0506_S0510	S0506	S0510	L	上行	N	Y	GD0508,G0510	GD0508A,G0510A	D0504:定位	D0505:定位	<(D0505)> GD0507	<(D0505)> GD0507A						
15	S0506_S0513	S0506	S0513	U	上行	Y	Y	GD0508,GD0507,G0509	GD0508A,GD0507A,G0509A	D0504:反位 D0505:反位				G0506	G0506A				
16	X0507_X0501	X0507	X0501	L	下行	Y	Y	GD0503,G0501	GD0503B,GD0503A,G0501A	D0501:定位 D0503:定位	D0502:定位	<(D0502)> GD0504	<(D0502)> GD0504A	G0505	G0505A	G0405	G0405F		
17	X0508_X0504_1	X0508	X0504	L	下行	N	N	GD0508,G0506	GD0508A,G0506A	D0504:定位	D0505:定位	<(D0505)> GD0507	<(D0505)> GD0507A			GD0504	GD0504A	D0502:定位	D0503:定位
18	X0508_X0504_2	X0508	X0504	L	下行	N	N	GD0508,G0506	GD0508A,G0506A	D0504:定位	D0505:定位	<(D0505)> GD0507	<(D0505)> GD0507A			GD0504,GD0503	GD0504A,GD0503B,GD0503A	D0502:反位 D0503:反位 D0501:定位	
19	S0509_S0513	S0509	S0513	L	上行	N	N	GD0507,G0509	GD0507A,G0509A	D0505:定位	D0504:定位	<(D0504)> GD0508	<(D0504)> GD0508A						
20	X0511_X0504_1	X0511	X0504	U	下行	N	Y	GD0507,GD0508,G0506	GD0507A,GD0508A,G0506A	D0505:反位 D0504:反位						GD0504	GD0504A	D0502:定位	D0503:定位
21	X0511_X0504_2	X0511	X0504	U	下行	N	Y	GD0507,GD0508,G0506	GD0507A,GD0508A,G0506A	D0505:反位 D0504:反位						GD0504,GD0503	GD0504A,GD0503B,GD0503A	D0502:反位 D0503:反位 D0501:定位	
22	X0511_X0507	X0511	X0507	L	下行	Y	Y	GD0507,G0505	GD0507A,G0505A	D0505:定位	D0504:定位	<(D0504)> GD0508	<(D0504)> GD0508A	G0509	G0509A	GD0503	GD0503B,GD0503A	D0503:定位 D0501:定位	D0502:定位

续表

（一）	（二）	（十六）		（十七）			（十九）	（二十）			（二十一）	（二十二）			
进路编号	进路名称	保护区段的侵限区段		保护区段延时解锁的触发区段			ATP 级进路保护区段延时建立的触发区段	进路延时解锁			敌对进路	其他联锁条件			
		降级模式	CBTC 模式	时间（s）	降级模式触发区段	CBTC 模式触发区段		时间（s）	降级模式接近锁闭区段	CBTC 模式接近锁闭区段		屏蔽门	紧急停车按钮	防淹门	场联信息
1	X0401_X0301			15	G0303	G0303A	G0305B,G0305A	30	G0403	G0403A	S0107_S0503_1，S0107_S0503_2,S0107_S0503_3	PSD0401,PSD0301	ESB0401,ESB0403,ESB0301,ESB0303		
2	S0402_S0502			150	G0502	G0502A,G0502B,G0502C,G0502D,G0502E,G0502F,G0502G		30	G0404	G0404A	X0504_X0110_1,X0504_X0110_2	PSD0402	ESB0402,ESB0404		
3	X0501_X0401			15	G0403	G0403A	G0405B,G0405A	30	GD0503,G0501	GD0503B,GD0503A,G0501A	S0107_S0503_1，S0107_S0503_2,S0107_S0503_3,S0503_X0505,S0503_S0506_1,S0503_S0506_2，S0503_S0509	PSD0401	ESB0401,ESB0403		
4	S0502_S0506_1			15	G0506	G0506A	G0502E,G0502F,G0502G,GD0504A	30	G0502	G0502F,G0502G	X0504_X0110_1,X0504_X0110_2,X0508_X0504_1,X0508_X0504_2,X0511_X0504_1,X0511_X0504_2	PSD0502	ESB0501,ESB0503,ESB0502,ESB0504		
5	S0502_S0506_2			15	G0506	G0506A	G0502E,G0502F,G0502G,GD0504A	30	G0502	G0502F,G0502G	X0504_X0110_1,X0504_X0110_2,X0508_X0504_1,X0508_X0504_2,X0511_X0504_1,X0511_X0504_2	PSD0502	ESB0501,ESB0503,ESB0502,ESB0504		
6	S0503_X0505							30	G0405,G0501	G0405E,G0405F,G0501A	X0505_X0501,X0501_X0401				1 号线联锁
7	S0503_S0506_1			15	G0506	G0506A		30	G0405,G0501	G0405E,G0405F,G0501A	X0504_X0501,X0501_X0401,X0508_X0504_1,X0508_X0504_2,X0511_X0504_1,X0511_X0504_2	PSD0502	ESB0501,ESB0503,ESB0502,ESB0504		
8	S0503_S0506_2			15	G0506	G0506A		30	G0405,G0501	G0405E,G0405F,G0501A	X0504_X0501,X0501_X0401,X0508_X0504_1,X0508_X0504_2,X0511_X0504_1,X0511_X0504_2	PSD0502	ESB0501,ESB0503,ESB0502,ESB0504		
9	S0503_S0509			15	G0505	G0505A		30	G0405,G0501	G0405E,G0405F,G0501A	X0507_X0501,X0501_X0401，X0511_X0507	PSD0501	ESB0501,ESB0503,ESB0502,ESB0504		
10	X0504_X0501			15	G0501	G0501A		30	GD0508,G0506	GD0508A,G0506A	S0107_S0503_1，S0107_S0503_2,S0107_S0503_3,S0503_S0506_1,S0503_S0506_2,S0506_S0510,S0506_S0513	PSD0502	ESB0501,ESB0503,ESB0502,ESB0504		

续表

（一）	（二）	（十六）		（十七）			（十九）	（二十）			（二十一）	（二十二）			
进路编号	进路名称	保护区段的侵限区段		保护区段延时解锁的触发区段			ATP 级进路保护区段延时建立的触发区段	进路延时解锁			敌对进路	其他联锁条件			
		降级模式	CBTC 模式	时间（s）	降级模式触发区段	CBTC 模式触发区段		时间（s）	降级模式接近锁闭区段	CBTC 模式接近锁闭区段		屏蔽门	紧急停车按钮	防淹门	场联信息
11	X0504_X0110_1			15	G0110	G0110A		30	GD0508,G0506	GD0508A,G0506A	S0108_S0112,S0111_S0112,S0112_S0202,S0202_S0302,S0302_S0402,S0402_S0502,S0502_S0506_1,S0502_S0506_2	PSD0102,PSD0202,PSD0302,PSD0402,PSD0502	ESB0102,ESB0104,ESB0202,ESB0204,ESB0302,ESB0304,ESB0402,ESB0404,ESB0501,ESB0503,ESB0502,ESB0504		
12	X0504_X0110_2			15	G0110	G0110A		30	GD0508,G0506	GD0508A,G0506A	S0108_S0112,S0111_S0112,S0112_S0202,S0202_S0302,S0302_S0402,S0402_S0502,S0502_S0506_1,S0502_S0506_2	PSD0102,PSD0202,PSD0302,PSD0402,PSD0502	ESB0102,ESB0104,ESB0202,ESB0204,ESB0302,ESB0304,ESB0402,ESB0404,ESB0501,ESB0503,ESB0502,ESB0504		
13	X0505_X0501			15	G0501	G0501A		30	G0511	G0511A	S0503_X0505，S0107_S0503_1，S0107_S0503_2,S0107_S0503_3				1 号线联锁
14	S0506_S0510							30	GD0504,G0506	GD0504A,G0506A	X0508_X0504_1,X0508_X0504_2,X0504_X0501,X0504_X0110_1,X0504_X0110_2	PSD0502	ESB0501,ESB0503,ESB0502,ESB0504		
15	S0506_S0513							30	GD0504,G0506	GD0504A,G0506A	X0511_X0504_1,X0511_X0504_2,X0504_X0501,X0504_X0110_1,X0504_X0110_2	PSD0502	ESB0501,ESB0503,ESB0502,ESB0504		
16	X0507_X0501			15	G0501	G0501A		30	GD0507,G0505	GD0507A,G0505A	S0503_S0509,S0107_S0503_1，S0107_S0503_2,S0107_S0503_3,S0509_S0513	PSD0501	ESB0501,ESB0503,ESB0502,ESB0504		
17	X0508_X0504_1			15	G0506	G0506A		30	G0510	G0510A	S0502_S0506_1,S0502_S0506_2,S0503_S0506_1,S0503_S0506_2,S0506_S0510	PSD0502	ESB0501,ESB0503,ESB0502,ESB0504		
18	X0508_X0504_2			15	G0506	G0506A		30	G0510	G0510A	S0502_S0506_1,S0502_S0506_2,S0503_S0506_1,S0503_S0506_2,S0506_S0510	PSD0502	ESB0501,ESB0503,ESB0502,ESB0504		
19	S0509_S0513							30	GD0503,G0505	GD0503A,GD0503B,G0505A	X0511_X0507,X0507_X0501	PSD0501	ESB0501,ESB0503,ESB0502,ESB0504		
20	X0511_X0504_1			15	G0506	G0506A		30	G0509	G0509A	S0502_S0506_1,S0502_S0506_2,S0503_S0506_1,S0503_S0506_2,S0506_S0513	PSD0502	ESB0501,ESB0503,ESB0502,ESB0504		
21	X0511_X0504_2			15	G0506	G0506A		30	G0509	G0509A	S0502_S0506_1,S0502_S0506_2,S0503_S0506_1,S0503_S0506_2,S0506_S0513	PSD0502	ESB0501,ESB0503,ESB0502,ESB0504		
22	X0511_X0507			15	G0505	G0505A	G0509A,GD0507A	30	G0509	G0509A	S0503_S0509,S0509_S0513	PSD0501	ESB0501,ESB0503,ESB0502,ESB0504		

说明：

（1）进路序号

（2）进路名称

（3）进路始端信号机名称

（4）进路终端名称

（5）主信号级进路始端信号机的显示，填“L”：绿灯；“U”：黄灯

（6）进路方向，填：“上行”或者“下行”

（7）此进路是否为自动追踪进路，是填 Y，否填 N

（8）此进路是否为自排进路，是填 Y，否填 N

（9）降级模式下建立此进路需要出清的轨道区段

（10）CBTC 模式下建立此进路需要出清的逻辑区段

（11）进路所包含的道岔及其位置

（12）进路中侧防锁闭的道岔及其位置

（13）降级模式下建立此进路需要出清的侵限区段

（14）CBTC 模式下建立此进路需要出清的侵限区段

（15）CBTC 模式下此进路的接近区段

（16）降级模式下此进路的接近区段

（17）降级模式下此进路的保护区段

（18）CBTC 模式下此进路的保护区段

（19）此进路的保护区段需要锁闭的道岔及其位置

（20）此进路的保护区段的侧防需要锁闭的道岔及其位置

（21）降级模式下此进路的保护区段需要出清的侵限区段

（22）CBTC 模式下此进路的保护区段需要出清的侵限区段

（23）进路的保护区段延时解锁需要的时间

（24）降级模式下此进路的保护区段开始延时解锁需要占用的区段

（25）CBTC 模式下此进路的保护区段开始延时解锁需要占用的区段

（26）CBTC 模式下此进路的保护区段开始自动建立需要占用的区段

（27）此进路在接近锁闭条件下取消进路延时解锁所需的时间

（28）降级模式下此进路的接近锁闭区段

（29）CBTC 模式下此进路的接近锁闭区段

（30）此进路的敌对进路

（31）~（34）此进路的其他联锁条件，比如屏蔽门、紧停、防淹门、场联

附录三　实验用图

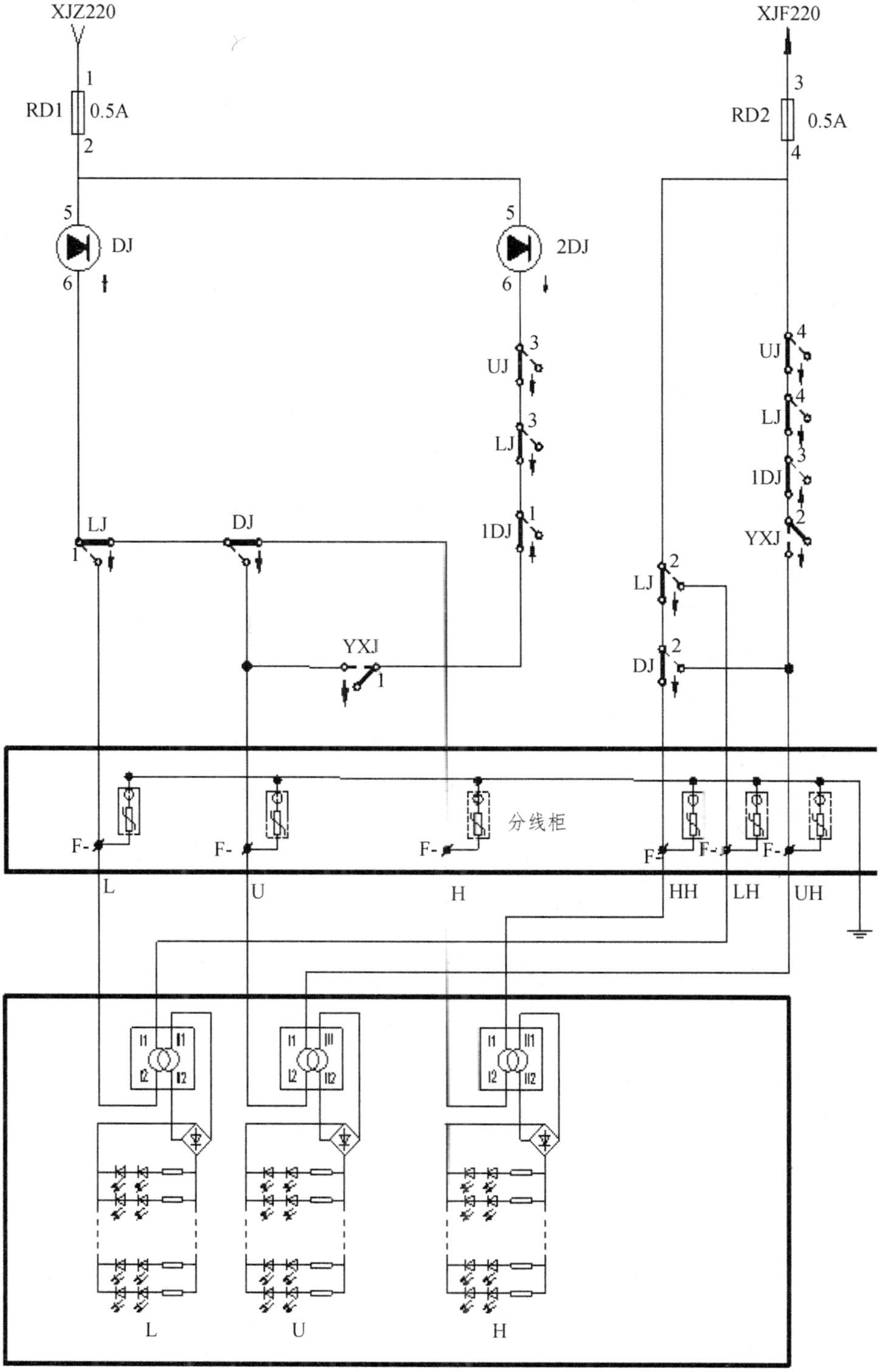

图 A-1　三显示信号机典型点灯电路图

LED 信号机组合内部配线表

UJ		2DJ		LXJ		YXJ		DJ		04侧面	05侧面
JPXC-1000		H62		JPXC-1000		JPXC-1000		H62			
72	82	72	82	72	82	72	82	72	82	1	1
71	81	71	81	71	81	71	81	71	81	2	2
73	83	73	83	73	83	73	83	73	83	3	3
52	62	52	62	52	62	52	62	52	62	4	4
51	61	51	61	51	61	51	61	51	61	5	5
53	63	53	63	53	63	53	63	53	63	6	6
32	42	32	42	32	42	32	42	32	42	7	7
31	41	31	41	31	41	31	41	31	41	8	8
33	43	33	43	33	43	33	43	33	43	9	9
12	22	12	22	12	22	12	22	12	22	10	10
11	21	11	21	11	21	11	21	11	21	11	11
13	23	13	23	13	23	13	23	13	23	12	12
3	4	3	4	3	4	3	4	3	4	13	13
1	2	1	2	1	2	1	2	1	2	14	14

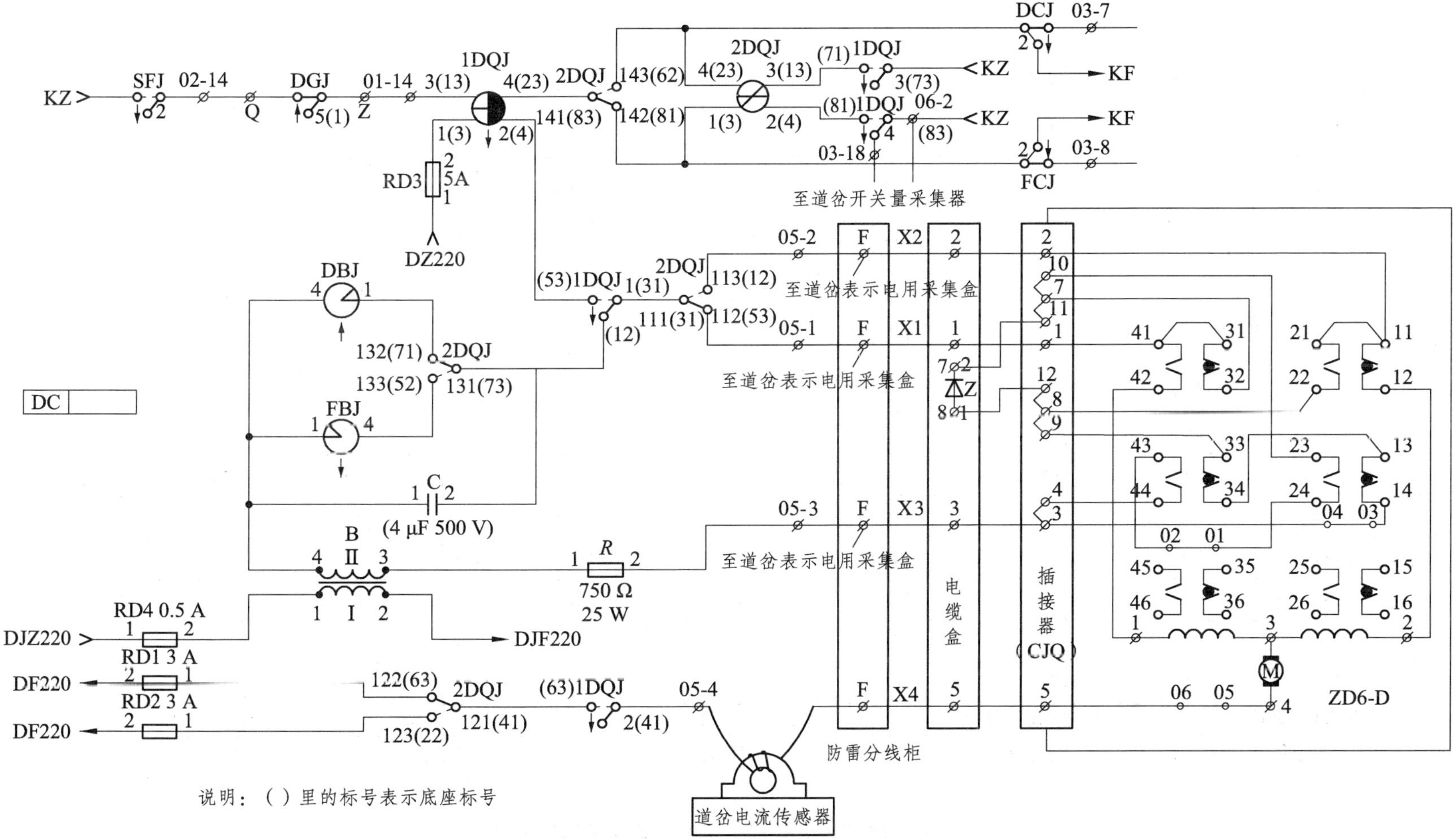

说明：（ ）里的标号表示底座标号

图 A-2　直流单动道岔控制电路图

ZD6 四线制单动道岔控制电路内部配线表（一）

SFJ				DGJ				1DQJ				2DQJ				DBJ			
JPXC-1000				JWXC-1700				JWJXC125-0.44				JYJXC125-220				JPXC-1000			
72		82		72		82		72		82		72		82		72		82	
71		81		71		81		71		81		71		81		71		81	
73		83		73		83		73		83		73		83		73		83	
52		62		52		62		52		62		52		62		52		62	
51		61		51		61		51		61		51		61		51		61	
53		63		53		63		53		63		53		63		53		63	
32		42		32		42		32		42		32		42		32		42	
31		41		31		41		31		41		31		41		31		41	
33		43		33		43		33		43		33		43		33		43	
12		22		12		22		12		22		12		22		12		22	
11		21		11		21		11		21		11		21		11		21	
13		23		13		23		13		23		13		23		13		23	
3		4		3	2	4		3		4		3		4		3		4	
1		2		1		2	3	1		2		1		2		1		2	

ZD6 四线制单动道岔控制电路内部配线表（二）

FBJ				DCJ				FCJ				RC				BB			
JPXC-1000				JPXC-1000				JPXC-1000				R-750 C-4uf5oov				D1-7 I(220V) II(110V			
72		82		72		82		72		82		72		82		72		82	
71		81		71		81		71		81		71		81		71		81	
73		83		73		83		73		83		73		83		73		83	
52		62		52		62		52		62		52		62		52		62	
51		61		51		61		51		61		51		61		51		61	
53		63		53		63		53		63		53		63		53		63	
32		42		32		42		32		42		32		42		32		42	
31		41		31		41		31		41		31		41		31		41	
33		43		33		43		33		43		33		43		33		43	
12		22		12		22		12		22		12		22		12		22	
11		21		11		21		11		21		11		21		11		21	
13		23		13		23		13		23		13		23		13		23	
3		4		3		4		3		4		3		4		3		4	
1		2		1		2		1		2		1		2		1		2	

参考文献

[1] 中华人民共和国国家质量监督检验检疫总局，中国国家标准化管理委员会. 城市轨道交通信号系统通用技术条件：GB/T 12758—2004[S]. 北京：中国标准出版社，2004.

[2] 中国城市轨道交通协会. 城市轨道交通 CBTC 信号系统规范 第 4 部分：CI 子系统[M]. 北京：中国铁道出版社，2019.

[3] 李中浩. 浅析城市轨道交通信号系统的发展趋势[J]. 城市轨道交通研究，2016, (06): 001.